GROUP

中国建投 | 远见成就未来

中国建投研究丛书·专著系列

JIC Institute of Investment Research Books · Works

跃迁

Transition

China's industrial upgrading path and investment layout in the new era

文玉春 著

新时代
中国产业升级路径与投资布局

 社会科学文献出版社
SOCIAL SCIENCES ACADEMIC PRESS (CHINA)

总 序

　　一千多年前，维京海盗抢掠的足迹遍及整个欧洲。南临红海，西到北美，东至巴格达，所到之处无不让人闻风丧胆，所经之地无不血流成河。这个在欧洲大陆肆虐整整三个世纪的悍匪民族却在公元1100年偃旗息鼓，过起了恬然安定的和平生活。个中缘由一直在为后人猜测、追寻，对历史的敬畏与求索从未间歇。2007年，维京一个山洞出土大笔财富，其中有当时俄罗斯、伊拉克、伊朗、印度、埃及等国的多种货币，货币发行时间相差半年，"维京之谜"似因这考古圈的重大发现而略窥一斑——他们的财富经营方式改变了，由掠夺走向交换；他们学会了市场，学会了贸易，学会了资金的融通与衍生——而资金的融通与衍生改变了一个民族的文明。

　　投资，并非现代社会的属性；借贷早在公元前1200年到公元前500年的古代奴隶社会帝国的建立时期便已出现。从十字军东征到维京海盗从良，从宋代的交子到曾以高利贷为生的犹太人，从郁金香泡沫带给荷兰的痛殇到南海泡沫树立英国政府的诚信丰碑，历史撰写着金融发展的巨篇。随着现代科学的进步，资金的融通与衍生逐渐成为一国发展乃至世界发展的重要线索。这些事件背后的规律与启示、经验与教训值得孜孜探究与不辍研习，为个人、企业乃至国家的发展提供历久弥新的助力。

　　所幸更有一批乐于思考、心怀热忱的求知之士勤力于经济、金融、投资、管理等领域的研究。于经典理论，心怀敬畏，不惧求索；于实践探索，尊重规律，图求创新。此思索不停的精神、实践不息的勇气当为勉励，实践与思索的成果更应为有识之士批判借鉴、互勉共享。

调与金石谐，思逐风云上。《中国建投研究丛书》是中国建银投资有限责任公司组织内外部专家在瞻顾历史与瞻望未来的进程中，深入地体察和研究市场发展及经济、金融之本性、趋向和后果，结合自己的职业活动，精制而成。《丛书》企望提供对现代经济管理与金融投资多角度的认知、借鉴与参考。如果能够引起读者的兴趣，进而收获思想的启迪，即是编者的荣幸。

是为序。

张睦伦

2012 年 8 月

编辑说明

中国建银投资有限责任公司（简称集团）是一家综合性投资集团，投资覆盖金融服务、先进制造、文化消费、信息技术等行业领域，横跨多层次资本市场及境内外区域。集团下设的投资研究院（以下简称建投研究院）重点围绕国内外宏观经济发展趋势、新兴产业投资领域，组织开展理论与应用研究，促进学术交流，培养专业人才，提供优秀的研究成果，为投资研究和经济社会发展贡献才智。

《中国建投研究丛书》（简称《丛书》）收录建投研究院组织内外部专家的重要研究成果，根据系列化、规范化和品牌化运营的原则，按照研究成果的方向、定位、内容和形式等将《丛书》分为报告系列、论文系列、专著系列和案例系列。报告系列为行业年度综合性出版物，汇集集团各层次的研究团队对相关行业和领域发展态势的分析和预测，对外发表年度观点。论文系列为建投研究院组织业界知名专家围绕市场备受关注的热点或主题展开深度探讨，强调前沿性、专业性和理论性。专著系列为内外部专家针对某些细分行业或领域进行体系化的深度研究，强调系统性、思想性和市场深度。案例系列为建投研究院对国内外投资领域的案例的分析、总结和提炼，强调创新性和实用性。希望通过《丛书》的编写和出版，为政府相关部门、企业、研究机构以及社会各界读者提供参考。

本研究丛书仅代表作者本人或研究团队的独立观点，不代表中国建投集团的商业立场。文中不妥及错漏之处，欢迎广大读者批评指正。

序

"一边是一些行业和产业的产能严重过剩,一边是大量核心设备和高端产品依赖进口",是当前我国经济深陷结构性陷阱的真实写照。要跨越产业结构性陷阱,形成经济增长新动能,塑造产业国际竞争新优势,加快产业优化升级、推进产业跃迁已刻不容缓。习近平总书记曾多次强调,"产业结构优化升级是提高经济综合竞争力的关键,要加快构建现代产业发展新体系"。

产业结构改善和升级是伴随要素禀赋和产品空间结构改善而内生的经济现象,是产业加快高级化进而不断适应新时代的中长期过程。从某种意义上来说,一个国家或地区的经济发展,就是产业结构不断调整和优化升级的过程(熊彼特,1997)。从世界主要国家的工业化历程看,国民经济的持续、协调、快速发展,都是以产业结构的合理变动为前提,通过产业结构的高级化和合理化来实现。产业结构调整一直是世界各国发展经济的重要议题。尤其是 2008 年国际金融危机后,全球需求结构出现新的变化,从供给的角度,各国均加快了主动进行产业结构调整的步伐。全球产业格局由此呈现出发达国家制造业回流、发展中国家产业竞争加剧、新兴产业加速发展、低碳经济重塑国际竞争新规则等一系列新动向、新趋势。

改革开放 40 年来,我国充分利用丰富的劳动力资源比较优势,大力发展劳动密集型产业,借此实施了出口导向的战略,市场导向的机制和对外开放的条件吸引了国外资本、技术、管理和其它国内短缺要素的进入,并通过要素和产品的内外交流,实现了产业结构整体优化提升和主导产业更替。目前我国能源、原材料、劳动力成本等已经开始呈现出步入上升通道的趋势,资源环境约束和可持续发展问题越来越突出,这在客观上要求产业的技术结构、组织结构、布局结构、行业结构、产业链结构等进行适应性调整，特别是快速提升产业价值链，并与生产要素成本的上升相匹配，以保证经济的持续、快速发展。

伴随产业价值链的提升，还有一个产业结构重构的过程。对进入新时代的我国来说，就是贯彻党的十九大报告所提出的"建设现代化经济体系"，着力构建以现代农业为基础，以先进制造业为支柱，以战略性新兴产业为先导，以现代服务业为支撑的新产业体系。无疑，产业价值链提升和产业结构的重构将贯穿"十三五"和工业化中长期的全过程，面临着产业升级的模式选择和自主创新发展战略的双重探索，在这一过程中不可避免将存在转型的阵痛和调整的阻碍，但是必须跨越这一阶段，没有任何捷径可走。

越是处在一个变革的时代，越需要精准的判断和专业的指引。要实现产业跃迁的伟大梦想，必须做好新发展时期下产业升级路径相关理论的支撑工作。要站在宏观视野上看待产业升级，明辨产业动向。一方面，我们要重新思考过去，弄清产业演进升级的基本逻辑，研判分析产业发展态势和运行特征。另一方面，深刻规划未来如何高质量发展，构建符合中国长远利益的新型产业体系及其发展模式。

新时代呼唤新作为。我欣喜地看到，本书对我国产业升级变迁的逻辑规律进行了大胆探索，对产业价值链延伸拓展的基本路径进行了深入阐释，提出了独到的见解。这对政府部门通过产业链关键环节的资金注入延伸价值链条，通过优化资金配置引导产业有序转移升级，推动产业结构战略性调整，实现中国经济提质增效，具有很好的参考价值。同时，也有利于投资者（机构投资者）通过产业升级路径分析和产业景气度的动态把握，以产业发展逻辑判断和选择投资机会，找准投资切入时机，开展全产业链经营与投资，加强产业链关键环节的布局和协同。

中国社会科学院亚太与全球战略研究院院长

2018 年 11 月 1 日

目　录

第一章 产业升级的理论基础考察

产业价值链提升和产业结构的重构贯穿于各国经济结构调整和工业化发展的全过程。[①] 自 17 世纪英国经济学家威廉·配第（Petty William，1658）第一次发现各国国民收入水平的差异及其经济发展阶段变化的原因是产业结构的不同，产业结构的调整问题就越来越得到各国政府、产业界和学术界的重视。由此大量的学者积极探索产业结构变动规律，推动产业结构优化，逐渐衍生出产业发展、产业结构演进等众多思想流派和理论观点，为更好地理解新时代产业升级的内涵和把握产业升级的路径奠定了良好基础。

第一节 产业升级诠释

产业转型升级是一系列互不相同但又相互关联的生产经营活动构成的创新价值动态变化的过程，通常表现为价值链提升、供应链优化以及产业链延伸。其根本在于从价值链低端转向中高端，提高产业发展的质量和效益，而提高产业发展质量和效益的关键在于提高劳动生产率和全要素生产率，在于创新要素质量的全面

---

① 杨小凯：《经济学原理》，中国社会科学出版社，1998，第 106~108 页。

提升和结构优化①。为此，首先要弄清产业演变升级过程中涉及的一些概念和提法。

一 产业升级与产业结构升级

所谓的产业结构升级，是指产业结构从低级形态向高级形态转变的过程或趋势，主要原因是技术进步和比较优势的变化。产业升级和产业结构升级是两个不同的概念，两者之间既存在区别也有紧密的联系。

从两者的区别来看，主要有三点。一是主体不同，产业升级的主体是单个产业，产业结构升级的主体是产业结构；二是内涵不同，产业升级的内涵是指单个产业形成、发展和衰退的过程，不仅包括先进产业的培育和发展，也包括落后、过剩产业的市场退出，产业结构升级的内涵是指产业结构不断从低级形态向高级形态转变的过程或趋势；三是范围不同，产业升级是一个广义的、动态的概念，是指产业由低层次向高层次的转换过程，不仅包括产业产出总量的增长，而且包括产业结构的高级化，譬如一、二、三次产业在国民经济中所占比重的变化，制造业内部的结构升级过程，产业结构在劳动密集型、资本密集型、技术密集型和知识密集型之间依次演变，产品内从附加值低的劳动密集型价值环节向附加值高的资本技术密集型和渠道服务密集型价值环节的升级。

从两者联系来看，一方面，产业升级是产业结构升级的基础，产业结构升级是产业升级的必然结果。产业升级过程包括萌芽或孕育、形成或成长、成熟或扩张、蜕变或衰落等阶段，形成"级"的依次递进。这样，产业从形成走向衰退的过程也属于不断"升级"的过程。产业结构升级是指产业结构中的各

① 张来明、赵昌文：《以创新引领产业转型升级》，《光明日报》2016 年 1 月 27 日。

产业的地位、关系向更高级、更协调的方向转变的过程。单个产业在产业结构中的地位变化，是由其自身的发展状况决定的，当多个产业自身的发展改变了各自在产业结构中的地位，也就改变了各产业之间的关系，这时产业结构就走向更高一层，产业结构就实现了升级。另一方面，产业升级通过产业结构升级来体现。产业升级是指产业结构由较低级形态向较高级形态的转换过程，包括了产出结构高度化、技术结构高度化、就业结构高度化、资产结构高度化、产业组织演化和分工深化等方面[①]，是产业技术水平和生产率提高的必然结果。具体而言，产业升级包括三种不同的类型。第一，产业间的升级，即由以第一产业为主向以第二产业为主再向以第三产业为主的升级；第二，产业内的升级，即从密集使用较低级生产要素的传统产业向密集使用较高级生产要素的新兴行业的升级；第三，产品内的升级，即从低技术含量、低附加值产业链条向高技术含量、高附加值产业链条的升级。

二　产品升级与产业升级

产品升级和产业升级是一对有着内在关联的概念。一定意义上来说，产业升级就是一个企业、产业、区域或国家层面的产品替代过程。这种替代过程，既包括全新的创新性产品的出现（产品种类的增加），也包括功能与质量的提升（生产的工艺流程、产品功能和产品质量的升级），产品升级是产业转型升级的根本源泉。

从微观视角的产品层面研究产业升级，强调的是企业如何实现生产能力的再配置以实现产品的升级，即企业在足够的利润预期激励下如何调整已有的生产能力，将其再配置到新产品的生产

---

① 王岳平：《开放条件下的工业结构升级研究》，经济管理出版社，2004。

中去。这种生产能力的再配置效率，是一个企业能否在市场，尤其是在全球市场上获取竞争优势的关键因素，其核心是技术的研发或技术的模仿能力。与企业层面相对应，一个国家或区域的多样化能力的培育和已有多样化能力的再配置，在很大程度上也就决定了其产业升级的能力。

三　GVC 和 NVC

任何一个产业，都由若干企业组成，每一个企业都在从事设计、生产、销售、发送和辅助其产品等各种活动，所有这些活动可以用一个价值链①来表明。根据生产要素的主要投入类型，可以把某一具体产业的价值链活动划分为技术与资本密集环节（如研发设计、复杂零部件生产等环节）、劳动密集环节（简单零部件生产、组装等环节）和渠道与服务密集环节（如营销、生产性服务等环节）。随着全球经济一体化和国际贸易的快速发展，国内、国外两个市场两种资源为产业的发展提供了更大的空间，在全球市场开放条件下，发达国家和发展中国家均在同一产业上进行着价值创造。20 世纪 90 年代，一些学者在价值链等理论基础上发展了一种新的价值链理论，即 GVC（Global Value Chain，全球价值链）。全球价值链的发展为广大的发展中国家提供了机遇和挑战。这时候，产业价值链可以区分为 NVC（National Value Chain，国内价值链）和 GVC 两种形态，如图 1-1所示。

NVC 指产业价值活动在一国之内展开，资本与劳动力的可流动性会导致产业价值链不同环节的资本回报率和工资水平趋同，平均劳动生产率的差异主要反映的是人力资本构成的差异。因此，其价值曲线是一条相对平缓的"U"型曲线。

---

① 1985 年由 Michael Porter 在 *Competitive Advantage* 一书中提出。

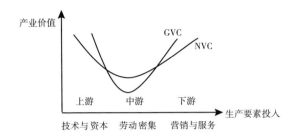

图 1 - 1 产业价值链

资料来源：作者根据相关材料绘制。

GVC 指产业价值活动跨国展开，劳动力跨国流动的障碍导致了不同国家之间劳动力成本的巨大差异，发达国家与发展中国家在国际生产价值链形成不同环节的分工，通常附加价值低的劳动密集型价值环节分布在发展中国家，而附加价值高的资本与技术密集型和渠道与服务密集型价值环节则分布在发达国家，发达国家和发展中国家在资本回报率和工资水平上存在很大的差异，其价值曲线是一条相对深凹的"U"型曲线。

当前，在新一轮科技革命的推动下，生产工序的细分、运输条件的改善、平台经济的发展，体现全球范围内有效利用并整合全球资源的分工与协作体系的国际分工模式发生了巨大的变化。然而我国的大部分代工企业在国际大买家的榨取下长期处于微利甚至无利的境地，怎么摆脱 GVC 体系带来的一系列发展问题，如何提升在 GVC 中的位次并主导构建优势产业链条，同时构建本国的 NVC，已成为我国产业发展亟待解决的重要问题。

四 OEM&ODM&OBM

20 世纪 70 年代以来，随着全球企业经营网络化和虚拟化时代的到来，企业生产活动专业化的趋势越来越明显。地区、国家之间形成的 OEM、ODM 和 OBM 三种不同类型的价值链分工，已经成为国际分工的重要形式。[①] 产业在不同的阶段追求不同的经营方式和利润模式，是产业发展的必然要求。当前，各个国家的产业都试图沿着 OEM、ODM 和 OBM 的路径来转型升级，加快抢占全球产业发展的制高点。

OEM（Original Equipment Manufacture）意为原始设备制造商，它是一种代工生产方式，其含义是一家厂商根据另一家厂商的要求，为其生产产品和产品配件，不掌控设计、开发和销售环节。值得注意的是，有些文献也把这种分工方式称为 OEA（Original Equipment Assembly），指企业利用采购者提供的原材料进行加工生产，可以简单理解为来料加工，有些文献也称其是"贴牌"生产。

ODM（Original Design Manufacture）意为原始设计制造商，它是一种较高级的代工生产方式，其含义是代工企业除了承担制造活动外，也进行深度加工组装和产品设计等活动，但品牌仍然为发包者所有或控制。ODM 方式往往更加注重合作，而在 OEM 的情形下，代工方对产品的具体规格基本不参与意见。

OBM（Original Brand Manufacture）意为原始品牌制造商，它是指制造企业不仅进行深度加工组装和产品设计活动，还拥有并深度开拓自己的品牌，是制造产业升级的一个崭新阶段。有观点认为，收购现有品牌、以特许经营方式获取品牌也可算为 OBM 中的一环。

从 OEM 到 ODM 再到 OBM，是企业的一种发展模式，是大企业和小企业之间一种必然的分工模式。从本质上讲，OEM、ODM、OBM 是企业不同的经营方式和利润模式的体现，但背后折射出产业升级的方向和趋势。表 1－1 反映了 OEM、ODM、OBM 三种分

① 马云俊：《产业转移、全球价值链与产业升级研究》，2016。

工模式在国际分工条件下的光谱。国内外产业成长的规律证明，成熟的先进行业基本上都具有"哑铃型"特征，技术和市场十分强大，制造环节部分或全部外包，这既是资本在利润和风险之间权衡后的必然选择，也是产业之间的分工合作。

表 1-1　开放条件下的产业国际分工

类型	创新		生产		营销
	研究	开发	设计	制造/组装	品牌营销/营销推广
OEM	发达国家先进产业来完成			发展中国家优势产业来完成	发达国家先进产业来完成
ODM	发达国家先进产业来完成	发展中国家优势产业来完成			发达国家先进产业来完成
OBM	发展中国家优势产业来完成			外包或代工	发展中国家优势产业来完成

资料来源：作者根据相关材料整理。

第二节　产业升级演进规律

不同的产业分类，会形成不同的产业结构描述方法。经济学家们根据产业分类的不同方法，提出了不同的产业演进规律。

一　三次产业结构变动规律

在经济社会发展过程中，产业结构与经济发展有着密不可分的联系。一国或地区的产业结构演进通常有如下的规律①：从"一、二、三"结构，然后向"二、一、三"结构，最后向"三、二、一"结构转化，即从第一产业增加值比重最大、就业人数最

---

① 学术界把这一产业结构变化的规律称为配第 - 克拉克定理。

多，第二产业相应次之，最后是第三产业的经济发展阶段，然后向第二产业增加值、就业人数比重最大，第一产业稍次，第三产业加速发展的经济发展阶段转化，最后向第三产业增加值、就业人数比重最大，第二产业稍次，第一产业最小的经济发展阶段转化。通常情况下，三大产业结构演进需要经历以下过程。

从一次产业升级内部来看，产业结构先从技术水平低下的粗放型农业向技术水平要求较高的集约型农业，再向生物、环境、生化、生态等技术含量较高的绿色农业、生态农业发展；由种植型农业向畜牧型农业、野外型农业向工厂型农业方向发展，进而向观光、休闲、科教等服务型农业转变。从二次产业升级内部来看，产业结构朝着轻工业向基础型重化工业，再向高加工度重化工业的方向发展，进而再向先进制造业、环保型工业方向演进。从三次产业升级内部来看，产业结构沿着传统型服务业向现代型服务业，再向生产性服务业，再向信息、知识产业的方向演进。

二　产业生产要素密集化演进规律

根据劳动力、资本和技术三种生产要素在各产业中的相对密集度，可以把产业分为劳动密集型产业、资本密集型产业和知识技术密集型产业三种类型。以这三种产业类型为研究视角，国内外一些经济学家（彼德，1968；林德特，1994）对产业结构演进升级进行了分析。结果发现，在一个国家经济发展的初始阶段，劳动力资源禀赋相对充裕，劳动力的价格也相对低廉，资本价格相对昂贵，使用劳动力的成本相对低，产业结构以大量使用劳动力的劳动密集型产业为主。随着经济发展，资本变得相对充裕，使用资本的价格相对下降，经济转向资本密集型产业为主导的产业结构。最后，随着技术创新的大规模快速发展，经济的发展主要依靠技术进步来推动，经济也就转向知识技术密集型产业为主导的产业结构。因此，一个经济体的产业结构往往先是以劳动密集型产业为主导①，再向以资本密集型产业为主导转变，最后演变为以知识密集型产业为主导的产业结构。

三 中间使用率的增加与产业结构高加工度化的规律

按照发达国家的经验和产业经济理论的分析，随着工业化水平的提高，产业结构呈现出专业化与加工层次增多、部门之间相互购买增加、制成品对初级产品替代、产业结构和投入产出系数变化等现象。一方面，产业生产呈现出"迂回化"特征，即中间使用率增加；另一方面，经济增长对原材料的依赖程度相对下降，产业结构进一步深化②。这种结构深化或加工深化表明，无论在轻工业还是在重工业领域，都会由以原材料为重心的结构向以加工、组装工业为重心的结构发展，即由以原材料为中心的重工业化向以加工、组装为重心的高加工度化发展。也就是说，工业化发展到一定阶段，原材料产业在产业中的比重趋于稳定，重工业化的出现主要是依赖加工装配型重工业的增长。这使得产业结构演进规律表现为高加工度和高附加值的产业在产业结构中的比重不断上升。以日本为例，1955～1975 年，日本服装工业的发展速度是纺织工业的 4.3 倍，木器家具工业的增速是木材加工的 2.3 倍，机械工业的发展速度是钢铁工业的近 3 倍，这非常明显地表明了日本工业结构加工度和附加值不断提升的规律。由于高加工度、高技术含量、高附加值的产业在市场上的竞争力也较强，社会资源会在市场经济和价格机制的作用下流向这些产业，随着资源不断流向高加工度、高附加值的产业，产业结构中高加工度、高附加值的产业的比重也是越来越大。

---

① 据专家研究，美国以劳动密集型产业为主导的工业化阶段持续了 110 年，日本持续了 80 年，中国台湾持续了 40 年。

② 王岳平：《开放条件下的工业结构升级研究》，经济管理出版社，2004，第 26～28 页。

四　产业技术集约与结构"软化"规律

随着高加工度、高技术含量、高附加值的产业的发展以及劳动者技术水平的不断提高，高技术产业在经济中的占比逐渐提高，产业结构进一步表现出技术集约化的趋势。这种趋势不仅表现为所有的行业部门将采用越来越高级的技术、工艺实现自动化，而且表现为以技术密集为特征的高技术产业的兴起。技术集约过程是从工业社会向后工业社会的过渡过程[①]，以信息技术为代表的新一轮科技革命对产业结构产生了重要的影响。信息技术的发展，不但使得信息产业在国民经济中的地位迅速提高，而且引发产业变革、重塑了整个产业体验，形成了新的生产方式、产业形态、商业模式和经济增长点。一方面，在信息化过程中，管理、市场运作等与生产信息处理有关的部门逐渐强化，在专业化分工基础上变得更加独立化；同时，生产的日益自动化使企业劳动者也逐步从直接手工操作转向对高度自动化机器的管理、维护与技术支持。他们的工作变得越来越"知识化"和专业化，越来越具有"服务"和"软化"的特征。另一方面，信息技术为传统企业发展提供了新的驱动力，它使信息的采集、加工和传递可以在瞬间完成，有助于降低成本、提高生产力、提高质量和效率；它扩大了企业的外部交流范围，为企业提供了与客户交流的桥梁，帮助企业发现更具价值的客户或更有价值的市场空间，提高企业的运营效率，拓展企业的经营方式；它使传统的生产活动从"能源和材料密集型"转向"信息密集型"或"信息密集化"，信息化能力成为企业获得竞争力的重要因素。信息技术的发展使得产业结构出现了"软化"的新特点，信息和服务成为新时代日益重要的生产要素。

[①]　劳伦斯·克莱因：《供求经济学》，商务印书馆，1988（中译本），第148~149页。

第三节　产业升级相关理论

一　比较优势演化理论

比较优势理论来源于亚当·斯密的绝对成本学说，由大卫·李嘉图在 1817 年系统提出。该理论基本含义是，一国应以其比较优势为依据确定和调整本国的产业结构，在贸易双方资源有限且生产技术不变的条件下，分别生产和出口各自具有比较优势的产品，同时进口本国具有比较劣势的产品，就能够最合理地配置资源，实现双方经济福利的最大化。

20 世纪 30 年代，瑞典经济学家赫克歇尔（Heckscher）和俄林（Ohlin）又以李嘉图提出的比较优势原理为基础，提出了旨在解释比较优势形成原因的要素禀赋学说，认为一国应依据本国的生产要素禀赋确定和调整产业结构，因为比较优势的根源在于各国的生产要素禀赋不同。一国应充分利用其所拥有的相对充裕的生产要素，生产此种要素密集型产品，增加本国优势和福利。

后来，巴拉萨、攸原等经济学家进一步将比较优势理论动态化，提出了动态比较成本说。该理论认为，一国经济发展过程中的比较优势是不断变化的，这种变化体现在有形资产和人力资本相对密集使用程度的不断提高。该理论主张国家扶持需求弹性高、能够提高产业结构高度的产业。波兰经济学家布辛斯基（Rybczynski）也对赫克歇尔和俄林的理论做了补充，认为一种生产要素的增加将会减少另一种要素密集型产品的生产。因此，资本要素存量相对增加的国家，应预期其劳动密集型产业将趋于萎缩，试图保护劳动密集型产业是不可行的；对于劳动力要素供给趋于增加的发展中国家，不合时宜地发展资本密集型产业、技术密集型产业可能导致比较优势丧失，致使经济增长欲速则不达；随着一国某种生产要素的积累和增加，要素密集度就会发生变化，从而导致比较优势的变化，这时应相应地调整产业结构，否则不当的产业结构将阻碍经济的持续增长。简言之，一国的比较优势是动态的、变化的，产业结构需动态调整。

根据比较优势理论，各个国家应该按照比较利益原则参与国际分工，从而形成对外贸易的比较利益结构，促进全球贸易的发展。为此，世界产业结构调整也应该按照比较利益原则来进行，充分利用各国具有比较优势的产业，发挥各自的优势，在全球范围内实现资源优化配置，促进产业优化升级。

二 竞争优势理论

20 世纪八九十年代，波特（1993）突破了传统比较优势理论的局限，认为"一国产业在国际市场上的竞争优势比比较优势更重要，产业结构调整取决于竞争优势而非比较优势"。[①] 因为只有具有竞争优势的产业，才有可能在经济全球化形势下占领国际市场，而竞争优势形成的关键在于能否使主导产业具有优势，优势产业的建立有赖于提高生产效率，提高生产效率的源泉在于企业是否具有创新机制。一国的上游产业在国际市场上具有竞争优势，有助于下游产业在国际市场上保持自己的竞争地位。主导产业与辅助产业之间经常的、紧密的协调与合作关系也有利于一国的国际竞争优势的形成。

波特的竞争优势理论，成为开放式产业结构调整的理论依据，它要求一国的产业结构应当立足于提高国家竞争优势的高度，突破国内狭隘的市场和资源的约束，面向国际市场进行战略选择。加入 WTO 后，随着市场开放程度的提高和竞争范围的扩大，我国

---

① 波特：《国家竞争优势》，李明轩、邱如美译，中信出版社，2007，第 79～86 页。

产业结构调整必须结合比较优势动态地规划我国各产业的长远发展，同时要追求有利于提高竞争力的产业目标，由此伴随着国际产业结构的演进步伐，不断实现我国产业结构的优化升级，逐步向产业结构的高级化演进，最终促进经济又好又快发展。

三　产品空间结构演化理论

豪斯曼和科林格等学者（2006）在内生经济增长理论的框架下，利用社会网络理论，构建了产品空间演化的模型，将产品升级所蕴含的比较优势演化与一个国家产业升级的路径和经济绩效联系起来。该模型强调了产品空间的高度异质性与不连续性，考察了产品的邻近性、产品空间密度、发现要素等对企业产品升级的影响，分析了技术距离所带来的产品跳跃成本和风险以及各种外部性对企业家自主发现活动的制约，比如信息的外部性、技术扩散的外部性和协调的外部性等。在此基础上，Felipe de Waldemar 和 Sandra Poncet（2012）利用中国海关 2000～2006 年的企业层面的出口数据，进一步验证了该理论的有效性。根据产品空间结构演化理论，产品在比较优势的演化过程中发挥着重要的作用，它决定了一个国家或地区产业升级的方向和比较优势演化的路径，尤其是产品空间内各个产品之间的技术关联性（豪斯曼和伊达尔戈等人将其界定为"相似性或邻近性"），会显著地影响一个国家或地区的产业发展方向与产业的比较优势。因此，一个国家往往趋向于选择生产与已有产品接近的新产品，创造与接近产品有关的新技术优势。由于产品空间的异质性存在着联系较大的紧密部分，也存在着联系较小的稀疏部分，这就意味着一个国家在产品空间的现有位置或初始的专业化模式，对该国未来产业转型的机会将产生较大的影响。

基于此，他们认为一个国家或地区的经济决策机构，在制定和实施推动产业升级与发展方式转型的政策时，如没有顾及这些制约因素，产业升级的目标定位过高，超出了国家、地区或企业所能达到的技术距离而盲目地推动结构转型和产业升级，将会带来"灾难性"的后果。

四　产品生命周期理论

产品生命周期（Product Life Cycle，简称 PLC）理论是美国雷蒙德·弗农（Raymond Vernon）于 1966 年在《产品周期中的国际投资与国际贸易》一文中首次提出。产品生命周期，就是产品的市场寿命，即一种新产品从开始进入市场到被市场淘汰的整个过程。该理论认为，产品和人的生命一样，要经历形成、成长、成熟、衰退这样的周期。就产品而言，也就是要经历一个开发、引进、成长、成熟、衰退的阶段。而这个周期在不同的技术水平的国家里，发生的时间和过程是不一样的，其中存在一个较大的差距和时差，正是这一不同，表现为各个国家在技术上的差距，它反映了同一产品在不同国家市场上的竞争地位的差异。该理论对产业升级的借鉴价值和指导意义在于，产业从诞生开始，就要有危机意识，要不断创新，开发新产品。要通过产品的生命周期，分析判断产品处于生命周期的哪一阶段，正确把握产品的市场寿命，推测产品发展的趋势，并根据不同阶段的特点，采取逆产品生命周期的升级和发展策略，增强产业竞争力，产品的比较优势是不断转移的，要了解和掌握产品竞争力的动态变化，把握时机制定转型升级策略。

五　"微笑曲线"理论

20 世纪 90 年代初，素有台湾"IT 教父"之称的宏碁（Acer）总裁施振荣先生根据波特理论和他多年从事 IT 产业的丰富经验提出了"微笑曲线"理论。"微笑曲线"，顾名思义，这一曲线形似微笑，如图 1-2。"嘴角"上扬的程度代表了企业经营活动所产

生的附加值的多少，反映了处在价值链上游、中游和下游的环节
所带来的附加值的变化。"微笑"的底端代表着价值产生的中间环
节，是劳动力最为密集的环节，曲线的左端代表价值链的上游，
集中表现为设计和研发等环节，右端是代表产品品牌、服务及渠
道的价值链下游环节。

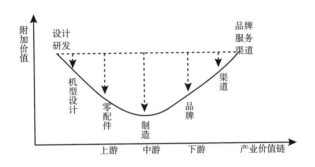

图 1 - 2　产业"微笑曲线"价值链

资料来源：施振荣：《从中国制造到中国创造——看台湾品牌策略
如何破解产业升级之路》，1992。

　　处于价值链左端的设计研发环节是企业在全球化竞争中发展
的重要基础。企业对设计研发的投资即是对自身长期发展的投资。
由于对知识产权的保护和模仿本身的难度，产品的附加值可以在
一定时期内处于较高水平。处于价值链中游的制造环节，由于现
今社会生产标准的一致性以及机器设备、生产技术等的通用性，
这一环节的进入门槛较低，竞争缺乏保护，从而引发了这一环节
竞争的残酷性，处于这个环节的企业往往靠规模化生产、严格控
制成本取胜，而在这一情形下，外包便几乎成了绝大多数企业优
先选择的方案。价值链的右端是企业在区域性竞争中发展的主要
基础，企业可以通过把握市场需求，迎合消费者的喜好，迅速建
立销售渠道，率先占有市场，从而达到较高的利润水平。
　　由此可见，在产业中关键技术、关键零配件以及品牌、渠道
是高附加值，一般制造或代工是低附加值，企业要获得高利润需

要向微笑曲线的两端延伸。因此，在全球化的条件下，企业在累积了附加价值最低部分的经验和能力之后，只有不断创新进取，向"微笑曲线"两端逐步升级，才能赢得竞争的主动权，扩大产品的附加值及利润空间；产业结构调整只有在产业链的不同位置和不同产业之间进行，才能获得更多的附加值和更多的利润，才能赢得更强的国际产业竞争力。

改革开放以来，随着经济的全球化，国际分工和产业的国际间转移愈演愈烈，区域经济也逐渐融入全球范围的生产过程。为了寻求经济利益的最大化，各个国家和企业在全球范围内组织生产、统筹市场和整合资源，往往将整个生产流通过程分为几个阶段，并在研发、对外转包、渠道运作、品牌管理等各个方面进行选择。发达国家中的企业往往把部分技术简单、附加值小的环节外包给国外厂商，自己则专注于产品技术研发和市场营销，从而形成了一系列"耐克公司不生产耐克鞋"的"耐克现象"。特别是近些年来，随着模块化生产技术的革新，企业间和国际间的分工形势发生了更大的变化。为了削减成本，发达国家的企业争相把以低附加值生产工序为中心的生产转向发展中国家。在这种背景下，中国以廉价且丰富的劳动力为后盾，积极引进跨国公司的直接投资，加快了工业发展的速度，迅速成为世界制造业的加工基地。

虽然中国抓住了机遇迅速成为工业大国，但其工业强国的地位却备受质疑。目前我国的高加工度、高附加价值制造业的基础还非常薄弱，具有自主知识产权的产品也很少。我国的产业大多还处于"微笑曲线"附加值的"下颚"处，产业的国际竞争力还处于比较弱势的阶段。

六 产业价值网理论

随着互联网和信息技术的不断发展，市场竞争变得越来越激烈，企业需要快速对市场变化做出反应，此时传统的价值链模式已经不能适应变化迅猛的市场。这时候，新的业务模式，即价值网变得非常重要。企业间将研发、生产、销售等模块不断整合，这样就产生了若干条产业价值链，横纵交织形成产业价值网。美国学者 Adrian Slywotzky（1998）在《利润区》一书中首次提出价值网的概念，由于信息技术与产业的发展，各个产业彼此相连，共同形成了产业网，相应的产业价值链也形成了产业价值网。Allee 在 2000 年发展了价值网（value network）的概念。

核心产业的形成是一个地区经济发展的重要基础，在区域核心产业形成的过程中，必定会有很多相关联的企业慢慢集聚过来。随着市场竞争越来越激烈，企业单枪匹马已经不能适应市场的变化，它们会采取合作竞争的方式，相互联系起来实现共赢。这些相关联的企业彼此交叉，以客户需求为中心，形成了一种新的网络组织，就是产业价值网。这种模式能够快速响应顾客的需求，从而更好地满足顾客的需要，同时也创造出更多的价值。产业价值网理论的核心思想是企业之间的互相关联、产业间跨界融合、供给需求互动，这为产业向平台化和网络化发展提供了有效的理论支撑。当前，平台经济日益成为产业升级发展的重要趋势。

第四节 景气评价及预测理论

经济景气评价的理论基础非常广泛，涉及经济学、统计学、系统论等多个学科①。对于景气波动的形成原因可以利用经济波动

---

① 虽然景气评价由来已久，并且在经济管理的实践中运用广泛，但是在一段时期内，经济景气评价的方法被称为"没有理论基础的方法"。

和经济周期理论来解释，因为经济景气和经济不景气体现为经济波动，景气循环则表现为经济周期。经济波动和经济周期理论是景气评价的理论基础，而景气研究是经济波动和经济周期理论的应用和拓展。

经济波动是长期存在的经济现象，由于经济波动在早期呈现出较强的时间周期性，人们通常将经济波动称为经济周期。法国经济学家朱格拉于1962年发现设备投资存在着8~10年的周期波动。此后，美国经济学家基钦发现了持续40个月左右的库存周期，苏联经济学家康德拉季耶夫发现了50~60年的长周期，俄裔美国经济学家库兹涅茨发现了15~25年的建筑周期。但是应该注意到，经济波动的周期与数学中的周期存在很大的不同，经济学中的周期时间长度并非是严格等长的。所谓经济波动的周期，主要是指每个周期都要经历几个相同的阶段，即扩张、收缩、衰退和复苏。各经济学派都认为经济的大起大落会带来效率和福利的损失，应避免经济的大起大落。自19世纪20年代第一次经济危机以来，经济学家们开始注重对经济周期理论的研究，围绕为什么经济会产生周期性波动，从不同的角度形成了各种各样的理论假说，代表性的理论可以分为以下三种类型。

一 外生经济周期理论

围绕经济周期的根源问题，有些学者认为经济周期是外生的，从而提出外生经济周期理论。这类理论认为，经济周期产生的原因与经济制度的变动无关，而是经济制度之外的其他某些因素波动造成的，如太阳黑子、战争、革命、选举、金矿或新资源的发现等。外生经济周期理论比较典型的假说有英国经济学家杰文斯在1875年提出的太阳黑子理论和卡莱斯基在1943年提出的政治周期理论。太阳黑子理论认为太阳黑子的周期性变化会导致气候变化，影响农业收成从而影响整个经济。政治周期理论则认为是政府的周期性决策导致了整个经济的周期性变化。总的来看，外生经济周期理论更多地从表象上来分析问题，没有抓住问题的本质，这种理论没有多大的说服力。

二　内生经济周期理论

与外生经济周期理论相对立，许多经济学家从内因来解释经济周期性波动问题，形成了内生经济周期理论。这类理论认为，经济周期的波动是由经济体系内部的因素造成的，比如消费、投资、货币，等等。代表性观点有马尔萨斯（1806）提出的消费不足论，霍特里（1913）提出的货币因素论，熊彼特（1912）提出的创新理论和巴拉诺夫斯基（1915）提出的投资过多理论。消费不足论认为，对消费品的需求小于消费品生产的增加是产生经济周期性波动的基本原因。货币因素论强调经济产生周期性波动的唯一原因是货币供应量的增减，经济周期仅仅是一种货币现象。创新理论认为是技术的创新或制度的创新导致了经济的繁荣和衰退，从而产生经济波动现象。投资过多理论则认为，投资过多会使资本品的生产快于消费品的生产，从而导致经济的周期性波动。

三　现代经济周期理论

在宏观分析的动态化基础上，现代经济周期理论登上舞台。该理论强调内生因素，即使外生因素给经济带来冲击，这些外生因素也要通过内生因素才能起作用。现代经济周期理论强调了市场经济中经济周期存在的必然性。该理论包括很多流派，主要以凯恩斯主义学派、货币主义学派和现代预期学派为代表。凯恩斯主义学派认为国民收入水平取决于总需求，而消费的短期变动并不是经济波动的主要原因，政府支出是可以控制的因素，净出口所占比例很小，这样投资的变动就会是经济波动的主要原因。货币主义者强调货币对经济的作用，从货币供应量变动对经济的影响这个角度来阐述经济周期。现代预期学派则认为经济周期波动的主要原因是心理预期与现实的偏差。

四 经济预警系统方法

目前常用的经济预警方法主要有黑色预警法、黄色预警法和红色预警法。黑色预警法不引入警兆变量，只考察警素指标的时间序列变化规律。根据这种变化规律，就可以对警素的走势进行预测，此方法多用于单项预警。

黄色预警法是目前使用最多的方法，它是根据警兆的警级预报警素的警度，包括指数预警法，统计预警法和模型预警法。指数预警法是指通过构建综合指数来达到对经济运行情况进行监测预警的目的。目前主要用于宏观经济领域，如景气指数法。统计预警法是利用警兆和警素的关系进行预警，在企业财务危机预警中应用较为广泛，具有使用变量少、数据易收集、操作简单的特点。模型预警法是在统计预警基础上的进一步分析，一般是建立线性或非线性模型进行预测，常用的有 Logistic 回归分析法、ARMA 模型、ARCH 预警法等。

红色预警法重视定性分析，对影响警素变动的因素进行分析，并结合预测者的直觉和经验等进行预警。按照不同的预警方法，经济预警系统可以分为经济景气指数预警系统、信号预警系统、状态判别预警系统、智能化预警系统和神经网络预警系统等。

产业升级理论和景气评价理论散见于产业经济学和发展经济学的文献和教科书之中，本章归纳和总结了产业演变升级理论中的一些重要的概念、基本规律、重点理论和主要观点，为本书后续分析提供理论支撑，也是构建产业升级和产业景气预测分析框架的基础。综合来看，产业结构演变升级基本上遵循了由低级向高低演进的规律：产业结构的演进可以分为初级结构、中级结构和高级结构三个阶段，产业结构演进表现为由低级向中级再向高级演进的规律。初级结构是以低加工度和低附加值产业为主，即以第一产业为主、以劳动密集型产业为主的产业结构。中级产业结构是以较高加工度和较高附加值为主，即以第二产业为主、以资本密集型产业为主的产业结构。高级产业结构是以高加工度和高附加值产业为主，即以第三产业为主、以知识密集型产业为主的产业结构。经济总是不断经历由扩张走向收缩再走向扩张的过程，经济发展过程中总会出现波动。可以把经济新常态看成一个经济周期，各种经济周期波动理论为研究产业运行景气情况和波动规律提供了重要借鉴。

第二章　产业升级路径的一般性问题

研究产业升级的路径问题，需要了解把握产业升级的基础问题，譬如产业升级的种类、产业升级的方式、产业升级的主要路径等。本章主要是回顾和总结产业升级路径相关的理论常识和经验做法，为后面的研究奠定基础。

第一节　产业升级的类型

产业升级是一个产业发展能力的累积与培育的动态过程，是产业加快高级化进而不断适应新常态的过程。升级就是更有效地制造更好的产品或从事需要更多技能的活动（Kaplinsky，1982）。产业升级的层次有很多，如 Gereffi（1999）把产业升级分为产品层次上的升级、经济活动层次上的升级、部门内层次上的升级、部门间层次上的升级。Ernst（2001）将产业升级方式划分为五种类型，即产业间升级、要素间升级、需求升级、功能升级、链接上的升级等五个层次。较为普遍的划分，是 Humphrey 和 Schmitz（2002）在 Gereffi 分类的基础上提出的一种以企业为中心、由低级到高级的四层次升级分类方法，即流程升级（Process Upgrading）、产品升级（Product Upgrading）、功能升级（Functional Upgrading）、部门间升级（Intersectorai Upgrading），也称链条升级。产业升级一般是遵循从流程升级到产品升级、再到功能升级、最后到链条升级这样一个渐进的过程。

一 Gereffi 的四层次分类

Gereffi（1999）较早认识到产业升级分析的层次问题，他认为产业升级可分为四个层次。一是在产品层次上的升级，即从简单到复杂的同类型产品；二是在经济活动层次上的升级，包括不断提升的设计、生产和营销能力；三是在部门内层次上的升级，如从最终环节的制造到更高价值产品和服务的生产，也包括供应链的前向和后向联系；四是在部门间层次上的升级，即从低价值、劳动密集型产业到资本和技术密集型产业的升级。

二 Ernst 划分的五种类型

Ernst（2001）将产业升级方式划分为五种类型。一是产业间升级，在产业层级中从低附加值产业（如轻工业）向高附加值产业（重工业和高技术产业）升级；二是要素间升级，在生产要素层级中从"禀赋资产（Endowed Assets）"或"自然资本（Natural Capital）"（自然资源和非熟练劳动力）向"创造资产（Created Assets）"，即物资资本、人力资本和社会资本升级；三是需求升级，在消费层级中从必需品向便利品，然后向奢侈品升级；四是功能升级，在价值链层级中，从销售、分配向最终的组装、测试、零部件制造、产品开发和系统整合升级；五是链接上的升级，在前后链接的层级中，从有形的商品类生产投入到无形的、知识密集的支持性服务。

三 Humphrey 和 Schmitz 的四种升级

Humphrey 和 Schmitz（2002）在 Gerefti 分类的基础上明确提出了一种以企业为中心、由低级到高级的四层次升级分类方法。

一是流程升级（Process Upgrading），即通过对产业链中某环节的工艺、生产流程的改造或引进更加先进的技术来提高生产效率，如巴西西诺斯鞋谷（Sinos Valley）的鞋类生产；二是产品升级（Product Upgrading），即通过引进新产品、改造老产品，转向新的产品线，提高产品更新能力，如亚洲的服装商品链从折扣连锁店（discount chains）升级到百货公司；三是功能升级（Functional Upgrading），即获取产业链中新的更高的功能，如研发和营销功能，或放弃低附加值的环节而集中于更高附加值的环节，重新组合价值链环节来获取竞争优势，如墨西哥的 Torreon 牛仔裤生产从单独的成衣加工升级为全功能的服装生产；四是部门间升级（Intersectoral Upgrading），也称链条升级，即将从一个特定产业环节中获得的能力应用到新的领域或转向一个新的产业，如我国台湾把在制造电视机过程中获得的能力应用于显示器的制造，并转向计算机产业。具体的产业升级的层次分类，如表 2 - 1 所示。

表 2 - 1　产业升级的层次分类

升级的类型	升级的实践	升级的表现
流程升级	生产过程更加有效率	降低成本，提高产品开发力
产品升级	新产品开发，比竞争对手更快升级	新产品、新品牌市场占有率的提高
功能升级	获取价值链中更高附加值环节	承担价值链中关键功能，获得更高的利润率
链条升级	剥离原来的生产经营活动进入一个新的产业链	新产品成为差异化产品，市场占有率上升，获得更高的利润率

资料来源：吴彦艳：《产业链构建整合及升级研究》，2009。

综合来看，从产业升级的四层分类可以看出，前三种升级类型即流程升级、产品升级和功能升级都是围绕同一类产品进行的，其生产过程都在同一个产业链条内，因此属于产业内的升级，其主要目的是提高产业的素质和效率，可以看作是微观的产业升级。第四种链条升级是不同产业链条之间的转换，属于产业间的升级，主要涉及了产业结构的调整和改善，因此可以看作是宏观的产业升级。

四　目前国内外常用的分类

现在的研究基本上以这种产业升级的分类方式为基础进行，并且国际经验普遍认为，产业升级一般是遵循从流程升级到产品升级，再到功能升级，最后到链条升级这样一个渐进的过程。

此外，一些学者在研究发展中国家以及"亚洲四小龙"的经济腾飞的过程中，将产业升级的阶段划分为 OEA、OEM、ODM 和 OBM，即组装、贴牌生产、自主设计制造和自有品牌制造。Humphrey（2004）在研究发展中国家的产业升级时，指出东亚国家的产业升级就是沿着 OEA – OEM – ODM – OBM 的路径实现的，这是一种以全球贸易为基础的产业升级方式，这种产业升级的方式常常被视为四层产业升级中的功能升级的路径，即沿价值链向高附加值的环节延伸。随着产业链的全球化延伸，这种方式也成为发展中国家产业升级的一种重要选择。

第二节　产业升级的方式

本节结合 Humphrey 和 Schmitz（2002）、波特（2002）、Gereffi（1999）以及 Poon（2004）的观点来探讨多种方式的升级路径，即同一产品分工链上的升级、同一产业内产品结构的升级、不同要素密集度产业间的升级，并且这三种升级方式是相互联系、互相促进的。

一　同一产品分工链上的升级

将产品分工链条拉长，既包括上游研发设计，也包括下游流通营销、品牌创新和维护一系列生产活动的环节，由于生产阶段本身的特性决定了其增值能力低，当平均收益长期低于边际成本时，企业不得不转移这些环节，重新组合生产要素，进入增值能力强的价值环节。微笑曲线表明，越往上游的研究开发和关键零部件以及下游的品牌和营销两端走，增值潜力和空间越大，因为两头是资本技术密集型环节及渠道和服务密集型环节。处于中间的加工制造环节增值空间最小，因为中间是劳动密集型环节，如图 2－1 所示。具体的升级方向有以下两种类型：①沿着产品分工链向上游延伸，从最后工序开始往前推，循着简单加工组装—复杂加工装配—关键零部件配套生产—主要原材料和技术设备的加工生产—产品研发的轨迹；②沿着产品分工链向下游延伸，循着简单加工组装—总装—销售—售后服务—渠道网络的建设—品牌的维护的轨迹。

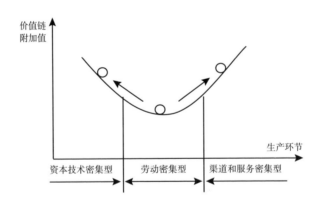

图 2－1 同一产品分工链上的升级

资料来源：涂颖清：《全球价值链下我国制造业升级研究》，2010。

二 同一产业内产品结构的升级

同一产业内产品结构的升级是指同一产业内依据要素密集度的不同可以将产品分为技术密集型产品、资本密集型产品、劳动密集型产品。通过技术创新或市场调整，企业可以实现从劳动密集型产品—资本密集型产品—技术密集型产品的渐进式升级或跨跃式升级，如图 2 - 2 所示。

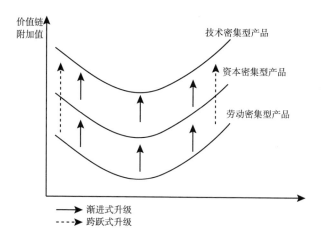

图 2 - 2 同一产业内产品结构的升级

资料来源：李晓阳、吴彦艳、王雅林：《基于比较优势和企业能力理论视角的产业升级路径选择研究——以我国汽车产业为例》，2010 年 4 月。

三 不同要素密集度产业间的升级

依据不同的要素密集度可以将制造业划分为劳动密集型产业、资本密集型产业、技术密集型产业，不同要素密集度产业间升级是指产业由劳动密集型产业—资本密集型产业—技术密集型产业的渐进式升级或跨跃式升级，实质是离开分工水平低、利润率低的产业，进军分工水平高、利润率高的产业，如图 2 - 3 所示。

四 三种升级方式之间的关系

总体来看，同一产品分工链上的升级是当前国际分工条件下的主流分工形式，同一产业内产品结构的升级和不同要素密集度产业间的升级最后表现出来的形式还是同一产品分工链上的升级，

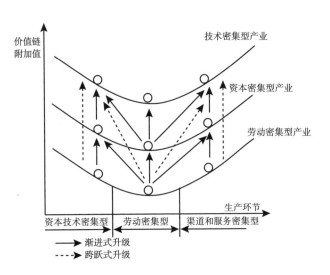

图 2 - 3　不同要素密集度产业间的升级

资料来源：涂颖清：《全球价值链下我国制造业升级研究》，2010。

因为现在的企业不是全能型的，它必须专注于自己擅长的某一方面，将不擅长的外包出去。在同一产业内产品结构升级过程中，企业可以从劳动密集型产品向技术密集型产品升级，但也只能处于技术密集型产品生产的某个环节[①]。不同要素密集度产业间升级的表现形式，首先是从劳动密集型产业向技术密集型产业升级，但最后也只能处于全球价值链生产的某个环节，即劳动密集型环节或资本技术密集型环节。

第三节　产业升级的主要路径及特征

产业从低端向高端迈进，可以通过多重途径，目前没有形成统一的观点。总的来看，主要分成线性和非线性两大类，如图 2 - 4 所示。

---

① 即劳动密集型环节或资本技术密集型环节。

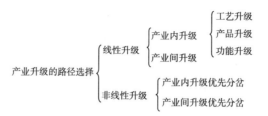

图 2 - 4　产业升级的路径

资料来源：罗芳、李红江：《我国劳动密集型产业升级的路径依赖与路径选择》，《当代经济管理》2013 年第 35 期。

一　线性升级路径

通常情况下，产业升级是先在产业内进行升级，在达到该产业升级的顶端后会转向产业间升级。产业升级表现为一种线性的升级过程，也叫循序渐进的升级，即从附加值低的环节逐渐转换到附加值高的环节，一步一步地实现连续的、渐进式的产业升级。在线性升级路径中，产业沿着从流程升级到产品升级到功能升级再到链条升级的路径演进，或者从 OEA（组装者）到 OEM（原始设备制造商）到 ODM（原始设计制造商）到 OBM（原始品牌制造商），这也属于产业线性升级的可能路径，如表 2 - 2 所示。如果

表 2 - 2　产业线性升级路径

项目	流程升级	产品升级	功能升级	链条升级
含义	企业通过对生产系统的重组以及新技术的引入，提高生产效率	企业能够实现对新生产技术的掌握，并在价值链中处于高附加值环节	企业通过对价值链中相对地位的改变，实现对价值链高附加值环节的嵌入	从价值增值能力较低的价值链向价值增值能力较高的价值链转移
升级途径	通过对员工的技术培训、陈旧生产设备的更新以及提高各生产单位间协同能力等途径，寻求生产效率的提高	通过引入新产品或升级传统产品，使企业相对于竞争对手更有效率，此外，通过建设更为先进的生产线，提高新产品的市场占有率	以自有品牌为依托实现对价值链的重构或重新寻找合作企业建立新的价值链，寻求在价值链中的领导地位	主要来源于重大技术进步，这种重大技术进步为产业突破传统升级方式、实现跨越式发展提供了基础

资料来源：根据涂颖清《全球价值链下我国制造业升级研究》编制。

立足产业链来分析，存在内生拓展型产业升级，通过资本投入、技术创新等，不断增强产业链制造环节实力，并且逐步向研发、设计、营销、服务等附加价值高的环节拓展，逐步构建完整的产业链，实现产业链的内部升级。内生拓展型的产业升级可以通过独立模式和合作模式两种途径实现。

二　非线性升级路径

产业升级也可能是非线性的，可以通过跨越或跃迁的方式，从低价值环节直接到达高价值环节，而不用经过中间的过渡环节，或者从一条产业链跃迁至另一条附加值更高的产业链，实现产业升级。非线性产业升级又可以分为产业内升级优先分岔和产业间升级优先分岔。产业内升级优先分岔就是优先实行产业内升级，当产业内升级达到一个高的水平后，再跳入另一个产业，实现产业间升级。当一个国家产业内升级达到较高水平时，在产业间升级中就可以跳入一个较高的位置。产业间升级优先分岔则是指，优先实现产业间升级，在实现产业间升级后，再实现产业内升级。一般而言，一个国家升级到一个新的较高级的产业后，反过来会对于相对低级的产业实现产业内升级有促进作用。如果基于产业链来分析，非线性升级路径有跃迁型和嵌入型两种升级路径，如表 2-3 所示。

表 2-3　产业升级路径的特征

升级路径	线性升级路径	非线性升级路径	
	内生拓展型	跃迁型	嵌入型
所需时间	较长	较短	较短
对资金、技术的要求	高	高	较高
自主创新能力要求	高	高	一般
形成持续产业竞争力的可能性	很大	较大	较小

资料来源：吴彦艳：《产业链的构建整合及升级研究》，2009。

　　从理论层面和文献角度梳理和总结产业升级的基本路径，这都是在理想状态下的产业升级。在产业运行实际过程中，情况可能会有很大的不同。尤其在当前，经济进入新时代，产业发展环境发生了很大的改变，以云计算、大数据、物联网为代表的新一代信息技术不断推动产业发生根本性变革，产业发展动力机制不断出现新式力量，产业日益跨界融合，产业升级的内涵不断演变。因此，在这种情况下，产生升级的路径也会发生改变，要具体分析和认真把握。产业演进升级既要遵循产业升级发展的一般规律，又要体现出中国的特色。

第三章 产业升级路径判断的方法论

判断产业升级路径有没有常用的方法？如何来判断产业通过什么具体方式来实现升级？本部分将在产业升级路径相关理论分析研究的基础上，来判断产业升级在众多的路径中到底采用哪一种最合适。本章拟通过研究辅助性资产与技术壁垒的关系、市场占有和技术能力的关系、技术距离的比较，来分析判断某一产业具体的升级路径；根据所考察产业的产值、销售额、利润等指标，引入变化率、速率等，来对某一具体产业升级的情况和质效进行粗略测度，并提出三种具体测度方法。

第一节 产业透视维度

摸清现状是弄清一切问题的基础。研究未来产业要升级的路径，首先要弄清目前产业所处的发展阶段，通过横向对比和纵向分析综合评价产业的发展水平，具体可以通过以下几个方面来考察。

一 政策环境：面临的机遇与挑战

要全面了解该产业现有相关政策、规划、战略、管理办法等宏观调控环境，分析该产业未来发展存在那些机遇和挑战。具体来看，一是要弄清该产业属于政府管控的哪一类产业。根据产业调控的属性来分，产业基本可以分为四类，即国家战略必争类、一般支持鼓励类、限制类、强制退出类。二是要弄清对产业发展影响最大的是哪一个政策，是产业政策、财政政策、货币政策、科技政策、环保政策还是土地政策等。三是弄清未来产业发展的政策调控导向，还是政府将要加大扶持，还是增强管制，还是维持现状。通过分析产业政策环境，把握政策调控的导向和产业规制方式，研判对未来产业发展造成的影响，厘清产业未来发展存在哪些机遇和挑战，指导下一步的升级和发展。

二　纵向分析：所处生命周期阶段

每一个产业都像生物体一样，都要经历一个产生、发展、消亡的演变过程，产业从出现到完全退出社会经济活动所经历的过程，一般分为导入期、成长期、成熟期和衰退期四个阶段（Gort 和 Klepper，1982），如图 3 - 1 所示。在每个阶段，产业发展呈现出的特征也有所不同，譬如在导入期，以吸引顾客对产品的注意力为主；当产业进入到成长期，潜在的竞争者被吸引并进入该产品市场，市场竞争加剧；当这种产品满足了市场上顾客的需求时，增长率开始降低，这时，产品进入了成熟期；在成熟期，尽管增长率有所减缓，但新的竞争者可能还在进入该市场，为了争夺更多的市场份额每一个公司都展开了更加激烈的竞争，市场份额变得非常分散。于是，衰退期到来。销售增长率是评价产业成长状况和发展能力的重要指标[①]。因此，可以根据销售增长率划分法来大体判断产业所处生命周期的阶段，具体是销售增长率大于 10% 为成长期，0.1% ~ 10% 为投入期

---

　① 计算公式为：销售增长率＝本年销售增长额÷上年销售总额＝（本年销售额－上年销售额）÷上年销售总额；或者，销售增长率＝本年销售额/上年销售额－1。

或成熟期，小于 0 则为衰退期。然后，再根据产业所处的阶段，分析市场需求成长性和增长空间，综合起来可以为下一步研究和制定产业发展战略提供依据。

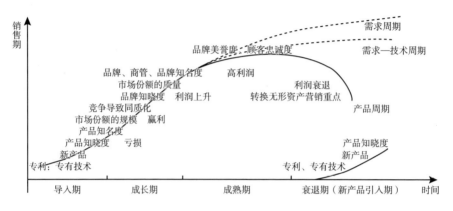

图 3 - 1 产业生命周期

资料来源：百度网络。

三 横向对标：市场结构及发展趋势

通过相似或相关产业的对比分析，弄清楚产业的结构，包括技术结构、组织结构、区域结构等。一是弄清该产业是属于哪一类产业。按照国民经济行业分类，该产业是第一产业，还是第二产业，还是第三产业；是属于高技术产业，还是传统产业；产业的创新形式是以自主创新为主，还是以集成创新或协同创新为主，还是以进口技术为主；产业的主要产品是属于市场导向型，还是技术导向型；产业所属省份的信息化应用程度①，属于高等信息化应用水平，还是中等，还是低等；产业属于劳动密集型，还是资源密集型，还是技术密集型；是"两高一资"产业，还是绿色环

---

① 根据工信部中国电子信息产业发展研究院发布《2015 年度中国两化融合发展水平评估报告》来划分。

保产业。二是弄清产业的组织结构，也就是行业集中度，通过计算行业的相关市场前 N 家最大的企业所占市场份额（产值、产量、销售额、销售量、职工人数、资产总额等）的总和来得出行业集中度指数（CRn），以此来判断产业竞争格局。如果 n = 4 或者 n = 8，此时行业集中度就分别表示产业内规模最大的前 4 家或者前 8 家企业的行业集中度。根据美国经济学家贝恩（1956）和日本通产省对产业集中度的划分标准，以 CR_8 取值 40 为界，将产业市场结构粗分为寡占型和竞争型两类，如表 3 - 1 所示。在这之前，贝恩对市场结构曾经进行过分类，如表 3 - 2 所示。三是产业的区域结构，了解该产业所在地的主要资源禀赋、产业融资环境、产业生态培育、信息化程度等。综合以上分析，根据产业的竞争格局，

表 3 - 1 贝恩和日本通产省对产业集中度的划分

单位：%

	细分市场结构	CR_8 的值
寡占型（$CR_8 \geq 40$）	极高寡占型	$CR_8 \geq 70$
	低集中寡占型	$40 \leq CR_8 < 70$
竞争型（$CR_8 < 40$）	低集中竞争型	$20 \leq CR_8 < 40$
	分散竞争型	$CR_8 < 20$

资料来源：贝恩：《产业组织》，中国外文翻译出版社，1959（中译本）。

表 3 - 2 贝恩对市场结构进行的分类

单位：%

市场结构	产业集中度	
	CR_4 的值	CR_8 的值
寡占 I 型	$CR_4 \geq 85$	
寡占 II 型	$75 \leq CR_4 < 85$	$CR_8 \geq 85$
寡占 III 型	$50 \leq CR_4 < 75$	$75 \leq CR_8 < 85$
寡占 IV 型	$35 \leq CR_4 < 50$	$45 \leq CR_8 < 75$
寡占 V 型	$30 \leq CR_4 < 35$	$40 \leq CR_8 < 45$
竞争性	$CR_4 < 30$	$CR_8 < 40$

资料来源：贝恩：《新竞争格局中的障碍》，中国外文翻译出版社，1956（中译本）。

来判断未来产业市场规模变化和发展趋势，结合技术结构形态，分析出产业升级的主要趋向和路径。

四　全球展望：产品价值链分布

和国外先进的相同产业相比，找出产业自身的相对优势和劣势尤为重要，譬如在自主创新能力、资源利用效率、产业结构水平、质量效益等方面的差距和不足，尤其是该产业关键核心技术与装备对外依存度，以企业为主体的创新体系是否完善；品牌建设情况，有多少个世界知名品牌；该产业的资源能源利用效率处于国际什么水平，污染物的处理情况；该产业服务化的程度，向生产性服务业转移的情况；该产业国际化程度，行业企业全球化经营能力情况。通过这些分析，找出该产业的比较优势；弄清楚该产业价值量最高的环节是生产，是研发，还是销售；该产业处于全球产业价值链的何处，也就是说处在"微笑曲线"的左端、右端还是底部，有没有被发达国家"低端锁定"。这为今后产业朝向全球产业制高点发展指明了方向。

五　整体判断：综合发展水平

综合以上几方面的评价和分析，对该产业整体发展阶段水平做出判断，是处于导入期、成长期、成熟期、衰退期的哪个阶段；是属于朝阳产业，还是夕阳产业；产业结构属于"哑铃型"还是"橄榄型"；产业较多处在 OEA、OEM、ODM 和 OBM 的哪一个环节；属于政策重点扶持、市场自由调节、政策强制退出的哪一类；产业价值链主要在国内，还是分布在国外；研发和销售是否被发达国家"低端锁定"，等等。当前产业升级综合水平能够有助于研究下一步产业发展的态势和升级方向。

第二节　产业升级具体路径的判断逻辑

产业存在的基础是拥有相对比较优势，而升级的根本动力来源于维护和创建其竞争优势（于良春，2002）。产业由当前的状态转向下一个状态的路线，就是升级的路径。如何来判断产业升级具体采取的路径？基于产业比较优势的演化逻辑，本部分拟从微观视角，探讨某一产业升级具体路径判断的方法和依据。

一　方法一：权衡辅助性资产和技术壁垒影响

技术创新是产业升级的基础动力，而辅助性资产①是产业技术创新成功商业化的条件之一，综合考虑辅助性资产对产业升级的不同影响程度（排他性特征，获得程度的难易）和技术壁垒②的特征（被突破度，进入壁垒高低）二维因素，对不同产业进行分类。基于此，根据辅助性资产能否被替代和技术壁垒是否难以突破，形成矩阵排列的产业分类布局图，以此来判断产业升级的各种具体路径。

1. 研究前提：辅助性资产和技术壁垒影响产业升级的机理

产业升级的基础是技术创新（熊彼特，1912）。根据技术先驱优势（Robinson and Fornell，1985）理论，技术先行国往往具有较强的先驱优势，以至于能够通过构建技术壁垒令竞争对手无法或难以仿效，自己长期控制市场，获得持续的创新盈利和发展。从理论

---

① 有些文献也称之为"互补性资产"。本文参考乔治·戴和保罗·休梅克（2002）等人的观点，辅助性资产是指那些能够支持技术创新商业化和市场化的资产、能力和结构，是与创新共同发挥作用以实现技术商业化的资产，包括各种资源，如分销渠道、服务能力、市场知识、客户关系、互补性产品以及零部件提供商。从根本上讲，这种资产不和技术有联系，不包括专利或商业技术。

② 本文认为，技术壁垒主要包括专利壁垒、技术诀窍的保密、隐性知识和显性知识的可获得性等。

层面上来讲，在存在这种技术壁垒的产业中，先动者和后动者区分得非常清楚。后动者或无法通过反向工程（Reverse Engineering，RE）①实现模仿创新，或虽然可以模仿但模仿成本高昂，以至于被先动者长期"锁定"；即使购买引进这项技术，也会充分考虑国内产业的技术吸收能力。而先行者能够长期维持技术领先优势效应。

辅助性资产是特定用来辅助和支持技术创新成果转化，让新技术实现商业化和市场化的资产，能够加速产业升级和发展。产业创新成果的市场化需要辅助性资产。这意味着，技术先行者只有同时拥有辅助性资产，才能有产业优势和获得创新利润。Mitchell（2001）认为，率先开发技术的企业要想成功转型，基本前提就是拥有不可模仿的特定辅助性资产，只有研发技术而缺少辅助技术创新成果市场化的资产，此项技术创新不会成功。因此，技术先行者在把新技术转让给后发者时，必定会考虑自己是否拥有新技术商业化所需的特定辅助性资产以及有多少企业能够模仿和利用新技术。并且当产业存在非技术的进入壁垒时，譬如经营特许权、行业许可证、营销渠道、客户资源、品牌效应等，这些非技术性壁垒共同构成该产业新技术市场化不可或缺的辅助性资产，提高了产业原有企业相对于潜在进入者的在位优势（David，1994），辅助性资产就呈现出排他性特征。例如在移动通信产业，由于网络外部性和锁定效应，拥有庞大客户群体的企业会"在位者通吃"，缺少这些辅助性资产，对于后动者来说即使拥有了新技术也很难突破市场化门槛（黄先海，2015）。

2. 判断逻辑：辅助性资产和技术壁垒背后的产业合作博弈

在现实中，技术先行者研发了新技术并在本国实现了商业化，但不能说明他们拥有能在其他国家实现技术市场化所需的辅助性

---

① 指通过技术手段对从公开渠道取得的产品进行拆卸、测绘、分析等而获得的有关技术信息。

资产。由于后发国家的产业一般具有配套新技术市场化、庞大的市场需求以及销售产品所必需的特定资产，当跨国企业进入后发国家时，与原有在位企业进行合作通常是有利的。但是，一旦某产业的辅助性资产很容易获得时，合作联盟就有可能随时破裂。通常情况下，产业的技术壁垒控制权更多地被掌握在发达先行国家手中，发达先行国家很容易成为新技术的先动者，而后发国家更多地拥有市场资源等特定辅助性资产资源，即所谓的技术后动者。围绕辅助性资产和技术壁垒这两种资源，发达先行国家和后发国家展开了产业合作博弈。

当某一产业在国外发达国家市场上出现了新技术，后发国家产业面临着自主创新或引进消化再创新的创新方式选择，而技术先行国家的企业面临着独立开拓市场或与后发国家企业建立联盟的战略选择。对于技术壁垒的控制者，其建立联盟的目的是从联盟伙伴方获取自己欠缺的资产来弥补"资产缺口"，以准确识别和了解目标市场，有效降低突破性创新面临的巨大市场不确定性风险；对于辅助性资产拥有者，通过建立联盟是弥补自身创新能力不足，及时掌握和应用前沿技术，以显著降低自主创新所带来的技术不确定性风险（高峻峰、蒋兰，2014）。由于不同产业的辅助性资产性质存在差异，技术先行国家在不同产业领域设置技术壁垒的高低不同，由此形成四种产业特点，如图 3-2 所示。

3. 结论展示：产业升级路径导向

通过发达国家和后发国家围绕着辅助性资产和技术壁垒两种资源展开的博弈，我们可来分析和判断我国产业升级的具体路径。目前来看，我国技术水平整体上处于追随国外阶段（万钢，2006），是后发大国，更多地拥有特定的辅助性资产，属于典型的技术后动者。随着经济全球化的深入发展，各国的产业、技术、管理、人才等资源在全球加速自由流动配置，合作和竞争不断拓展和深入。因此，在对国内某一产业转型升级的路径进行判断时，

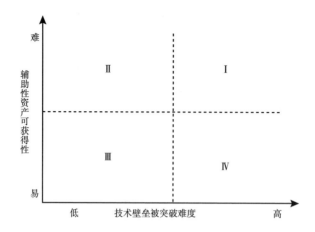

图 3 - 2　基于辅助性资产与技术壁垒特征的产业分类

资料来源：作者绘制。

必须要站在全球视角，进行全球价值链分析。首先要弄清支撑该产业升级的最新技术是什么，该项新技术的壁垒是高，还是低；弄清楚该技术商业化和市场化需要什么特定的资产，这种辅助性资产可获得性有多大。然后，综合该产业的技术壁垒是否难以突破和辅助性资产的可获得性二维因素，分清产业的特征（初步考虑分为图 3 - 2 展示的四种类型）。由于这四类产业的技术壁垒与辅助性资产的性质不同，产业升级路径也存在巨大差异，以此来判断产业升级可能采取的路径，如表 3 - 3 所示。

表 3 - 3　国内具体产业升级路径的判断

产业特征	典型产业	与技术领先者博弈	具体升级的路径
辅助性资产易获得；技术壁垒高	数字影音播放产业	无法结成战略联盟	必须要通过自主创新发展新兴技术,实现对原有技术的"创造性毁灭",从而突破原有产业的技术壁垒
辅助性资产难获得；技术壁垒高	移动通信、汽车等产业	不确定能否结成战略联盟	若能结成战略联盟,国内产业可以选择引进消化再创新的路径,以辅助性资产换取技术壁垒的突破;若不能,须通过自主创新发展新兴技术、突破原有产业的技术壁垒

续表

产业特征	典型产业	与技术领先者博弈	具体升级的路径
辅助性资产难获得；技术壁垒低	电子商务产业	最好不要结成战略联盟	实施"熊彼特"式创新升级路径，通过观察技术领先者的研发路径模仿创新，率先实现新技术的产业化应用，以市场需求带动产业发展，并通过"干中学"，实现跨越式发展。最好，政府能提供扶持，帮助技术型企业通过联盟、合作等力式获得辅助性资产或者约束处于优势地位的辅助性资产拥有者，通过纵向一体化建立研发机构，加强创新合作
辅助性资产易获得；技术壁垒低	服装产业	是否结成战略联盟不重要	重点依靠中小型企业的模仿创新，在模仿创新中不断积累产业自身的辅助性资产

资料来源：作者整理。

二　方法二：市场占有与技术能力的比较

产业存在的基础和升级的动力是企业，产业升级问题离不开对其微观主体企业升级的研究，而企业升级的动力主要是维护和创建竞争优势，获取更多的利润（Coase，1937）。这里将以比较优势演化为背景，以企业竞争优势的维护和创建为基础，在全球价值链视角下，试图通过分析产业的市场占有能力和技术创新能力，来判断产业升级的路径。

1. 研究思路

根据"微笑曲线"理论，在产业价值链中，附加值更多体现在两端，即设计和营销，处于中间环节的制造附加值最低。不断向产业价值链的设计或营销端转移，是产业升级的最终方向。尤其是，销售中的OBM，是最能够获得超额利润的环节。Michael Porter（1985）在《竞争优势》中提出，产业是由每个从事设计、生产、销售、发送和辅助其产品的各种活动的企业组成的集合体。处在OBM这一环节的企业同时具备较高的技术创新能力和市场控制及占有能力。发达国家产业演进升级的规律表明，产业发展和升级通常从加工制造的低附加值环节向产品研发设计、市场营销和品牌运营的高附加值环节转换，最终实现功能升级、链条升级。从某种意义上来说，产业的升级，要么提高技术创新能力，向研究升级端走；要么增强市场控制能力，向营销端走。这样，可以通过观察某一产业中企业的技术能力和市场占有能力，来分析判断产业升级的路径。

2. 基于市场占有与技术能力视角的产业分类

综合产业中企业的市场占有（高，低）和技术能力（高，低）二维因素，对产业进行分类，形成二乘二阶矩阵图，如图3－3所示。

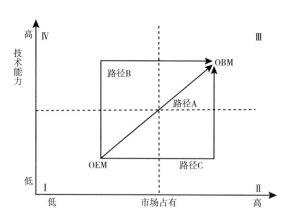

图3－3 基于市场占有与技术能力视角的产业分类

资料来源：作者绘制。

在图3－3中，象限Ⅰ代表产业具有较低的市场扩张能力和较低的技术创新能力，这是产业最初时期嵌入到全球价值链中的位置，象限Ⅲ是企业升级的目标区域，处在这个区域的企业拥有高水平的市场扩张能力和高水平的技术能力。

3. 对产业升级路径的判断

路径C代表产业通过提高市场能力来实现升级，路径B代表产业通过提升技术能力实现升级，路径 A 代表产业通过市场能力和技术能力的双重提高来实现升级。那么，判断某一产业具体走什么样的升级路径，首先要先分析该产业的属性，是更具有市场扩张方面的优势，产品占有很大的市场规模；还是更具有技术方面优势，掌握该行业的关键技术。然后，根据产业的相对比较优势，来分析其升级路径。

那些市场扩张优势明显的产业会沿着路径 C 升级。把更多的资源和精力专注于对产品的市场营销和品牌运营上，将之前所从事的生产制造环节转移给制造成本更低的国家或地区，而自己主要从事产品的营销和推广，拓展市场，扮演着中间商的角色。如图 3 - 4。按照这个路径进行升级，需要建立完善的全球物流网络配送体系，提升产品运输、配送的效率和速度。

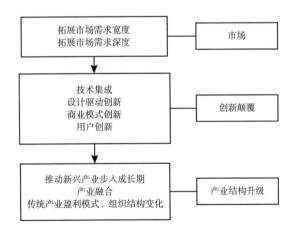

图 3 - 4　基于市场扩张的产业升级

资料来源：张银银、黄彬：《创新驱动产业结构升级的路径研究》，《经济问题探索》2015 年第 3 期，第 107 ~ 109 页。

那些技术创新优势明显的产业会沿着路径 B 升级。提高其生产技术，加大产品的科技含量来实现向"微笑曲线"左端上游环节攀升，其方式可以通过与龙头企业进行合作，利用知识和信息溢出、学习效应等掌握先进生产技术，提高自主研发设计的能力。

这一过程可以分为两个阶段来进行，先是模仿性创新，发展到一定程度以后，再进行自主创新，如图 3 - 5 所示。

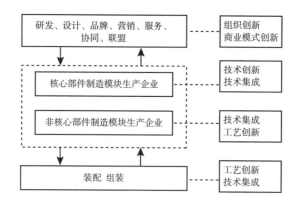

图 3 - 5 基于技术轨道的产业升级

资料来源：张银银、黄彬：《创新驱动产业结构升级的路径研究》，《经济问题探索》2015 年第 3 期。

那些市场占有和技术能力优势均不明显的产业会沿着路径 A 升级。产业既要扩张市场空间，也要提高自身技术水平，加强创新能力。两方面并不是相互背离、相互排斥的，可以相互促进，通过将两者结合实现整体升级。

三 方法三：基于技术距离视角的分析

产业升级存在一个最佳距离，这个距离在不同的产业会有所不同。产业升级的方向和产业升级的距离，由产品间的技术距离所决定。产业是通过产业链延伸实现产业升级，还是产业间的升级，取决于产业链内部各环节间的技术距离和产业链之间的技术距离的大小。

1. 理论基础：产业升级的方向和产业升级的路径由技术距离所决定

根据产品空间与比较优势演化理论，产业结构转换的速度依赖于一国产品空间的密度（豪斯曼和科林格等，2006），产品空间内各个产品之间的技术关联性（豪斯曼和伊达尔戈等人将其界定为"相似性或邻近性"），会显著地影响一个国家或地区的产业发展方向与产业的比较优势。并且，产品空间具有高度异质性与不连续性，技术距离所带来的产品跳跃成本以及各种外部性风险，会制约企业家自主发现活动，进而影响到产业升级的路径。

2. 分析逻辑：产业链内部各环节间的技术距离和产业链之间的技术距离的比较

某一产业究竟是要优先进行产业内升级进而推进产业间升级，还是优先进行产业间升级进而推进产业内升级，是由不同产业间的技术距离决定的。

3. 路径判断：产业间升级优先分岔

如果产业内升级的技术距离大于产业间升级的技术距离，该产业会优先发生产业间的升级，实施产业间优先升级分岔的做法。如果产业走产业内升级的路子，就会很容易出现产业升级的断档。反之亦然，如果产业间升级的技术距离大于产业内升级的技术距离，该产业会优先发生产业内的升级。

需要说明的一点是，我国是一个典型的产品空间相对稀疏的国家，产品空间不连续①。产业内升级到了一定程度之后存在分岔现象，此时产业升级就从产业内升级转换为产业间升级，接下来可以利用产业间升级促进产业内升级。这种产业间优先升级分岔战略，长期以来一直是中国经济增长和出口激增的主要力量。在未来一个时期，中国仍然要推进产业间升级优先分岔战略，随着

---

① 比如"中等收入陷阱"等概念可以说明。

新一代信息技术的快速发展，产业跨界融合成为新常态。在这种
背景下，会有越来越多的产业走产业间升级优先分岔的路子。

第三节 产业转型升级的测度

产业的优化升级已成为现代经济发展的重要手段和必经途径。
产业结构的调整及演变，尤其是产业结构的优化是一国经济发展
取得实质性进展的重要体现（刘伟等，2008）。如何从统计上评价
和测度产业结构的演进和调整，是当前社会各界研究的重要课题。
对产业升级进行动态描述，不仅有利于分析产业升级的变化特征
和存在的问题，也有利于把握产业演进的动向和升级路径。根据
数据的可得性来看，要对产业升级进行全面衡量还有一定难度。
本部分拟在梳理总结产业优化升级测度的相关方法的基础上，提
出评价和测度产业升级效果的研究思路和方法，为预测经济新时
代下产业运行景气情况和弄清产业升级的路径奠定基础。

一 产业结构优化的评价

产业结构升级强调生产要素集约程度的升级、主导产业和新
兴产业尽快成长和更替，其核心是以技术进步为基础的社会生产
率的提高（王岳平，2002），内容包括多个方面。从产业素质来
看，主要有高级要素密集型行业部门比重的增加，对经济增长贡
献所依赖的生产要素的高级化（从土地、矿产、劳动力等资源→
物化资本→技术、知识、信息等人力资本）和生产率水平的提高。
从结构发展来看，主要有高技术产业比重的增加，产业内技术进
步与加工深化，以及具有高收入弹性产业比重的增加（即在同等
技术水平条件下，产业结构向符合需求方向的变化）。从产业组织
来看，产业组织与生产和经营方式革新，并朝着有效率的市场结

构变化。衡量产业结构升级不应简单地用一两个指标来表示，而应该是多方面的因素，主要包括高技术产业比重、产业内的加工深化、要素密集度和生产要素对经济增长的贡献、生产率的提高，向符合需求升级方向的结构转换与新产业的形成，产业组织与生产方式的革新。

二 产业升级方向的测定

在经济发展过程中，产业转型升级总是沿着一定方向变动，即产业结构从较低层次、较低附加值向高层次、高附加值转变。对于测度产业升级方向的变动，可以用产业结构超前系数，此系数在国内外研究较多，是较好的测度工具。产业结构超前系数是测定某一产业结构增长相对于整个经济系统增长趋势的超前程度（高燕，2006）。计算公式为：

$$E_i = a_i + (a_i - 1)/R_i \tag{1}$$

其中，E_i 表示第 i 产业的结构超前系数，a_i 表示第 i 个产业报告期所占份额与基期所占份额之比，R_i 表示同期经济系统平均增长率。若 E_i 大于 1，则意味着第 i 产业超前发展，所占份额将呈现上升趋势；若 E_i 小于 1，则意味着第 i 产业发展相对滞后，所占份额将呈现下降趋势。这就可以直观地测度某一产业转型升级的方向。

三 产业升级进程及速率的测定

研究产业升级的速度，可以动态掌握产业升级的进程。从国内外来看，对产业升级的动态测定有多种方法。这里主要介绍最典型的三种方法，对产业升级的速度进行动态描述。

1. More 值测定法[①]

More 值测定法（约翰·H. 摩尔，1987）是运用空间向量的原

---

① H·摩尔：《产出结构变化的测量》，《收入和财富评论》1987 年第 3 期。

理，以向量空间夹角为基础，将产业分为 N 个部门，构成一组 n 维向量，把两组向量在两个时期间的夹角，作为象征产业结构变化程度的指标，该指标值即为 More 结构变化值，简称 More 值。计算公式为：

$$M_t^+ = \sum_{i=1}^{n} w_{i,t_0} \times w_{i,t_0} / (\sum_{i=1}^{n} w_{i,t_0}^2) \times (\sum_{i=1}^{n} {}_{i,t_1}^2)^{1/2} \qquad (2)$$

式中，M_t^+ 表示 More 结构变化值，实际上就是两组向量夹角 a 的余弦值 cos（a）；w_{i,t_0} 表示 t_0 期第 i 产业所占比重，w_{i,t_1} 表示 t_1 期第 i 产业所占比重。因此，两组向量在两个时期间的夹角 a 为：

$$a = \arccos(M^+) \qquad (3)$$

如果 a 值越大，则意味着产业结构变化越大，升级的速率越高；如果 a 值越小，则意味着产业结构变化越缓慢，升级速率越慢。

2. 产业结构年均变动值法[①]

产业结构年均变动值是国内学者提出的一种测度产业结构变化情况的方法，其计算模型表示为：

$$k = (\sum_{i=1}^{m} |q_{i1} - q_{i0}|)/n \qquad (4)$$

（4）式是反映一定时期内产业结构年均变化的产业结构年均变动值，可以定量地测度某一产业结构的变化程度。式中，k 为产业结构变动值，q_{i1} 为报告期构成比，q_{i0} 为基期构成比，m 为产业门类数，n 为基期与报告期之间的年度数。

3. Liken 指数法

Liken 指数模型是 Kuznets 和 Kaldor（1965）提出来的，该模型从另外一个角度，用劳动力在各个产业间的转移来测定产业转

---

① 刘志彪、王国生、安国良：《现代产业经济分析》，南京大学出版社，2001。

型升级速度。他们认为,劳动力从第一产业转移到第二产业然后转移到第三产业,是生产效率驱使的结果。此方法使用的数据具有较高的获得性,同时也是比较产业升级转型速度的较好的方法,模型定义如下:

$$\psi_{jT} = \Big[\sum_{i=1}^{n} \frac{EMP_{ijT}}{TEMP_{ijT}} (\Delta log EMP_{ijT} - \Delta log TEMP_{ijT})^2 \Big]^{1/2} \tag{5}$$

其中,i 代表三大产业,j 代表某个城市,EMP 代表每个产业的就业人数,$TEMP$ 是总就业人数。Liken 指数值越大,代表 T 时间内劳动力在各个产业内再分配速度越快,进而就能比较出各个产业升级的速度和运行状况。

根据(2)~(5)式,就能计算出产业的 More 结构变化值、产业结构年均变动值和 Liken 指数,通过这些数值中的一种,就能判断产业升级变化的速率。

四 产业高级化的评价

产业结构高级化是产业升级的重要体现,是指产业结构演进过程中第一、第二、第三产业之间以及各产业内部依次转移、结构从低水平状态向高水平状态发展的动态过程。产业升级通过不断的产业结构变化、主导产业转换,实现区域和城市各种经济资源在各产业之间的合理化配置(即产业结构优化),从而推动经济快速增长。

对产业优化升级的综合评价方法是逐步发展完善的,从最初浅层次的评分评价法、综合指数法、组合指标法、功效系数法,再到后来的模糊综合法、多元统计法、层次分析(AHP)法和灰色系统评价法。近年来,出现了人工神经网络(ANN)法和数据包分析(DEA)法(王丹,1986;张立秋、孙华,2001;孙彦彬等,2009),评价和分析方法变得越来越复杂化、综合化、合理化。

　　从国外来看，研究产业高级化的判断方法大体上有三种。第一种是标准结构法，将一国的产业结构同世界其他国家的产业结构平均高度来进行比较，以确定该国产业结构的高度（王岳平，2002；石奇，2008）。库兹涅茨、钱纳里和赛尔奎因等均统计归纳了一些标准，被称为经济中的"产业发展典范"。第二种方法是相似系数法。其中，"相似系数法"是选择某一特定参照国的产业结构为标准，通过计算结构相似系数，将本国产业结构与其进行比较，或者利用"距离判断法"，可以采用海明距离法、兰氏距离法、欧式距离法（刘伟等，2008）等。第三种方法是"经济发展阶段法"，该方法以理论和实践数据为基础，将总经济发展过程划分为若干个阶段，从而根据比较国的经济特征来判断该国经济处于哪一种阶段，并以此衡量该国相应的产业结构水平，典型代表是赛尔奎因（1975）的经济发展阶段说。

　　国内有些学者综合了标准结构法和相似系数法的优点，来探索建立评价产业结构高级化的指标体系，将霍夫曼系数、产业高加工度系数、智力密集型产业产值比重、生态环保产业产值比重均纳入了评价指标体系（程如轩，2001；马涛，2004）。伦鑫进一步（2005）考虑了产业升级演进的动态因素，建立包括产业链结构指数、产业结构高度化指数、产业结构升级转换能力指数的工业结构高级化测度指数。

　　从评价产业高级化指标体系来看，衡量产业发展程度指标主要包括三次产业结构比例指数、工业加工程度指数、霍夫曼比例指数、智力技术密集型产业比重指标、新兴产业产值比重指标、基础产业超前系数、生态环保产业的进程指标、产业水平满足率指标等（杨建文等，2004）。衡量产业素质、结构发展、产业组织等的指标有重工业化指标、高加工度指标、技术集约化指标、高效化指标、产业组织优化、开放化指标、可持续指标等（张玉春、余炳，2011）。结合新时期产业变化呈现出的新特征、新趋势，何天祥等（2012）提出从产业结构、就业结构、人力资源、技术、生态化、国际化等方面构建产业高级化的评价指标体系，并基于信息熵理论和 TOPSIS 法，提出用相对熵距离法解决现有标准结构法没有普适性和单一性不足的问题。

由于各个省市地区存在产业基础和资源禀赋等差异，评价高级化水平所采用的评价指标存在较大差异。潘文卿（1994）从结构关联的角度入手，把结构关联经济技术矩阵最大特征的倒数定义为产业结构高度化的测算指标。白雪梅（1995）在研究地区产业结构时，利用一定权数，对范数指标进行修正，利用范数来描述产业结构。周昌林（2007）在研究上海、深圳、宁波等地时，从分工与专业化角度构建测度模型，把各个产业的劳动生产率的平方根的加权平均值当作测量产业结构水平的指标。在分析中国 20 世纪 90 年代以来的三次产业产值构成情况时，范艳丽（2008）运用数学方法构建了 D 函数对产业结构高度化水平进行了定量测定。何凯、常青丽（2009）在研究上海市产业结构高度化时，仅仅是采用了上海市第三产业增加值占 GDP 的比重来衡量。张久台（2009）研究西安市产业升级水平时，从资本效益的作用出发，定义第 i 个产业部门的产业结构高度化水平，主要是由该产业产业结构高度化水平系数及其产出比重来决定。徐贻军、任木荣（2009）在研究湖南时，将第一、第二、第三产业之间的增加值比、就业人数比作为产业结构高度化指标。刘伟（2008）、张辉（2009）、肖立（2011）、孙韩钧（2012）在研究江苏省沿海欠发达地区时，考虑到产业结构高度化表现为"结构效益"提升，将劳动生产率与各地区各产业部门的比例关系的乘积当作测度产业结构高度化的指标。白洁（2013）在研究全国产业结构高度化的影响因素时，采用非农化水平，即用各年度第二产业和第三产业 GDP 占当年 GDP 的比重来衡量产业结构高度化程度。

五　具体产业升级质效的测度

以上对产业升级测度的回顾和分析，更多是立足于宏观或中观视角的产业升级概念。那么，微观层面的产业升级如何测度呢？也就是说，对于某一具体产业升级的情况，如何来考察和进行评价？本文初步考虑，可以根据所考察产业的产值①、销售额、利润等指标，引入变化率、速率等，来对产业升级的情况和质效进行粗略测度，具体包括以下三种方法。

1. 本产业自身：升级前后的对比

把产业的产值、销售额、利润等指标中的一个或全部，进行升级之后与升级之前的对比，可以引入这三个指标的变化率、速率等来度量。

2. 本产业与相关产业：升级的和没升级的对比

对所考察的产业，挑选其他有关或类似的产业，利用产值、销售额、利润等指标中的一个或全部，进行升级的与没升级的对比。

3. 产业升级后的产值、销售额、利润：三者变化率或速率的对比

产业升级之后，分别计算产值、销售额、利润的变化率或速率，找出最大值。假如，产业升级之后，产值的变化率在这三者中最大，意味着产值对产业升级绩效的提升贡献较大，从某种程度上可以说明该产业生产制造能力环节的薄弱，加强生产制造环节是产业升级的主攻方向和重要路径；若销售额的变化率最大，也可以按照这一思路进行类似的分析；若利润的变化率最大，也同样可以进行类似分析。

---

① 同样的 1 年，假若产生 100 产值或者 120 产值，则后者效率高，这里采用的是广义"产值"。

　　需要注意的是，以上各种指标，不完全是由于产业升级带来的，但本文提供了一种研究产业升级测度的思路。这也为研究经济新时代产业景气预测提供了借鉴。

第四章　典型国家主导产业
演进升级规律

工业化过程就是产业结构不断优化升级和支柱产业不断变迁的过程。各个国家在工业化过程中都注重主导产业的选择，并合理引导主导产业发生转化和演变。尤其是 2008 年全球金融危机之后，新一轮科技革命及新技术革命的爆发导致这些国家产业体系发生变化，深入分析英国、美国、德国、日本和韩国等发达国家在工业化过程中主导优势产业升级变迁的规律，进而研究得到产业动态演化的基本特征，分析其依赖的技术、经济与制度基础，把握演进趋势规律。

第一节　英国：以重大技术突破为推动力

一　主导产业变迁发展过程

英国是世界上第一个走上资本主义道路的国家，也是最早实现工业化的国家。英国于 18 世纪 40 年代开始工业革命，前后经历了一个多世纪完成了工业革命，经济实力和国际影响在当时的资本主义国家中遥遥领先。几十年后，随着国际政治形势和国际贸易的发展，美国、德国、日本等先后赶超英国。同时，由于英国经济社会和自身的种种因素，其产业发展逐渐失去了往日的辉煌。总的来看，英国产业的发展，经历了一个由盛转衰的过程，大体可分为以下三个阶段。

18 世纪 40 年代～19 世纪 40 年代为英国产业革命的上升期，这个时期以轻纺工业的机械化为开端，逐步向重工业及国民经济的其他部门蔓延。1785 年，瓦特发明了蒸汽机，从此工业摆脱了对自然能源的依赖，蒸汽机的推广引发了产业革命，开始了重工业化的时代。

19 世纪 50 年代～19 世纪 70 年代为鼎盛期，这一期间英国的制造业得到了快速发展，产业体系不断得以丰富和完善。汽车、化学、飞机、电子、石油精炼等新兴产业不断兴起。1870 年英国煤、铁、棉花的消耗量各占世界总产值的一半以上，成为真正意义上的世界工厂。同时，英国的"世界金融中心""海上霸主""世界最大殖民帝国"地位，建立了它在资本、贸易和工业原料方面的无可比拟的优势，加快了英国的工业化步伐。到 19 世纪 60 年代，英国在世界工业和世界市场上始终保持着独霸地位。

从 19 世纪 80 年代开始，英国经济的发展开始呈现日趋缓慢的态势，直到 20 世纪 90 年代都处于衰退期。特别是第一次世界大战之后，英国老的产业部门如棉纺工业、煤炭工业、造船工业等不断萎缩，而汽车、化学、飞机、电子、石油精炼等新兴工业则遭到美国和其他国家的激烈竞争，英国工业在世界工业总产值中的比重不断下降。在战后相当长的时期里，英国经济走走停停，增长乏力。从 20 世纪中期开始，计算机信息网络的出现带来了新一轮科技革命，英国加快布局软件、电子等信息技术产业的发展，同时积极发展核电、可再生能源、清洁汽车等高端制造业。

21 世纪以来，以重大技术突破为推动力的新兴产业迅速成长。英国围绕创新型经济转型，加快发展先进制造业。2008 年 9 月，英国政府发布《制造业：新挑战，新机遇》的制造业新战略。针对英国本土的制造企业，英国政府推出广泛、开放的政策计划，帮助企业适应全球制造业新趋势，设立制造业咨询机构（MAS），为先进制造业领域的中小企业提供咨询帮助和商业建议，其主要目的是振兴制造业，保持和强化英国先进制造业的国际领先优势。英国制定了重振制造业、积极推进先进制造业发展的五大攻略，即占据全球产业价值链高端，加快技术创新成果转化步伐，加大对无形资产的投资，帮助企业增加对人才资源的投资，抢占全球低碳经济发展先机，表4-1展示了英国主导产业的变迁路径。2009年以来，英国政府又陆续发表了《制造业：新挑战，新机遇》的配套战略。如《低碳工业战略》向制造业咨询机构追加400万英镑投资，用于为竞争低碳机遇的制造商提供专业建议。政府与工业界联合启动《英国先进工程国际市场营销战略》，帮助企业增加国际销售，吸引更多的高附加值先进工程企业来英国投资。《国家技能战略》着力提高先进制造技能，保持和发展英国高技能劳动力资源。《新产业新工作战略》加强对特殊产业及其市场的扶持，提高先进制造业领域新项目的开发水平，重点关注的优先领域包括高价值制造业、电子工业和光电工业、高级材料等。2015年2月，英国政府出台《英国2015~2018年数字经济战略》，倡导通过数字化创新来驱动经济社会发展，为把英国建设成为未来的数字化强国部署战略方向。2017年8月9日，英国政府宣布，从2040年起全面禁止销售汽油车和柴油车，以期改善空气质量。届时，在英国出售的车辆将全部转为电动车。

表4-1 英国主导产业的变迁

工业化阶段	工业化早期	工业化中期	工业化后期	未来布局重点
主导产业变迁	纺织、冶金、煤炭和机器制造业	汽车、化学、飞机、电子、石油和军事工业	核电、可再生能源、清洁汽车等低碳工业，软件、电子、制药和化学品、机械设备等	航空航天、新能源汽车、创意、生命科学、新材料、数字经济等

资料来源：建投研究院，2017年5月。

二　主导产业升级的主要特征

英国是全球第一个推进工业化的国家，其产业革命属于典型的自发型模式。早期的英国产业升级是在既无外来压力、又无政府指引的条件下，自发地产生和进行。从当时英国工业化的背景来看，技术起点低、国际开放程度低和市场制度的不完善是其工业化的主要时代背景。[①] 从主导产业升级实现的过程来看，资源配置、劳动力转移、技术革新和市场扩张主导了英国产业发展的整个历程。

一，英国的产业升级首先是从农业开始的经济增长过程。英国产业发展从农业起步，圈地运动使英国的土地所有权发生革命性变革，改变了农业经营方式和生产组织形式。英国在早期就已经卷入国内外市场，率先在农业上实现了商品经济的转变。[②] 农业的先行发展使人口得以持续增长，人口增长又为工业提供了广阔的国内市场。

二，英国在产业发展过程期间没有出现典型的二元经济结构现象。由于英国在开始工业化建设时，大中型农场已是农业生产中的主导力量，因而农业就能与工业一样逐步用机械来代替手工劳动工具，到 19 世纪 60 年代英国农业基本上实现了机械化。因此，在产业升级过程中，英国没有出现过现代意义上的典型的二元经济结构现象。[③]

三，通过市场机制推动产业转型升级进程。英国自 16 世纪开始的一系列政治和社会变革几乎都是围绕建立一个适度的市场经济制度而展开。英国通过资本的原始积累、低工资的劳动力市场、

---

① 刘世锦：《传统与现代之间》，中国人民大学出版社，2006。
② 王敏正：《中国内生性工业化道路研究》，人民出版社，2009。
③ 石景云：《论英国、法国工业化期间农业部门就业与产值比重的变化及其影响》，《经济评论》1999 年第 2 期。

海外殖民和世界市场的拓展，为产业升级发展创造了条件。市场机制为私人厂商提供追逐利润的动机，从而英国工业化发展的直接目标就是追逐利润，产业革命由私人资本推动，政府对资源配置的干预极少。[①]

三 实践经验

英国的产业发展和演变升级经历了从辉煌走向衰退的过程，主要经验和启示体现在以下四个方面。

一是从轻工业到重工业，逐步推动产业结构的调整和升级。英国以轻纺工业的机械化为开端，在此基础上实现产业革命。虽然英国的工业化经历的时间比较漫长，但增长速度比较稳定，也较少或基本没有产业比例关系失调的现象。应该说，从轻工业起步实现工业化，符合生产力发展的客观规律和产业结构变化的一般历史程序，这就使得国民经济产业比例容易协调。从我国工业化的时间看，选择以重工业发展为突破口，道路曲折、代价较大，有许多值得我们反思的地方。

二是产业升级到一定阶段要预防和避免产业空心化。英国工业内部结构调整升级的经验表明，如果新旧产业衔接得不好，经济很容易患上"产业空心化"病。原有的产业衰退了，为了生存向后进国家转移；可新的产业还没有充分发展，补不上转移出去的缺口，于是导致工业在国民经济中收入和就业的比重不断下降，形成"外实中虚"、日趋萎缩的局面。近年来我国制造业基本建设投资特别是更新改造投资占全社会投资总额中的比重逐年下降，这提醒我们，预防产业空心化也是我国培育新型产业体系需要面对的问题。

三是技术进步直接推动着产业升级的整个进程。创新是一个

---

① 任保平：《中国 21 世纪的新型工业化道路》，中国经济出版社，2005。

国家腾飞并保持优势的持久动力。19 世纪，英国在自然科学研究取得了重大进展，特别是 1870 年以后，英国人的创新精神充分迸发，改良蒸汽机的发明及蒸汽机技术不断革新被迅速应用于工业生产，促使英国成为第一次工业革命的发源地。但是在第二次工业革命中英国表现出保守性和寄生性，创新精神明显减弱，不愿更新设备，不愿采用新技术、新发明。英国凭借广阔的市场、原料产地和廉价的劳动力优势，即使在技术水平较低的情况下，资本家也能从殖民地获得巨额利润，因此宁愿把大量资本输往国外，也不愿用于更新国内生产设备和采用新技术，结果经济发展速度缓慢下来，被美国和德国相继后发赶超，失去了在世界工业生产中的垄断地位。工业化前期，英国人的创新精神造就了英国的辉煌；工业化后期，创新精神的缺失导致了英国的衰落。英国的工业发展历程告诉我们，创新是国家发展的不竭动力。为此，必须加快实施创新驱动战略、建设创新型社会。

第二节　美国：以制造流程创新承接全球产业转移

一　产业结构演变进程

美国是世界工业强国，产业对美国经济的发展一直具有举足轻重的作用，产业结构不断优化升级和支柱产业不断变迁贯穿于美国工业化全过程。根据美国在工业化过程中的产业结构变动，可以将美国产业结构变化分为三个转折期、四个时段[①]。三个转折期分别为 19 世纪 60 年代、19 世纪 80 年代和 20 世纪 20 年代，产业结构变动表现为从消费品部门向资本品部门、从基础原材料部门向

---

① 艾尔弗雷德·D. 钱德勒：《美国产业的历史演变和现代大企业的崛起》，2011 年 5 月。

加工组装部门和从资本密集型部门向技术密集型部门的转变；四个时段分别为轻工业化阶段，第二、第三阶段为工业化中期的重工业化阶段，工业化后期即技术集约化阶段。工业化中期阶段是美国工业化过程中承上启下的重要阶段，产业结构变动剧烈，前半段聚焦于基础原材料部门，后半段便转移到加工装配部门，所以前半段又称为基础原材料工业时期，后半段称为深加工化时期。

（一）美国工业化的早期阶段（1790~1860 年）

工业化早期阶段的起始时间为 1790~1860 年，其标志以第一个水力纺纱厂建立为起点，到重工业化来临时结束。轻工业（生活资料）部门直接取材于农业部门，资本门槛低、产品与大众生活直接相关，因此最先实现快速发展，大国工业化均从轻工业部门起步的逻辑也是如此。19 世纪初，水力机械开始大范围应用，极大提高了美国纺织工业的效率。截至 1886 年南北战争爆发，美国基本建立了以轻纺工业为主体的工业体系（包含棉纺织、毛纺织、生铁冶炼、机器制造和日用品制造等部门），并形成东北部轻纺工业、南部棉花生产和中西部粮食生产的地域分工格局。

（二）美国工业化的中期阶段（1860~1925 年）

轻工业发展过程中对机器设备等资本品的需求刺激了重工业发展。新型炼钢技术、硫化橡胶技术、内燃机技术和石油提炼技术等一系列技术进步，为重工业化发展奠定了技术基础。自 19 世纪 60 年代起，建材、煤炭、钢铁、石油、铁路等部门的快速发展，标志着美国进入了重工业化时代。

1. 轻、重工业的发展变化

美国重工业化在第二次科技革命基础上展开，并依托电力、内燃机、冶金、石油化工等技术形成了一套全新的工业体系。此时，轻工业仍保持快速增长，但重工业发展速度更快，呈现出轻工业比重下降、重工业比重上升的结构调整趋势。据统计，1879 至 1929 年，食品、纺织、皮革、林产品等四大轻工业部门的资本总量从 30.7 亿美元增加到 230.82 亿美元，化学制品、石油炼制、钢铁及制品、运输机械等四大重工业部门的资本总量从 7.32 亿美元增加到 204.55 亿美元，轻、重工业部门资本存量比从 4.19% 下降到 1.13%。到 20 世纪 20 年代，炼油、钢铁和通用机械成为绝对资本规模最大的三个工业部门，而炼油、联合化工和汽车则成为对工业增长贡献度最大的支柱行业，如 4-2 所示。通过本轮工业发展，美国基本上完成了从准工业国向标准工业国的转变。

表 4-2　美国制造业中支柱产业的历史变迁

年份	按资本存量占所有工业的比重		按对工业增长的贡献度	
	支柱行业	资本存量比重（%）	支柱行业	贡献度（%）
1890~1899	锯木	8.4	通用机械	9.1
	钢铁	7.6	酿酒	7.6
	通用机械	5.5	锯木	7.2
1900~1909	钢铁	10.9	钢铁	12.7
	锯木	6.6	锯木	6.9
	棉制品	5.5	通用机械	6.8
1910~1919	钢铁	11.1	钢铁	11.2
	通用机械	8.0	通用机械	8.4
	棉制品	5.3	汽车	7.0
1920~1929	炼油	9.7	炼油	24.4
	钢铁	7.0	联合化工	6.9
	通用机械	5.3	汽车	4.0

资料来源：Statistical Abstract of the United States（1890-1929）。

2. 基础原材料工业的发展（1860~1885 年）

在重工业部门中，铁路建设最先发展。19 世纪 50 年代后，美国加大了对铁路建设的投资，铁路迎来发展高潮：从 1850 年到 1860 年，美国铁路里程从 9021 英里增加到 30635 英里，年均增长率达 13%。铁路发展加快了全国性市场的建立，带动了对生产资料的巨大需求，推动制造业从轻工业向钢铁、化工等重工业转移。

随着贝塞麦炼钢法和西门子－马丁敞炉炼解法的引进，1870年美国产钢量达7.7万吨，1880年增加到140万吨，较1860年年产量1.3万吨的产出提升了140倍。"钢铁大王"卡耐基即诞生在这一时代，1886年美国以年产出260万吨钢铁的规模跃居世界第一，有力支持了美国铁路建设，也为机械工业及后续工业体系建设打下基础。由于铁路建设的巨大资本需求，铁路建设也促进了金融业发展，内战时期美国铁路股票、债券约占到美国证券的三分之一。

3. 深度加工工业的发展（1885～1925年）

电力技术的进步（1876年电话机、1886年电灯、1892年汽车等电力产品重大发展）促进了以机械工业为代表的加工组装部门的发展，电气设备（和石油炼制）从19世纪80年代、汽车制造和办公设备从19世纪90年代开始腾飞，标志着美国进入了重工业化深加工度化时期。从加工程度分部门看，1879年到1929年的半个世纪，低加工度重工业部门如钢铁、建材、基础化工等，资本规模增长了十倍多，但机械和电气等深加工部门资本规模增长了几十倍，如表4－3所示。深度加工产业的产业链更长、新兴行业更多、附加价值更大、分工更细致，这一阶段和技术集约化阶段也被多数学者界定为美国经济现代化的关键时期。

表4－3 1879～1929年美国部分制造业的成长情况

部门		增长倍数	年均增速（%）
低加工度部门	钢铁工业	11.6	5.0
	基础化工	14.1	5.4
	建筑材料	16.6	5.8
	非铁金属	20.4	6.2
高加工度部门	办公设备	45.5	7.9
	石油炼制	164.6	10.6
	电气设备	533.3	13.3
	汽车制造	685.0	13.9

资料来源：Statistical Abstract of the United States（1879－1929）。

（三）美国工业化的后期阶段（1925～1955 年）

1. 技术集约化特征的显现

在生产过程中，当研发取代资本成为第一稀缺资源并成为驱动工业增长的源泉，则可界定为工业发展进入了技术集约化阶段。自 20 世纪起，美国取代英国成为工业领头羊，取代德国成为世界科学中心，奠定了美国技术集约化发展的基础，美国在 20 世纪 20 年代，进入技术集约化阶段。据 1928 年对 599 家工厂调查统计，美国 52% 的工厂将研发当作一项正常业务，20 世纪二十、三十年代，美国申请专利为 1.45 万项、2.20 万项，走向了技术创新的高峰，同一时期，美国制造业劳动生产率年均提升 5.6% 和 2.5%。

2. 后期阶段的结构变动

美国在 20 世纪 20 年代建立起以电力、电器、冶金、汽车、飞机、石油等重工业为主的工业体系。虽然钢铁等少数部门继续保持较快增长，但"行业成长速度与其技术密集度正相关"成为这个时期工业发展的总体特征。在长达 30 年的时间里，技术密集度较高的飞机制造、汽车制造、电气设备、一般机械和化学工业等行业的增加值年均增长率一般都超过 8%，始终是美国工业增长的重要来源；而纺织服装、铁制品、非铁制品、林产品、造纸等劳动或资本密集型行业的年均增长率一般不超过 4%，个别部门更是低于 2%，除食品、纺织行业外，其他行业对工业增长的贡献都很小。进入 20 世纪 40 年代以后，技术密集型行业的优势地位更加突出，据统计，1947～1954 年，按增加值计算，增长最快的四个行业依次是运输设备、机械制造、钢铁和化学工业，其中作为运输设备子行业的飞机制造的年均增长率超过了 30%，对工业增长贡献最大的是运输设备、机械、食品和化工行业，其中飞机制造的贡献率超过了 12%。

（四）美国进入后工业化阶段（20 世纪 70 年代以来）

20 世纪 70 年代初，美国经济进入了"滞胀"时期，工业生产经历了长达十年的停滞。20 世纪 90 年代以来，以信息技术革命为基础的知识经济迅猛发展，催生了以互联网和知识经济为主要特征的美国"新经济"。美国在 20 世纪五六十年代之后经历了"去工业化"的历程。为在国际竞争中赢得主动权，2008 年之后美国开始调整经济发展战略，推行"再工业化"战略。近年来，美国注重从信息技术一侧（I 端）发力，侧重于智能机器人技术、3D 打印技术、物联网技术、数字化设计技术的研发，试图保持全球工业和信息化技术融合的领先地位。

2009 年 12 月，美国公布《重振美国制造业框架》，提出从劳动力、资本和技术研发三大要素方面为制造业发展提供良好的条件；发挥制造业和社区之间的良性互动作用，为大规模制造业特别是汽车制造业的发展建立良好的基础；打开国外市场，为制造业产品创造更大规模的需求；改善制造业所处的税收、金融等商业环境。2011 年 6 月，美国颁布了《先进制造业伙伴计划》，该计划将通过与美国国家经济委员会、科技政策办公室及 PCAST 的紧密合作，广泛联合美国主要制造商与顶级的工程类大学要提高美国国家安全相关行业的制造业水平，缩短先进材料的开发和应用周期，投资下一代机器人技术，开发创新的、能源高效利用的制造工艺。2012 年 2 月，美国启动《先进制造业国家战略计划》，对全球先进制造业的发展趋势及美国制造业面临的挑战进行了分析，并从投资、劳动力和创新等方面提出了美国先进制造业战略的五大目标和相应的对策措施，重点是要加快中小企业投资，提高劳动力技能，建立健全伙伴关系，调整优化政府投资，增加研发投资力度，并通过积极的制造业政策，鼓励制造业企业重返美国。2010 年到 2013 年，美国制造业占 GDP 的比重由 12% 上升到 15%。

2012 年 5 月，美国通用公司提出了工业互联网（Industrial Internet）的概念，工业互联网是在物联网、大数据和智能设备的基础之上搭建的一张以智能设备为网元的互联网。它通过智能设备连接形成网络，再通过捕捉、存储、分配以及分析快速、复杂和多变的海量数据，形成主动的信息处理。工业互联网代表全球工业系统与智能传感技术、高级计算、大数据分析以及互联网技术的连接和融合，其核心三要素包括智能设备、先进的数据分析工具、人与设备交互接口。工业互联网提出后，美国五家行业龙头企业联手组建了工业互联网联盟（IIC），IBM、思科、英特尔和AT&T等IT企业都先后加入了这个联盟。通过推行工业互联网，美国致力于实现三个方面的战略目标，一是大力推动创新成果的产业化；二是通过智能创新和智能制造提高制造业生产率；三是建设以分布能源系统、物联网、下一代互联网为代表的全新的工业基础设施体系，如表4-4所示。

2015年9月，美国推出国家创新战略，提出利用国家制造业创新网络（NNMI），来恢复美国在高、精、尖制造业创新中的领先地位，重新投资供应链创新并支持扩大技术密集型制造业企业。政府积极搭建数字化制造平台，以开源技术牵引上下游垂直式生态圈，围绕系统基础架构、软件平台源代码等关键技术的开放开源，形成产业上下游不同领域不同主体间的技术标准制定与产品开发合作。2016年2月，美国国防部牵头组建成立了"数字制造与设计创新机构"（DMDII），该机构主要研究数字化数据在产品全寿命周期中的交换以及在供应链网络间的流动，推进数字化、智能化制造。该机构目前拥有80多家成员，包括波音、通用电气、西门子、微软等公司。

表4-4 美国主导产业的变迁

工业化阶段	工业化早期	工业化中期	工业化后期	未来布局重点
主导产业变迁	棉、毛纺业，食品加工业，木材加工业，机械制造业	电器、化工、汽车、石油、橡胶、电力、钢铁、军工	半导体、通信、电子计算机、宇航、激光和高分子合成材料、原子能	IT、航空航天、汽车、机械制造、电子、军工、新材料、医药、新能源等

资料来源：建投研究院，2017年7月。

二 工业化的驱动因素

美国的工业化发展和成就被学者们称为"美国奇迹"，写入了经济学教科书。美国的工业化道路是一条具有参考意义的大国发展之路，体现了大国工业化战略。从大国特征来看，丰裕的资源要素、统一的国内市场、技术的自主创新、工业化和城市化并举、区域经济均衡发展、完善的资本市场等成为驱动美国实现工业化的重要因素。

第一，丰裕的资源要素。自然资源和人力资源是经济发展的基本条件，也是工业化启动的基本条件。美国拥有丰富的自然资源，首先是广阔和肥沃的土地，其次是丰富的矿产和水力资源，此外还有充裕的森林和淡水资源。美国学者曾自豪地说："地球上没有任何地方自然条件如此优越，资源如此丰富，每一个有进取心和运气好的美国人都可以致富。"开放的移民政策，为美国引进了欧洲和亚洲的技术工人和劳动力，为美国工业发展提供了充足的人力资源。人力资源和自然资源的充分结合，有力地推动了工业化和经济增长。

第二，统一的国内市场。国内市场的统一和扩大是经济持续增长的重要条件。在工业化初期，美国工业发展主要依赖于国内市场，福克纳（1964）指出："美国的制造商不能企望那些较老的国家供给一个大市场，而必须在国内创造市场，同国外的产品进行竞争。"伴随工业化过程的深入、人口增加、西部开发、交通运输条件的改善、居民实际收入的增长等，美国逐渐构筑了统一的市场。巨大的国内统一市场，良好的交通运输设施，对内自由贸易、对外贸易保护的贸易政策，促进了美国史无前例的发展和繁荣。

第三，技术的自主创新。初始阶段的美国工业革命具有明显的移植性，在学习和移植英国技术的基础上，美国逐渐由模仿者转变为创新者。完备的国家创新体系是美国国家和企业保持持续创新力的根本保证。美国政府从 18 世纪末开始，就高度重视教育和科学事业的发展，鼓励和支持技术和制度创新，技术创新和制度创新的融合是美国工业化最显著的特点，促进技术创新的两项制度分别是专利制度和标准化制度。1790 年到 1800 年，政府颁发了 276 项专利权；1850 年到 1860 年，专利权增加到 25200 项；1890 年到 1900 年，专利权增加到 234956 项。新技术在工业生产领域的应用，促进了技术进步和生产效率提升，成为推进美国工业化的重要技术支撑。

第四，工业化和城市化并举。美国工业化也经历了工业比重逐步超过农业、工业内部重工业比重逐步超过轻工业的过程，美国从工业化初期就建立了相当完整的工业体系，产业结构升级也是在各产业协调发展的基础上进行的。值得注意的是，美国的工业化和城市化密切相连，在发展工业化过程中，通过产业和企业集聚，促进了人口的集中，推进了城市化建设的速度，1790～1920 年的城市人口比重从 5% 增加到约 51%。城市化通过人口的集聚又促进企业和产业的集聚，推动了工业化发展。如美国西部，经历了先修铁路、后建城镇、最后建农场和工厂的过程，是典型的城市化带动工业化。还有学者认为，美国的工业化和城市化是同步发展的，他们遵循着同样的轨道和方向，由东北部向中西部推进，随着制造业重心向西移动，人口和城市重心也向西移动。

第五，区域经济均衡发展。大国工业化必将面临区域协调发展的问题。美国工业化始于大西洋沿岸的东北部，19 世纪中期，东北部地区成为全国的经济中心，1860 年美国国内生产总值为 18.85 亿美元，东北部地区占到 12.70 亿美元，而西部地区仅占到 3.84 亿美元，南部地区仅占到 1.55 亿美元，区域间发展极不平衡。随着横贯大陆的铁路交通网络的建立和交通运输等基础设施的改善，美国西部和南部的经济发展速度加快，特别是中西部地区的工业化迅速推进，劳动力和生产资料向中西部集中，企业规模和产业规模扩大，到19世纪下半叶，以中西部的城市体系为基础，逐渐形成一个比较完整的制造业经济带。

第六，完善的资本市场。随着工业化发展进入中后期，庞大的市场需求、良好的产业前景、较低的进入门槛、批量式企业生产等因素导致企业规模较小，重复建设和产能过剩严重。实体经济的低迷威胁到金融系统的安全，银行在谋求自救的道路上，主导了大规模的产业并购重组，如摩根大通充分运用金融信贷杠杆，依托各个行业的龙头企业主导了美国钢铁业、铁路公司等行业的大整合。19世纪的最后20年，美国超过30%的铁路公司进行了重组和债转股，最终形成了由华尔街投资银行控股的局面。兼并浪潮顺利推进的背后是美国资本市场的充分发展：1863年成立的纽约证券交易所及随后的波士顿、费城和巴尔的摩股票交易所为并购提供了配置资源的高效率平台，据统计，在此次并购重组的高峰时段，有60%的交易案是在证券交易所中进行的。除了美国本土的资本积累，在实现工业化过程中，美国还吸收了大量欧洲资本：1843年仅有2亿美元的欧洲资本流入，1869年增长到15亿美元，1908年增长到64亿美元，到1914年，这一数额变为72亿美元。在投入工业的资本中，1859年为10亿美元，1879年为28亿美元，1899年为90亿美元，1919年增加到47亿美元。

三 产业结构演变特征

美国作为先发工业化国家代表，其支柱产业变迁过程既遵循了产业结构演变的一般规律，又有其特殊性。深入分析美国工业化进程中支柱产业的变化轨迹。

一是美国二战前主要以市场调节为主，后期加强了政府的引导作用。 1860年以前，轻纺产业占主要地位；1860～1900年钢铁、煤炭产业快速增长，并出现电子、化工和汽车产业；1900～1950年，重化工业产值超过轻纺业产值，钢铁、机械制造和化工产业迅速发展。二战后，美国重点发展资本集约型产业，把钢铁、汽车、机电作为工业发展的支柱产业；1970 年以后，大力发展技术集约型产业，如航天航空、IC、计算机和新材料等高新技术产业；1990 年以后，大力发展信息产业，加强了信息产业与其他产业的融合，参见图 4－1。

二是产业升级属于内源自发的市场主导型模式。 美国和其他国家相比，多数情况下美国没有具体的产业政策，但这并不意味着美国政府对产业发展毫无作为。事实上，美国政府的角色之一是生产要素创造者，在工业化过程中都注重主导产业的选择，合理引导主导产业发生转化和演变。美国各级政府机构在教育、科技和基础设施建设方面持续地进行大量投资，为了创造生产要素而不遗余力。美国政府在维护市场竞争秩序上也扮演重要角色，制定并执行严格的反托拉斯法以维系自由开放的交易体系。美国政府还在应对前瞻性问题的挑战上发挥着至关重要的作用，比如在太空探险、医疗保健和环境保护等方面，为国内产业创造了新的发展空间。奥巴马政府提出的未来发展新能源和生物科技产业计划，也属于这一类行动计划。

三是产业升级过程具有明显的加速特征。 [1] 美国的产业革命面临着不同于英国工业化时期的时代背景和技术机遇，在结构升级的速度和变化趋势上具有差异性。美国正是充分抓住了新技术革命的历史机遇，加快了产业结构的高级化和工业化的进程，缩短了工业化进程的时间。

四　实践经验

工业化发展阶段决定了一国支柱产业的大致范围，具有资源

---

① 刘世锦：《传统与现代之间》，中国人民大学出版社，2006。

禀赋优势的产业将长期成为该国的支柱产业。在某些时候，大国可以同时在许多支柱产业中取得国际优势地位。美国支柱产业的发展与变迁给了我们诸多启示。

一是工业化发展阶段决定了一国支柱产业的大致范围。美国的支柱产业是不断发展变化的，这背后的决定因素是多方面的，其中最主要的是其工业化发展阶段。和美国当前需要寻求新的技术突破来形成新的支柱产业不同，目前我国处在工业化中期的后半阶段[①]，而在这个阶段支柱产业主要是重化工业。当前我国提出走新型工业化道路，这并不意味着不发展重化工业，而是指重化工业发展必须走符合中国国情的新型工业化道路，强调集约式、高效益的重化工业发展路径，依靠信息技术、节能技术以及环保技术等领域的创新，最大限度地缓解重化工业发展与资源环境之间的矛盾，使重化工业能够以最小的资源环境代价实现自身的快速发展。加快机电工业特别是其中的装备制造业的发展，提升其在重化工业中的比重，将是今后一段时期产业结构升级的重点。

二是具有资源禀赋优势的产业将长期成为一国的支柱产业。长期以来，不管美国经济如何发展，农林产品特别是农业产品部门始终是其支柱产业之一，这和美国拥有大量的土地、森林等丰富的自然资源是分不开的。和美国不同，我国的资源禀赋优势不在自然资源方面，而在人力资源方面，这就决定了在选择支柱产业方面一定要发挥人力资源优势。在当前国际金融危机蔓延和贸易保护主义有所抬头的情况下，我们一方面要扩大内需，另一方面要稳定外需，继续扩展国际贸易，把我们的人力资源优势转变成现实的经济优势。只要我们有劳动力比较优势，我们就需要继续发展劳动密集型产业以及高新技术产业的劳动密集型环节。

---

① 根据我国工业发展的特征及其在国民经济中的地位和作用，结合国内相关机构的研究成果进行判断，目前我国总体上处于工业化中期后半阶段。

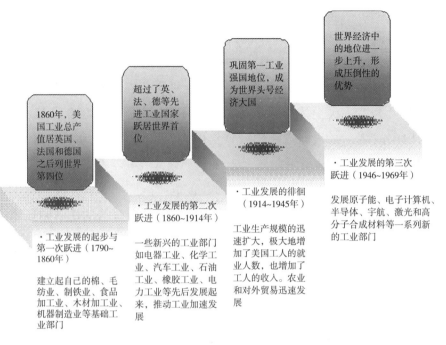

图 4-1　美国产业升级历程及其世界地位的变化

资料来源：郭福华：《中国特色新型工业化的实践与探索》，机械工业出版社，2012 年 8 月。

　　三是在某些时候，大国可以同时在许多支柱产业中取得国际优势地位。二战后 20 多年的时间内，美国几乎在所有的产业中都取得国际竞争优势。这说明，大国和小国不同，小国只能把有限的资源集中于发展某个或某几个产业，大国则不然，可以在某些特殊时期同时发展许多产业。我国是一个人口众多、地域广阔、地区差异大、生产力层次多的大国，因此，在现阶段以发展重化工业为主，并不排除一些局部地区将其他产业作为支柱产业发展，并有可能在多个产业领域获得国际竞争优势。

　　四是大力加强国防计划和科学技术研究，将有利于一国保持在新兴产业中的领先优势。美国作为先发的工业化国家，技术驱动是其工业化支柱产业发展的主要驱动力量，在这其中，美国国防计划和科学技术研究立下汗马功劳。在我国工业化程度与发达国家差距越来越小的现实情况下，可借鉴这种做法。当前和今后一个时期是军民融合的战略机遇期，也是军民融合由初步融合向深度融合过渡，进而实现跨越发展的关键期。加快推进军民融合已刻不容缓。2017年6月20日，习近平主持召开中央军民融合发展委员会第一次全体会议并发表重要讲话，把军民融合发展上升为国家战略，必须向重点领域聚焦用力，以点带面推动整体水平提升。我国应大力发展航空航天工业、干线大飞机、航空母舰等前沿技术产业，增强我国自主创新能力，促进我国产业结构升级。

五是对国际机会的捕捉有利于一国支柱产业优势的培养和延续。美国成功抓住了一些国际机会包括两次世界大战的机会，将美国有优势的产业扩展到世界各地，并使国内逐步衰落的产业在海外得以发展。20世纪90年代以来，一些本已在国内衰落的产业借助于信息技术，甚至重新成为美国的支柱产业。当前"一带一路"倡议的顺利实施和推进，对于我国企业实施"走出去"战略将是一个难得的机遇，可以考虑将具有竞争优势的一些产业转移到其他国家。

六是正确发挥政府作用有利于支柱产业发展和顺利转型。目前在我国的十大产业调整和振兴规划中，还需要进一步明确政府、协会和企业的职责。发挥政府的主导作用，并不是要政府干预企业的微观经营活动，而是要充分发挥政府的生产要素提供者、竞争秩序的维护者、前瞻性问题的决策者角色，支持支柱产业顺利发展和转型升级。

第三节　德国：发展传统产业同时注重培育新兴产业

一　产业发展过程

德国是一个后起的资本主义国家，当英国的产业革命接近尾声时，德国的工业革命才刚刚开始。直到 19 世纪三四十年代，德国才在第一次工业革命浪潮的冲击下，迟缓地开始了它的产业发展步伐。

1. 产业革命的初级阶段（1834～1848 年）

19 世纪初，农奴制改革、行会制度的削弱使德国封建制度逐步解体，同时受到法国大革命和拿破仑战争的影响，德国进入"大改革时期"，为产业发展创造了条件。

与工业革命早期的其他资本主义国家一样，德国的产业革命也是从纺织工业开始的。1834 年，德意志 18 个主要的邦成立了"关税同盟"，促进了纺织工业的发展，引发了德国产业革命。与英国相比，这一时期德国的纺织业仍显落后，手工生产仍占据着统治地位，机械化水平很低，1846 年棉织机使用动力的比重仍不到 4%。

重工业有了一定的发展。采煤和冶金业有了较大发展，鲁尔区和萨尔区成了德国采煤业和冶金业的中心，资本主义的公司经营方式已经出现。煤炭产量从 1820 年的 140 万吨猛增至 1840 年的 260 万吨，生铁产量从 1830 年的 12 万吨增加到 1840 年的 17 万吨。机器制造工业开始出现，有了几家制造纺纱机、蒸汽机和轧制铁轨的工厂。

到 1848 年，德国的工业还处于初级阶段，工业中工厂的比重还不大，手工业还占主要地位，这时候德国仍然是一个农业国。作为产业革命开展程度标志的机器制造业还很弱小，19 世纪 40 年代初，德国的 245 辆蒸汽机车中只有 38 辆产自国内。

2. 产业革命的扩大阶段（1848～1871 年）

1848 年资产阶级革命后，德国农奴制被彻底废除，关税同盟已经扩大到了德国全境，为产业革命的扩大提供了有利条件，从 19 世纪 50 年代开始，德国的产业革命进入了高潮。

纺织工业得到很大发展。棉花消费量从 1850 年的 1.8 万吨增加到 1870 年的 8.1 万吨，增加了 3 倍，棉纱自给量已经达到了

80%，机器织布机从 1843 年的 5018 台增加到 1861 年的 15258 台。规模化工厂化生产开始占据主导地位，1861 年缫丝生产基本上集中在 215 个大工厂中。

重工业的发展远比轻工业突出。采矿、冶金、机器制造业得到全面发展，工业结构发生了变化，工厂制度占据了统治地位。煤产量从 1850 年的 670 万吨增加到 1870 年的 3400 万吨，生铁产量从 21 万吨增加到 139 万吨；机器制造厂从 1846 年的 130 家增加到 1861 年的 300 家，工人达到 9.8 万人，德国建立起了自己的机器制造业；军事工业飞速成长，化学、电力等新兴工业部门开始产生。

1850～1870 年，德国工业发展速度远远高于英法等国。例如，德国的蒸汽动力增长了 8 倍以上，而同期法国增加了 4 倍，英国增加不到 2.5 倍。19 世纪 70 年代后，德国大部分的出口产品是工业品，进口的是粮食和原料，这表明德国已经基本上成为一个工业国家。

3. 产业革命的完成及工业跳跃式的发展阶段（1871～1913 年）

1871 年德国统一是德国产业发展史上的关键，政治上的统一为德国经济转型、产业升级铺平了道路。19 世纪 70 年代末 80 年代初，德国不仅完成了工业革命的后续任务，而且为 19 世纪末 20 世纪初的科技革命中获得领先地位奠定了基础，跻身于世界工业发达国家的行列。在这一时期，德国工业生产年平均增长速度超过英法两国，仅次于美国。

重工业发展非常迅速，大大超过轻工业的发展，工业技术水平得到提高。1870～1890 年，德国的煤产量提高了两倍多，铣铁产量提高了 6 倍多，超过了英法，仅次于美国。钢铁业成为德国最重要的工业，成为整个工业经济的支柱，到 1913 年，德国钢铁产量比英法的总和还多，仅次于美国位居世界第二。内燃发动机的出现推动了德国刚刚开始发展的机器制造业，1876 年德国工程师成功研制了第一台四冲程往复活塞式内燃机，1892 年发明了柴

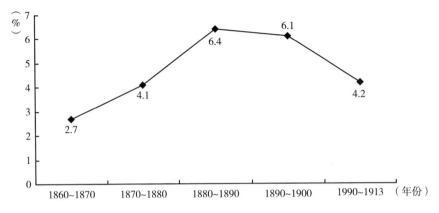

图 4 - 2 1860 ~ 1913 年德国工业生产年平均增长率

资料来源：世界统计年鉴（2001 年）。

油机，这些发明在德国经济的各个部门和国防部门广泛应用，促进了汽车、石油等工业的兴起。

新兴工业部门大量涌现，改变了德国的产业结构。汽车工业是这时的新兴产业之一，德国是最早发明汽车的国家，1893 年就开始大批量地生产汽车，19 世纪末 20 世纪初，德国位居世界汽车制造国家的前列；德国和美国此时是化学工业最发达的国家，1900 年世界所用染料的 4/5 来自德国，德国确立了世界染料工业的领导地位；电气工业得到大力发展，德国爱迪生公司是世界建立的第一个大的普通电器企业；1910 年，德国电气工业总产值占世界电气工业总产值的 30%。

轻工业相对落后，但产量的增长迅速。1870 ~ 1913 年，德国的棉花消费量从 8.1 万吨增加到 48.6 万吨；糖的产量从 20.7 万吨增加到 261.8 万吨。除了纺织和食品工业外，缝纫、造纸、制革、木材等工业也有了不同程度的发展。

这一时期，工厂制度得到确立，机器生产在主要工业部门占据统治地位，按照当时的标准德国已经建立起了完整的产业体系，1910 ~ 1914 年工业产值占国民生产总值的比重为 44%，高于农业和服务业，1913 年，德国就已经基本上实现了工业化。

4. 两次世界大战期间以军事工业为主的阶段（1914～1945 年）

1914 年第一次世界大战爆发，为了把战争继续下去，德国对工业生产进行了管制和干涉，资本和劳动力都转移到了军事工业部门，军事工业部门的生产上升了，民用消费品工业生产显著下降。1913～1918 年，军事工业生产上升了 10%，民用工业生产下降了 59%，整个工业生产下降了 43%。随着在一战中的失败，德国工业遭到严重破坏，1918 年工业生产指数仅为 1913 年的 57%，轻工业在战争期间大部分都停止了运转，工矿业方面损失严重，原有的一切工业组织体系被割裂和打乱。1920 年，德国工业生产已经倒退到 1888 年以前的水平，失业人数达到 650 万。

在协约国"道威斯计划"的帮助以及推行"产业合理化"制度的情况下，德国工业开始恢复，在短短五年内就恢复到了战前水平。1929 年，德国煤产量约为战前全国产量的 85%，钢产量已超过了战前按新国界计算产量的 12% 以上。但是 1929 年世界经济危机爆发，德国法西斯趁机上台并使国民经济迅速而全面走上军事化道路，工业更加集中在军事及相关工业领域上。1939 年，德国发动第二次世界大战，通过疯狂掠夺，德国 1938～1943 年的全部工业生产增长了 19%，其中生产资料生产增长了 63%，消费资料生产减少了近 10%，军事工业得到了畸形扩张，增长了 4 倍，工业产品的 4/5 为军需品。1944 年，这种畸形发展难以为继，工业生产直线下降，如果 1938 年工业生产指数为100，1945 年生产资料指数下降到 30～44，消费品生产指数下降到 18～20。

5. 二战后德国工业的恢复及高速发展阶段（1946～1973 年）

第二次世界大战结束后，德国分裂为联邦德国和民主德国。建立在战争基础上的德国军事工业被废弃，造船和飞机制造能力受到毁灭性打击。1946 年，德国"工业化水平协定"签署，严格规定了德国煤炭和钢铁的产量，通过拆除德国的 1500 多家工厂使其工业水平大致维持在战前（1938 年）水平的 50% 左右。

1948 年，联邦德国开始社会市场经济制度改革，促成了德国工业的复兴，也为德国经济的重建起了决定性的作用。社会市场经济模式否定了纳粹德国国家社会主义经济模式，开创了经济发展的独特的第三条道路，这种模式概括起来就是"市场经济＋国家干预＋社会保障"。在社会市场经济道路的指引下，从 1949 年直到 1974 年经济危机爆发，联邦德国经济维持了 25 年的高速增长，被誉为"西德经济奇迹"时期。1950～1973 年，联邦德国的国民生产总值年平均增长率为 6.3%，增长了 3.06 倍，工业生产年平均增长率高达 7.5%，总产值增长了 4.33 倍，工业发展速度超过了美、英、法、意，仅次于日本，重新跃居为资本主义世界第二工业强国。在此期间，德国富有预见性地放弃了技术水平处于优势地位的煤化工领域，果断转向石油化工领域，保持了德国化学工业的世界领先地位。

6. 20 世纪 70 年代后的德国产业（1974 年至今）

1973 年爆发的第一次石油危机导致了全球性的经济危机，所有工业化国家的经济增长都明显放缓，这次危机促使这些国家进行产业结构调整和技术创新，信息技术开始迅猛发展，同时发达国家开始将劳动密集型产业或生产环节向低成本国家转移，经济全球化浪潮席卷全球。

德国在此次产业结构调整中没有取得突破性进展，仍然将重点放在对重工业的技术改造上，虽然德国化学工业和电气工业技术革新不断并带动其他工业领域发展，但并没有像美国那样重视信息产业、生物工程等高技术产业，在微电子、信息产业、生物工程等重要领域与美国相比差距很大。据统计，21 世纪初期德国高技术产品产值占 GDP 比重不足 10%，而美国占 1/3，德国制造业人数占全国就业总人数的 30%，而美国已降至 15%。

目前，德国工业在国民经济中的地位有所下降，据德国联邦统计局的统计，从 1970～2006 年，德国工业的发展速度低于整个国民经济的平均发展速度，对国民经济的拉动作用有所弱化。据《国际统计年鉴 2008》，2000 年德国第二产业占国内生产总值的 30.3%，2006 年下降为 29.7%。

20 世纪中后期，德国开始调整经济结构，向创新型经济转型，推动行业技术创新，重视新技术的开发和利用，通过强势稳定的制造业来避免经济发展的"空洞化"。21 世纪以来，德国的产业合理化运动演变为科技战略，德国在 2006 年和 2010 年先后启动《德国高科技发展战略》和《思路·创新·增长——德国高技术战略 2020》。后者共有 5 个题目，重点是能源转换与工业化；提出了 10 大未来发展项目，包括德国工业 4.0。2013 年，德国政府又提出了七大"领导市场"的概念，即机械制造与生产技术、新材料、交通与物流、信息与通信经济、能源与环境经济、媒体与创意经济及健康经济与医疗技术，强调政府的高科技战略与市场需求的紧密联系。

2016 年 10 月，德国参议院通过一项关于 2030 年禁止销售燃油汽车的倡议书。虽然仅仅是倡议，并不具备法律效力，但也可看出德国政府有考虑推广电动汽车的趋势。如果这些决议最后真能实施，无疑对英、法、德的整个汽车产业造成洗牌效应，尤其是德国这个汽车超级大国。2017 年 7 月，德国政府宣布在未来 10 年为成长中的高科技企业提供 20 亿欧元的投资，以保持科技创新能力，参见表 4 – 5。

表 4 – 5 德国主导产业的变迁

工业化阶段	工业化早期	工业化中期	工业化后期	未来布局重点
主导产业变迁	轻纺业、钢铁、机器制造	石油化工业、精密机械、汽车	汽车制造业、高技术产业	新能源汽车、电子电气、化学、新材料、机械设备、可再生能源等

资料来源：建投研究院，2017 年 7 月。

二 产业升级的主要特征

德国的产业结构优化呈现出以下特点。

一是侧重重工业。汽车、机械制造、化工和电气等部门是德国工业的支柱产业，占全部工业产值的 40% 以上，其他如食品、纺织与服装、钢铁、采矿、精密仪器、光学以及航空与航天工业也很发达。各工业部门之间发展不平衡，近年来钢铁、造船、采煤、纺织等传统工业产量和产值都下降很多，造船和采煤工业还要依靠国家补贴，而塑料加工、有色金属、航天航空和电子工业处于快速增长期。

二是发展外向型经济。德国是工业品出口大国，近 1/3 的就业人员在出口行业工作，主要工业部门的产品一半或一半以上销往国外。德国工业主要出口产品有汽车、机械产品、电气产品、运输设备、化学品和钢铁，具有全球竞争力。德国汽车工业是德国最强大的出口行业，2005 年境内产量出口率高达 71%，国外产量占到德国汽车企业全球产量的 50% 以上，拥有大众、戴姆勒－克莱斯勒、奔驰、保时捷、宝马、奥迪等著名品牌，在中、高档车领域具有优势。德国机械工业是典型的出口导向型产业，产品以高质量、高技术著称，在机械制造业的 31 个部门中有 21 个占据全球领先地位，出口销售额占行业总销售额的份额从 2002 年的 68% 上升至 2006 年的 76%，出口额连续几年位居世界第一。德国化学工业拥有巴斯夫集团、赫希司特、拜耳等知名企业，化工产品销售额居世界第一，60% 销往国外，是世界上最大的化工产品出口国。德国电子电气工业有西门子、阿尔斯通、博世、ABB 等跨国公司，许多企业一半以上的销售额都是在国际市场实现的。

三是产业集中度相对不高，但拥有世界上最强大的中小企业群。德国的产业尤其是工业主要由中小企业组成，德国将此称为"隐形冠军企业"。德国大约 2/3 的工业企业雇员不到 100 名。但是，德国拥有世界上最强大的中小企业群，众多的中小企业专业化程度较高、技术水平较高、产业结构越来越精细化，很多公司几十年只研究一种零件，只做一个产品，做到世界闻名，效益非常好。他们制造的产品，是基于自己看准的市场而磨炼出的独有技术，这些"隐形冠军企业"不追求做大，而是力求成为具有某种产品世界第一的"唯一企业"。至今，中国很多高端制造业若不采用德国的关键材料和核心零部件，比如航空玻璃、芯片、轴承、光电产品等，竞争力会大大下降。

三 实践经验

作为后进工业化国家，德国工业化进程起点低，较英、法、美等国家起步晚，但发展却十分迅速。德国仅用了 70 多年时间就基本上完成了工业化，由落后的农业国一跃成为世界先进的工业国，进入发达国家行列。德国主导产业变迁的主要特点和经验主要表现在四个方面。

一是以重化工业为突破口，加速工业化。德国工业化并没有沿着英国由轻工业到重工业的老路前进，而是在轻工业短暂起步之后，迅速转向发展重化工业，铁路、钢铁和机械工业部门快速成为主导型的工业部门，把化学工业（煤化工与染料工业）作为工业化的突破口，很快赶上并超过了英国，缩短了工业化历程。这一点启示我们，在新型工业化发展过程中，要加快培育发展主导优势产业，统筹资金、技术、人才配置形成自主创新能力，或通过模仿、引进先进技术，节省和降低新技术和新产品的开发成本，为构建主导产业集群创造有利条件。

二是发展传统工业同时注重新兴工业，发挥后发优势，实现赶超。德国实施了第一次工业革命和第二次工业革命两次工业革命并举的发展战略，实现赶超。德国产业快速升级取得成功的关键之处在于采取了两次产业革命并举的发展战略，在完成引进和吸收以纺织、煤炭、钢铁、机器制造等行业为代表的第一次产业革命带来的技术成果的同时，积极投入以化学和化工、电气、汽车制造等行业为代表的第二次工业革命，将两次工业革命中的技术进步一并推进，实现了在化工、电气、汽车等新兴工业部门的技术突破，促使这些新兴部门走在世界前列，从而使后起国家的优势充分展现，进而实现了赶超。就我国的产业发展而言，涉及战略必争等国民发展重要领域，必须体现国家意志，依靠国家力量、政策手段来推进，通过规划、政策合理引导产业发展，政策的着力点更多地聚焦到增强产业创新能力，提升产品质量和附加值，促进制造业智能化、绿色化、服务化转型等方面。

三是德国银行业对制造业企业的渗透，发挥了重要的促进作用。 19 世纪 50 年代开始，德国兴起了创办银行的高潮，1850 ~ 1870 年，普鲁士就新办了 20 家新式银行。德国银行的最大特点是其资金来源主要依靠自己的资金而不是储户的存款，因此银行愿意进行较为中长期的工业投资，并且参与工业决策和管理。银行对工业的渗透具有特殊意义，尤其是在钢铁、煤炭、电气、机械和重化学工业等需要大量资金的行业，银行不仅为重工业提供了大量的风险资金，而且通过参与企业管理，提高了企业的效率。这说明，要实现产业升级，必须要加大金融对工业化发展的扶持力度，促进产业经济和金融良性互动发展，围绕产业链完善资金链，增强支持的针对性和有效性，进一步打通资本和经济社会发展的通道；不断增进金融政策和产业政策的协同作用，优化社会融资结构，持续加强对工业化重点领域和薄弱环节的金融支持。

四是重视教育和科学技术研究。 德国的教育和科研体系为产业发展奠定了坚实的基础。一方面，德国建立了完善的工业技术教育体系，提供了从小学到职业学校、从工艺学院到大学的求学机会，为德国产业发展提供了大量实用性人才和熟练的技术工人；

另一方面，德国从中央到地方建立起一套科学研究体系，包括国立科学院、科研所和国家扶持建立的科研体系，以大学为中心建立起来的科研所和实验室以及企业中的各种科研机构。政府直接控制科研，与生产紧密结合，在国家的指引下，在不同时期重点解决制约当时产业发展的技术问题，保障德国产业处于世界领先地位。因此，我国的产业转型升级和新型产业体系的培育，也要加快完善人才培养和发展机制，深入开展工业领域人力资源培训，培养大批高技能人才。

五是建立完善的创新创业生态体系。各创新主体的功能明确，主体间互动频繁，创新要素流动通畅，建立具有研发机构类型多样、经费资助来源广泛、中央地方政府之间权责清晰、社会组织力量强大等特点的科技管理体系，如图4-3所示。

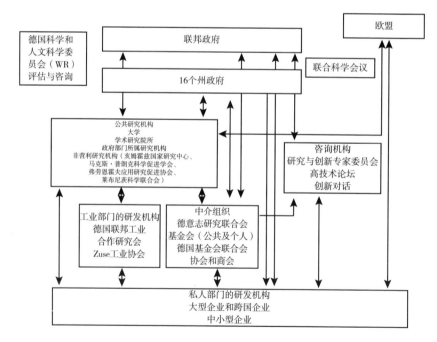

图4-3 德国科技管理体系

资料来源：德国联邦教育和研究部。

第四节　日本：以协作体系创新对接全球产业转移

一　产业结构演变进程

1868 年明治维新以来，日本模仿欧美国家制度，引进科学技术，发展资本主义工商业。工业革命在西方各国已经达到成熟阶段才输入日本，早期工业革命和晚期工业革命的特征在日本交织在一起。但是，日本产业发展的速度极为迅速，并且日本政府在产业革命中起到重要作用。第二次世界大战使日本遭受了严重的经济损失，以战前的工矿业生产指数来衡量（1934～1939 年平均为 100），战争结束后的第二年即 1946 年，工矿业生产只有战前水平的 30.7%；人均实际国民生产总值和人均实际消费水平分别相当于战前的 50% 和 60%。二战之后，日本经济经过短暂的恢复，很快进入高速增长期，1954～1973 年，日本构筑了以重化工业为核心的产业体系，走出了一条日本型工业发展道路，经济高速增长持续了近 20 年。这一时期的典型特点是投资主导型的重化工业高速增长，支持工业增长的主导产业是钢铁、石油化工、造船和现代纺织产业。这些产业资本密集、装备厚重、投资回收时间长，因此这个时期是典型的"重大厚长"型产业结构。20 世纪 70 年代的石油危机爆发后，日本产业结构进入大调整。煤炭、纺织及造船等产业，因资源枯竭、劳动成本增加和能源危机，先后成为夕阳产业。汽车、家电、机械、半导体等组装加工业，在能源危机后迅速崛起，成为朝阳产业和新的支柱产业。这些新产业的特征是设备轻量化、投资回收周期相对较短，日本在这一时期是典型的"轻薄短小"型产业结构。从"重大厚长"型工业结构转变为"轻薄短小"型工业结构，为 20 世纪 80 年代的日本经济再现活力奠定了基础。1985 年"广场协议"后，日元急剧升值，制造业出口价格比较优势下降，日本国内劳动力价格上涨，制造业劳动成本上升，这些因素导致出口型制造业企业向海外转移。与制造业外逃不同，日本服务业、金融业和信息产业出现较快增长，在产业结构中的比重稳步扩大。产业向外转移是日本产业结构调整的客观要求，从某种意义上讲，也是为发展新产业准备空间。在日本的传统支柱产业中，汽车、钢铁、高端 IT 产品，在生产和贸易中的分量仍然很重。此外，音响影像器材、光学仪器和各种机械产品在出口中也占有很大比重。21 世纪初，处于旺盛增长势头的微电子、生物工程和新材料等新兴产业，与原有支柱产业共同构成了多元化的支柱产业格局。

20 世纪 50 年代，日本为加速恢复经济，扭转经济颓势，实施贸易立国战略，振兴出口贸易，同时实施引进、吸收的科技战略，追赶世界先进技术潮流。20 世纪 80 年代初期，日本转变以引进、吸收为主的科技发展思路，实施更强调自主研发的技术立国战略。20 世纪 90 年代中期，日本调整技术立国战略思路，由技术创新转向更重视科学基础研究的科技创新，实施科技创新立国战略。进入 21 世纪，日本为全面提振经济，制定实施了包括文化立国战略、IT 立国战略、知识产权立国战略、观光立国战略、投资立国战略、新国家能源战略、环境立国新战略、创新立国战略、新经济增长战略等在内的一系列战略，形成以促进日本科技创新、经济增长、文化发展为核心的战略体系。综合来看，日本主要通过两条主线来振兴制造业。一方面，日本积极大规模编制技术战略图，加快发展新兴产业。政府加大了企业开发 3D 打印等尖端技术的财政投入；快速更新制造技术，提高产品制造竞争力；通过机器人、无人搬运机、无人工厂、"细胞生产方式"等突破成本瓶颈。2010 年 6 月，日本推出《日本新增长战略》，着重支持环保型汽车、电力汽车、太阳能发电等产业的发展。另一方面，日本注重信息技术的应用和开发，2009 年 3 月，日本出台信息技术发展计划，促进 IT 技术在医疗、行政等领域的应用。

为进一步提振经济，2013 年，日本经济产业省发布实施了《日本再兴战略》，再次强调了日本未来十年名义 3%、实际 2% 的 GDP 增长目标。为完成这一目标，日本提出了产业再兴计划、战略市场创造计划和国际扩张战略三大战略计划，力图通过创建全新的市场、促进经济增长成果的合理分配、释放私营经济增长活力等举措，延续经济复苏势头并最终实现经济振兴。其中，产业再兴计划重点通过加快产业结构转型、提升人力资源水平、加快科技创新、打造 IT 社区、加强日本作为商业中心的国际竞争力等手段加快日本优势产业发展。战略市场创造计划重点通过发展健康产业、发展清洁能源、依托地区资源发展特色经济等手段拓展日本市场空间。国际扩张战略重点通过加强与各国的经济合作、鼓励基础设备出口、支持中小企业发展、推广"酷日本"计划等手段实现日本的国际战略扩张。安倍晋三上台以来，制定了九项促进创新的政策，持续强化创新型国家建设。参见表 4-6。

表 4-6　安倍经济学的九项创新政策

政策内容	具体措施
促进对创业企业及再创业企业的投资	1. 加大对天使投资的税收减免；2. 建立旨在促进投资于创业企业的税收体系；3. 促进投资性众筹；4. 由日本政策投资银行创建"竞争力基金"
建立新体制以激发创新活力，对国外领先者形成实质性挑战	1. 2015 年实施《增强产业竞争法》；2. 消除灰色地带，确定新企业的合法性；3. 健康产业委员会对提高健康寿命的产业进行研究
帮助新创企业步入良性发展轨道	1. 创建创业企业创造协会；2. 鼓励新进入者参加政府采购；3. 公共意识改革和培训企业家；4. 打造一个全球创业生态系统；5. 与全球其他创业生态系统合作；6. 培育下一代全球创业企业
促进经营创新	1. 创设"日本服务业奖"；2. 在大学和研究生院创建"服务业管理项目"；3. 引入经营支持型服务业的质量认证；4. 制定服务业指南

续表

政策内容	具体措施
强化研发机构的功能，促进公立机构和私人部门共同开展研发活动	1. 将科技政策理事会重组为科技和创新政策理事会；2. 由科技和创新政策理事会牵头制定政府预算中用于科学和技术的优先事项；3. 制定科技和创新综合战略；4. 创建战略性创新创造项目；5. 创建创新型研发促进项目；6. 打造世界顶级的研发机构体系；7. 确保用于研发支持型人力的预算
建立国家创新体系	1. 重建分配研究拨款的制度；2. 加强研发机构的职能，如设立国立产业技术综合研究所、新能源和产业技术综合开发机构等；3. 创建新的创新循环体系，促进开放式创新
促进地方创新	1. 通过战略性的区域协调机构和匹配机构，促进地区间的信息交流；2. 创建跨学科研发的地区中心；3. 支持地方中小企业加强知识产权保护的战略
强化知识产权和标准化战略	1. 缩短知识产权审查的等待期；2. 改革有关在职发明的规则；3. 改革标准化体系和认证体系
实施"机器人新战略"	1. 实施"机器人革命性实现委员会"制定的"机器人新战略"；2. 2020年机器人奥运会；3. 促进机器人技术的基础研究

资料来源：建投研究院整理，2018年1月。

表4-7   日本主导产业的变迁

工业化阶段	工业化早期	工业化中期	工业化后期	未来布局重点
主导产业变迁	纺织、食品、基础化工、轻工机械、发电	汽车、钢铁、电子半导体、房地产、家电、石化、有色冶炼	电子半导体、电气设备、汽车、精密仪器、家电	智能制造、新材料、电子信息、生物工程等

资料来源：建投研究院，2017年7月。

二　产业升级的主要特征

一是实施合理的产业政策是实现经济健康快速发展和产业结构高级化的有效手段。纵观20世纪30年代以来日本经济的发展史可以发现，战后几十年是日本产业发展最快、产业结构变动最大的时期。日本政府合理制定并实施产业政策无疑是日本产业迅速发展和产业结构迅速趋向高级化的重要推动力。合理的产业政策，一方面能够弥补"市场失败"的缺陷，提高资源的配置效率；另一方面能够有效解决后发国家所面临的"市场环境不利"，通过各种政策措施培育一大批高素质的产业企业，对处于不利竞争地位的产业给予适当的保护，传递产业企业所需要的重要信息，完善产业基础设施，保证资金供应，从而极大地促进产业的发展。

二是产业升级具有典型的内源带动性特征。产业发展的起点较高，通过引进外国生产技术和自主创新，其产业导向多以技术密集型为主。政府主导贯穿于日本产业发展的整个过程。在不利的国内外环境中，在市场经济条件下，日本通过政府主导的赶超政策快速推进工业化，实现了产业的转型和升级。经济复兴时期（1946~1955年），日本在保持农业和轻纺产业发展的同时，采用"重点生产方式"政策，用美国援助的石油增产钢铁，用钢铁增产煤炭，并推动电力、化肥等部门的发展。经济高速增长期（1956~1973年），日本以钢铁、电力、造船、石油化工、汽车、家电为支柱产业，整个产业实现了高级化。产业结构调整时期（1970~1980年），1973年的石油危机促使日本进行了产业结构调整，日本大力发展加工组装型产业和第三产业。产业结构转变时期（1980年~至今），日本大力发展微电子、生物工程和新材料等高技术产业，产业结构从外需主导型转变为内需主导型。

三是企业卡特尔组织对优化产业的组织结构发挥了重要作用。在日本产业升级过程中，企业卡特尔成为日本工业化的一种趋势。大企业之间的联合整合了产业链创新资源，加强产学研联合攻关、新一代技术储备、专利池集聚等，促进重大关键技术突破和产业化。对石油危机之后处于衰退的产业，日本则采取了成立萧条卡特尔、缩小生产规模、停产转产、鼓励海外转移等措施。

三　实践经验

总结日本在推进产业发展、制定产业政策的变迁与理论等方面的经验，结合我国经济新常态下产业发展存在的诸多问题，可以得到以下五点启示。

一是日本政府在产业发展过程中发挥重要作用。日本政府通过实施产业政策，主要是产业结构政策和产业组织政策，引导和促进产业结构和组织的合理化和高级化。产业政策的扶持和引导，促进了日本大型企业和企业集团的产生。此外，日本政府推行的积极的财政和金融政策以及教育、人才和技术政策，都对加速产业革命进程发挥了重要作用。这一点启示我们，要加强国家新型产业体系的外部保障条件建设，进一步完善新型工业化的市场运作机制、产业治理机制。

二是充分利用国内外资源是加快产业升级的重要条件。国际贸易伴随着日本产业升级的整个进程。在产业革命过程中，日本积极实施"出口导向"的贸易政策，加快开拓国际市场，着力解决高工业生产率水平与国内市场狭小的矛盾。这一点说明，经济新常态下产业的发展必须注重开放发展，充分利用好国内、国外两个资源、两个市场，积极参与全球范围内资源配置，不断提升开放型经济发展的质量和水平。

三是建立技术引进消化吸收再创新的协调机制。日本在工业化初期就开始有组织有选择地引进欧洲的先进生产技术和组织方式，然后投入大量资金和人员消化和吸收引进的技术，发挥后发优势，提升不同产业的技术水平。对引进的技术不是简单地模仿、吸收，而是在引进消化吸收的基础上结合日本的实际再创新。对引进的技术和产品的分解、研制、综合改造创新，对于提高新时代下产业的创新发展能力很有借鉴意义，要以全球视野谋划和推动创新，提高原始创新、集成创新和引进消化吸收再创新能力。

四是要注重尽可能地促进各产业的协调发展。日本政府十分重视产业的协调原则，主要包括两方面的内容：①产业结构及产业部门内部结构的协调。这种协调并不是指产业的发展必须按某个固定标准或一种量化的指标来进行，而是要求各种经济组成部分基本能够正常衔接，没有制约产业发展的重大"瓶颈"因素。日本的"倾斜生产方式""产业合理化政策"以及其后的许多产业政策都是针对当时国民经济的薄弱环节展开的。这些薄弱环节的解决为其经济的健康发展奠定了坚实基础。同时，日本产业政策所扶持的都是一系列关联产业，这本身也体现了一种协调原则。②产业整体素质的协调。这种协调并不是要求各产业部门或产业组织的技术水平和劳动生产率尽可能一致，而是要使各种互相关联的产业部门和产业组织之间不存在强烈的技术和劳动生产率反差。日本许多工业部门的发展得益于基础材料部门效率的提高，而汽车工业的迅速成长更得益于汽车零部件生产技术和劳动生产率的大幅度提高。日本的中小企业政策不仅使中小企业受益，也使整个国民经济的整体素质更加协调。

五是高储蓄率和资本积累为产业革命奠基了基础。 在产业发展过程中，日本通过维持低工资的政策来进行强制储蓄，为产业发展积累了必要的资本。因此，要想加快促进我国的产业转型升级、实现工业化，就必须拥有相当规模的资本积累，为新型产业体系的发展提供充足的资金保障。

第五节　韩国：以产业链整合带动产业优化升级

一　产业结构演变进程

韩国的产业发展历程是一个动态的演进过程，最典型的特征是采用"外向型"的发展战略，只是各个阶段的侧重点有所不同。其产业革命过程大致分为以下几个阶段。

战后恢复期（20世纪50年代）。 朝鲜战争结束以后，为了发展国内消费品生产，韩国推行了进口替代型轻工业化战略，在限制制成品进口的同时进口大量的原料和半成品，利用美国等西方国家提供的外援，大力发展以"三白产业"为中心的消费资料和化肥、水泥等基础产业。

1962～1972年，韩国进入轻工业快速发展阶段，重点发展劳动密集型产业。20世纪60年代是韩国工业化的初期阶段，是劳动密集型产业的重点发展时期。韩国利用国内丰富的廉价劳动力，集中人力、物力、财力、大力重点发展纺织、服装、制鞋、家具等劳动密集型产业。韩国政府逐渐由进口替代模式向出口导向模式转变。

1973～1981年，韩国进入重化工业阶段，集中力量发展资本密集型产业。随着轻工业产品出口规模不断扩大，资本密集型产品的进口越来越多，韩国经济的结构性矛盾凸显，严重地影响了经济的发展。同时，1973年的世界石油危机引起韩国国内工人工资水平上涨，导致20世纪60年代推行的劳动密集型产业的竞争力下降，促使韩国及时调整产业结构，全力推行以资本密集型为主的出口导向战略。韩国于1973年提出《重化工业化宣言》，成立以总理为首的重化工业促进委员会，确定钢铁、石油化工、有色金属、造船、电子和机械这六个部门作为"具有战略意义"的部门，加以有力扶持。同时在这个时期，世界发达国家把钢铁、造船等资本密集型工业逐渐向发展中国家转移，为韩国加速发展重化工业、扩大资本密集型产品出口创造了良好的国际环境。1973～1979年，韩国把设备投资总额的94.5%集中到重化工业部门，重化工业的急速发展带动了产业结构的升级。为了发展钢铁工业，韩国颁布了《钢铁工业育成法》，规定了扶持钢铁工业发展的有关政策、法律。在政府的大力扶持下，韩国建设了一批现代化的大型造船设施，20世纪70年代初，现代、大宇两家造船厂的迅速建立和壮大，使韩国造船能力跃居世界第二，出口量居世界第一。

1981 年，韩国人均重工业产值已经超过了轻工业，在工业中居于主导地位，按照经典的霍夫曼比率，韩国已进入工业化的第四阶段，基本完成了工业化的任务。

1982～1991 年韩国进入后工业化阶段，调整经济结构，实现技术立国。20 世纪 80 年代以后，韩国加大了产业结构的调整力度，以"稳定、效率、均衡"为总方针，重点是技术开发与自由竞争。调整产业结构的方向是按照产业比较优势的动态变化，建立三个互相协调发展的产业群。第一个产业群包括纺织、水泥、石化、钢铁、家用电器、汽车、造船等产业，作为传统优势产业，通过技术升级提高产品的附加值和国产化率。第二个产业群包括精密机械、精密化学、机械电子装置、航空、计算机等产业，这些是韩国相当长时期的主导产业。第三产业群包括能源、信息、新材料、生物工程、系统工程等新兴技术产业，这些产业是韩国的"未来产业"。

21 世纪以来，韩国经历了从"贸易立国战略""重化工业立国"向"科技立国""低碳绿色增长战略"的转变。通过各个战略的实施，韩国的产业结构实现了从劳动密集型向资本密集型、技术知识密集型，再向高新技术产业的过渡。2008 年，韩国政府制定了"低碳绿色增长战略"，提出要提高能效和降低能源消耗量，从能耗大的制造经济向服务经济转变。2009 年，韩国政府启动"绿色新政"计划。2010 年，韩国颁布《低碳绿色增长基本法》，为"低碳绿色增长战略"提供法律基础。这一战略主要包括《新增长动力规划及发展战略》《绿色能源技术开发战略路线图》《绿色增长国家战略及五年计划》等文件。其中，《新增长动力规划及发展战略》，将绿色技术、尖端产业等领域共 17 项新兴产业确定为新增长动力。2014 年 6 月，韩国朴槿惠政府制定出台《未来增长动力落实计划》，从 205 项产业中遴选出智能汽车、5G 移动通信、智能机器人等 13 个有望带动韩国经济发展的未来增长动力产业，其中制造业有 9 个。具体参见表 4-8。

表 4 - 8　韩国主导产业的变迁

工业化阶段	年份	主导产业
工业化早期	1950 ~ 1962	"三白产业"（棉纺织业、面粉加工业和制糖业）、化肥、水泥
	1963 ~ 1966	饮料、食品、烟草、纺织、木材、印刷和出版、工业化学、石油化学、非金属制品
工业化中期	1967 ~ 1971	饮料、食品、纺织、服装、木材、工业化学、其他化学、石油化学
	1972 ~ 1976	食品、纺织、服装、皮革制品、工业化学、其他化学、橡胶制品、钢铁、金属制品、电气机械
	1977 ~ 1981	食品、纺织、服装、其他化学、橡胶制品、钢铁、金属制品、电气机械、运输机械、工业机械
工业化后期	1982 ~ 1985	食品、其他化学、橡胶、塑料制品、钢铁、金属制品、工业机械、电气机械、运输机械、精密机械
	1986 ~ 1990	汽车业、电子制造业、能源、信息、新材料、生物工程
未来布局重点	2000 年以来	电子通信、新能源汽车、智能机器人、绿色环保等

资料来源：建投研究院，2017 年 8 月。

二　产业升级的主要特征

一是韩国主要走的是"出口导向"的产业升级路径。在工业化初期根据比较优势向劳动密集型的轻纺产业转化，劳动密集型部门得到了较快发展，产品出口比例快速增长。在工业化中后期，资本密集型部门逐步扩大生产。韩国在 20 世纪后半期成功实现了工业化，其实质上走的是一种复合型工业化道路。

二是产业分工在经济全球化中变成了国际分工，产业调整不应局限于本地区、本国。接受产业转移的同时，也需要将本地丧失竞争力的产业转移到其他地区。

三是善于借助国外资本完成产业结构的调整。韩国借助国外贷款完成工业结构的调整。譬如，第一个五年计划（1962 ~ 1966年）时期，韩国大力扶持轻纺、食品加工，重点发展"进口替代"产业，利用 3.5 亿美元贷款投入电力建材和化工等主导产业。第二个五年计划时期，韩国重点发展劳动集约型的出口加工业，利用 33.8 亿美元贷款推动工业企业的系列化和专业化。第三个五年计划时期，韩国重点发展技术集约型产业，大力扶持机械、冶金、化学和电子等重化工业，确定了"十大战略工业"。第四个五年计划时期，韩国以产业技术开发为重点，把外国贷款的 67% 用于制造业，完成了工业化的过渡，确立了支柱产业。

四是创新能力上实现后发赶超。20 世纪 40 年代，韩国还是一个经济落后的国家，韩国的工业化于 20 世纪 50 年代开始起步，以轻纺工业和农产品加工等劳动密集型产业为主，60 年代开始发展汽车、造船、钢铁等重化工产业，70 年代进入经济起飞阶段。到 90 年代末，韩国已成为"亚洲最具技术经济实力的经济体之一"。韩国取得成功的一个最重要的经验，就是在广泛吸收各国先进技术的基础上，始终把培养和增强自主创新能力作为国家的基本政策，从"引进、模仿"战略转为"创造性、自主性"创新战略。1997 年 12 月，韩国制订了"科学技术革新五年"计划，提出 2002 年政府对研发的投入达到政府预算的 5% 以上；1998 年，韩国发布"2025 年科学技术长期发展计划"，力争在 2025 年科技竞争力达到世界第 7 位，成为亚太地区的科学研究中心，并在部分科技领域居世界主导地位。为实现这些目标，韩国进一步调整了科技政策思路，科技开发战略由过去的跟踪模仿向创造性的一流科学技术转变；国家研发管理体制由过去的部门分散型向综合协调型转变；科研开发由强调投入和拓展研究领域向提高研究质量和强化科研成果产业化转变；国家研究开发体制通过引入竞争机制，更加重视发挥市场机制的作用；由政府资助研究机构为主向产学研均衡发展转变，注重对企业创新的投入，2004 年以来韩国企业的研发投入占国家研发总投入的比重维持在 75%，逐步形成官、产、学、研协调发展的国家创新体系；对风险投资进行重点改造，更加重视发挥其稳定性、引导性和带动性作用；国家支持创新重心逐渐由大企业集团向中小企业过渡。

三　实践经验

韩国产业升级变迁的主要经验有以下几点。

一是采取政府主导型的发展战略，发挥政府的主导作用。韩国的产业发展首先是从轻工、纺织产业开始的，然后发展钢铁、造船、机械、电子、石油化工、有色金属等产业，最后积极开拓电子、计算机、精密机械等产业。在这个过程中，韩国政府一直起着主导作用，每一次产业升级都是在政府强有力的推动下完成的，政府对战略产业进行保护和培育，积极支持钢铁、汽车、造船和电子等产业发展，采取各种措施如提供生产补助金等促进企业快速发展。扶持大集团快速发展与跨国经营，造就了一批世界级企业。就我国的情况而言，必须紧紧抓住新一轮科技革命和产业变革的战略机遇，聚焦重点领域，加快制定培育发展新兴技术和产业的政策，并通过培育发展新兴技术和产业来带动和引领传统产业转型升级。

二是在不同时期制定不同的政策，分阶段灵活选择"进口替代战略""出口导向战略"、知识和技术密集型战略。韩国的工业化之所以成功，不仅在于它有一个长远的目标，而且有具体的阶段性落实计划，在不同的时期制定不同的政策，分阶段推进。这意味着，经济新常态下产业的转型和升级，要根据国际国内形势的变化和产品比较优势的消长，制定相应的策略和具体的政策措施，分阶段来推进，同时注重不同时期战略之间的衔接，保障政策有效落实。

三是在产业升级进程中，始终坚持基础设施建设先行原则。早在20世纪60年代，韩国就把公共投资的重点放在了电力、交通、通信等社会基础设施上，把大部分固定资产投资直接投向了基础设施建设项目，完成了铁路的电气化，修建了港口和通信设施，同时对城市的排水、排污、供气等公共基础设施进行了修整。

从这一点来说，建设立体化的运输系统、一体化的通信网络、全球高密度的信息传输系统，加快推进先进、高级、具有创新性的国家先进基础设施发展，对于构建产业新体系、保障新兴产业发展具有重要意义。

第六节　启示

通过广泛深入的文献分析，本章对英国、美国、德国、日本和韩国等发达国家在工业化过程中主导优势产业升级变迁的规律进行了研究，得到以下结论和启示。

一　产业升级成长一般经历国内培育、充分一体化外向和一体化产业分解的过程

综合发达国家主导产业成长的历程，一般要经历三个阶段。第一，国内培育阶段，主要完成促使该产业的诞生和扶持它的发展两项任务，通过国内培育，最终目标是使该产业的成长能够替代进口。第二阶段，充分一体化外向阶段，这是国内培育阶段的延续。如果说第一阶段只是立足于国内市场和资源禀赋来培育建立产业的话，那么这一阶段便是该产业参与国际竞争合作，开始进入世界领先地位的超越阶段。第三阶段，一体化产业的分解和转移阶段。国际竞争的发展迫使第二阶段形成的一体化产业进行分解，一些劳动密集型、资本密集型产业的低端生产和经营及其功能逐步转移到劳动力等生产要素成本更加便宜的落后的国家和地区进行，而这些相对发达的国家和地区则集中力量在研究与开发、市场营销、质量控制和品牌建设与维护等高端功能上，逐步步入发达国家的行列。这样，经过国内培育阶段，通过对比较优势的控制和利用以及充分一体化外向扩张和产业的分解，某些产

业能够走到全球产业价值链的高端环节，建立起在国际分工中的优势地位，达到完全"自立"。

二 要素基础变化是推动产业升级演进的内生性动力

产业的比较优势不断产生动态变化。新的比较优势可能是基于知识创造和智力资本要素的比较优势，那么知识创造和智力资本要素的数量与质量是促进产业升级的内生性动力。在工业化过程中，原有的以自然资源、劳动力为比较优势基础的竞争力将逐渐弱化，基于知识创新、模式创新的比较优势逐渐强化。产业升级呈现出由基于自然资源禀赋比较优势的产业逐步向基于创新比较优势的产业升级，产业体系逐渐向现代产业体系转型，即通过自主创新实现功能升级，占据价值链的高端环节，获得全球价值链的治理能力，实现收益的增长，收益的增长又促进人力资本的进一步积累和基于知识创新的新的比较优势的形成。

三 产业链上下游企业之间的有序分工、协作与竞合是推动产业发展的关键

产业链上下游企业之间的有序分工、协作与竞合是推动产业发展的关键，而能否控制产业链上游的关键环节成为决定产业竞争力的关键。中国虽然名义上是制造业大国，但实际上产业链关键部门都被外资或外国企业所掌握，譬如上游的研发创新部门、下游的流通部门和品牌部门，这种产业链上的劣势将严重威胁中国制造业的产业安全。如何通过研发投入、人力资本投入、专业化分工和经济规制与反垄断政策等措施，实现技术升级、产品升级和企业升级进而实现产业链升级，是产业发展的重点。

四 跨国公司通过产业链上下游企业并购整合占据制高点

总部设在发达国家的跨国公司对其自身的价值链进行了重组

整合，通过产业链上下游企业并购整合抢占全球产业价值链的制高点，成为影响全球价值链的重要主体，甚至成为全球价值链的"治理者"。在这一过程中，虽然一系列"非核心业务"被剥离、外包，但跨国公司紧紧把握住了价值链中最体现其核心竞争力的部分，譬如核心关键技术、知识产权、全球品牌等。同时，发达国家的大企业以其核心技术和品牌为基础，迅速成为全球产业链和价值链中的系统整合者（syetem integrators），对其产业链中上下游企业的活动进行整合和协调，从而继续占据在价值链上的制高点。更有甚者，在相当多的产业中，一级供应商与服务商也成为子系统整合者，对次级乃至第三级上下游企业进行整合与协调。

五　主导优势产业变迁遵循一定的规律性

在世界主要国家工业化过程中，主导优势产业的选择变迁规律表现出很强的一致性。一是从工业化的早期到工业化中期、后期，世界主要国家几乎都遵循了从劳动密集型向资本密集型，再向技术密集型产业转移的规律。二是依据国家的具体资源状况、生产技术水平以及工业化所处的阶段来选择主导产业。三是后发国家注重通过培育发展主导产业，利用主导产业优势赶超先发国家，实现跨越式发展。四是主导产业的演变规律是由需求演进和技术、资金积累决定的。要向高阶段发展，必须积累足够的资金、技术和人才。在主导产业成长过程中，要善于借助外力，引进和吸收海外技术、资金和经验形成自主创新能力，通过模仿或引进先进技术，节省和降低新技术和新产品的开发成本。五是在产业价值链全球分布的条件下，单一从产业关联角度选择产业体系演化的主导产业的方法已经有缺陷，需要基于价值链、产业关联和空间形态的全新的选择方法。

六　先进制造业成为当前引领全球产业升级的主要方向

当前，全球实体经济低迷，经济增长动力不足，人口老龄化不断深化，信息、医疗、养老、家政、文化等新型服务消费需求不断增加，各国纷纷试图发展先进制造业来破解这些难题，引领产业转型升级。如德国"工业 4.0"提出重点发展物联网、移动互联网、智能医疗等产业。韩国的"低碳绿色增长战略"提出重点发展太阳能、风力、氢燃料电池、整体煤气化联合循环、原子能五个清洁能源产业；清洁燃料、二氧化碳的捕捉和储存等两个化学燃料清洁化产业；电力、IT、能源储存、小型热电联供、热泵、超导、车载蓄电池、能源建筑、LED 照明八个提高能源效率的产业。日本提出重点发展医疗健康、能源、特色新农业等产业。

七　科技革命是引发产业变革和升级的重要驱动力

人类社会发展到今天共发生过五次重要的科技革命，每一次科技革命都推动了生产力的大发展。其中，有三次科技革命推动了生产方式的重大变革，引发了产业革命，加快了世界工业化进程。在 18 世纪中后期，以蒸汽机应用为标志的第一次科技革命带来了世界上第一次工业革命。19 世纪中后期以电力技术为标志的第二次科技革命带动了电气、汽车等产业的发展，催生了第二次工业革命。从 20 世纪中后期开始，计算机信息网络的出现带来了第五次科技革命，开启了第三次工业革命。在工业化的整个发展过程中，科技革命是推动工业化发展的重要力量，某些领域科技的率先突破，会引发若干领域的群体性和系统性突破，将强有力地推动新的产业变革，加速生产制造模式、组织方式和产业发展形态的深刻变革，由此加速全球工业化进程。

每一次科技革命，还会引起全球制造中心的转移和国际竞争格局的重新调整。比如英国，抓住了第一次科技革命的机会，成为世界工业革命的发源地，成为世界制造业中心。在 19 世纪 50 年代，德国和美国抓住了第二次科技革命的机会，快速走上了工业化道路。德国在 19 世纪中后期跃升为世界工业强国，美国在 19 世纪末超过了英国、德国等先进工业国家跃居世界首位，成为世界头号工业强国，全球制造业中心由此从欧洲转移到了北美。日本抓住了第五次科技革命的机会，通过以机械化、电气化、电子、生物技术为代表的技术变革，快速推进工业化进程，在一段时期内实现经济高速增长，全球制造业中心进一步向亚洲转移。

八　自主性与开放性相结合是加快产业创新的客观要求

各国产业体系发展的实践证明，产业的发展和壮大必须依靠本国人民群众的智慧和力量，实现工业化进程中资源、资本、技术、市场等要素的自主可控，才能顺利完成产业升级过程。20 世纪中后期，南美的巴西、阿根廷等国走了一条"外资主导型"工业化道路，短期内实现快速增长，但经济命脉被外资所掌控，自主性缺失，增长的基础不牢固，遇到外部经济动荡便出现明显衰退，这充分证明自主性对大国产业发展的战略意义。

但自主与开放又是相对的，当今的世界是开放的世界，一个国家的经济活动必然和其他国家的经济发生联系，互相开放，不仅是各个国家工业化的需要，也是经济全球化发展的大势所趋。发达国家的经验规律表明，产业发展的早期阶段时常会面临着诸如资金短缺、技术落后、管理经验不足、生产效益不佳等困难，这些困难如果得不到克服，已经确定的经济社会发展目标就有流产的危险，若要尽快妥善地解决这些困难，除了靠本国的力量、坚持独立自主之外，一个不可缺少的条件就是实行对外开放，借助外力，通过对外经贸合作，统筹利用国内国际两种资源、两个市场，加速本国产业升级进程。从这个意义上讲，实行对外开放，是保证产业持续、快速、健康发展的一个极其重要的条件。当产业发展到一定水平后，政府仍然需要努力增强产业创新升级进程的自主性，调整经济发展战略，从以出口、投资带动增长的"外向依赖型"产业转为将促进出口与扩大内需置于同等重要地位的"自主外向型"或"自主开放型"产业。对内通过自身结构调整和体制改革，培育国内丰富、强大的动力源，激励产业走技术进步促效益的道路，加速培育产业的自主创新能力；对外方面，深化对外开放的层次和水平，促进经济增长和产业升级进程。在坚持自主性的前提下进一步扩大开放，促进自主性和开放性有效结合，是加快实现产业升级的有效途径。

九　产业升级化过程中要注重防控"空心化"问题

产业升级的本质是生产要素成本攀升与产业价值链提升之间的一场马拉松式的竞赛，这场竞赛决定了一个国家能否迈过中等收入陷阱、能否冲破高收入之墙。产业升级面临的最大危险就是陷入中等收入陷阱。所谓中等收入陷阱，从产业的角度来说，就是产业升级过程中的"空心化"问题。从发达国家经济发展历史的角度来看，二战后世界上有 32 个国家都曾经处于中国当下所面临的经济形势，但很遗憾的是二三十年后，它们中的大部分都陷入中等收入陷阱，国民收入水平在人均 8000 美元止步，真正跨越过去的只有"亚洲四小龙"与日本五个经济体。

研究分析发现，陷入中等收入陷阱的路径是原有的产业优势固化，现有的产业优势断档，发生"产业空心化"。比较优势未能动态升级，被锁定到劳动密集型产业，陷入低端产业结构，高技术产业迟滞不前，可能是发展中国家陷入中等收入陷阱的一个重要原因。同时，要跨越中等收入陷阱成功迈入高收入国家的行列，高等技术产业的生产效率要赶超低等技术产业，即从劳动密集型产业转化为技术密集型或资本密集型产业。

那些被认为未能成功跨越比较优势陷阱的国家，如墨西哥、阿根廷、马来西亚、泰国等，都没有出现明显的持续"赶超"趋势，即高等技术产业的生产效率大都保持低于低等技术产业的状态。目前，我国产业的生产效率虽然出现过高低交叉，但大多时间处于纠缠和波动状态，没有出现明显的上穿趋势，尚不能判断是否为拐点。

第五章 新时代我国产业演进升级的动力机制

产业的发展升级演进遵循一定的规律性，经历由低级阶段向中级阶段再向高级阶段的演变过程。技术的变革、需求的牵引、市场的竞争和要素的国际化均对产业结构调整、优化升级产生了重要深远的影响。其中，技术创新是推动产业升级的主要因素，产品技术创新、管理创新、商业模式创新是产业结构调整的重要驱动力，也是历次工业革命的推动者。由消费结构升级带动的需求结构升级代表着产业结构优化升级的方向，强有力地推动产业向技术更加进步、产品不断升级、服务功能更为完善的方向发展。要素价格的市场化和全球资源优化配置为产业升级不断增添新的动力。同时，资源环境容量与标准新规"倒挂挡"，通过"倒逼机制"强制约束产业有效退出。我国产业的转型升级基本上遵循了产业发展升级的一般规律，同时也体现出中国特色。本章主要从供给端、需求侧、政策环境和约束机制等四个角度来分析我国产业转型升级的基本逻辑，构建了"三促进、一倒逼"的产业升级双向复合动力机制，这为研究和把握产业结构的多样化、产业升级路径的多元化以及产业政策调控思路和方式[①]的转变提供了有力的支撑。

---

① 本文认为，产业政策是有效的，不同意"一切形式的产业政策都是无效的（张维迎，2016）"这一观点。但是进入经济新常态，产业政策需要创新调控的思路和方式。

第一节 供给端驱动

产业转型升级涉及很多方面的问题，受诸多因素的影响，本节主要从供给端来分析推动我国产业转型升级的基本力量。

一 科技进步

科学革命、技术革命是制造升级、产业革命的先导和源泉。科技领域某些基本问题率先取得了突破，产生一批重大的理论和技术创新，促使产业生产方式发生巨大变化，进而促进产业的迅速转换和升级。当前，以新一代信息技术、新能源技术、新材料技术、生物技术等为代表的集群式技术创新正在多个领域孕育突破，强有力地推动新的产业革命[1]，加速制造模式、生产组织方式和产业发展形态的深刻变革。

从信息技术来看，信息通信技术成为支撑和引领新一轮科技革命和产业变革的基础和动力。信息通信技术是全球技术创新最为活跃的领域。高速光纤网络和高速无线网络建设为信息应用业务发展开辟了更加广阔的空间，集成电路开始进入"后摩尔时代"[2]。新一代移动通信、量子通信、大数据等技术正在引领新的创新浪潮，信息通信技术的迅猛发展为产业领域的技术突破提供了重要手段。

从制造技术来看，智能制造模式正引领生产组织方式和产业发展形态的重大变革。数字化、虚拟化、智能化技术将贯穿产品

---

[1] 用"新一轮科技和产业革命"来表述更能体现当前全球科技和产业发展的最新动态。

[2] 后摩尔时代是指摩尔定律失效后的时代。所谓的摩尔定律是指在价格一定的条件下，集成电路上可容纳的晶体管数目大约每隔 18 个月会增进一倍，而性能也提升一倍。

的全生命周期。智能化装备、智能化系统、智能化服务构成的智能制造体系正成为重构全球产业发展格局的重要力量。

从新能源技术来看，新能源技术突破正推动能源生产方式和利用方式的深刻变革，倒逼产业的转型升级。可再生能源技术的创新发展将推动全球能源结构不断优化，页岩气、可燃冰等非常规油气开采技术的突破可能引发全球能源供给格局的重大调整，核能加快向可持续性、安全性、可靠性和经济性发展。绿色能源革命是新产业革命重要的内容之一，[1] 也将成为推动产业升级的重要因素。

从新材料技术来看，材料复合化、纳米化、智能化深入发展，碳基新材料、金属材料、非金属材料技术取得重大突破。新材料是材料工业发展的先导，在支撑战略性新兴产业、保障国家重大工程建设和推进国防科技工业发展等方面发挥重要作用。

从生物技术发展来看，基因工程、干细胞、生物育种等技术不断取得突破。[2] 据 OECD 预测，到 2030 年生物技术对化工和其他制成品领域的贡献将达到 35%，对药品和诊断产品领域的贡献将超过 80%。在民众需求和巨大的市场潜力驱动下，干细胞治疗、人造器官、基因治疗等发展将给生物医药产业带来革命性变化。

二　资本驱动

金融和实体经济相互依托、相辅相成。实体经济是肌体，金融是血液，光有血液没有肌体，经济活不了；光有肌体没有血液，经济也活不了。[3] 同样，产业的转型升级、结构调整，技术的创新，设备的升级更新，企业的信息化改造，节能减排水平的提高，

---

① 杰里米·里夫金：《第三次工业革命》，张体伟译，中信出版社，2012 年 5 月。
② 现代生物技术已有近 70 年的深厚积累。
③ 2015 年 4 月 17 日，李克强考察中国工商银行、国家开发银行的讲话。

等等，都需要大量的资金，离不开资本的支撑。金融服务实体经济是近年来中国金融思想的最新发展，也是新时期中国金融工作的基本要求。资本驱动产业转型升级，主要有两条逻辑主线。

一方面，本性逐利的资本能够自发驱动产业的转型升级。产业的转型升级是创新，通常情况下，转型升级的过程中会产生大量的利润，天性喜欢逐利的民间资本，能够主动投资到那些技术路径清晰、产业发展方向明确、相关市场需求较大的产业或技术领域，在助力产业转型升级的同时，自身也获得一定的收益。我国资本市场不断改革，逐步完善有机联系的多层次资本市场体系，服务于产业的转型升级。尤其是 2008 年国际金融危机以来，为应对国际金融危机的冲击，我国贯彻落实党中央、国务院关于进一步扩大内需、促进经济增长的十项措施，全面贯彻执行积极的财政政策和适度宽松的货币政策，加大金融支持力度，促进产业优化升级，推动经济平稳较快发展。譬如，2008 年 12 月 8 日，国务院办公厅印发《关于当前金融促进经济发展的若干意见》（国办发〔2008〕126 号），提出要加快建设多层次资本市场体系，发挥市场的资源配置功能。采取有效措施，稳定股票市场运行，发挥资源配置功能，支持有条件的企业利用资本市场开展兼并重组，促进公司行业整合和产业升级。2009 年 3 月 18 日，中国人民银行和银监会联合印发《关于进一步加强信贷结构调整促进国民经济平稳较快发展的指导意见》（银发〔2009〕92 号），提出要着力促进自主创新成果产业化，推动产业结构优化升级。2010 年 5 月 7 日，国务院印发《关于鼓励和引导民间投资健康发展的若干意见》（国发〔2010〕13 号），也称促进民间投资的"新三十六条"，进一步鼓励和引导民间投资，拓宽民间投资的领域和范围。2013 年 7 月 1 日，国务院办公厅印发《关于金融支持经济结构调整和转型升级的指导意见》（国办发〔2013〕67 号），更好地发挥金融对经济结构调整和转型升级的支持作用，更好地发挥市场配置资源的基础性作用，更好地发挥金融政策、财政政策和产业政策的协同作用，持续加强对重点领域和薄弱环节的金融支持。

另一方面，国家直接设立专项资金促进产业转型升级和产业做大做强。每年中央财政预算安排国家财政拿出一定额度的资金，通过奖励、补贴、税收减免等方式，直接扶持产业的转型升级，用于支持制造业重大关键技术突破、产业创新发展、重大应用示范、节能减排以及技术改造等工作。譬如，2005 年 3 月 23 日，财政部、信息产业部和国家发展改革委联合印发《集成电路产业研究与开发专项资金管理暂行办法》（财建〔2005〕132 号）；2012年 12 月 31 日，财政部和国家发展改革委联合印发《战略性新兴产业发展专项资金管理暂行办法》（财建〔2012〕1111 号）；2015年 5 月 12 日，财政部印发《节能减排补助资金管理暂行办法》（财建〔2015〕161 号）等。尤其 2018 年以来，政府加强了投资基金的引导力度，2016 年 6 月 8 日，国家发展改革委、财政部、工业和信息化部牵头发起，联合国家开发投资公司、中国工商银行等其他投资主体共同出资正式设立先进制造产业投资基金，首期规模达 200 亿元。[①] 先进制造产业投资基金以中央财政资金为引导，吸引社会资本投入，通过市场化运作和灵活多样的投资方式，重点投资先进制造业、传统产业升级和产业布局的重大项目，加快培育高端制造业，促进传统制造业优化升级。同时，全国各个省市也会根据本地区资源禀赋、产业基础，设立一些专项资金，这些专项资金会直接促进相关行业的转型升级。

三 人口优势

产业之间的竞争归根结底是人才的竞争。产业发展、转型升级都必须依靠高素质人才队伍的支撑。长期以来，我们主要享用

---

① 其中，中央财政出资 60 亿元，国投出资 40 亿元，向社会募资 100 亿元。

了人口因素正面效应（范剑平，2016），产业依靠廉价的劳动力实现了快速发展。数量上的人口红利被不断释放，劳动力占总人口的比重不断上升，促进了经济的高速增长。

　　未来一段时期，我国人口结构将发生重大变化，人口红利持续释放，将加快产业转型升级的进程。一是人口红利加快由数量型向质量型演进。2018 年以来，我国老龄化、少子化等问题日益严重，劳动用工短缺、用工贵等现象日益突出，中国数量型"人口红利"逐渐消失并且不可逆转，质量型的"人口红利"或将为经济发展提供有力的支撑。但是，"人口红利"由数量型向质量型转变的过程并不天然就能有"红利"的，而必须通过与相应产业的结合才能实现转化。大量劳动力被限制在第一产业进行低效率生产时，人口不仅没有红利，反而是负担。我国应该顺势而为地选择不同的产业结构，以培养新生代农民工为目标，在提高他们的业务技能上进行规划与实践，让产业因人才而繁盛，让人才因产业而凝聚。二是基于高素质劳动者的"新人口红利"期尚未开启。高素质的劳动力人口还存在很大挖掘空间，2015～2020 年，我国每年大学毕业生总数高达 700 多万人，年轻一代高素质人才加快积累，配合以相关激励和扶持政策，将增强"大众创业、万众创新"的活力。在"新人口红利"的推动下，将有越来越多的新兴制造业萌发、成长、壮大，推动我国产业进入一个创新创业驱动的新发展阶段。

四　新制度红利

　　新制度经济学认为，对经济增长而言，起决定性作用的是制度创新。有效的政治、经济和法律制度安排是实现经济长期增长的决定因素。完善的制度体系是决定长期产业发展向技术和知识创新驱动升级的根本因素。在传统社会走向现代工业社会过程中，制度因素始终占据主要地位。[①] 主要国家工业化发展和制造业演变升级，都致力于制度变革和创新，破除产业发展的制度障碍，充分利用各种资源、调动一切积极因素，不断激发制造业发展的内在活力。同时，工业化过程中经济社会所经历的一系列重大事件，如资本形成、技术创新、社会流动、利益集团、城市化以及农村和农业的变化，都与体制、机制、制度调整密切相关。

中国改革开放 40 年的实践经验验证了制度创新的重要性。在我国工业化发展、产业升级过程中，一系列重大制度的创新与变革不断营造良好的制度环境，促进产业的转型升级。改革开放以来，我国逐步调整了工业化过程中的体制机制设计，加快由计划经济向市场经济转变，逐步完善和健全市场经济体制，建立了公平交易规则；重点推进深化垄断行业改革，健全生产要素市场体系，保证各种所有制企业平等使用生产要素；推进国有企业改革，加快推进国有经济布局和经济结构战略性调整，完善现代企业制度；支持和引导非公有制经济健康发展，以打破"玻璃门"、卸掉"弹簧门"、关闭"旋转门"为重点，进一步取消制约非公有制经济发展的各种隐性制度障碍，鼓励和支持企业加大新产品开发力度，加快实现产品更新换代和产业转型升级。党的十八大以来，我国的制度创新进入了新阶段。十八届三中全会深入推进市场化进程，以市场在资源配置中起决定性作用和更好发挥政府作用为核心，既要从广度上又要从深度上稳妥推进市场化改革。十八届四中全会加快法制化建设，全面推进依法治国战略，同时坚持市场化方向，以简政放权为突破口，深化行政审批制度改革。2014年来，国务院先后出台一系列文件，加快取消、下放和调整一批行政审批项目事项，涉及商事制度、投融资、税收、流通等领域改革。在第八届夏季达沃斯论坛开幕式致辞中，李克强总理提出

---

① 厉以宁：《工业化和制度调整——西欧经济史研究》，商务印书馆，2009，第 3~5 页。

"三张清单"——"权力清单""负面清单""责任清单",阐述中国全面深化改革的发展思路。一方面,着力采取更加有力的措施,确保简政放权的成效,更多释放简政放权的改革红利,做到"减量、提质、增效";另一方面,加强减少审批后的监管,实现"放""管"有效结合,明确"放"与"管"的各自领域和边界,做到"放"与"管"衔接到位。通过进一步推动政府职能转变,着力为产业营造更加宽松公平、更有利于创新发展的市场环境,在培育市场化的创新机制、完善基础设施、法规标准制定、市场化退出机制、社会征信体系建立、公共服务提供、集聚优秀人才等方面积极作为,加快促进产业优化发展,推动中国工业经济进入提质增效"第二季"。

2015 年 11 月 10 日,习近平主席在中央财经领导小组会议上,首次提出"供给侧结构性改革"。之后,国务院发布《关于积极发挥新消费引领作用加快培育形成新供给新动力的指导意见》,政界学界开始密切关注"供给侧结构性改革"且热度不断升温。2015 年底召开的中央经济工作会议,强调了供给侧结构性改革的重要性,提出去产能、去库存、去杠杆、降成本、补短板五大任务。2016 年 3 月 31 日,《国务院批转国家发展改革委关于 2016 年深化经济体制改革重点工作意见的通知》(国发〔2016〕21 号)公开发布,该文件"更加突出供给侧结构性改革。围绕提高供给体系质量和效率深化改革,……实现由低水平供需平衡向高水平供需平衡的跃升"。从生产领域加强优质供给,减少无效供给,扩大有效供给,提高供给结构适应性和灵活性,提高全要素生产率,使供给更好适应需求结构变化。可以说,供给侧结构性改革是经济进入新常态后最重要的制度创新,政府管理由需求端为主向供给端和需求端并重转变,将为产业的转型升级营造良好的政策环境。一是要让市场起决定性作用。转变政府职能,减少政府审批,让市场在资源配置中起决定性作用。二是推进国有企业改革,搞混合经济。国企要创新发展一批、重组整合一批、清理退出一批。从世界 500 强来看，世界最有竞争力的企业几乎都是混合所有制企业。三是要减税，首先要减人。通过行政体制改革适当减少行政人员。供给侧结构性改革需要彻底的体制机制改革，现在的"去产能、去库存、去杠杆、降成本、补短板"，严格来说是供给侧管理，并非是供给侧改革。

第二节　需求侧拉动

从需求侧来看，国内城镇化进程加快和居民消费结构升级，为产业转型升级提供了巨大的市场空间。"一带一路"倡议开启了产业发展的新全球化红利期。国家安全对产业的升级发展也产生了重要影响。

一　居民消费需求加快升级

随着经济发展和收入增长，我国居民正在经历一场消费结构升级"革命"。城乡居民消费结构正在由生存型消费向发展型消费升级、由物质型消费向服务型消费升级、由传统消费向新型消费升级。城乡居民的物质型消费需求基本得到满足，服务型消费需求不断增长。信息消费迅速崛起，成为推动信息产业尤其是内容服务产业发展的动力。新型文化消费日益成为消费时尚，将推动创意文化产业快速发展。健康消费需求急剧上升，促使生物医药、保健产业快速发展。以汽车、住房、耐用品为主的热点消费需求不断提升，增强了相关产业的发展活力。从具体的经济社会发展阶段来看，我国已经进入中等偏上的发展阶段，正在从中等收入水平向高收入水平迈进。与收入提高相对应的是近些年来不断提升的环保、绿色食品、休闲、养老、文化等服务消费需求。这场消费革命及其蕴含的巨大消费潜力，不仅成为经济增长的突出优势，而且成为产业转型升级的强大动力。

（一）人口老龄化带来养老服务需求模式创新探索和升级。据预测，到2020年，我国老年消费市场规模将达到3.3万亿元，养老服务市场潜力巨大。人口老龄化成为我国经济社会发展的一个阶段性特征。养老产业由特定人群消费市场需求增长带动而形成了一个新兴产业，产业链长、辐射范围广泛，对上下游产业具有明显的带动效应。

（二）新的经济发展阶段居民表现出强烈的生活质量升级需求。从消费层次来看，由温饱型向全面小康型转变。2013～2015年，全国恩格尔系数从31.2%下降到30.6%，接近联合国划分的20%～30%的富足标准，人均交通通信、教育文化娱乐、医疗保健等服务消费支出比重分别由12.3%、10.6%和6.9%提高到13.3%、11.0%和7.4%。从消费品质看，加快由中低端向中高端转变。随着生活水平的提高，居民不再满足吃饱穿暖，而是追求吃得营养、穿得得体、住得舒适、行得便捷。从消费形态来看，由满足基本物质需求向质量提升转变。人们的消费层次逐步升级，信息、医疗、养老、家政、电影、旅游等新型服务消费需求明显增加，成为新的消费增长点。

（三）技术发展带来的定制化、个性化需求升级。首先，消费方式由线下向线上线下融合转变。2015年底，我国互联网普及率已达到50.3%，网民规模达到6.9亿人。全国网上零售额达38773亿元，同比增长33.3%。其中，实物商品网上零售额增长31.6%，明显高于社会消费品零售总额的增速。另外，消费行为由从众模仿型向个性体验型转变。经济进入新常态后，我国从众型、排浪式消费模式逐步退潮，而由物流、信息流、资金流"三流合一"和"互联网＋"所催生的个性化、定制化、多样化消费渐成主流。2015年，中国智能可穿戴市场规模比2014年增长471.8%，智能手机等通信工具的更新换代不断加速。由需求引导消费的定制化的供需模式提升了生产方的效率和效益，引领了消费与生产的双升级。

二　新型城镇化深入推进

城镇化是伴随工业化发展，非农产业在城镇集聚、农村人口向城镇集中的自然历史过程，是人类社会发展的客观趋势。城镇化的推进和发展，对于我国经济社会发展、产业结构调整、产业升级具有重大意义。一方面，城镇化是保持经济持续健康发展的强大引擎。城镇化是扩大内需的最大潜力所在，巨大的消费潜力将转化为经济持续发展的强大动力。近几年来，我国城镇化水平快速提升。从 2007 年到 2016 年，我国城镇化率由 45.89% 提高到 57.4%，转移农村人口近 9000 万人，城乡结构发生了历史性变化，城乡、区域发展的协调性明显增强。但是，我国目前的城镇化整体水平偏低，不仅远低于发达国家 80% 的平均水平，也低于人均收入与我国相近的发展中国家 60% 的平均水平，还有较大的发展空间。城镇化水平持续提高，会使更多农民通过转移就业提高收入，通过转为市民享受更好的公共服务，从而使城镇消费群体不断扩大、消费结构不断升级、消费潜力不断释放，也会带来城市基础设施、公共服务设施和住宅建设等巨大投资需求，这将为经济发展提供持续的动力。在拉动经济增长的过程中，必然也会带来产业的不断发展，促进产业转型升级。另一方面，城镇化是加快产业结构转型升级的重要抓手。城镇化本身是一个人口、资金、技术等要素不断聚集的过程。城镇化带来的创新要素集聚和知识传播扩散，有利于增强产业的创新活力，驱动传统产业升级和新兴产业发展。城镇化过程中的人口集聚、生活方式的变革、生活水平的提高，都会扩大新型先进制造产品和生产性服务业的需求。城镇规模的扩大，为产业发展提供了更多的市场空间，城镇化带动产业的集中发展，为产业提供了提高管理水平和发展水平的平台和载体，尤其是新型城镇化所催生的城镇的层次提升、技术创新"软硬"环境的改善以及人力资源发展体系的完善，更为产业的转型升级创造了需求、提供了载体。

世界工业化发展规律表明，一个国家实现工业化后，城镇化率一般要达到70%以上。目前我国常住人口城镇化率为57.4%，户籍人口城镇化率还不到40%。这说明，我国仍处于城镇化率30%～70%的快速发展区间，到2020年我国基本实现工业化的时候，城镇化还有很大提升空间。城镇化的推进将带动若干个行业的发展，居民生活水平将大幅改善，产生大量产品和服务需求，将为产业的转型升级提供巨大动力和空间。2016年2月2日，国务院出台《关于深入推进新型城镇化建设的若干意见》（国发〔2016〕8号），提出将坚持走以人为本、四化同步、优化布局、生态文明、文化传承的中国特色新型城镇化道路，充分释放新型城镇化蕴藏的巨大内需潜力，为经济持续健康发展提供持久强劲动力。

三　进口替代战略不断实施

进口替代战略是指用本国产品来替代进口品，简单地说，就是通过限制工业制成品的进口来促进本国工业化的战略。自20世纪五六十年代普雷维什和辛格提出进口替代战略之后，亚非拉许多发展中国家都在不同程度上实行了进口替代战略。为了克服国家贸易的不平等地位，发展本国的民族工业，广大发展中国家努力发展一些原来依靠进口的货物的生产以供国内少数富裕阶层消费从而实现进口替代，推动本国制造业不断转型升级。梳理进口替代战略的发展历程，一国要成功实现进口替代战略，通常需要经历"日用消费品进口替代"和"一般工业品进口替代"两个阶段。在"日用消费品进口替代"阶段，先建立和发展一批最终消费品工业，如食品、服装、家电制造业以及相关的纺织、皮革、木材工业等，以求用国内生产的消费品替代进口品，当国内生产的消费品能够替代进口商品并满足国内市场需求时就进入第二阶段。在"一般工业品进口替代"阶段，进口替代由消费品转向国内短缺的资本品和中间产品的生产，如机器制造、石油加工、钢铁工业等资本密集型工业。通过这两个阶段的发展，制造业技术日趋成熟，体系基本形成，能为全面的工业化奠定基础。如日本从来就以国内市场对外不开放著称，这种不开放必然导致在很多产业中实行进口替代战略，不断在国内实行进口替代，才形成了日本制造大国的地位，并长期保持了对外贸易巨大盈余的优势格局。再如俄罗斯，2015 年 1 月 28 日，政府批准并颁布了"2015年反危机计划"，其核心是支持进口替代商品和非原材料商品包括高科技商品出口，促进中小企业发展和稳定经济系统。

在历史上，进口替代战略对倒逼我国制造业的转型升级、加快推进工业化发展进程起到了重要作用。在新的时代条件下和经济进入新常态的背景下，我国制造业加快由大到强转变，推进制造强国战略，也要继续推行进口替代战略，实施新进口替代战略，不能停留在"日用消费品进口替代"和"一般工业品进口替代"这两个阶段，现在实行的进口替代应该是提升到"高精尖优产品替代"的新阶段，就是要倒逼制造业从"低小散弱"努力提升为"高精尖优"，在自身生产能力、技术水平、装备层次等方面都要抢占全球"制高点"。全面提升自主创新能力，无论是技术的创新，还是工艺设计的创新，抑或是品牌、商业模式、市场渠道等的创新，都是成功实施新进口替代战略所必需的基本前提。

美国新一届总统特朗普上台以来，高喊着"美国优先"的口号，继续高举贸易保护主义大旗，先后对中国商品加征关税、对中兴通讯采取出口管制等举措，中美贸易摩擦不断升级。贸易保护主义的阴影在全球蔓延。因此，未来制造业的转型升级，必须主动挑战自我，逐步减少对高精尖优产品大量依赖进口的尴尬局面，用我们自己制造的具有高技术含量、高附加值、精细化加工、精密性装配、尖端创意功能的产品，来开拓国际国内新市场，利用国际国内新资源。

四　经济地理新格局下的全球化战略

当今的世界是开放的世界，一个国家的经济活动必然和其他国家的经济发生联系，互相开放不仅是各个国家工业化的需要，也是经济全球化发展的大势所趋。全球产业体系也是伴随着经济全球化、工业化进程的推进而逐步完善升级。在工业化早期阶段，产业的发展时常会面临着诸如资金短缺、技术落后、管理经验不足、生产效益不佳等困难，这些困难如果得不到克服，已经确定的产业发展目标就有流产的危险，而尽快妥善地解决这些困难和矛盾，除了靠本国的力量、坚持独立自主之外，一个不可缺少的条件就是实行对外开放，善于借助外力，通过对外经贸合作，统筹利用国内国际两种资源、两个市场，加速本国产业发展进而推动工业化进程。从这个意义上讲，实行对外开放，是保证产业持续、快速、健康发展的一个极其重要的条件。当工业化进程达到一定水平后，政府仍然需要努力增加工业化进程的自主性，调整产业发展战略，从"外向依赖型"逐步向"自主外向型"或"自主开放型"转变。对内方面，通过自身结构调整和体制改革，培育国内丰富、强大的动力源，激励企业走技术进步促效益的道路，加速培育企业自主创新能力；对外方面，深化对外开放的层次和水平，进一步促进本国产业由大到强转变，加速工业化进程。因此，在坚持自主性的前提下进一步扩大开放，促进自主性和开放性有效结合，是加快实现产业转型升级和制造强国的有效途径。

开放发展理念是中国出口导向型经济的重要延续，是全球化形势下中国融入全球产业价值链、提升价值链地位的重要手段，也是针对国内相关过剩产能消化的重要办法。经过40年的改革开放，我国对外经济形势出现重大转变。国内部分行业产能过剩，资源能源对外依存度持续攀升，主要依靠低成本要素优势，参与国际分工所获得的第一波"全球化红利"正在日趋弱化。面对日趋激烈的国际竞争，我们国家加强了战略谋划，推出了"一带一路"倡议。2013年，习近平总书记提出了建设"丝绸之路经济带"和"21世纪海上丝绸之路"的战略构想，加快形成有利于培育国际竞争新优势的制度安排。2017年5月14日，"一带一路"国际合作高峰论坛在北京召开，标志着以"一带一路"建设为重点的全面开放新格局正在形成。① 党的十九大以来，我国正在形成以"多极多圈多带多区"为基本特征的经济空间新格局，构建开放型的区域经济新体制，明确提出要以"一带一路"建设为重点，坚持引进来和走出去并重，遵循共商共建共享原则，加强创新能力开放合作，形成陆海内外联动、东西双向互济的开放格局。"一带一路"倡议涉及的产业领域主要包括以下几个方面。

1. 基础设施投资

设施联通是"一带一路"互联互通体系的重要组成部分，肩负着改善"一带一路"沿线地区发展所需硬件条件的重大使命。设施联通的关节点在于"一带一路"沿线地区基础设施的建设与完善，"一带一路"所涉及的65个国家和埃及的西奈半岛，几乎每个国家都存在基础设施建设与投资需求，参见图5-1。

借鉴世界银行、亚洲开发银行等已有的研究成果，国务院发

---

① 党的十九大报告明确提出，以"一带一路"建设为重点，坚持引进来和走出去并重，加强创新能力开放合作，推动形成全面开放新格局。

合作范围

覆盖人口约44亿　　生产总值约23万亿美元
约占全球63%　　　约占全球29%

图 5 - 1　"一带一路"倡议覆盖范围

资料来源：新华网。

展研究中心采用了比例估算方法[①]，对"一带一路"沿线基础设施的合意投资规模进行估算，2016 年 ~ 2020 年"一带一路"沿线国家基础设施合意投资需求至少在 10.6 万亿美元以上，其中，中国之外的沿线国家投资需求约为 1.4 万亿美元。[②]

2. 资源能源领域

"一带一路"是世界经济和能源的心脏地带，沿线分布着世界最主要的能源生产国、消费国和通道国，沿线国家集中了俄罗斯、中亚国家及中东地区的重要油气资源国，覆盖了全球五成以上的石油供给潜力和七成以上的天然气供给潜力。能源合作是"一带一路"倡议的重要基础和支撑。以"一带一路"倡议为契机加强国际能源合作，将促使中亚经济圈、东北亚经济圈、东南亚经济圈、欧洲经济圈、美洲经济圈形成有效连接，打造合作共赢的区域能源共同体。自"一带一路"倡议提出以来，我国已经与沿线许多个国家经济能源战略进行了对接。这一领域的合作正

---

① 根据该方法，首先确定尽量覆盖基础设施各领域的投资与国内生产总值（简称 GDP）的合意比例，然后设定沿线国家的 GDP 基数和估算期的 GDP 名义增长率，在此基础上测算出 2016 ~ 2020 年的"一带一路"基础设施合意投资总需求及年平均规模。

② 张丽平：《"一带一路"基础设施建设投融资需求及推进》，《中国经济时报》2017 年 4 月 18 日。

在从单边走向多边，由区域向纵深发展，延伸到整个产业链。"能源打头，多措并举"的局面在"一带一路"倡议构想下变得愈发明朗，如图 5 - 2 所示。

根据"一带一路"国际合作高峰论坛上达成的协议和承诺，今后重点能源项目投资主要集中在油气项目和可再生能源项目上。

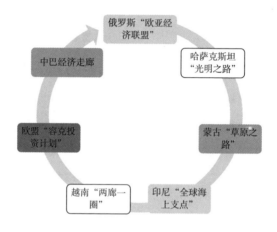

图 5 - 2 "一带一路"倡议与沿线多国经济能源战略对接

资料来源：能源研究俱乐部：《"一带一路"能源研究报告
（2017）》。

3. 新兴产业领域

"一带一路"沿线国家经济发展水平虽然有所差异，但都面临着共同繁荣发展的任务，面临着收入迈向新水平、产业迈向新高度的挑战。因此，集聚"一带一路"沿线的产业主要是环境友好型产业，或者是智能化水平高、创新能力强的高新产业，或者是关乎民生的大健康产业，或者是对经济辐射能力强的开放型经济产业。从区域情况看，各大区域重点发展的产业有所侧重，重点考虑投资的产业也会不同。

——东南亚：东南亚是全球经济活跃地区，人口密度高、开放程度较高、基础设施较为完善，是"一带一路"倡议的重要目标区域。东南亚在全球分工体系中处于中低端位置。其在全球市场具有竞争优势的产品和产业集中于农产品、矿产品等低端领域。电子信息产业在东南亚具有巨大的发展潜力。

——南亚：南亚地理位置尤为特殊，处于"一带"与"一路"的交汇点。南亚国家大都为传统农业国，但随着经济的快速发展，现已有一些高新技术产业得到发展，例如印度"硅谷"班加罗尔的软件产业等。印度工业体系比较完善，汽车零配件、医药、钢铁、化工等产业水平较高。印度软件出口和服务外包也发展迅速，在服务业等方面具有独到之处。两国产业贸易结构互补性强，合作潜力巨大。但印中深化合作仍需共同化解诸多难题①，合作层次有待提升。

——中亚：中亚五国棉花、油气、铀矿资源丰富，煤炭、稀有金属等领域具有资源优势和产业基础。目前，中亚国家在药品、汽车、电信设备、工业机器设备、加热冷却设备等机电产品、钢铁产品及贱金属制成品等方面需要进口，加快推动发展本国制造业特别是高新技术制造业是中亚国家的普遍需求。

——西亚及中东：相比"一带一路"沿线其他国家，西亚及中东地区产业国际竞争力较为薄弱，但石油资源十分丰富，在国民生产总值、国民收入和出口值中的比重都居绝对优势，石油石化产业具有较强的国际竞争力。

——中东欧 16 国：中东欧 16 国是中国连接欧亚大陆的门户，是中国进入欧洲的桥头堡。中东欧国家多数属于新兴国家，未来经济增长潜力大，是全球新兴市场的重要板块，而且中东欧国家面临经济结构调整的强烈需求，中国和中东欧国家经济高度互补，双边经贸合作前景广阔。中东欧技术创新研发能力

---

① 迟迟不承认中国市场经济地位，不断发起对中国商品的反倾销调查，等等。

较强，部分中东欧国家在汽车制造、制药、食品加工等行业基础雄厚且创新能力强。以匈牙利为代表，匈牙利已成为整个欧洲的知识和创新中心，很多大型跨国公司已在匈牙利设有研发中心。

综合来看，"一带一路"建设中存在大量新产业投资机会，其中大多以装备制造、绿色、高科技为主线。从目前表态参与"一带一路"倡议的各大国有企业来看，所关注的产业主要聚焦在高端装备、精细化工、清洁能源、信息技术、网络通信基础设施等领域。

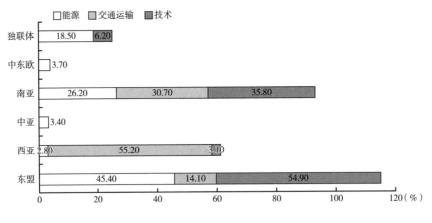

图 5 - 3 "一带一路"产业投资分布

资料来源：《中国对外直接投资与国家风险报告（2017）》。

4. 综合金融服务

实现资金融通是落实"一带一路"倡议的重要一环，而资金融通能为中国金融业开放提供新的机遇。"一带一路"建设存在巨大投融资需求，需要大量的开发性金融服务，必然涉及大量的新兴金融合作，为金融类国企海外布局、资产配置和提供更好的金融服务提供了战略机遇。"一带一路"建设是带动产业金融发展的重要途径。譬如，当前包括中东欧在内的一些国家开始把眼光转向中国和"一带一路"沿线其他国家，希望能提供一些政策支持和项目投资机会，希望可以进一步加强和中国产业资本的对接。国内许多金融机构和企业对投资"一带一路"也表达了浓厚的兴趣，希望借助"一带一路"建设平台，寻找直接投资和产业并购的机会。

实施"一带一路"倡议，给我国产业的进一步发展带来了"新全球化红利"机遇期。"一带一路"倡议有利于推动产业、市场、资本和资源能源对外深度融合，实现高水平"引进来"和大规模"走出去"共同发展，成为构建对外开放新格局、引领我国经济进一步融入世界的强力引擎。这不仅给我国产业的升级留出了发展空间，也有利于在全球范围内利用整合和配置各类发展资源，推动我国产业向价值链高端迈进，提升"中国制造"的全球影响力，加快制造强国建设的进程。可以说，"一带一路"倡议的实施推进，将为我国产业的转型升级提供更多的资源、更广的空间、更强的动力。譬如，目前"一带一路"倡议已经推动风电、高铁等基础设施建设走出国门。

五　国家安全层面的要求

制造业日益成为各国抢占未来科技和产业发展制高点的重要领域，确保国家安全是制造业升级发展的基本前提和首要任务。纵观世界制造强国的制造业发展历史，较为一致的做法是，根据全球制造业发展最新动向，基于国家安全层面的考虑，适时制定制造业新战略来体现国家意志、国家安全，加强制造业升级宏观指导和顶层设计。制造业发展战略是各国工业化发展过程中，政府对制造业发展的战略谋划和顶层设计，是调节工业经济运行的行动计划，是国家意志的展示。如德国在工业4.0战略中提出，要充分利用德国作为世界领先的制造供应商及在嵌入式系统领域的优势，加快物联网及服务互联网在制造领域的拓展，实现工业生产向工业 4.0 转变。尤其是装备制造业应寻求稳固在全球市场的领导地位，一如既往地把信息通信技术与其传统的高科技战略进行整合，使自己成为智能制造技术的主要供应商。同时，还要为 CPS 技术和产品创建新的领先市场，实现德国成为领先的供应商和领先的市场双重策略目标。如日本，在 20 世纪 90 年代泡沫经济破灭后，陷入长期的经济低迷期，这一时期被称为"失去的 20 年"。为全面提振经济，21 世纪以来，日本政府主动出手，形成了以促进日本科技创新、经济增长、文化发展为核心的战略体系。日本形成以科技创新、经济增长、文化发展为核心的战略体系，像文化立国战略、IT 立国战略、知识产权立国战略、观光立国战略、投资立国战略、新国家能源战略、环境立国新战略、创新立国战略、新经济增长战略、日本新增长战略等，有效促进了日本经济的复苏。可以说，各国制造业的转型升级发展首先要立足于国家安全的需求，符合国家层面的经济、政治、民族安全等意图。尤其是关系国计民生的重要领域，必须强化政府的作用。

长期以来，我国政府都十分重视制造业的安全问题，从保障国家安全的角度来改造提升传统产业，培育发展新兴产业。在与国民经济、国防建设和人民生活密切相关的重大领域，以国家安全为基本前提，体现了国家的意志。今后一段时期，仍然要以国家安全为保障，来推进我国制造业的转型升级和制造强国建设，借鉴美国、德国、法国、日本、韩国等主要国家保障制造业安全发展的政策和做法，更好地保障国家安全和民族利益。对于制造业的未来发展，建议从国家战略层面优先支持发展集成电路、数控机床、航空、海洋工程与船舶、汽车等战略必争产业，加强国家力量和政策手段推进，加强创新资源集聚，抢占未来全球竞争制高点。在与国际先进水平较为接近的产业，譬如通信、航天、发电与输变电、轨道交通、工程机械、钢铁冶金、石油化工、家用电器等，政府也要加强宏观调控，进行重点突破。在这些战略重点领域，政府要加强对宏观性、综合性、战略性问题的研究，强化政府在战略、规划、政策、标准等制定的职能，提高发展战略制定、发展趋势研判能力。健全规划制定实施机制，提高规划的科学性和可操作性，完善规划评估检查机制。进一步明确产业政策的功能定位和政策取向，完善产业政策体系及功能，引导和调动社会资源，向先导性、战略性产业和产业链的高端环节集聚。

第三节　政策推动

在不同的阶段产业发展需要不同的制度环境。全球各国都瞄准全球产业发展趋势，适时制定新战略，营造良好的政策环境，服务产业需要。虽然许多国家的产业政策有时候会失效，但是尚未见到不用产业政策而成功追赶发达国家的发展中国家和保持持续发展的发达国家（林毅夫，2016）。我国政府也十分重视产业的发展，让市场在资源配置中起决定性作用的同时，也注重更好地发挥政府作用。政府先后出台实施了一系列的政策、规划和办法，加强制造发展的宏观规划和指导，完善政策措施，建立灵活高效的实施机制，为产业的升级发展营造良好环境，培育创新文化和中国特色产业文化，本节主要从政策层面分析推动我国产业转型升级的基本力量。

一　产业政策

新结构主义认为，对发达国家和发展中国家的经济发展，产业政策之所以被需要是因为推动经济发展的技术创新和产业升级既要有企业家的个人努力，也需要有政府帮助企业家解决企业家自身难以克服的外部性和相应软硬基础设施的协调问题。由于发达国家和发展中国家的政府所能使用的资源都是有限的，不能为所有的技术创新和产业升级提供帮助，只能策略性地使用其有限资源，优先帮助能对经济持续发展做出最大贡献的产业。这种有选择性地使用资源帮助某些产业的企业家克服外部性和协调问题的措施就是产业政策。

我国经济一直注重发挥"有为的政府"的重要性，通过产业政策引导企业家按照要素禀赋的比较优势来选择技术和产业，提高整个产业的国际竞争力。尤其是经济进入新常态以来，全球产业发展格局和我国经济发展环境发生了重大变化，政府更加注重加强产业的战略谋划和顶层设计，先后出台制定了一系列的规划、政策和文件来优化政策环境，以国家力量推进新型工业化进程，如表5-1所示。积极发展结构优化、技术先进、清洁安全、附加值高、吸纳就业能力强的现代产业体系，在整合现有科研资源的基础上，形成制造共性技术的国家研究开发体系，提高工业制造能力、新产品开发能力、品牌创建能力、产业集中度，促进全产业链整体升级。下大力气化解目前我国部分行业出现的产能严重过剩矛盾，引导好投资方向，管住和控制增量、调整和优化存量，加快建立和完善以市场为主导的化解产能严重过剩的长效机制。强化产业分工，推动区域合作，引导产业有序转移，全面构建特色鲜明、集约高效、具有核心竞争力和可持续发展能力的区域工业发展体系。

未来一段时期，即使在相对不利的国际外部环境下，我国仍然处于大有作为的战略机遇期，产业政策仍然有很大的调控空间，根据各种产业的特征，发挥好"有效的市场"和"有为的政府"两只手的作用，加强产业创新能力、整体素质和竞争力，推动产业转型升级。

表 5 - 1　近年来国家促进产业转型的有关政策文件

发布时间	发布部门	文件名称
2012 年 3 月 27 日	科技部	《智能制造科技发展"十二五"专项规划》
2012 年 7 月 20 日	国务院	《"十二五"国家战略性新兴产业发展规划的通知》
2013 年 5 月 30 日	国务院	《"十二五"国家自主创新能力建设规划的通知》
2015 年 5 月 3 日	工业和信息化部	《2015 年智能制造试点示范专项行动实施方案》
2015 年 5 月 8 日	国务院	《中国制造 2025》
2015 年 7 月 5 日	国务院	《"互联网 +"行动指导意见》
2015 年 7 月 24 日	工业和信息化部	《2015 年工业转型升级重点项目指南的通知》
2015 年 9 月 29 日	制造强国建设战略咨询委员会	《〈中国制造 2025〉重点领域技术路线图》
2015 年 10 月 19 日	工信部办公厅和国家标准化管理委员会办公室	《国家智能制造标准体系建设指南(2015 年版)》(征求意见稿)
2015 年 11 月 17 日	工业和信息化部	《产业关键共性技术发展指南(2015)》
2015 年 11 月 25 日	工业和信息化部	《〈国务院关于积极推进"互联网 +"行动的指导意见〉行动计划(2015～2018)》
2015 年 12 月 28 日	工业和信息化部	《智能制造工程实施方案(2016～2020 年)》
2016 年 3 月 16 日	工业和信息化部	《制造业单项冠军企业培育提升专项行动实施方案》
2016 年 4 月 6 日	国务院	《装备制造业标准化和质量提升规划》
2016 年 4 月 19 日	国务院办公厅	《贯彻实施质量发展纲要 2016 年行动计划的通知》
2016 年 5 月 13 日	国务院	《关于深化制造业与互联网融合发展的指导意见》
2016 年 5 月 19 日	中共中央、国务院	《国家创新驱动发展战略纲要》
2016 年 6 月 15 日	国务院办公厅	《关于营造良好市场环境促进有色金属工业调结构促转型增效益的指导意见》
2016 年 6 月 20 日	国务院办公厅	《关于发挥品牌引领作用推动供需结构升级的意见》
2016 年 7 月 18 日	工业和信息化部	《工业绿色发展规划(2016～2020 年)》
2016 年 7 月 27 日	中共中央办公厅国务院办公厅	《国家信息化发展战略纲要》
2016 年 8 月 3 日	国务院办公厅	《关于石化产业调结构促转型增效益的指导意见》
2016 年 8 月 8 日	国务院	《"十三五"国家科技创新规划》
2016 年 8 月 15 日	工业与信息化部、质检总局、国防科工局	《促进装备制造业质量品牌提升专项行动指南》

续表

发布时间	发布部门	文件名称
2016 年 8 月 30 日	工业和信息化部	《完善制造业创新体系,推进制造业创新中心建设的指导意见》
2016 年 9 月 19 日	工业与信息化部、国家发改委	《智能硬件产业创新发展专项行动(2016~2018 年)》
2016 年 10 月 21 日	工业和信息化部	《产业技术创新能力发展规划(2016~2020 年)》
2016 年 12 月 19 日	国务院	《"十三五"国家战略性新兴产业发展规划》
2017 年 1 月 15 日	中央办公厅和国务院办公厅	《关于促进移动互联网健康有序发展的意见》
2017 年 1 月 17 日	工业和信息化部	《信息通信行业发展规划(2016~2020 年)》
2017 年 4 月 14 日	科技部	《"十三五"先进制造技术领域科技创新专项规划》
2017 年 4 月 24 日	工业和信息化部	《关于加强"十三五"信息通信业节能减排工作的指导意见》
2017 年 5 月 25 日	工业和信息化部	《工业节能与绿色标准化行动计划(2017~2019 年)》
2017 年 7 月 20 日	国务院	《新一代人工智能发展规划的通知》
2017 年 8 月 14 日	工业和信息化部	《制造业"双创"平台培育三年行动计划》
2017 年 8 月 24 日	国务院	《关于进一步扩大和升级信息消费持续释放内需潜力的指导意见》
2017 年 9 月 25 日	工业和信息化部	《工业电子商务发展三年行动计划》
2017 年 10 月 30 日	工业和信息化部	《产业关键共性技术发展指南(2017 年)》

资料来源: 作者整理。

二 金融政策

产业的成长、企业的发展需要大量的资金, 离不开金融的支持。产业的转型升级也需要资本的支持, 需要良好的融资环境。长期以来, 加强金融服务实体经济发展、促进经济结构调整和转型升级, 更好地发挥金融政策、财政政策和产业政策的协同作用, 优化社会融资结构, 持续加强对重点领域和薄弱环节的金融支持, 一直是政府相关部门的重要工作。围绕更好地促进金融支持实体经济的发展, 相关部门先后出台制定了一系列的规划、政策和文件, 如表 5 - 2 所示。

表 5 - 2　近年来金融扶持产业发展的相关文件

发布时间	发布部门	文件名称
2013 年 7 月 5 日	国务院办公厅	《关于金融支持经济结构调整和转型升级的指导意见》
2014 年 3 月 9 日	中国银监会	《关于进一步做好小微企业金融服务工作的指导意见》
2014 年 7 月 24 日	中国银监会	《关于完善和创新小微企业贷款服务、提高小微企业金融服务水平的通知》
2015 年 1 月 30 日	中国银监会、国家发改委	《关于印发能效信贷指引的通知》
2015 年 7 月 18 日	中国人民银行等十部委	《关于促进互联网金融健康发展的指导意见》
2015 年 7 月 30 日	国家税务总局、中国银监会	《关于开展"银税互动"助力小微企业发展活动的通知》
2016 年 2 月 14 日	中国人民银行、国家发改委等八部门	《关于金融支持工业稳增长调结构增效益的若干意见》
2016 年 3 月 24 日	中国人民银行、银监会	《关于加大对新消费领域金融支持的指导意见》
2016 年 4 月 15 日	中国银监会、科技部、中国人民银行	《关于支持银行业金融机构加大创新力度开展科创企业投贷联动试点的指导意见》
2016 年 4 月 15 日	国务院	《关于深化制造业与互联网融合发展的指导意见》
2016 年 7 月 5 日	国务院	《关于深化投融资体制改革的意见》
2016 年 8 月 8 日	国务院	《关于印发降低实体经济企业成本工作方案的通知》
2017 年 8 月 17 日	国务院办公厅	《关于进一步推进物流降本增效促进实体经济发展的意见》

资料来源：作者整理。

　　根据国家产业政策和行业规划要求，金融业将坚持有扶有控、有保有压的原则，继续引导、推动制造业重点领域与行业转型和调整，增强资金支持的针对性和有效性。同时，完善信贷体系与保险、担保之间的联动机制，促进知识产权质押贷款等多种形式的金融创新。加快发展主板（含中小板）、创业板、场外市场，完善多层次资本市场体系。总体来看，今后会有更多的资金投向实体经济，支持产业结构调整和企业技术改造升级，主要集中在以下三个方面。一是继续加大对有市场发展前景的先进制造业、战略性新兴产业、现代信息技术产业和信息消费、劳动密集型产业、服务业、传统产业改造升级以及绿色环保等领域的资金支持力度。二是按照"消化一批、转移一批、整合一批、淘汰一批"的要求，对产能过剩行业区分不同情况实施差别化的信贷政策，严禁对产能严重过剩行业违规建设项目提供任何形式的新增授信和直接融资。三是加强对小微企业的金融服务和支持。根据"两个不低于"的要求，拓展小微企业贷款覆盖面，多渠道建立贷款风险共担机制，加大信贷资金配给。建立政银企共同出资的"风险资金池"，开展企业技术改造贷款项目和台资企业转型升级发展的"助保金"贷款业务。

三 科技政策

科技创新是带动产业特别是先进制造业发展的主要驱动力。欧、美、日、韩等国都将科技创新和成果转化作为支撑产业发展的重要条件，在相关战略中制定专门的措施来加强关键核心技术的研发攻关和突破，鼓励和支持以企业为主导加强产学研合作，提高科技产品的实用性和科技成果产业化。如，英国于2007年创立企业主导的技术战略委员会，以加强产学研合作；日本于2010年6月在《新增长战略》中明确提出，要大力推行科研创新领域以企业为主的官产学研合作，力争到2020年官民结合研发投资超过GDP的4%。以市场主导、政府推动来加强研发攻关，是各国增强制造业创新能力、提高竞争力的较为一致的做法。

自主创新能力薄弱、关键共性技术缺失是我国产业大而不强的主要原因。为此，我国全面贯彻落实科学发展观，把技术创新作为走新型工业化道路的重要支撑，按照"企业主导、政策引导"的原则，推进以企业为主体、产学研结合的技术创新体系建设，着力推进重点领域关键技术的研发与推广，增强产业的核心竞争力，提升整体技术水平，推动产业转型升级。尤其在"十二五"

期间，制定《"十二五"产业技术创新规划》，明确了原材料、装备制造、消费品、信息产业等领域技术创新的目标和重点任务，联合集中攻克了一批制约产业发展的关键技术，并不断加强重大技术研究成果的推广和产业化，有效带动了产业的发展和工业的转型升级。"十三五"期间，预计将继续在尊重市场经济规律的基础上，针对产业发展中的薄弱环节，尤其是先进制造、战略性新兴产业的重大工程、重点领域和关键环节，政府适当给予扶持和引导，根据产业特点及阶段性特征，集中资金，引导产业链协同创新，促进重大关键技术突破和产业化。一方面，重点支持产学研协同创新，提高企业与高等学校、科研院所的协同创新能力。针对某些关联性、基础性、公益性强的产业或技术，支持行业骨干企业整合产业链创新资源，加强产学研联合攻关、新一代技术储备、专利池集聚等。另一方面，支持技术创新平台建设，加强技术产业化和市场化。结合行业或技术领域特征，依托产业链优势单位联合相关科研机构、企业及投资者，建立涵盖全产业链的开放性技术创新平台，加强重大共性关键技术研发及产业化，带动全产业链发展。

第四节　资源环境与标准新规"倒逼"

产业发展和升级是内外部各种因素综合作用的结果。尤其是经济进入新常态以来，促进产业升级的多种因素和力量相互交织在一起，多元化、复杂化趋势日趋明显，这就引起推动产业升级的动力机制出现了异化，产生了一股新式的"倒挂"力量。也就是说，推动产业升级的力量，既有正向的推力，也有反向的"倒挂"。以前的大规模刺激、不惜牺牲一切、不顾一切代价的产业政策调控方法和方式亟待改变。本节将分析倒逼产业升级和发展的主要因素。

一 资源环境容量制约

长期以来，我国产业发展方式粗放，重化工业比重偏高，能源资源和环境约束大，资源能源消耗大，能源利用效率低。目前我国总体能源利用率只有 33% 左右，低于世界平均水平。单位 GDP 能耗是世界平均水平的 2.5 倍、发达国家的 3 倍至 4 倍。像钢铁、炼油、化工等高耗能产业单位产品能耗高出发达国家先进水平 10~20 个百分点。环境污染问题仍然比较突出，环境恶化趋势尚未得到实质性遏制，环境群体性事件增多，生态系统退化，水土流失、土地沙化、草原退化、生态系统破坏带来自然灾害频发，经济发展不可持续。生态环境约束的加大，对我国产业绿色化、集约化发展提出了紧迫要求。长期以来主要依靠资源要素投入、规模扩张的粗放发展模式难以为继，亟待加快向低碳绿色、节约集约的发展方式升级和转型。

近年来，为应对气候变化和资源环境的巨大压力，世界各国纷纷加强了绿色低碳技术的科技创新投入，绿色、低碳发展已经成为世界工业发展的重要趋势。2011 年 11 月 30 日，国务院印发了《工业转型升级规划（2011~2015 年)》，明确提出了工业节能减排的目标，要求推广应用先进节能减排技术，发展循环经济，推进清洁生产，加快推动资源利用方式向绿色低碳、清洁安全转变。2012 年 8 月 6 日，国务院印发《节能减排"十二五"规划》（国发〔2012〕40 号），对今后国民经济的绿色化、节能化发展进行了全面的部署安排，要求形成加快转变经济发展方式的倒逼机制，建立健全有效的激励和约束机制，大幅度提高能源利用效率，显著减少污染物排放。同时，提出了节能改造、节能产品惠民、合同能源管理推广、节能技术产业化示范、城镇生活污水处理设施建设、重点流域水污染防治、脱硫脱硝、规模化畜禽养殖污染防治、循环经济示范推广、节能减排能力建设等十大重点工程和保障措施。2015 年 5 月 8 日，国务院颁发《中国制造 2015》（国发〔2015〕28 号），进一步提出"要坚持把可持续发展作为建设制造强国的重要着力点，加强节能环保技术、工艺、装备推广应用，全面推行清洁生产；发展循环经济，提高资源回收利用效率，构建绿色制造体系，走生态文明的发展道路"。清洁集约、绿色发展日益成为经济社会发展的内在要求。根据能源资源消耗与工业化进程内在的逻辑规律[1]，目前我国正处于工业化中后期，对能源消耗的需求还处于快速增长期。目前，我国清洁能源[2]占能源消费总量的比重不到 20%，而 OECD 各国的平均比例已超过 45%。在法国，这一比例高达 62%。随着能源、资源和生态环境影响的全球性特征日益突出，有效的资源、常规能源与不断增长的需求间的矛盾日益加剧。我国经济发展与能源资源短缺、生态环境恶化之间的矛盾也将进一步加剧，能源资源和生态环境约束日趋强化，对我国走绿色、可持续的新型工业化道路提出了紧迫要求。这将进一步倒逼制造业的转型升级，以循环经济为主要路径，加快从高耗能经济向绿色低碳经济转型。

二　标准门槛的限制

当今全球市场的竞争，已不仅仅是技术的竞争，更是标准的竞争。作为创新成果的重要载体，标准是企业产业技术水平和自主创新能力的重要体现。从某种意义上说，技术标准是企业特别是高科技企业赢得市场竞争主导权的关键，标准化战略已成为提升企业核心竞争力的核心要素。只有企业在标准制定中拥有更多

---

[1]　从世界工业化规律来看，能源资源消耗与工业化进程有内在的逻辑关系：在工业化前期，工业化水平提高并不显著增加能源资源的消耗；在工业化中期，特别是重化工业加速发展阶段，能源消耗随着经济社会收入水平的提高快速上升；完成工业化后，能源资源消耗基本上达到饱和，单位 GDP 的物质消耗保持相对稳定，消耗增长明显放缓。

[2]　根据国际标准，清洁能源主要包括天然气、核能、风能、太阳能和水电等。

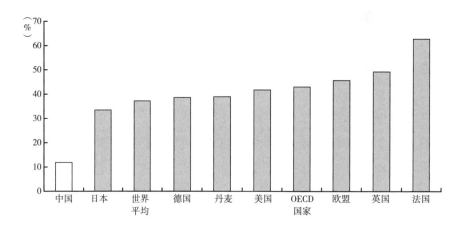

图 5 - 4　2014 年不同国家和地区清洁能源占一次能源消费的比重

资料来源：《世界能源统计年鉴（2015 年）》。

话语权，才能真正提升市场竞争力，为实现可持续发展赢得更大空间。加快完善标准体系和提高技术标准水平，提高自主创新能力，已成抢占全球产业竞争制高点的重要途径。

近年来，我国也注重加强制造业重点领域技术标准和技术规范研究和制定。加快强化节能节地节水、环境、技术、安全等方面强制性标准。强化战略性新兴产业知识产权与技术标准前瞻布局，掌握一批主导产业发展的知识产权和有国际影响力的技术标准。具体来看，一是加快重点行业技术标准和规范条件研究制定。进一步结合技术进步和产业发展方向，站在引领未来工业发展的角度，制定国家技术标准战略。加强基础通用、关键共性技术、重要产品标准的研究制定，不断完善科学合理、有效支撑产业发展的工业技术标准体系。强化战略性新兴产业技术标准前瞻布局，加紧知识产权创造和专利池建设。健全能源资源消耗、污染物排放、产品质量、生产安全、职业危害等方面的强制性标准，制定并实施重点行业生产经营规范条件。围绕先进制造业发展需求，提前部署对标准的研究，加快形成自主知识产权标准体系。二是加强标准管理。借鉴德国工业 4.0 "标准先行" 的模式，及时推动制定高精尖产业领域相关标准化路线图，完善工业领域重要标准第三方认证体系，细化和完善工业行业标准相关的法律依据，提高标准制定的法律基础，强化标准实施，对于不符合国家标准和行业标准的产品，禁止生产、销售和进口。政府主管部门、行业协会等要加强对重要技术标准制定的指导和设计，做好标准与规划、产业政策的协调，形成技术创新、标准与知识产权的互动，促使标准制定与科研、开发、设计、制造相结合，保证标准的科学性、有效性。建立标准化与科技创新和产业发展协同跟进机制，在重点产品和关键共性技术领域同步实施标准化，建立规范、透明、高效的标准管理体制和运行机制。三是加强技术标准的国际交流合作。扩大国际之间和地区之间的科技交流合作，鼓励科研院所、高等院校与国外研发机构建立联合实验室或研究开发中心。进一步加强与国际科学工程和国际标准化组织的交流合作，鼓励和支持企业在海外设立研究开发机构或产业化基地。积极参与国际标准的制定和修订，促进国家标准与国际标准的有效衔接，推动中国标准国际化。

2016 年 4 月 6 日召开的国务院常务会议，提出实施《装备制造业标准化和质量提升规划》，将实施工业基础和智能制造、绿色制造标准化和质量提升工程，加快关键技术标准研制，推动在机器人、先进轨道交通装备、农业机械、高性能医疗器械等领域标准化实现新突破，力争到 2020 年使重点领域国际标准转化率从目前的 70% 提高到 90% 以上。这表明，在建设制造强国的过程中，我国将坚持标准引领，支撑制造业提质增效，提升国际竞争力。2016 年 8 月 12 日，工信部发布《新能源汽车生产企业及产品准入管理规定》（修订征求意见稿），重新划定新能源汽车范围，标准照新能源汽车产业的准入门槛提高，结束 "野蛮生产" 状态。对于该行业来说，只有升级或转型才是王道。经济新常态下，预计未来还会出现更多的新规、标准和门槛，倒逼产业的升级。

三 "负面清单"的约束

"负面清单"是国际上通用的投资准入制度，是政府规定禁止、限制开放领域的清单，除清单限定的禁区外，其他行业与领域的经济活动都默认许可，企业可以对照清单安排经济活动。最早的"负面清单"诞生于贸易投资领域，1994 年生效的《北美自由贸易协议》采取了"负面清单"模式。此后，该模式被众多国家效仿，逐步成为国际上重要的投资准入制度之一，目前已被 70 多个国家采用。还有一些国家在此基础上进行创新，实施了"正面清单"与"负面清单"混合的清单模式。

2013 年 9 月 27 日，国务院印发通知，批准《中国（上海）自由贸易试验区总体方案》，提出要"探索建立负面清单管理模式"。根据这一方案要求，上海市政府于 9 月 29 日发布《中国（上海）自由贸易试验区外商投资准入特别管理措施（负面清单）（2013 年）》，按照《国民经济行业分类及代码》（2011 年版）提出了 18 个门类、89 个大类、419 个中类、1069 个小类、190 条特别管理措施。对于未列入"负面清单"的外商投资一般项目，采取非禁即入的管理模式。这是我国首次采用"负面清单"管理模式，是我国行政管理体制改革的一项重大突破。"负面清单"管理的核心思想是"非禁即入"。对产业成长来说，"负面清单"是一把双刃剑，既能给产业的发展带来更大的空间，除清单限定的禁区外，可以自由发展；也带来了挑战，只要产业落入"负面清单"范围内，就必须转型和升级。

应该说，"负面清单"管理模式是经济新常态下政府管理行业的大势所趋，是一种新常态。产业发展，一方面要弄清能耗、环保、质量、安全等方面的限额标准；另一方面要结合市场需求，选择发展策略，动态调整和升级。

第六章　新时代我国产业升级的路径

随着经济进入新时代，产业发展环境发生深刻变化，多种经济矛盾相互交织，主要依靠增加物质资源、资金、劳动力等生产要素投入的传统粗放式发展模式日益与经济新常态不相适应，已经到了必须依靠转型升级促进产业又好又快发展的关键时期。本部分将结合当前我国经济发展所处的特殊阶段，试图从产业演进发展的规律和机理上来探寻破解制约产业升级难题的路径。

第一节　全球产业发展新格局

一　经济的全球化与价值链的全球分布

经济全球化是当代世界经济的重要特征和趋势。跨国商品与服务交易及国际资本流动规模和形式的增加以及技术的广泛迅速传播使世界各国经济的相互依赖性增强，[①] 各种生产要素在全球范围内流动、配置、重组。特别是 20 世纪 90 年代以来，以信息技术革命为中心的高新技术迅猛发展，世界经济全球化的进程大大加快了。

[①]　引用国际货币基金组织（IMF）在 1997 年发表的《世界经济展望》对经济全球化的定义。

随着经济全球化和跨国公司全球投资的不断扩张，制造业和服务业价值链呈现全球分布态势。知识要素代替资源禀赋成为影响全球价值链的关键要素。跨国公司成为影响全球价值链的重要主体，甚至成为全球价值链的"治理者"。微笑曲线（Smile Curve）成为全球价值链环节不对称分布的普遍特征。

由此可见，产业转移和全球配置资源已成为趋势、常态，产业竞争转向全球，产业发展转型也转向全球。地区经济发展、企业战略定位都需要从经济全球化和全球价值链角度选择具有竞争力的价值链环节，否则不能应对来自全世界的竞争。

二 全球制造业格局面临重大调整

新一轮工业革命加速制造业深刻变革。继机械化、电气化、自动化等产业技术革命浪潮之后，以信息网络技术加速创新与渗透融合为突出特征的新一轮工业革命正在全球范围内孕育兴起，数字经济正成为全球经济增长的重要驱动力。制造业加速向数字化、网络化、智能化方向延伸拓展，软件定义、数据驱动、平台支撑、服务增值、智能主导的特征日趋明显，新模式、新业态、新产业层出不穷，数据正在成为当前社会最宝贵的资源，围绕工业互联网平台的竞争愈演愈烈。新工业革命与我国实施制造强国战略形成历史性交汇，我们必须把握变革趋势和时间窗口，促进信息化与工业化深度融合，推动互联网、大数据、人工智能和实体经济深度融合，加快抢占新一轮产业竞争的制高点。

全球产业竞争格局正在发生重大调整。制造业重新成为世界各国经济竞争博弈的主战场。2008 年国际金融危机发生后，美、英等主要发达国家反思"脱实向虚"的发展模式，重新聚焦实体经济，纷纷实施"再工业化"战略，集中发力高端制造领域。发达国家制造业的价值链呈现进一步高端化的趋势。全球制造业正在发生深刻变化，呈现出四大新特点。一是全球供应链不断强化和复杂化；二是技术开发和利用速度加快；三是无形资产如设计、商标和研发的重要性空前凸显；四是制造业转向低碳经济模式。[①]美、日、德、法等主要发达国家加大技术创新力度，在关键技术和工艺、品牌营销等价值链的高端环节加大投入和提高控制能力，抢占全球制造业价值链制高点，形成在高技术制造中的全球比较优势。

我国在新一轮发展中面临巨大挑战。国际金融危机发生后，发达国家纷纷实施"再工业化"战略，重塑制造业竞争新优势，加速推进新一轮全球贸易投资新布局。一些发展中国家也在加快谋划和布局，积极参与全球产业再分工，承接产业及资本转移，拓展国际市场空间。我国制造业面临发达国家和其他发展中国家双向挤压的严峻挑战。

三　后金融危机时代现代服务业快速发展

服务业比重随着经济的发展逐步增长是一个趋势。发达国家一般服务业占其经济规模比重的60%以上。如纽约和东京发达的非银行金融服务，包括金融衍生产品、融资租赁、信用担保、风险投资等；一些新型业态如制造和维修服务，包括总集成和总承包，节能与环保服务等。这些新的服务业形态由于处在价值链的高端环节或能帮助制造业走向价值链的高端环节，已经成为各国竞争的焦点。

现代服务业技术知识密集度逐渐加大。现代服务业呈现知识密集和人力资本密集的特征，尤其是和制造业价值链紧密结合的嵌入式生产性服务业和为服务业服务的专业服务业更是如此。越来越多的企业逐渐将以产品为中心的制造业向服务增值延伸。在制造业发达国家，以制造服务业为主的生产性服务业已占到服务

---

① 参考英国发布的 *Manufacturing Strategy Review*，2015 年 9 月。

业总产值的 50% 以上，例如欧盟为 52%，日本为 54%。制造业服务化已经成为引领制造业升级和推动全球制造业变革的重要动力，其发展呈现如下新趋势。一是大型企业集团是制造业服务化转型的主力。制造服务业属于人才、技术与知识密集型行业，前期投入高且收益随规模递增，只有资产厚实、盈利能力好、国际竞争力强的大型企业集团才能够支撑制造业服务化过程。通用公司、耐克、IBM 等成功开了制造企业服务化的先河，为其他制造企业的转型提供了成功经验。如通用公司的服务业收入已超过全年总收入的 2/3；IBM 服务收入比重已超过 60%。二是新兴产业服务化趋势日益凸显。个性化消费意识的觉醒与扩张给制造业带来了巨大的生产性服务需求，满足个体、小团队的需求正在成为重要的生产目标。3D 打印、工业机器人、节能环保、新一代信息产业等新兴产业的快速发展，为改变规模化批量化的传统生产模式提供了路径，大幅提升了制造业中服务业的比例。如 3D 打印，消费者可以自主参与创意与设计，制造商根据消费者的需求提供产品。三是信息化助力制造业服务化发展。信息化是推动服务型制造企业发展的关键环节。信息技术不仅能够使制造企业创新研发技术与制造技术，优化产品开发流程与周期，提升生产效率与产品质量，而且能够在"产品—企业—服务"之间搭建高效便捷的通道，使企业的产品与服务互连起来，提升流通效率，为用户及时提供服务并获取新的利润。

另外，现代服务业的价值链也呈现全球分布态势。跨国公司专注于产业价值链中创造价值的高端活动，把与技术活动和市场活动等有关的服务业务牢牢抓在手中，而把缺乏比较优势的制造活动转移出去（刘志彪，2007），从而使自己逐步成为从事服务增值为主的专业化服务厂商，在这方面最典型的是美国 GE 公司和 IBM 公司，从制造业企业升级为服务型企业。

第二节　新时代我国产业变革新趋势

当前，新一轮科技革命和产业变革与我国加快转变经济发展方式和制造强国战略迭加交汇。全球产业格局面临重大调整，新一代信息技术与制造业深度融合，不断形成新的生产方式、产业形态和商业模式。产业跨界融合成为新的趋势。我国产业的转型升级在中长期呈现出七大趋向。

一　智能化：加快由传统制造向智能制造转型

智能制造已成为当今全球制造业发展的新趋势。今后一段时期，我国要把智能制造作为工业化和信息化深度融合的主攻方向，大力发展智能装备和智能产品，加快推进生产过程智能化，全面提升企业研发、生产、管理和服务的智能化水平。自 2015 年以来，我国开始启动实施智能制造试点示范专项行动，推进"互联网＋"行动，以促进制造业转型升级，加快制造强国建设进程。

二　绿色化：加快由资源能源消耗向绿色低碳转型

资源环境约束已成为倒逼制造业转型升级的重要因素，可持续发展成为建设制造强国的重要着力点。自中国特色新型工业化道路的理念提出以来，我国的工业化发展开始注重资源的充分利用和环境保护。未来产业的发展，尤其是制造业的发展，必须以低能耗、低污染、低排放为基础，减少对非再生资源的依赖和使用。加强节能环保技术、工艺、装备推广应用，全面推行清洁生产。加强对再生资源的开发利用，实施绿色发展战略，推进制造业绿色、低碳、循环发展，构建绿色制造体系。

三　高端化：加快由 OEM 向 ODM 转型或 OEM 向 OBM 转型

近几年来我国制造业持续快速发展，建成了门类齐全、独立完整的产业体系，220 多种工业产品产量位居世界第一，航空航天、信息通信、高端装备等产业取得一批重大创新成果。然而，我国制造业仍然大而不强，在自主创新能力、信息化程度、质量效益等方面与制造业先进国家存在明显差距，长期被低端锁定，处于产业价值链的低端，缺乏真正拥有核心技术的产品和品牌。因此，未来制造业的发展必须朝着高精尖方向发展，着力掌握关键核心技术，完善产业链条，形成自主发展能力，积极抢占全球产业发展的制高点。

四　网络化：加快由单一制造向开放、共享转型

当前，新一代信息技术特别是互联网技术的发展和应用，成为支撑和引领新一轮科技和产业革命的基础动力，并以前所未有的广度和深度加快向各类制造技术渗透融合。互联网与各领域的融合发展具有广阔前景和无限潜力，已成为不可阻挡的时代潮流，正对全球制造业的发展产生着战略性和全局性的影响。我国是制造业大国，也是互联网大国，互联网与制造业融合空间广阔，潜力巨大，能够为制造业的升级发展提供新的领域。

五　个性化：加快由大规模批量生产向个性化定制转型

新工业革命对人类生产方式和生活方式将产生革命性影响。大规模按需定制、个性化、网络化生产获得突破性发展。企业将利用互联网采集并对接用户个性化需求，使得企业生产出来的产品不再大量趋同而是更具个性化，并且不断开展基于个性化产品的服务模式和商业模式创新。也就是说，大规模定制化生产将成

为新工业革命背景下制造业创新的重要模式，是制造业转型的重要方向。

六　服务化：加快由提供产品制造向提供产品和服务转型

随着信息技术的发展和企业对"顾客满意"重要性认识的加深，越来越多的制造企业不再仅仅关注实物产品的生产，而是更加关注产品价值的实现，提供"服务＋产品"的解决方案，不断由"生产型制造"向"服务型制造"转型。随着生产过程自动化、智能化程度的提高以及大型装备复杂化程度的加深，制造环节在整个价值链中的比重日趋下降，产品的研发设计、交付、安装、维护和服务等各环节需求及所占价值愈加提升。相关资料表明，在发达的制造业市场上，产品生产所创造的价值仅占总价值的1/3左右，而基于产品的服务所创造的价值占到了2/3。大型跨国企业凭借资金、技术、人才、市场等优势，积极寻求服务化发展，加快由生产型制造向服务型制造转变。如IBM、戴尔、GE、耐克等一大批制造企业向服务化转型，努力创造优质的服务来提升有形产品竞争力的做法已普遍被众多企业接受。制造业服务化已成为当今世界制造业发展的重要趋势。美国等主要工业化国家纷纷从国家战略高度推动制造业服务化转型，抢占工业经济竞争制高点。如表6－1、表6－2表6－3所示。因此，制造业服务化是引领我国制造业升级的重要途径。

表6－1　全球制造业中服务业所占比例

单位：%

全球工业	在全部销售中服务业所占份额	
	平均值	排名前10名企业之和
航空和国防	47	高于50
汽车制造	37	高于50
电子信息产业	19	高于50
生物和医药设备	21	高于50
所有制造公司	26	高于50

资料来源：Deloitte研究报告《基于全球服务业和零件管理调研》，2016年8月。

表6-2　全球上市公司制造企业提供的服务种类

序号	服务种类	服务收入占总收入比重（%）	
		2015 年	2011 年
1	设计和研发服务	23.21	21.92
2	系统解决方案	15.92	15.7
3	零售和分销服务	12.33	11.94
4	维修和支持服务	12.14	12.18
5	安装和运行服务	5.35	5.1
6	金融服务	4.89	3.83
7	财产和房地产服务	3.8	3.89
8	咨询服务	3.37	2.69
9	外包和经营服务	2.06	1.07
10	采购服务	1.46	1.68
11	租赁服务	1.18	1.15
12	运输服务	0.19	0.2

资料来源：根据剑桥大学对全球上市公司财务分析库（OSIRTS）中排名前50的制造业企业调查结果整理。

表6-3　美国部分信息、制造企业服务领域营业收入占比

单位：%

企业名称	业务领域	2015 年	2014 年	2013 年	2012 年	2011 年
通用电气	汽车、装备	43.36	46.08	46.29	41.54	37.36
IBM	服务器、信息技术	61.42	59.12	58.19	58.24	58.74
欧特克	软件	71.45	73.11	96.02	89.53	90.14
陶氏化学	化工	35.00	25.00	23.39	21.43	19.07
摩托罗拉解决方案	通信设备	35.27	29.65	26.85	26.03	40.75
罗克韦尔自动化	工业自动化系统	56.05	57.04	57.78	57.66	56.76
艾利丹尼森	不干胶标签材料	25.14	26.24	25.42	24.90	23.37
福特汽车	汽车	5.76	5.14	5.72	5.94	7.50
罗克韦尔柯林斯	航空电子、通信产品	14.16	5.03	4.78	7.84	61.33
惠普	打印机、计算机设备	23.51	24.20	23.58	22.79	23.93

数据来源：根据2015年美国500强企业公司财务报表整理。

七　全球化：加快由主要依靠国内资源和市场向统筹利用国内外两种资源、两个市场转型

全方位对外开放是我国经济发展、制造业升级的必然要求。随着"一带一路"倡议的深入推进，我国制造业将实行更加积极的开放战略，实施双向开放，促进国内国际要素有序流动、资源高效配置、市场深度融合，制造业的升级将更多地依靠国内、国外两种资源、两个市场。产业国际合作的水平和层次不断提升，产业合作领域不断由以加工制造环节为主向合作研发、联合设计、市场营销、品牌培育等高端环节延伸。产业国际化布局加速推进，企业国际综合竞争能力不断增强。

第三节　新时代产业升级全景及其实现

经济新时代下，产业成为跨界融合的产业，具有升级发展的新特征。可以借助于纵向产业结构和横向产业结构来绘制产业升级路径图谱，并推测出经济新时代下我国产业升级的五大路径。

一　新时代下的跨界融合产业

经济新时代下，各大产业之间变得更加紧密，各种企业交往活动更加频繁。尤其是以云计算、大数据、物联网为代表的新一代信息技术的发展，更是拉近了不同产业、行业、企业之间的联系。"互联网＋"产业催生出了新时代下的跨界融合产业。也就是说，产业之间的边界开始变得越来越模糊，譬如服务业开始制造业化，制造业也开始服务业化，农业与制造业、服务业也不断跨界和融合，并且这种趋势仍在加速。跨界融合的产业具有升级发

展的新特征，包括更广的升级空间、更灵活的升级方式、更多的升级路径、更大的升级潜力。或者说，经济新常态下的产业具有跨界融合的典型特征。

二 新时代下产业升级路径示意图

要对经济新常态下产业升级做出宏观分析，需要区分产业内和产业间的差别，可以借助纵向产业结构和横向产业结构来理解。

纵向产业结构是费希尔和克拉克（1937）提出来的，核心思想是依据加工对象的区别（自然资源和非自然资源）将整个社会划分为农业、工业和服务业。横向产业结构的概念源于 E. Porter（1985）的产业价值链理论，较为完整的思想由香港学者林民盾和杜曙光（2005）进一步完善，他们认为商品形成过程可分为规划设计、生产制造、整合营销与专业服务等过程，同样一个具体的产业从横向可分为研发环节、制造环节、营销环节等，这样划分产业可以体现出传统生产要素（土地、资本）、非传统生产要素（知识和技术等）[①] 以及获利能力的差异。作为竞争优势的高级生产要素——知识（特别是缄默知识），它在产业的各个环节中的分布不是均衡的，这就导致了在一个产业中存在利润分布差异的"微笑曲线"。

经济新时代下，跨界融合的产业的发展包括纵向、横向的提升。综合纵向产业结构（第一产业、第二产业和第三产业）和横向产业结构（规划设计、生产制造、整合营销和专业服务）二维因素，形成三乘以三阶产业升级矩阵，如图 6-1 所示。其中，第一产业可以简单标记为"1"，第二产业简记为"2"，第三产业简

[①] 据有关学者估算发现，发达国家 1980 年的无形生产要素与有形生产要素总量之比约为 11:1，而到 2000 年则为 41:1。

记为"3"；研发环节简记为"r"，制造环节简记为"m"，营销环节简记为"s"。

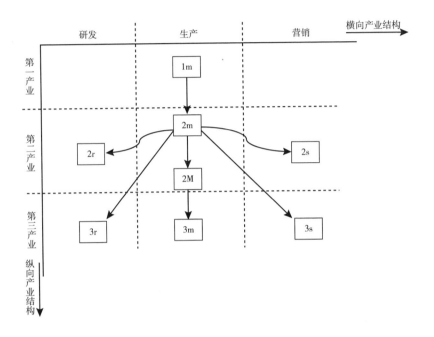

图 6 - 1　产业转型升级示意

资料来源：作者绘制。

三　新时代产业升级的实现

从图 6 - 1 可以看出，产业升级存在多种实现方式。每一种升级方式的背后都隐含着产业要素禀赋、产品空间结构、能源资源、技术距离、竞争优势、贸易条件等因素的再平衡。

第一种实现方式是 1m→2m→3m，即产业之间的升级，表示产业从第一产业的制造环节向第二产业的制造环节转型再向第三产业的制造环节转型。在改革开放初期，我国乡镇企业的发展，基本上沿着这种方式实现了腾飞，说明中国产业已经历了一次系统的转型。中小企业[①]是我国经济的生力军，根据 2011 年制定的中小企业划分标准，当前中小微企业已经超过 4000 万家，仅工商登记的小企业达到 1173 万家，占企业总数的 99.3%。中小企业主要分布在农村，许多从事第一产业制造业，中小企业是"大众创业、万众创新"的重要载体。经济新常态下，中小企业今后可能会沿着这种方式发展。并且"互联网 +"又为中小企业转型升级插上了腾飞的翅膀。

第二种实现方式是 2m→2M，即产业内的升级，意味着第二产业内部的生产环节的升级。第二产业包括许多产业门类，其中的制造业就涵盖 31 个行业大类。[②] 制造业是实体经济的主体、国民经济的脊梁，是全面建成小康社会和实现现代化的物质基础，也是转变经济发展方式、调整优化产业结构的主战场。自 2010 年来，我国制造业增加值连续五年超过美国，成为制造大国[③]。然而，我国制造业大而不强，在创新能力、核心竞争力、质量效益等方面，与制造业发达国家仍有明显差距。加快促进制造业转型升级、推动制造大国向制造强国转变，是经济新常态下制造业应着力实现的重大战略目标。未来，制造业的升级主要采取这种方式。例如，一个原来从事通用设备制造业的企业现在开始从事计算机及其他电子设备制造业就是这条路径的转型。

第三种实现方式是 2m→2r（或 2s），即产业的升级。这种方式表示第二产业的某企业从制造业向研发或营销环节转变，也就

---

① 不同国家、不同经济发展阶段、不同行业对其界定的标准不尽相同，且随着经济的发展产生动态变化。本文的中小企业是按照 2011 年 6 月 18 日工业和信息化部、国家统计局、国家发改委、财政部联合印发的《关于印发中小企业划型标准规定的通知》所规定的各行业中小企业划型标准。

② 采用国家统计局国民经济行业分类（GB/T 4754－2011）方法对制造业的分类。

③ 美国经济咨询机构环球通视公司指出，2010 年中国制造业占全球制造业的比重为 19.8%，高于美国的 19.4%，位列世界第一。历经一个半世纪后，中国在 2010 年又重新回到世界第一制造业大国地位。

是向"微笑曲线"的两端延伸提升价值链，如图 6 - 2。我国制造业大而不强，原因是多方面的。其中，营销渠道不畅是一条重要的原因。多数代工企业缺乏营销渠道，长期被低端锁定。国内多数加工组装企业，长期从事"为他人做嫁衣"式的贴牌代工和制造组装业务，还有那些以加工贸易为主的劳动密集型企业，往往为跨国公司贴牌进行产品加工，或者是承接国际生产订单进行产品制造，或者是利用跨国公司的专利技术进行生产活动等。这些企业嵌入的只是全球价值链的低端环节，缺乏自主品牌和营销渠道，营销渠道完全依赖代理公司，长期受制于人，被"锁定"于低附加值、低创新能力的微利化价值链低端生产制造环节，形成"低端锁定"。只要拥有营销渠道的话语权，就等于拥有市场的控制权（施振荣，1992）。加强营销渠道建设与管理，是企业提升核心竞争力、培育自主品牌的重要途径，也是我国工业走品牌化经营道路、实现工业转型升级的基础。国外成功企业多数通过设计"双向驱动"型的渠道模式①来克服传统营销渠道的缺陷。三星电子、苹果等企业就为了掌握市场信息、增加对市场的掌控能力，建立了"双向驱动"的营销渠道。加强我国工业营销渠道建设和管理，需要转变以产品为中心的传统生产营销模式，以营销渠道对工业转型升级的作用机制为基础，重点发展品牌营造和渠道建设，把营销渠道建设与管理作为产业链垂直整合能力提升的途径和手段，使我国在作为"世界制造中心"的同时，逐渐发展为部分重点工业品的"世界品牌和销售中心"。为此，一是要通过国家营销提升中国制造的原产国效益，以国家营销带动企业营销。二是要以品牌建设带动营销渠道建设，将自主品牌的认知优势转换

---

① 这种模式是指，企业一方面通过营销渠道推销自身产品，另一方面也常常通过营销渠道搜集市场信息，了解消费者心理，并对获得的信息进行研究，改进产品的研发与生产，为企业的生产经营提供信息支持。

成渠道优势。三是要以产业链垂直整合能力建设带动产业价值链整体提升，将生产制造能力转化为全产业链条的掌控能力。四是要加强国内市场营销渠道管理，通过政府规制营造公平竞争的市场环境。

还有一条原因是，制造业服务化程度不高，"制造之觞"是很多企业的真实写照。越来越多地将发展的重心聚焦于低利润制造环节的企业谋求转型，以寻求高利润区（崔焕平，2014）。制造业服务化已成为当今世界制造业发展的重要趋势。全球制造业服务化呈现出投入服务化和产出服务化并存的趋势。OECD 成员国制造业产出中服务产出所占比重，由 20 世纪 70 年代的 15% 上升到 21 世纪初的 30%。在全球制造业服务化转型的浪潮中，我国制造业原有的单一生产制造模式陷入困局，制造业整体盈利水平出现明显下滑，盈利出现瓶颈。如何促进制造业提质增效发展，重塑国际竞争优势成为当前面临的重要课题。2015 年 5 月，国务院发布了《中国制造 2025》，将服务型制造与智能制造、绿色制造并列，作为促进我国制造业转型提升，增强可持续发展能力和建设制造强国的重要途径。大力发展服务型制造，推动制造业由生产型制造向服务型制造转型，引领制造业向价值链高端提升。可以说，制造业向服务化转型是经济新常态下制造业升级发展的必由之路。譬如，陕鼓（陕西鼓风机有限公司）就是国内一家成功完成价值链转型的制造型企业[1]，陕鼓实现了从生产型制造向服务型制造的转变，向客户提供的不仅仅是产品，还包括依托于产品的服务和整体解决方案，即"产品—服务包"，由单一产品向系统解决方案转变。

第四种实现方式是 2m→3r（或 3s），即产业间的转型升级，也被称为跨产业升级（Humphrey 和 Schmitz，1998）。这是一种

---

① 崔焕平：《陕鼓：一家传统制造商的服务转型》，《北大商业评论》2014 年 20 月 20 日。

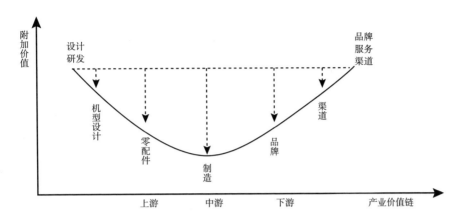

图 6-2 产业 "微笑曲线" 价值链

资料来源：施振荣，《从中国制造到中国创造——看台湾品牌策略如何破解产业升级之路》，1992。

通过业务多元化发展来带动产业升级的方式，可以释放业务结构的质态进步所带来的 "成长效应"（王岳平，2012）。近年来，企业发展日益呈现出业务多元化、结构集团化的趋势。例如2016年《财富》世界500强企业，基本都是涉及多个行业、围绕多个业务领域组织运营。以前我国上榜企业主要集中于金融、能源等传统领域，行业分布较单一，近期逐渐呈现出向高端制造、电信、互联网、零售等行业多元化发展的态势。目前，行业分布在多个领域，这种方式发展的好处在于，一方面能够分散企业经营风险，保持稳定的利润；另一方面，能够通过业务的多元化带动企业转型升级。例如浙江中南建设集团有限公司，从一家由10多名泥工、木工组成的施工队，发展成为年产值近百亿元、集房屋建筑、市政园林、商贸服务、卡通影视等多元化业务于一体的现代企业集团，卡通动漫产业的发展有效带动了公司的转型。

综合以上产业升级的实现方式不难发现，我国许多制造业的形成和发展在某种程度上是发达国家制造业转型升级的副产品，不论是我国"主动承接"还是发达国家的"主动转移"。事实上发达国家只是将第二产业的片段或者部分环节（制造或简单加工）迁移到了我国。在这个过程中，发达国家实现了制造业的升级，而我国只实现了从第一产业向第二产业的转型，包括劳动力、土地、各种能源资源等由第一产业流向了第二产业，也就是我们经常听到的所谓的"世界加工厂"。

第四节　新时代产业升级面临的难题

转型升级是产业从价值链中低端向中高端的上升过程，是经济竞争力全面提升和迈上新台阶的关键。经过改革开放 40 年的发展，我国正面临着通过产业升级来实现经济高质量发展的跨越关口。进入新时代，产业发展的约束条件已发生了很大变化。把握未来产业演进发展的基本规律和路径，推动产业有效升级，实现从制造大国向制造强国转变，成为亟须破解的重要课题。

一　新时代产业升级面临三大难题

产业结构改善和升级是伴随要素禀赋和产品空间结构改善而内生的经济现象，是产业加快高级化进而不断适应新常态的中长期过程。站在新的历史方位，产业升级不仅会伴随价值链的提升，还有一个产业结构重构的过程。产业价值链的提升和产业结构的重构将贯穿于新时代的全过程，需要对升级模式选择和自主创新发展战略的双重探索。依据新古典经济学的理论判断，新时代我国产业升级面临三大难题。

（一）难题一：如何在中短期内实现通常是中长期过程的升级

西方多种经济理论和经验规律表明，一国产业发展和升级涉及经济社会各种资源的优化配置，往往需要一个较长的时间。比较优势演化理论认为，产业结构很大程度上取决于该国初始产品的空间结构，产业升级是伴随产品空间结构的优化来实现的，产品空间的高度异质性与不连续性影响着产业升级的过程。新贸易理论则认为，初始专业化分工对其未来产业在全球价值链中的地位起决定性作用，贸易比较优势的转化是产业升级的前提。发展经济学从内生经济增长理论出发，提出技术距离和产品质量构建受研发资源的制约，产业结构内生于该国的要素禀赋结构，禀赋结构变迁需要一个相对漫长的过程（Romer，1997）。总之，新古典经济学认为，产业结构的优化和升级是内生的经济现象，由要素禀赋、初始贸易条件、产品空间结构等决定。也就是说，产业升级往往是一个中长期的过程。党的十九大明确了新时代建设现代化经济体系的时间节点，产业升级要在中短期内实现面临着传统理论的挑战。

（二）难题二：如何在经济保持中高速增长的情况下实现无衰退的升级

新古典经济学家指出，伴随着历次全球产业大升级，经济增速却不断走低。Barrett（2009）等人的研究表明，企业产品创新往往逆经济增长周期而行，经济衰退时通常是企业增加研发投入最多的时期。还有学者利用德国汽车产业对产业升级和经济衰退的关系进行了实证研究，结果发现经济衰退在一定程度上推动了德国汽车产业的升级，提升了其在全球产业价值链中的地位（库派蓬，2011）。在这些学者看来，经济增速放缓或将"倒逼"产业创新和升级。也就是说，一国的产业升级过程往往会伴随着经济衰退。当前全球经济依然复苏乏力，我国明确提出，要在保证经济"双目标"的前提下来升级产业。

（三）难题三：如何实现在"有效的市场"和"有为的政府"共同作用下的升级

一些新古典经济学家认为，产业政策很难有效推动产业升级。

譬如，早期的大推进理论代表罗森斯坦·罗丹（1943）指出，产业政策面对具体实践操作和选择目标缺失的双重困难，导致发展中国家通过大规模投资来带动经济均衡增长的政策无效。新结构主义（2009）认为发展中国家的政策路径依赖，会导致政府在推动比较优势竞争战略时存在"比较优势陷阱"，产业升级始终脱离不了固有的比较优势产业，长期被低端锁定，短期内产业无法实现有效升级。此问题目前仍争论不休，张维迎（2016）提出产业政策就是穿着马甲的计划经济，只能阻碍创新，主张废除一切形式的产业政策。然而，林毅夫（2016）则提出经济发展有产业政策才能成功。进入新时代，如何发挥"两只手"的作用，将直接影响着产业升级的质效。

二 新时代产业升级需要新思维

进入新时代，新一轮科技革命和产业变革与我国加快转变经济发展方式形成历史性交汇，新一代信息技术与制造业深度融合，正在引发影响深远的产业变革，形成新的生产方式、产业形态、商业模式和经济增长点，全球产业竞争格局不断发生重大调整。通过转型升级提升竞争力，培育本国根基或地区根基产业，实现产业根植，需要有全球化新思维。

（一）认清产业升级的主战场，不能忽视传统产业只发展"高精尖"产业

目前传统产业占国民经济比重仍超过一半，技术创新能够加快产业升级进程和拓展工业化空间。那么，技术创新的方向，既要瞄准高技术产业的培育壮大，也要立足传统产业的改造升级。不仅仅是用新产业替代传统产业、大力发展高技术产业，而且更具有普遍性意义的是，用高技术支撑和改进传统产业。如英德等国在规划其制造业发展方向时，提出第一个"超越目前在资源效率和再工业化方面现有边界的方式"，就是"重视所谓的低技术制

造业"，并且要让制造业重新回归城市环境，用高技术把传统优势产业升级为情感工厂。

（二）合意促进行业组织结构优化，集中度并非越高越好

适宜集中的组织结构有助于新兴产业的成长和发展，但绝不意味着行业集中度越高越好。目前，有些行业的集中度呈现快速提高的趋势，垄断态势越来越明显。如国内的 BATJ，有人称或将开启一个新的"垄断"时代。在制造业领域，靠"拉郎配"式的并购重组把企业规模做大易，但做强难。制造业领域的大企业多数是靠兼并重组做大规模挤进世界 500 强，并没有实质性地提高竞争力。2017 年上榜世界 500 强的我国制造业企业，几乎都存在"规模大而质不强"的难题，没有自主品牌，当然也就没有定价权、话语权和利润分配权。

（三）加强产业升级的要素支撑，就业结构与产业结构优化同步

产业升级不仅仅是技术升级，更重要的是劳动适应，有效实现就业结构变革与产业变革动态适配。在工业技术变革较快的时期，产业技术升级的周期往往显著快于劳动者的技能升级或转换的周期。新时代是智能化时代，尤其以数字经济为代表的新经济蓬勃发展，自动化和人工智能等新兴技术预计会导致失业，机器代替工作岗位或是一个趋势。这将要求劳动者的技能转换同步于产业技术的变化，在适应产业技术变迁升级中不断受益。

（四）注重营造有利的政策制度环境，先行引导产业转型升级

产业转型升级的成效，很大程度上取决于制度与政策环境。市场经济是需要有效治理的经济。只有精心构建治理体系，才能合理引导产业转型升级。当然，构建有效治理体系，并不是抑制市场发挥作用，而是要更有效地发挥市场配置资源的决定性作用；更不是要政府代替市场，而是要通过更好发挥政府作用，以治理得更完善的市场机制来决定产业转型升级的方向和技术路线。新

技术、新产业、新业态层出不穷，需要有新规则、新秩序与之相适应。譬如，在信息技术、无人驾驶、生物工程等高技术产业领域，市场竞争出现了许多从未有过的现象，出现了一些必须有新的法律规范以保证其健康发展的问题，应引起高度重视。

三　新时代破解升级难题的逻辑

基于后发型大国视角，对新产业发展规律和机理进行理论剖析，有助于深化发展经济学对产业升级规律的探索，并有望从理论上探寻破解中国产业升级面临的难题。适合新时代中国新产业升级的基本动力是科技创新、产业创新、政策干预、需求拉动和"倒逼"机制。

（一）后发大国拥有产业后发优势和较高创新到达率，基于此的"熊彼特创新"可以实现中短期内产业升级

后发大国地位是破解升级难题的内生动力。Paul Krugman（1983）等经济学家认为，后发新兴大国具有较显著的新产业发展效应：一方面，在控制技术创新部门要素比例一定时，更大的国家规模（即更多的劳动力总量）会引致更高的技术进步率。我国具有较好的人力资本储备和技术积累，这一点表现得尤为明显。另一方面，依托庞大劳动力总量产生的规模经济和范围经济效应，使得新兴市场大国能以更低的价格供应更多的商品，包含发展新兴产业所需的中间产品。依据内生增长理论（Romer，1986）的观点，生产最终产品所使用的中间产品数量决定了企业生产的创新程度，大国大市场效应引致的众多中间产品生产，为技术创新、产业升级提供了必要的物质保障。

（二）大国大市场效应所包含的区际发展差异性和规模经济优势，具备承接区际产业转移、延长产业生命周期和地域间产业交替升级的潜力，为实现无衰退的升级提供可能

我国市场规模巨大、消费者众多、需求层次多样，能够从需求端促使企业生产新产品或改进原有产品进而满足消费者的效用水平。而众多的消费者也为企业的技术创新和产业创新提供了更大的利润来源，使企业能较快地回收创新增加的成本并获得较大的前期垄断利润。同时，我国区域发展差异较大，各区域间的生产率呈现梯级分布的格局，产业结构也存在较大差距。以各地区现有发展水平为依据的跨地区产业转移，一方面可以延长一类产业的生命周期以扩大企业的利润；另一方面能够避免原有技术过早失效带来的大量沉淀成本损失和新产业成长的不确定性共同导致的产业升级期的经济增速放缓。

进入新时代，市场需求拉动作用仍继续释放。新一轮消费升级正经历从"量变"到"质变"的过程，生存类消费占比逐渐下降，发展类消费不断上升。基本消费和耐用品消费行业增长放缓，品质消费、个性消费、服务消费、体验消费相关产业将进入成长周期。服务型消费需求日益增长；信息消费越来越成为推动信息产业尤其是信息服务产业发展的主力军；新型文化消费日益成为当前消费的新时尚，引领创意文化产业快速发展。当前我国城镇化率仅有58.5%，距离实现工业化的水平尚有很大提升空间，将产生大量产品和服务需求。未来我国人口结构将发生重大变化。一方面，新增劳动人口呈现下降趋势。劳动力短缺，既推动制造业采用自动化、智能化等先进设备，也推动制造业向生产服务型转变；另一方面，基于高素质劳动者的"新人口红利"期即将开启，会推动越来越多的新兴制造业萌发、成长、壮大。

（三）政府的功能性产业政策，通过选择最为合意的干预区间，可以实现"看得见的手"的有效性

产业政策干预与政策效果存在"倒U型"关系，当目标产业的人均资本略超过该经济体整体要素禀赋结构决定的比较优势时，政策效果最为理想。产业政策能否成功关键在于目标产业的选择，比现阶段我国要素禀赋和技术水平略高的前沿边际产业是产业政策的最佳着力点。据 World Bank（2015）运用工业企业样本数据对我国产业政策有效性实证评价的结果显示，目前我国目标产业偏离比较优势不是太远，产业政策可以起到正向效果。

在不同的发展阶段产业需要不同的政策环境。我国政府注重适时制定、调整产业政策。党的十九大明确要以提高供给体系质量作为主攻方向，深化供给侧结构性改革，发挥国家发展规划的战略导向作用，健全财政、货币、产业、区域等经济政策协调机制。毋庸置疑，新时代将继续保持市场在资源配置中的决定性作用，同时也注重更好发挥政府作用。瞄准全球产业发展趋势，围绕制造大国向制造强国转变的目标，加强产业发展的宏观规划和指导；完善政策措施，建立灵活高效的实施机制；培育创新文化和中国特色产业文化，营造良好的环境。

（四）新一轮科技和产业革命为我国实现蛙跳型科技创新和新兴产业的群体突破提供了战略机遇期，有望加速产业升级的进程

新科技革命是中国千载难逢的产业升级机遇期，也是实现技术创新与应用创新的窗口期。蛙跳理论（Brezis E.，and Krugman P.，1993）论证了先发与后发不是静态的，发达国家由于在原有技术上的优势地位和为此付出的沉淀成本，往往缺乏使用新技术推动新产业革命的动力。而发展中国家正是由于相对落后，使用新技术的机会成本小于预期收益，具备更好、更快使用新技术的潜力，以此可以追赶甚至超过技术先发国家。作为发展中大国，我国理论上存在较高的创新到达率，具有实现技术创新的现实潜能。熊彼特创新理论（1912）也强调对科技创新的运用，对于发达国家技术已经成熟的领域，发展中国家可以通过率先进行产业化应用，来实现跨越式发展，在新一轮产业革命中占据有利地位。

新时代技术创新驱动的特征更加凸显。以新一代信息技术、新能源、生物科技等为代表的集群式技术创新正在多个领域孕育突破，强有力地推动制造模式、生产组织方式和产业发展形态的深刻变革。信息通信技术是全球创新最为活跃的领域，成为支撑和引领新一轮科技和产业革命的基础和动力。高速光纤网络和高速无线网络建设为信息应用业务发展开辟了广阔的空间；集成电路开始进入"后摩尔时代"；新一代移动通信、量子通信、大数据等技术的快速演进，正引领新的创新浪潮。数字化、虚拟化、智能化技术将贯穿产品的全生命周期；智能化装备、智能化系统、智能化服务构成的智能制造体系正成为重构全球制造业发展格局的重要力量。新能源技术，如可再生能源，页岩气、可燃冰等能源的开采技术突破，正推动能源生产方式和利用方式深刻变革，倒逼制造业转型升级。基因工程、干细胞治疗、人造器官、生物育种等技术[1]发展给生物医药产业带来革命性变化。据 OECD 预测，到 2030 年，生物技术对化工和其他制成品领域的贡献率将达到 35%，对药品和诊断产品领域的贡献率将超过80%。

（五）资源环境、标准新规和经济激励等约束效应汇聚，形成倒逼机制，加速过剩产能市场出清

"新产业"的兴起平衡"旧产业"的衰退是产业体系完善的基本特征。在需求不振、供给过快的矛盾下，去产能是高质量发展阶段必然的变化过程，是促进产业优化升级和提高国际竞争力的重要途径。主要工业化国家的经验表明，压减的方式，主要还是通过市场倒逼、市场出清机制起作用，同时政府采取激励和兜底的政策。通过去产能，让行业恢复到相对合理的水平，以产品价格上升带动企业经营好转，从源头上恢复企业的创新能力。

---

[1]　我国在现代生物技术领域已有近 70 年的深厚积累。

近年来，推高产业发展的门槛、标准和制约相互交织，新生了一股"倒挂"升级的力量。资源能源消耗大，生态环境约束日益趋紧，如目前我国总体能源利用率只有30%左右，低于世界平均水平；单位 GDP 能耗是世界平均水平的 2.5 倍；钢铁、炼油、化工等单位产品能耗高出发达国家先进水平 10 多个百分点。高能耗的现状对产业绿色化、集约化发展提出了紧迫要求。当今全球市场的竞争，是技术的竞争，更是标准的竞争。标准缺失、标准体系不健全、技术标准水平低，已成我国产业发展的阻碍。以"非禁即入"为核心的"负面清单"管理模式，既给产业的发展带来更大的空间，也带来了挑战。产业要发展，一方面要弄清环保、质量、标准等约束条件；另一方面要结合市场需求，进行动态调整和升级。

第五节　新时代我国产业升级的路径选择

产业升级受到技术水平、市场条件、经济环境等因素的影响。通过对产业升级机理的分析，本文构建了五位一体协调运行的产业升级路径，即"科技创新—产业占优—政策调控—市场需求—有效退出"。

一　以发挥后发国优势为特色的蛙跳型科技创新路径

作为后发型创新大国，我国具有创新体制的制度优势，可以以创新驱动作为产业转型和升级的重要抓手，力争在新一轮科技革命和产业革命中实现科技创新"蛙跳"的升级路径。选择技术路径清晰、产业发展方向明确、与发达国家有同发优势的产业和技术领域，集中创新资源进行重点攻关，促进原始创新和关键核心技术突破，力争在具有同发优势的领域占据全球科技创新制高点。从目前全球产业技术优势来看，我国的战略性新兴产业技术水平相对较高，与发达国家差距相对较小，有些领域具有同发优势、处于同等水平，甚至局部领域取得领先优势①。可以考虑在这些领域加强政策的调控，充分发挥政府的"有形的手"作用，整合产业链创新资源，通过产学研联合攻关、新一代技术储备、专利池集聚等，形成不同形式的创新联盟，提高协同创新能力，加快推动战略性新兴产业在重点领域取得突破。

二　以新兴产业占优为突破口的多元复合型产业发展路径

目前我国产业尤其是传统产业技术和科技水平普遍相对较低，如何快速实现快速转型和升级显得尤为迫切。在新一轮产业革命和科技变革浪潮中，要充分利用和快速捕捉全球涌现的新技术、新产品，通过实践"熊彼特创新"理论，即率先实现新技术的产业化、商业化，促进先发升级产业结构。要紧紧瞄准全球新兴产业的制高点，通过观察技术领先者的研发路径，以较低成本鉴别新兴产业内的关键核心技术，快速推动科技成果转化和产业化探讨，通过率先实现市场化推广和应用来抢占全球市场，以"市场为先"作为突破口撬动产业跨越式发展。这一创新路径成功实现的关键环节在于吸收消化并改进和发展全球已有的成熟技术，并率先在国内实现大规模产业化应用。"商业化—应用—研发"是实现技术赶超的最佳创新模式。

三　以前沿边际产业干预为着力点的功能性产业政策推进路径

经济发展中技术创新和产业升级离不开产业政策（林毅夫，2016）。同样，新产业的兴起和发展需要政府的扶持，但政府扶持

---

① 譬如高铁、机械制造、通信设备等具有较强的竞争优势。

需要适度，扶持过度反而会引起企业和产业缺乏市场核心竞争力，导致"政府扶持悖论"（黄先海、诸竹君，2015）。走出这种困境，进一步发挥产业政策的有效性，关键在于加快产业政策调控思路和方式的转变，加快由直接扭曲性的强干预向间接激励性的功能性干预转型；由之前的选择性产业政策向功能性产业政策转变。重点支持产业微观主体研发和创新，着力提升产业转型升级的基础能力。

通过功能性产业政策来推动产业升级，需要找准调控的着力点，可以考虑从以下三个方面进行发力。一是加快调整政策调控的手段和方式，由对产业全周期和整个产业链的泛化式政策干预向边际新兴产业干预转变。之前政府常用的泛化式政策干预现已难以形成有效的政策合力，且产业发展容易形成政策依赖（张维迎，2008）。这就需要瞄准新能源、信息通信、高端装备及新能源汽车等比较优势明显、发展潜力巨大、创新路径清晰的新兴产业，制定边际产业干预式产业政策，通过政府引导和政策扶持推动新兴产业成长，建立全球产业链和培育国际竞争力。二是坚持技术优先，坚持"熊彼特创新"战略导向。我国产业的创新基本上以低成本跟进模仿式技术创新为主，产业持续升级的动力不足，产业被锁定在低端。进入经济新常态后，这个模式的弊端和不利影响进一步放大，日益与全球新一轮科技革命和新产品新技术加速涌现的大背景不相适应。技术政策亟须向"熊彼特创新"[①]行业倾斜，引导和鼓励企业对当今全球涌现的新技术实施首次商业化应用和推广，利用信息技术所带来的商业新模式和市场网络新优势，促进产业优化升级。三是完善动态扶持机制，增强政策效果。当前，全球正处在大发展大变革大调整时期，新技术的创新、新兴产业发展、新模式的兴起日新月异，这就要求政府要牢

---

① 即对新技术新发明率先进行产业化和商业化的创新。

牢把握产业科技的最前沿，根据产业景气状况实时动态调整，加快产业向高端化、高技术性、高附加值的方面发展，占据战略高端，以适应新的需求增加新供给，实现始终为正确的产业和企业提供支持。

四　以大国大市场为基础的需求拉动型升级路径

需求是经济结构升级变化的基本动力之一（王岳平，2002）。社会需求结构、居民消费结构的变化，是国民经济产业结构发生变化的重要原因。发达国家产业升级的基本规律证明，新产业和新产品的市场需求在很大程度上需要培育和引导（王金照，2006）。我国应充分发挥大国大市场效应，把握当前新一轮的消费革命及其蕴含的巨大消费潜力，加快构建一体化大市场，突破新产业规模经济效应门槛值。

具体来看，就是要提振国内需求、升级对外开放，开拓国内国外两个市场，充分利用好两种需求。从国内市场来看，一方面，要消除市场封锁和行业壁垒，促进国内市场一体化。当前国内市场仍然呈现条块化分割状态，迫切需要消除地方市场分割、行业分割，加快形成全国统一、公平竞争、多方位开放的市场体系，把潜在的大国大市场效应转化为中国新产业发展的现实优势，把潜在的市场需求转化为拉动产业升级实际的市场需求。另一方面，培育多维度、多层次的市场需求，突破新兴产业规模效应门槛。新兴产业在前期产业化应用、市场化推广的最大制约因素是规模经济门槛，如果不能突破这一主要瓶颈，就会陷入拥有同发甚至领先技术却不能启动产业化的被动局面。为此，需要发挥大国大市场需求规模的基础性作用、挑剔性需求激发产业升级的带动作用、先发性需求推动科技创新的引领作用，通过多元化市场需求引导和促进产业高级化发展。

从国外市场来看，就是要升级对外开放战略，提振外需规模和质量。近年来，新一轮贸易保护主义重新抬头，对我国产业国外市场的开拓造成了很大冲击，增强外需，减少对外贸易摩擦已刻不容缓。大国大市场的对外吸引力和带动力为这一问题的破解提供了思路。一是深入推进"一带一路"倡议，充分发挥中国作为新兴崛起大国的区域中心作用和增长极效应。二是进一步放大自贸区的窗口作用。以自贸区建设①为抓手，培育我国产业面向全球的竞争新优势，构建与各国合作发展的新平台，将自贸区打造为连接内需和外需的重要纽带，引领改革开放、创新发展新格局。三是加强与新兴市场国家的产业合作，立足于各国的资源禀赋和产业基础，既要拓宽合作的领域，也要增进合作的深度，更要提升合作的质量，尤其要强化与其他"金砖国家"的协同合作。

五　以综合环境硬约束、政策性强制、法制化管理为手段的过剩产能有效退出路径

开发新产品、培育新产业、升级传统产业是产业升级的主要形式，而落后产业过剩产能、僵尸企业有序退出也是产业升级的重要表现。受国际金融危机的深层次影响，国际市场持续低迷，国内需求增速趋缓，受工业化所处中后期特殊发展阶段以及经济发展理念和体制机制等多种因素的影响，当前我国产能过剩现象依然十分突出②，存在大量的落后产业，僵尸企业严重影响行业发展，加大了宏观经济的潜在风险。产能过剩的基本问题不解决，

---

① 目前，我国已有中国（广东）自由贸易试验区、中国（天津）自由贸易试验区、中国（福建）自由贸易试验区、中国（上海）自由贸易试验区，四大自贸区由南到北"连点成线"。

② 供给适度大于需求是市场竞争机制发挥作用的前提，有利于调节供需，促进技术进步与管理创新。但产品生产能力严重超过有效需求时，将会造成社会资源的巨大浪费，降低资源配置效率，阻碍产业结构升级。

就会越调越糟糕。① 目前来看，国内传统制造业产能普遍过剩，钢铁、水泥、电解铝、化工等高消耗、高排放行业尤为突出②，越来越成为产业升级、经济增长、新旧动能转换的瓶颈。

基于此，要坚持尊重市场规律与改善宏观调控相结合，综合运用法律、经济以及必要的其他手段，加强政策之间的协调，形成化解产能严重过剩矛盾、引导产业健康发展的合力。从环保管理、政策标准强制、法制化管理等方面，形成落后产业、过剩产能、僵尸企业等有效退出市场路径。一要转变产业调控的思路和方式，加快由依靠行政审批管理向更多地依靠规划、政策、标准等措施转变，推进要素价格形成机制和资源税、环境税改革，规范投资政策，从源头上遏制企业进入过剩行业。二要积极探索"负面清单"约束的有效做法。"负面清单"管理正在成为行业管理的主要方式，逐步建立起与"负面清单"相配套的事中事后监管体系尤为必要。三要综合运用经济政策、法律法规、价格杠杆等手段规范和约束产能过剩企业的市场行为，鼓励企业通过主动压减、兼并重组、转型转产、搬迁改造、国际产能合作等途径化解过剩产能，引导部分过剩产能主动退出。四要加快健全完善产能过剩行业规章，加强制定相关立法，加快建立健全以市场为主导的化解产能严重过剩矛盾的法制化管理机制。

第六节　产业升级背后应注意的问题

大家通常认为产业升级是好事，忽略了其负面效应。任何事物发展都具有两面性。产业升级本是经济发展到一定阶段会自然

---

① 2016 年 10 月 15 日吴敬琏在河北野三坡首届中国经济论坛上的演讲。
② 据工信部统计，截至 2015 年底，我国钢铁、水泥、电解铝、平板玻璃、船舶产能利用率仅为 70% 左右，明显低于国际通常水平。

发生的事情，如果受到外部因素的过度干扰，产业升级也会带来一系列的问题和困惑。

一　行业集中度越高越好吗

目前，某些行业的集中度呈现出快速提高的趋势，垄断态势越来越明显。譬如，在互联网科技领域，有人称七大科技巨头将统治世界。在国内，BATJ 的垄断程度也越来越高，参见表 6－4。这种行业集中度变化，是一个产业结构升级的拐点，还是一个新"垄断"时代的起点？

表 6－4　2017 年全球市值 TOP20 企业榜单

单位：亿美元

排名	公司	国家或地区	行业	市值
1	苹果	美国	科技	8889.5
2	谷歌	美国	科技	7235.7
3	微软	美国	科技	6458.7
4	亚马逊	美国	零售	5490.9
5	Facebook	美国	科技	5284.5
6	腾讯控股	中国大陆	科技	5243.2
7	阿里巴巴	中国大陆	零售	4889.2
8	伯克希尔哈撒韦	美国	金融	4532.4
9	强生	美国	医疗	3716.5
10	摩根大通	美国	金融	3432.6
11	埃克森美孚	美国	能源	3426.5
12	三星电子	韩国	科技	3288.4
13	工商银行	中国大陆	金融	2897.1
14	沃尔玛	美国	零售	2883.2
15	美国银行	美国	金融	2788.1
16	富国银行	美国	金融	2684.7
17	维萨	美国	金融	2308.8
18	宝洁	美国	零售	2250.8
19	建设银行	中国大陆	金融	2249.9
20	台积电	中国台湾	科技	2208.2

资料来源：BCG。

在国内制造业领域，靠"拉郎配"式的并购重组把企业规模做大易，但做强难。制造业领域的大企业多数是靠兼并重组做大规模挤进世界 500 强，竞争力并没有实质性的提高。这种方式产生的世界 500 强企业，既没有竞争力、创新能力差，也缺品牌。2018 年上榜的我国制造业企业，几乎都存在"规模大而质不强"的难题，品牌严重缺失。如，在福布斯 2016 年度"全球最有价值的 100 个品牌"、汤森路透"2015 全球创新企业百强"两个榜单上，中国企业均无一上榜。据 OECD 统计，发达国家拥有全球 90% 以上的名牌。中国企业的规模效应并未转化为品牌效应，大量企业以代工方式生产，处于全球产业链的中低端，没有自主品牌，当然也就没有定价权、话语权和利润分配权。可以说，补齐品牌短板，已成为当前供给侧结构性改革的关键。习近平总书记"三个转变"的重要指示，把"中国产品向中国品牌转变"排在最后，有着深刻的用意。

二　"机器抢工作"

2017 年 12 月 5 日，在乌镇召开的第四届世界互联网大会上，人工智能等新科技成为风向标，AI 等新兴技术正成为全球创新冲刺的新高地。在以数字经济为代表的新经济蓬勃发展①的背后，自动化和人工智能等新兴技术预计会导致失业。机器代替工作岗位是一个趋势，机器人、计算机、无人驾驶等技术将会替代许多岗位，将导致一大部分人失业。

麦肯锡咨询集团的最新报告显示，到 2030 年全球将有 8 亿人因为机器人的兴起而失业，中国至多达 1 亿人。其中 3.75 亿

---

① 世界互联网大会发布的《世界互联网发展报告 2017》和《中国互联网发展报告 2017》显示，目前全球 22% 的 GDP 与涵盖技能和资本的数字经济紧密相关；2016 年，中国数字经济规模总量达 22.58 万亿元，跃居全球第二，占 GDP 比重达 30.3%。

人——也就是全球人口的 14%——可能要在新的行业找一份新工作，尤其是美国和德国等发达经济体，这就是自动化带来的失业威胁。在日本，由于自动化在各个企业的普及程度越来越高，近一半的劳动力将需要重新学习技能才能找到工作。据印度《经济时报》2017 年 11 月 29 日报道，印度将于 2018 年年初颁布新的工业政策，尝试解决"机器人抢工作"问题。

三　只发展"高精尖"，不要传统产业了？

一提到产业升级，大家往往就想到了发展新兴产业，像新一代信息技术、高端装备、新材料、生物、新能源、节能环保、数字创意等战略性新兴产业，误认为产业升级就是要坚持高端引领，构建"高精尖"产业体系。其实，产业转型升级应该包括传统产业的升级改造和培育发展新兴产业两个部分。目前，传统产业在我国仍有广阔的发展空间，仍是国民经济的重要组成部分，占很大比重。从长远来看，决定我国产业转型升级质效的，仍然是传统产业。即使在工业化发达国家，其传统产业对经济增长的贡献率仍远高于新兴产业①。

同时，发展战略性新兴产业不能完全摒弃传统产业。新兴产业的发展不意味着对传统产业的取而代之，也不能与传统产业简单割裂。大力支持发展新兴技术和产业关键是要通过新兴技术的应用改造传统产业，为其注入新的活力，同时通过产业结构调整促进产业向高端化发展，一定要避免脱离传统产业来发展战略性新兴产业。新兴产业的发展不能凭空而出，而是要通过新技术的产业化和传统产业的改造提升实现产业的升级换代。比如发展新能源汽车，就离不开汽车工业现有的技术积累和生产制造能力；

---

① 冯飞、李燕：《发展战略性新兴产业：警惕三个"误区"》，《光明日报》2011 年 11 月 18 日。

发展新材料产业，离不开钢铁、石化、有色金属等基础工业；在物联网、云计算等新一代信息技术的研发和产业化过程中，也离不开软件、集成电路、关键元器件等核心基础产业。在发展新兴产业的过程中，传统产业大有可为。

要把战略性新兴产业和传统产业的改造升级结合起来。传统产业转型升级的方向之一是战略性新兴产业，比如原材料工业向新材料方向发展，汽车工业向新能源汽车方向发展。战略性新兴产业发展提供的产品技术和服务为传统产业的转型升级提供重要支撑。比如节能环保产业为传统产业提供节能环保的装备产品技术，为其改造提供支撑。当然有一些战略性新兴产业和传统产业的关系相对不太紧密，但绝大多数离不开传统产业的支撑。

在全球化背景下，产业的价值链分布在全球，并且随着各区域比较优势的涨落在全球进行重新配置。产业成为跨界融合的产业，具有升级发展的四大新特征，即更广的升级空间、更灵活的升级方式、更多的升级路径、更大的升级潜力。在产业结构升级过程中，需要客观、科学、前瞻地对产业进行评价，使产业政策和资源配置指向更为明确。

第七章　新时代我国产业创新升级路径选择

从本章开始，本书将由前面的理论分析转向实证研究，由宏观分析转向微观或中观分析，以我国工业企业为对象，从微观层面来实证分析经济新时代我国产业升级的路径选择问题。利用随机前沿知识生产函数，在统一的分析框架下实证评价自主研发、协同创新与技术引进三种创新模式对市场导向型和技术导向型产业创新的真实功效，通过研究结论来折射产业创新路径选择的基本逻辑，揭示产业创新路径选择的本质，并将研究样本划分为传统产业和高技术产业进行大量刚性检验，来考察不同产业的具体创新路径。

第一节　研究的问题

长期以来，我国经济发展主要依靠增加物质资源、资金、劳动力等生产要素投入，经济质量效益低下，产业缺乏竞争力。随着经济进入新常态，产业发展环境发生深刻变化，长期积累的深层次矛盾日益突出，粗放型增长模式难以为继，已经到了必须以转型升级促进产业又好又快发展的新阶段，只能通过创新才能促进经济增长方式转变、产业结构的调整和升级，培育新的经济增长点。

一　问题的提出

产业升级是一个产业发展能力累积与培育的动态过程。普遍的观点认为，技术创新是产业升级的基础（Hussler，2001）。目前来看，加快产业迈向中高端水平的具体路径方式主要包括以下三点。一是自主研发，主要利用自身的研发力量进行原始创新，加强关键核心技术攻关；二是协同创新，是企业与高校、科研机构等创新资源开展合作研发与集成创新；三是通过技术引进或外资引进等方式，学习国外的先进技术与管理经验，走技术引进消化吸收到创新能力提升的产业升级路径（Schumpeter，1883）。根据历史经验来看，三种模式各有利弊：自主研发能够培养企业自身研发能力和对自主知识产权的应用能力，但也存在由于研发周期较长、风险较大而失去市场机会的劣势；协同创新能够增强产业与高校、科研院所之间的资源共享与优势互补，促进创新资源优化配置，但也存在产学研合作创新体系不健全、研发目标不一致、创新动力不足等问题，导致创新效率低下；引进技术虽然有望能够快速实现创新，弥补产业资金不足、创新能力薄弱等瓶颈，但也存在产业容易被发达国家低端锁定、产品存在产权纠纷和核心竞争优势被削弱等不足。这三种模式对于提升产业创新能力的作用效果究竟如何，哪一种方式促进产业转型升级的影响效果最大？深入、系统研究这些问题，对于优化产业创新资源、提高资源配置效率，进而加快我国创新驱动战略实施、促进产业迈向中高端水平具有重要理论价值和实践意义。

二　拟解决的问题

综合目前国内外研究成果，虽然大量的文献关注了产业组织利用研发资源进行创新生产的某一面，但仍然没有揭示出产业创新的路径所在，导致研究结论存在一定的分歧。一是很少看到有文献将自主研发、协同创新与技术引进三种创新方式纳入统一的分析框架来系统研究分析，缺乏分析产业升级路径选择最本质的部分。二是过多的研究只简单挖掘自主研发、协同创新与技术引进各自的功效，没有考虑到这三种方式之间可能存在的交互影响，因为技术引进功效的发挥很大程度上与本国产业自身的研发累积有关，本国产业只有具备一定的创新吸收能力，才能更好地利用外资的先进技术（Coe 和 Helpman，1995）。这一原理也适应于微观层面企业的创新，企业与科研机构、高等学校之间的联合创新，只有企业自身具备一定的研发能力，协同创新效应才能放大，释放出多倍的功效。三是对产业创新能力的评价要以市场为导向，创新的目的是促进社会发展和满足市场需求，要通过技术市场转换率和商业化程度来衡量创新绩效，不能仅停留在技术成果数量和专利产出层面，否则容易得出片面的结论。

三 解决问题的思路

本部分将从以下几个方面来解决这一问题：第一，试图在统一的分析框架下实证评价自主研发、协同创新与技术引进三种创新路径对产业创新能力的贡献，检验不同模式的真实功效；第二，综合考虑企业技术创新的过程特征，并分别用专利和新产品销售收入来表征企业技术创新的知识产出和商业化水平，把产业创新划分为市场导向和技术导向两种形态，通过验证三种模式对不同导向创新的影响，来揭示产业创新路径选择的本质；第三，尝试着把研究样本划分为传统产业和高技术产业进行大量刚性检验，来考察不同产业的具体创新路径。

第二节　构建实证分析模型

模型建立在 Griliches（1979）和 Jaffe（1986）等的 GJ 知识生

产函数①分析框架之上。GJ 生产函数如式（1）所示，其中，等号右边表示知识生产的产出，左边表示知识生产的投入，A 是常量。

$$R\&D^{output} = A \left(R\&D^{input} \right)^{\beta} \tag{1}$$

考虑到在统一的分析框架下研究产业创新的可能模式，本文引入了自主研发、协同创新与技术引进三种创新投入模式，对式（1）进行了拓展，由此得到了式（2）。

$$R\&D^{output} = A \left(R\&D^{ind} \right)^{\beta_{ind}} \left(R\&D^{coo} \right)^{\beta_{coo}} \left(R\&D^{imp} \right)^{\beta_{imp}} \tag{2}$$

其中，式（2）的 $\left(R\&D^{ind} \right)$、$\left(R\&D^{coo} \right)$、$\left(R\&D^{imp} \right)$ 依次表示产业自主研发的投入、与相关社会创新资源开展协同创新的投入和引进国外技术的投入；β_{ind}、β_{coo} 和 β_{imp} 依次为对应投入的产出弹性系数。

为了方便处理数据且不影响结论，对式（2）进行了超越对数处理，得到式（3），这里的 α 代表 $\ln A$。

$$\ln\left(R\&D^{output} \right) = \alpha + \beta_{ind}\ln\left(R\&D^{ind} \right) + \beta_{coo}\ln\left(R\&D^{coo} \right) + \beta_{imp}\ln\left(R\&D^{imp} \right) \tag{3}$$

还需要说明的是，产业自身现有创新基础和技术消化能力②会在很大程度上影响协同创新和技术引进所产生的实际功效，必须构建体现这一相互影响的变量。本文引入产业自主研发投入与协同创新、技术引进的交互项来衡量其吸收能力对协同创新、技术引进功效发挥的影响，如式（4）。这里，如果 $\beta_{i\&c}$ 为正，说明产业吸收创新能力与协同创新功效正相关；若为负，则负相关。此解释同样适合 $\beta_{i\&i}$。

---

① 知识生产函数是评价分析企业创新生产和产业创新能力的有效工具，进而能够分析产业升级的路径。

② 在学术界，衡量产业吸收创新的能力方法有多种，本文参考 Coe 和 Helpman（1995）的研究思路，以产业主身的研发创新投入来体现。

$$\ln(R\&D^{output}) = \alpha + \beta_{ind}\ln(R\&D^{ind}) + \beta_{coo}\ln(R\&D^{coo}) + \beta_{imp}\ln(R\&D^{imp}) + \quad (4)$$
$$\beta_{i\&c}\ln(R\&D^{ind})\ln(R\&D^{coo}) + \beta_{i\&i}\ln(R\&D^{ind})\ln(R\&D^{imp})$$

再深入考虑一层，基于"经济人"假设所提出的传统生产函数 （Cobb-Douglas，1930）反映了既定生产技术条件下投入和产出之间的理想关系，认为产业生产总是在最佳实践前沿上生产，一定的投入量总能获得最大的产出。然而现实情况却不同，由于信息、技术、市场的不完善，产业通常处在最佳实践前沿的某一区域内生产，而不能总在最佳实践前沿上，必须要考虑企业的实际生产与最佳前沿的偏离所产生的误差因素。Battese 和 Coelli（1995）的 SFA 模型（随机前沿模型）[①] 通过引入误差结构项，有效满足了这一研究需求。在式（4）的基础上，本文构造了复合式误差变量，搭建了适应时间序列的随机前沿知识生产模型，如式（5）。

$$\ln(R\&D^{output})_j = \alpha + \beta_{ind}\ln(R\&D^{ind})_j + \beta_{coo}\ln(R\&D^{coo})_j + \beta_{imp}\ln(R\&D^{imp})_j +$$
$$\beta_{i\&c}\ln(R\&D^{ind})_j\ln(R\&D^{coo})_j + \beta_{i\&i}\ln(R\&D^{ind})_j\ln(R\&D^{imp})_j - \quad (5)$$
$$u_j + v_j$$

在式（5）中，体现实际产出偏离最佳产出的影响表示为技术非效率变量 u_j，该变量服从期望为 μ、方差为 σ_u^2 的正态分布；体现模型设定误差及变量内在随机性等的影响表示为随机误差变量 v_j，服从期望为 0、方差为 σ_v^2 的正态分布。其中，技术非效率变量 u_j 可进一步表示为函数的形式，如式（6）。

$$u_j = \theta_0 + \sum_k \theta_k z_{kj} + \varepsilon_j \quad (6)$$

式（6）中，z_j 是衡量造成知识生产的技术非效率的所有因素，

---

① 目前文献评测决策单元技术效率广泛采用前沿分析技术，主要有参数法以 SFA 方法为代表；非参数法以 DEA 方法为代表，考虑到企业规模、产权结构等因素影响，SAF 方法更为适合。

θ_k 是第 k 个因素 z_{kj} 的系数，θ_0 是常数项，ε_j 是技术非效率函数的随机误差项。如果 θ_k 为正，表明该项因素对技术非效率 u_j 有显著的正向影响，进而对式（5）中的知识产出产生显著的负向影响。同理，如果 θ_k 为负，结论相反。

第三节 数据和变量

一 变量的界定

本节的原始数据来源于《中国科技统计年鉴》《中国高技术产业统计年鉴》和《中国统计年鉴》，考察样本是 1999 ~ 2017 年的规模以上工业企业。考察期内，规模以上工业企业的行业统计目录发生了变化，2002 年之前（包括 2002 年）包含"木材及竹材采选业"，之后的年鉴没有这一项，为保持统计口径的一致性，剔除了这一行业，也剔除了指标存在缺失值的行业，共保留下了 35 个行业。同时，鉴于 2011 年《中国科技统计年鉴》对工业企业统计口径的变化，本文对该年的数据进行了相应调整①。某产业投入一定的创新资源进行创新生产，其过程可以分为两个阶段。一个是将创新资源转化为新知识和新技术的知识生产阶段，另一个是把新知识和新技术等创新成果市场化，从而获得商业价值的阶段（Schumpeter，1883）。与之对应，产业创新的产出可分为两种类型，一种是创新的知识产出，也称为中间产出，代表创新活动所产生的新知识、新技术；另一种是创新的市场收益，也称为最终产出，代表创新成果的商

① 2011 年对工业企业的统计口径为大中型工业企业，而其他年份的统计口径为规模以上工业企业，考虑用 2011 年大中型工业企业与规模以上工业企业数量比例进行相应的调整。

业化水平（Acs 等，2002）。基于此，上面随机前沿知识生产函数模型涉及创新产出的变量，可以用新产品销售收入和发明专利申请数来体现；对于产业生产过程中的投入，分别从自主研发、协同创新与技术引进三方面进行表征。影响知识生产技术非效率的因素主要包括企业规模、产权结构、政府干预、企业利润、贸易活动等。

二 变量的计算

相关变量的基本范畴界定、解释和计算方法如表 7 - 1、表7 - 2 所示。

表 7 - 1 随机前沿知识生产的投入与产出变量

变量类型	变量的界定	变量的解释	变量的计算方法
生产的产出（被解释变量）	新产品销售收入	反映已被市场所接受的技术创新成果，能体现技术创新的市场价值和商业化水平，可以看作是市场导向的产业创新	用 PPI 指数将其换算为成基期的实际值
	发明专利申请数	反映产业创造的新知识和新技术，看作技术导向的产业创新	直接引用《中国统计年鉴》中"工业企业发明专利申请数"的数据
生产的投入（解释变量）	自主研发	代表产业利用自身的研发力量进行创新生产	工业企业 R&D 经费内部支出，并核算成基期的实际值
	协同创新	度量产业利用高校、科研院等资源优势开展合作研发与创新的指标	工业企业用于委托高校和科研机构进行联合创新的 R&D 经费外部支出，并核算成基期的实际值
	技术引进	体现为引进的国外技术经费	用工业企业 R&D 经费支出中国外资金来衡量，并核算成基期的实际值

资料来源：作者整理。

表 7 - 2　知识生产的技术非效率变量

变量类型	变量代码	变量的界定	计算方法
企业规模	Siz	企业规模对创新的影响争论较多。熊彼特(1999)认为只有规模大的企业才能依靠至少暂时的垄断而获得创新收益,且大企业资金实力和抗风险能力较强,能够承担得起巨额的研发费用。相比之下,小企业实力比较薄弱,抗风险能力也较差,但小企业组织结构扁平灵活,信息传递迅速,能够及时掌握市场动态,并且由于竞争压力大而具有创新动力	用工业企业资产总额与企业数两者之比来衡量企业的平均规模
产权结构	Own	体现为国有和非国有企业的比例。国有和非国有企业之间在预算监督约束、人事决策安排以及国家政策等方面存在差异,可能引起其在技术创新动力与绩效方面的差异	用国有及国有控股工业企业资产总额占工业企业资产总额的比重来近似衡量
政府干预	Gov	Arrow(1962)认为 R&D 活动具有公共物品的性质,如果把科研活动全部推向市场,整个社会的科研供给将会不足,需要政府出面予以干预,或通过补贴来弥补企业创新资金的不足,降低企业创新的风险;或违背市场原则,扰乱市场秩序而阻碍企业的技术创新	用工业企业 R&D 经费中政府资金占比来近似体现政府的干预水平
企业利润	Pro	企业利润水平对技术创新的影响具有两面性:一方面,企业利润水平越高,资金也越充足,越有能力进行技术创新活动;另一方面,较高的利润水平有可能使企业所有者安于现状,导致创新动力不足,进而阻碍企业的创新	用企业利润占销售收入的比重来体现
对外贸易	Tra	对外贸易尤其出口贸易,既能提高企业的规模收益,也可以使企业通过出口学习国外的先进技术和管理经验,提高创新能力。对于非出口企业而言,出口企业可能就是生产成本较低、生产率水平较高和创新能力较强的先进企业	用工业企业新产品出口额占新产品销售收入比重来反映

资料来源：作者整理。

　　需要说明的是，计算知识生产函数模型投入量的实际值，可以通过式（7）来求得。这里，E_t 表示三项当期实际的投入水平，Q_t、Q_{t-1} 分别为当期和前一期的存量，基期的存量可用 $G_0 = E_0/(g + \delta)$ 来求得，E_0 为基期的投入实际值，g 为样本观察期内投入实际值的几何增长率，δ 为折旧率。通常，折旧率会根据不同的经验在 5% ~15% 取值。为了提高研究结论的稳健性，本文进行了大量的刚性检验，分别取 5% （Coe 和 Helpman，1995）、10%（Berghall，2006）和 15% （吴延兵，2006；潘璐、何蛟等，2012）折旧率水平来核算 R&D 存量，来考察其对产业创新能力的影响。

$$E_t = Q_t - (1 - \delta)Q_{t-1} \tag{7}$$

第四节　实证分析

应用 Frontier4.1 分析软件包对随机前沿模型中参数进行估计。首先，以知识生产的产出为因变量，知识生产的投入为自变量，通过新产品销售收入和发明专利申请数把产业创新划分为市场导向型和技术导向型两种，对样本整体进行基本回归；然后，考虑到行业特征与行业差异，把整个样本划分为传统产业和高技术产业，进一步考察不同产业创新路径的差异。实证结果如表 7 - 3、表 7 - 4、表 7 - 5 所示。

一　基本回归

1. 前沿知识生产函数

表 7 - 3 第三行到第八行列出了随机前沿知识生产函数的实证结果。在市场导向和技术导向两类产业创新环境下，估计结果表现出较大的差异性。其中，在市场导向型产业创新过程中，在5% 、10% 、15% 各种折旧率水平下的估计结果或都为正值，或都为负值，无明显差异，估计结果保持了较高的稳定性。从三种模式之间可能存在的交互影响来看，行业自主研发投入与协同创新的交互项系数显著为正，而与技术引进的交互项系数显著为负。计量分析反映出，产业自身研发积累的提升、创新吸收能力的提

表7-3　全样本随机前沿模型估计结果

函数	代码	市场导向型			技术导向型		
		模式(一) (δ=5%)	模型(二) (δ=10%)	模型(三) (δ=15%)	模型(一) (δ=5%)	模型(二) (δ=10%)	模型(三) (δ=15%)
随机前沿知识生产函数	$\ln(R\&D^{ind})$	-0.7372 (-1.2582)	-0.3769 (-1.1046)	-0.3007 (-0.9965)	1.2984** (4.6003)	1.3205*** (5.0212)	1.2774* (6.3321)
	$\ln(R\&D^{coo})$	-1.4229** (-2.8457)	-1.4355*** (-2.9342)	-1.5328* (-3.1470)	1.5728*** (4.5734)	1.4611* (3.8769)	1.3345* (4.6008)
	$\ln(R\&D^{imp})$	0.5035* (1.7329)	0.5911* (1.9186)	0.6046* (2.3295)	-0.8429** (-2.7845)	-0.8503*** (-3.0032)	-0.7658** (-2.9948)
	$\ln(R\&D^{ind})*$ $\ln(R\&D^{coo})$	0.2551*** (2.3106)	0.2762* (2.9004)	0.2507* (3.0105)	-0.2418** (-3.4217)	-0.2399*** (-3.2785)	-0.2234** (-3.8876)
	$\ln(R\&D^{ind})*$ $\ln(R\&D^{imp})$	-0.0722* (-1.7154)	-0.0841** (-1.8265)	-0.0907* (-1.9382)	0.1562*** (3.1249)	0.1606*** (3.4543)	0.1737* (3.1249)
	Constant variable	10.7832*** (3.5434)	9.7221* (5.2407)	11.0124** (4.9771)	-1.6854 (-1.1652)	-0.7962 (-0.6541)	-0.6001 (-0.5893)
技术非效率函数	Siz	-0.3457*** (-2.1129)	-0.5663*** (-2.7875)	-0.6051** (-3.1306)	-0.8942** (-1.7673)	-0.6411* (-1.9065)	-0.5429* (-2.7338)
	Own	6.4821*** (3.9573)	6.2006** (3.8534)	6.1132* (2.7731)	2.5947 (1.7847)	2.4836** (2.1805)	2.2118* (2.3644)

续表

函数	代码	市场导向型			技术导向型		
		模式（一）（δ=5%）	模型（二）（δ=10%）	模型（三）（δ=15%）	模型（一）（δ=5%）	模型（二）（δ=10%）	模型（三）（δ=15%）
技术非效率函数	Gov	2.9554* (2.4536)	2.6672** (2.3512)	2.1907* (2.2112)	15.9407* (2.4213)	13.6148*** (2.6915)	12.9407* (2.0129)
	Pro	0.6268* (0.0954)	0.4157* (0.0738)	0.3066* (-0.0049)	-0.8157* (-0.5369)	-1.2190** (-0.8025)	-1.7741*** (-1.0487)
	Tra	-7.5018*** (-2.6147)	-7.8193* (-2.7115)	-7.9584** (-2.6801)	4.0283* (1.4306)	4.7928 (1.2017)	4.3245 (0.8732)
	Constant variable	-3.9715** (-1.2247)	-3.9130** (-1.2004)	-3.9006** (-1.1165)	-1.6715** (-1.8139)	-1.0043 (-1.3766)	-0.8819* (-1.5031)
	σ^2	1.0581*** (1.9724)	1.0412** (1.9320)	1.0307** (1.9105)	0.4385*** (1.9346)	0.3796* (1.9101)	0.2917** (2.0935)
	Log	-459.2357	-441.9978	-432.8796	-49.4267	-48.0085	-45.9504
投入综合产出效应	σ Ln(R&D^{output})/σ ln(R&D^{ind})	0.5369** (4.5011)	0.5687* (5.1109)	0.5904*** (5.4026)	0.5431* (4.8217)	0.5897*** (5.0164)	0.6302* (5.3669)
	σ Ln(R&D^{output})/σ ln(R&D^{coo})	-0.0061 (-0.0528)	-0.0029 (-0.1906)	-0.0033 (-0.3015)	0.2693** (1.8376)	0.2321* (1.6762)	0.2102* (1.6705)
	σ Ln(R&D^{output})/σ ln(R&D^{imp})	0.1093*** (2.0634)	0.0965*** (1.8346)	0.0939* (1.8472)	0.1479* (2.7163)	0.1205* (2.4501)	0.1216** (2.3345)

注：1. 上标***、**、*分别1%、5%、10%的显著性水平；2. 括号内为t-统计量①；3. 数值均保留小数点后四位。

① 这里采用的是异质性与一致性共变数矩阵估计式。

高，有利于市场导向协同创新绩效的提升，而对技术引进的产出绩效则产生很强的挤出效应。实证结果在一定程度上表明，产学研协同创新，创新目标明确，产业自身创新吸收能力的提高能够显著提升协同创新市场绩效，产业自身创新能力的增强构成了产学研联合攻关、带动全产业链发展的重要基础。至于产业创新吸收能力上升，而技术引进所带来的产出绩效反而下降，原因可能在于以下方面。一方面，以技术、知识、管理为创新形式的国外资本进入到国内的根本目的是占领中国巨大的市场空间[①]，并非真正愿意将技术特别是将核心技术转移给中国，因而其市场导向意识非常明显，这种产业创新投入产出绩效并不会因为其所资助企业吸收能力的提高而发生改变，反而可能由于占用了大量的研发资金资源而降低了整个产业创新资源的配置效率（吕晓红，2014）；另一方面，当产业本身研发积累增多、研发能力提高以后，为摆脱对外资的依赖，根据"微笑曲线"理论（施振荣，1992）会加强市场营销来抢占更多的市场份额，产业会更倾向于依靠自身力量进行市场导向的研发与创新，在获得更多的商业利益的同时，也提升了产业创新链、延伸了价值链。

与市场导向型创新的估计结果相反，在技术导向型产业创新中，产业自主研发投入与技术引进的交互项系数显著为正，而与协同创新的系数显著为负。实证结果表明，产业自身吸收、消化创新能力的提高有利于提升外资的利用效率。但在这种环境条件下，产业自主研发能力的增强并没有改善对高校、科研机构创新知识技术的吸收利用，反而降低了协同创新的专利产出绩效。主要原因在于产学研协同创新的体制机制不健全，产业创新的动机更倾向于通过创新联盟所产生的新知识和新技术能够适应市场以获得商业利益，而高校和科研机构创新的动机更倾向于技术的

---

①　也就是通常所说的"以技术换市场"外贸战略。

"高精尖"以拓展研究领域和前沿。也就是说，当产学研创新动机和目的存在明显差异性时，一旦产业自身的研发能力积累达到一定的水平，将更倾向于走自主研发的创新路径，而非依赖于高校、科研机构（郭斌，2007；陈劲，2009），这种创新方式也有利于产业占有和保护本行业领域的技术专利和知识产权。

2. 技术非效率函数

表7-4列出了技术非效率函数的估计结果。在市场导向型产业创新过程中，企业规模对产业创新市场绩效有显著的正向影响，这意味着企业规模越大，其研发投入能力越强，技术创新成果越容易被市场接受和使用，进而会提高产业创新的市场价值和商业化水平。产权结构有显著的负向效应，表明国有及国有控股企业资产在产业中占比越大，越不利于新产品和新技术的产出。也就是说，国有产权制度不利于新产品和新技术的研发创造。从深层次来讲，国有企业组织机构僵化，经理人缺位，监督和激励机制不健全等问题突出，在一定程度上制约了其创新市场绩效和商业化水平（吴敬琏，2007）。政府干预也表现出显著的负向效应，政府干预在一定程度上抑制了产业的产品创新。由于人类认知能力的限制和激励机制的扭曲，政府干预越多，越容易阻碍企业家精神的发挥、扰乱市场秩序而降低新产品研发产出水平（张维迎，1998）。企业利润虽然表现出正向效应，但T统计值都很小，估计系数不显著，表明企业的利润并没有拿出来投入到技术和产品的研发上去，不影响产业的创新市场价值。最后，出口贸易具有显著的正向影响。这表明，虽然出口贸易在提升我国企业的知识创造和技术创新能力等方面作用并不明显，但却可以发挥其规模经济的优势，带动整个产业新产品销售收入的增长（白俊红，2012）。

在技术导向型创新过程中，新知识和新技术的成果产出主要体现为发明专利。统计结果显示，企业规模对专利产出有显著的正向影响，这和大企业是创新主体的理论观点相吻合。产权结构和政府干预有显著的负向效应，企业利润水平的影响还是不显著。这些结论和市场导向型创新的估计结果基本一致。值得注意的是，出口贸易的估计结果发生了变化，对专利产出的影响并不显著，这在一定程度上支持了产业出口的"自我选择"假说（Bernard 和 Jensen，1995、1999；Clerides 等，1998；Alvarez 和 Lopez，2005），尤其发展中国家出口前生产率溢价现象普遍，产业的新知识、新技术创造能力并没有从出口贸易中得到提高[①]。

3. 综合产出效应

表 7 - 4 最后三行给出了自主研发、协同创新和技术引进三种创新投入模式综合产出效应的估计结果。从整体来看，三种创新投入模式的综合产出效应比较显著，但在市场导向和技术导向两类产业创新过程中表现出一定的差异性。其中，在市场导向型的产业创新过程中，自主研发和技术引进的创新投入产出弹性系数显著为正；而协同创新的产出弹性并不显著，在各种折旧率水平下弹性系数均为负值。实证结果表明，在市场导向的产业创新过程中，其创新能力的提高更多地依赖于具有明显市场需求的企业自身研发和外来技术的引进，而与高校、科研机构协同创新的绩效并不显著。那么，在这种市场环境条件下，产业创新的主要路径是瞄准市场需求，或者通过自主研发，或者通过技术引进，加强重大共性关键技术研发及产业化，最好不要走协同创新的路子（吴丰华、刘瑞明，2013）。

在技术导向型的产业创新过程中，三种创新投入模式均表现出显著的正向产出弹性，并且自主研发的产出弹性强度最大，技术引进的弹性最小。这反映出，我国的技术导向型产业创新更多

---

① 大量的经验证据表明，新进入的出口企业已经具备了较高的生产率水平，和非出口企业平均的生产率水平明显存在差异。

的是依靠企业的自主研发。那么，这种条件下的产业创新就要更多地走独立自主的路子，针对产业发展中的薄弱环节和关键瓶颈，加大自主研发投入力度和着力增强自主创新能力，加强核心关键技术攻关，突破产业转型升级和新兴产业培育的技术瓶颈。

二 分行业市场导向型产业创新

不同的产业在创新资源、创新能力、创新环境基础等方面会存在较大差异。那么，每个产业在创新投入模式及绩效是否也存在显著差异呢？假如存在上述差异，实现创新发展的路径也会不同，本文拟对其进行检验。鉴于所获得数据的可比性，我们把考察期内的样本划分为传统产业和高技术产业[①]进行考察[②]。表7-4列出了分行业市场导向型产业创新的估计结果。

从前沿生产函数的估计结果来看，高技术产业自主研发、协同创新和技术引进的相关关系，与全体样本的结果相吻合：自主研发投入与协同创新的交互项系数显著为正，而与技术引进的交互项系数显著为负，即自主研发的投入与协同创新投入正相关，与技术引进的投入负相关。传统产业的估计结果与之恰恰相反，自主研发投入与协同创新的交互项系数显著为负，与外资引进的交互项系数显著为正。通过分行业实证检验进一步证明，传统产业整体上自主创新能力相对薄弱，尤其缺乏原始创新基础，导致其消化新一轮科技革命中的新技术的能力也较低。这时假如再把有限的研发资源分配给高校或科研机构，一方面可能进一步减弱产业自身的研发实力，另一方面可能由于目标不一致、体制不健

---

① 高技术产业：按照《高技术产业（制造业）分类（2013）》，高技术产业（制造业）具体包括医药制造业，航空、航天器及设备制造业，电子及通信设备制造业，计算机及办公设备制造业，医疗仪器设备及仪器仪表制造业等五大类。

② 本文在国家统计局国民经济行业分类（GB/T 4754-2011）的基础上对工业行业企业所做出的分类。

表7-4 分行业市场导向型产业创新估计结果

函数	代码	高技术产业			传统产业		
		模式(一)(δ=5%)	模型(二)(δ=10%)	模型(三)(δ=15%)	模型(一)(δ=5%)	模型(二)(δ=10%)	模型(三)(δ=15%)
知识生产函数 随机前沿	$Ln(R\&D^{ind})$	-0.6238*** (-1.6049)	-0.3151** (-1.2147)	0.0247* (0.2835)	4.4872* (1.0473)	3.2161* (3.5697)	2.1534** (3.1568)
	$Ln(R\&D^{coo})$	-2.5901*** (-11.8457)	-1.9574** (-8.5418)	-1.5762*** (-7.3644)	4.5957* (1.0758)	3.7441* (2.9815)	2.0069* (3.3201)
	$Ln(R\&D^{imp})$	0.6257*** (9.9632)	0.7184*** (10.0785)	0.8636*** (4.8341)	-0.9215 (-1.8267)	-0.8329*** (-1.9325)	-0.6617** (-1.0083)
	$Ln(R\&D^{ind})*$ $\ln(R\&D^{coo})$	0.3158*** (13.4206)	0.2699** (9.7415)	0.2517* (6.7251)	-1.1054** (-3.6801)	-0.7982** (-3.5118)	-0.6547*** (-2.7173)
	$Ln(R\&D^{ind})*$ $\ln(R\&D^{imp})$	-0.1091** (-3.4913)	-0.1182* (-4.6861)	-0.1473* (-3.9085)	0.1297* (1.7035)	0.1389*** (1.7396)	0.1274** (1.8771)
	Constant variable	10.1507** (7.4625)	8.9752** (6.6914)	9.0481*** (6.0128)	-11.5071 (-0.9153)	-10.1138 (-1.0642)	-9.3413* (-1.3311)
技术非效率函数	Siz	-0.2577** (-2.5129)	-0.3164** (-2.8702)	-0.3118** (-3.0396)	-0.1482** (-2.3897)	-0.1679*** (-2.9506)	-0.1946*** (-2.3096)
	Own	0.9172* (2.9573)	1.2054*** (5.2189)	0.8121** (2.9632)	0.9645* (2.5781)	0.8164** (2.9883)	1.0128** (2.4376)

续表

函数	代码	高技术产业			传统产业		
		模式（一） （δ=5%）	模型（二） （δ=10%）	模型（三） （δ=15%）	模型（一） （δ=5%）	模型（二） （δ=10%）	模型（三） （δ=15%）
	Gov	0.4762* (0.4536)	0.4648* (0.1627)	0.4901* (0.9575)	7.4079*** (2.5733)	6.9482*** (2.8727)	6.4079*** (2.7201)
	Pro	0.3168 (0.4590)	0.3726* (0.5387)	0.6953 (0.6792)	0.2579* (0.1864)	0.2813 (0.1522)	0.3497** (0.0943)
技术非效率函数	Tra	-5.1071*** (-2.4173)	-4.8193* (-2.7449)	-4.9584* (-2.8016)	0.8626 (0.5071)	0.2987 (0.7394)	0.03754 (0.4718)
	Constant variable	0.5271* (1.2546)	0.4529 (1.1433)	0.2492 (1.2801)	0.0716 (0.0064)	0.1983 (0.1009)	0.2135** (0.1817)
	σ^2	0.0485* (2.2479)	0.0377* (2.3254)	0.0218* (2.5006)	0.1856** (6.4693)	0.1964*** (4.0191)	0.2071*** (3.5672)
	Log	29.5725	41.7817	32.9642	39.6734	28.6748	25.9411
	σ Ln(R&D^{output})/ σ ln(R&D^{ind})	0.8824*** (2.6151)	0.9005*** (2.4976)	0.9271*** (2.8642)	0.5453** (2.7617)	0.9217* (2.5164)	0.8202** (3.6366)
投入综合 产出效应	σ Ln(R&D^{output})/ σ ln(R&D^{coo})	-0.0537* (-0.1895)	0.0928* (0.2169)	0.0891* (0.3073)	0.0924 (0.3007)	0.0871 (0.2699)	0.0833* (0.2435)
	σ Ln(R&D^{output})/ σ ln(R&D^{imp})	0.0635 (0.2049)	0.0357 (0.1205)	0.0389*** (0.2641)	0.1365** (2.1773)	0.1296*** (2.2024)	0.1053* (2.2841)

注：同表7-3。

全、机制不畅通等原因抑制了市场导向协同创新功效的发挥。这意味着,在传统产业创新的基本能力没有达到"跟上"国际前沿技术而处于"追随"阶段的时候,最好走技术引进的创新路子。因为,技术外资的引进既可以在很大程度上弥补国内产业研发资金的不足,又可以通过"弯道超车"(Anthnoy,1997;Johnson,2004)"跟上"国际前沿技术,加快技术市场化转化,以新产品来满足迅猛增长的新型消费市场需求,促进其市场导向技术创新绩效的提升。

从技术非效率函数的估计结果来看,企业规模变量对高技术产业和传统产业的新产品销售收入都有显著的正向影响,对产权结构有显著的负向影响,而对企业利润的影响不显著,这些与前面全体样本回归结论一致。政府干预对传统产业的新产品销售收入有显著的负向影响,这与前文结论也一致,然而对高技术产业的影响不再显著。这在一定程度上说明,相对于传统产业,政府通过战略规划、试点示范基地、产业创新引导基金等产业政策,对高技术产业的干预调控水平已有改观,不再阻碍新产品创新绩效的提升(林毅夫,2008),但其正面功效尚未得到有效发挥。尤其是目前,政府的产业政策确实存在与新常态不相适应的地方,存在一些迫切需要解决的突出难题[1]。出口贸易变量显著地促进了高技术产业的新产品创新绩效,但对传统产业的影响并不显著。这说明传统产业出口贸易以劳动密集型产业为主,其新产品贸易水平还比较低,并没有带来出口的规模经济效应,尚未显著促进新产品销售收入量的增加。

从综合产出效应来看,分行业回归以后,传统行业的自主研

---

[1] 张维迎认为,产业政策仍遗留着浓厚的计划经济色彩,甚至会扼杀企业家精神,滋生寻租土壤,于创新并无益处并终将失败。本文并不赞成这种观点,认为产业政策是不可或缺的。

发与技术引进显著地促进了市场导向型产业创新绩效的提升，而协同创新的影响并不显著，这与全体样本回归时的情形基本一致。面对经济新常态下消费需求的"革命性"变化，只有那些及时"捕捉"市场需求动态并做出迅速反应的创新企业，才是有效提升传统产业创新能力的中流砥柱（陈广汉、蓝宝江，2003）。这就要求，传统产业的创新必须紧紧围绕市场的热点需求，通过技术引进或加大自主研发攻关，力争快速实现市场化。值得一提的是，高技术产业的技术引进产出效应不再显著，表明高技术产业在技术创新的市场开拓方面已逐步摆脱了对外来因素的依赖，譬如高铁、机械制造、通信设备等①领域具有较强的竞争优势（王黎明，2015），不断向自主创新模式转变，这也是国家创新驱动战略实施推动的功效。同时，与全样本的自主研发产出弹性强度相比，高技术产业的自主研发产出弹性系数明显提高，而传统产业的产出弹性系数略有下降，这与高技术产业的自主创新能力普遍要高于传统产业的事实相吻合。

三　分行业技术导向型产业创新

表7-5列出了分行业技术导向型产业创新的估计结果。通过对比发现，传统产业与高技术产业的回归结果具有明显的差异，主要是高技术产业的回归结果发生了明显变化，而传统产业与全体样本的回归结果趋于吻合。

从前沿生产函数的估计结果来看，高技术产业自主研发投入与协同创新的交互项系数显著为负，这与全产业整体的估计结果

---

①　2015年5月26日，原工信部总工程师王黎明说，中国装备制造首先是产品具备优势。在机械装备领域，电力装备的制造总量大约占世界的61%，造船工业的总量占世界的41%；中国高铁已经建成1.6万公里，在建1万多公里，高铁拥有量位居世界第一；此外，在航空航天、船舶和海洋工程、钢铁、有色金属等诸多领域，中国的制造水平，即使不是最先进的，也是比较先进的，具备更大范围、更宽领域走出去的现实可能性。

表 7-5　分行业技术导向型产业创新估计结果

函数	代码	高技术产业			传统产业		
		模式（一）(δ=5%)	模型（二）(δ=10%)	模型（三）(δ=15%)	模型（一）(δ=5%)	模型（二）(δ=10%)	模型（三）(δ=15%)
随机前沿知识生产函数	$Ln(R\&D^{ind})$	2.7283*** (10.5608)	2.8511* (4.6074)	3.1294** (13.7089)	0.3735*** (1.6587)	0.4174** (1.8616)	0.7006*** (2.1032)
	$Ln(R\&D^{coo})$	1.0091 (1.5784)	1.3759* (1.3249)	1.8532** (3.7006)	1.4872** (3.7304)	1.2161** (4.9056)	1.1534** (3.6815)
	$Ln(R\&D^{imp})$	0.1257** (0.2863)	-0.0918 (-0.0857)	-0.2603 (-0.4183)	-2.4921** (-3.8672)	-2.2318** (-3.3002)	-2.1005*** (-3.8794)
	$Ln(R\&D^{ind})$ * $ln(R\&D^{coo})$	-0.2105** (-3.0642)	-0.2753* (-2.0127)	-0.3301** (-6.9275)	-0.1135* (-2.0168)	-0.1078* (-2.5229)	-0.0959* (-2.6707)
	$Ln(R\&D^{ind})$ * $ln(R\&D^{imp})$	-0.0189* (-0.4139)	0.0071 (0.1675)	0.0145 (0.3981)	0.1562** (3.9146)	0.1606** (4.0439)	0.1737*** (4.4822)
	Constant variable	-7.3728*** (-5.2428)	-7.7694* (-1.9468)	-8.0075*** (-6.5057)	2.2873** (2.3158)	2.3014* (2.9127)	2.7849* (3.2113)
技术非效率函数	Siz	-0.3045* (-5.7291)	-0.3566* (-5.6587)	-0.3619*** (-4.9603)	-0.2428* (-1.9738)	-0.2117* (-1.9065)	-0.2294** (-2.0384)
	Own	-0.6217* (-0.9735)	-0.3069* (-0.5281)	-0.3211 (-0.6329)	4.4596*** (2.4778)	4.1648*** (1.9518)	4.2811*** (2.7643)

续表

函数	代码	高技术产业			传统产业		
		模式(一) (δ=5%)	模型(二) (δ=10%)	模型(三) (δ=15%)	模型(一) (δ=5%)	模型(二) (δ=10%)	模型(三) (δ=15%)
技术非效率函数	Gov	3.9476** (3.3645)	1.7625* (2.1276)	1.3790** (1.9121)	3.9407*** (2.0573)	6.6148* (2.5158)	8.9407* (2.9012)
	Pro	-1.9681** (-3.4905)	-2.0715* (-4.1873)	-2.3609* (-3.4927)	-0.2579* (-0.3698)	-0.2809 (-0.3152)	-0.2974 (-0.2879)
	Tra	-5.0182** (-6.4731)	-4.9381*** (-6.7227)	-4.5849*** (-7.0168)	3.8302 (1.0754)	5.2879 (1.2239)	4.5432 (1.1072)
	Constant variable	3.1507* (4.2522)	2.8497*** (7.1469)	2.9348* (5.6412)	1.0751* (1.5913)	1.9034* (1.4676)	1.7981 (1.6103)
	σ^2	0.0217** (3.8249)	0.0418** (4.9032)	0.0255** (3.5761)	0.7274** (5.4693)	0.6648** (3.9767)	0.5179*** (7.0561)
	Log	19.5723	21.7099	32.9127	-29.7426	-18.4334	-25.0495
投入综合产出效应	$\partial \mathrm{Ln}(\mathrm{R\&D}^{output})/\partial \ln(\mathrm{R\&D}^{ind})$	1.6245*** (7.1512)	1.6203** (7.0019)	1.6217** (6.8264)	0.2315* (1.7176)	0.2179* (1.5641)	0.2028*** (1.6663)
	$\partial \mathrm{Ln}(\mathrm{R\&D}^{output})/\partial \ln(\mathrm{R\&D}^{coo})$	-0.4613* (-2.5289)	-0.3904** (-2.0691)	-0.4378** (-2.1050)	0.6935* (4.3167)	0.7107*** (4.6002)	0.7268* (4.7356)
	$\partial \mathrm{Ln}(\mathrm{R\&D}^{output})/\partial \ln(\mathrm{R\&D}^{imp})$	0.0036 (0.6435)	0.0005 (0.1052)	-0.0021 (-0.2416)	0.1378** (1.7317)	0.1054* (1.5902)	0.1105** (1.7284)

注： 同表 7－3。

相同。不同的是，与技术引进的交互项系数开始变化，在折旧率取 15% 和 10% 时虽然系数还为正但已变得不显著，当取 5% 时甚至变成了负数。折旧率越高，高技术产业自主研发与技术引进越呈现正向关系。这一定程度上证明，固定资产加速折旧政策能够带动企业更新技术设备，有利于掀起产业研发创新的热潮，增强其消化创新的基本能力，进而才能更好地吸收和利用外资的先进技术（Helpman，1995）。传统产业的估计结果、关系属性和全产业样本结果一致，并且实证结果的拟合优度提高了。

从技术非效率函数回归结果来看，高技术产业的企业规模对专利产出有显著的正向影响，政府干预有显著的负向影响，与全体样本回归结论基本一致。但其他非效率因素的影响发生了较大变化。譬如，产权结构的影响变成了不显著，表明高技术行业或通过引入更多的民间资本，或从开始就建立起了相对健全的现代公司治理机制，整个行业的产权问题已得到一定程度的改善，产权结构已不再是制约技术导向产业创新绩效提升的因素（熊志军，2013）。企业利润对创新产出有显著的正向影响，表明相对于其他产业，高技术产业的企业创新意愿更强，创新热情更高，伴随着其行业利润的增多，会主动再加大对新知识、新技术研发创新的投入。出口贸易对创新产出亦有显著的正向影响，表明高技术产业企业利用出口学习的机会，提升了自身的技术创新能力，这符合许多国家和产业发展的一条经验规律——出口学习效应[①]（Greenaway 和 Kneller，2007）。传统产业的估计结果基本没有太大的变化。

从三项投入的综合产出效应结果来看，高技术产业自主研发的产出弹性系数显著为正，与全体样本回归的估计结果保持一致，

[①]　企业进入出口市场之后能够学习和改进企业的生产工艺流程与组织管理方式，可以引进先进的生产设备，获得新的生产技术和产品设计等，从而促进效率水平的提高。

但协同创新的产出弹性系数显著为负，而外资引进的产出弹性不再显著。原因主要在于，高技术产业知识技术密集、物质资源消耗少的属性，决定了产业起初就具有较好的创新资源和基础，在此情形下更倾向于利用自身实力开展自主研发，这不仅有利于其牢牢掌握自主知识产权，也有利于获得长期竞争优势（刘川、宋晓明，2014）。至于协同创新，其产出弹性系数显著为负，这也正说明由于高技术产业目前正处于自主创新能力的快速提升阶段，假如把行业内的创新资源分配到高校和科研机构，就很可能占用了产业本身用于自主研发的资源而降低了创新产出绩效。这从另一个角度折射出我国的产学研协同创新深层次体制机制障碍依然存在，协同创新体系整体效能不高。就自主研发的产出弹性强度来说，系数超过了 1.62。自主研发存量每增长 1 个百分点，专利产出将增加 1.62 个百分点，充分反映出高技术产业自主研发的规模报酬递增特性以及优势所在。从传统产业的综合产出效应来看，虽然实证结果均依然具有显著性，但与整体样本回归时相比，自主研发的产出弹性强度明显下降，而协同创新的产出弹性强度明显提高，这进一步反映出传统产业的技术导向型创新更多地依赖高校和科研机构，而行业自主研发能力亟待进一步增强。

第五节　研究结论

本文利用 1999～2017 年工业企业数据，采用随机前沿知识生产函数，通过实证考察产业创新生产时自主研发、协同创新与技术引进三种创新投入模式对技术导向型和市场导向型创新的影响，来揭示产业升级路径选择的本质，分析产业可能的创新路径，得到以下结论。

一　全体样本的实证研究结果

全体样本的估计结果显示，一方面，自主研发与技术引进对市场导向型产业创新有显著的正向影响，而协同创新的影响并不显著，且产业自身吸收能力的提高将促进市场导向协同创新功效的发挥，但却不利于引进技术的市场绩效。另一方面，自主研发、协同创新与技术引进三种创新模式对技术导向型产业创新均有显著的正向影响，且产业自主研发投入的增加、吸收能力的提高有利于对引进技术的吸收利用，但可能由于产业与高校、科研机构合作目标不一致，合作机制不健全等，抑制了协同创新专利产出绩效的提升。结论的背后折射出产业创新路径选择的基本逻辑，当产业研发创新处于明显的市场导向时，想获得更多的新产品市场收入，得到更多的商业利益，自主研发、协同创新与技术引进三种创新路径理论上都可以选择，但具有市场导向的自主研发与技术引进应该被重点考虑。具体体现为，通过观察技术领先者的研发路径，以低成本优势甄别产业内的新技术新发明，率先实施商业化应用和推广，以市场需求带动产业发展。而且伴随着产业自身研发实力的增强，也将逐渐改善市场导向的产学研协同创新绩效，并逐渐摆脱外资的影响，获得更多的市场份额。当产业发展处于获得更多的新知识、新技术的知识（专利）阶段，在自主研发、协同创新与技术引进三种创新模式中，应该以自主研发为主要创新路径，集中资源和力量构建特定区域技术创新高地；当然，假如要走协同创新的路子，需要在明确合作目标、健全利益共享风险共担合作机制等方面下大功夫，唯此才能发挥出协同创新的功效。

二　分产业的实证研究结论

从分产业的估计结果来看，传统产业三种创新投入模式的估计结果，无论在市场导向型还是技术导向型的创新过程中，均表现出与全体样本类似的特征。高技术产业的估计结果变化较大，在技术导向型的创新过程中，除自主研发的产出弹性系数显著为正，与全体样本保持一致外，协同创新的产出弹性系数显著为负，而技术引进的产出弹性不再显著；在市场导向型的创新中技术引进的市场功效也不显著。这告诉我们，产业的创新升级，应该充分考虑其所处行业及发展阶段的不同，走不同的路径。对于高技术产业，产业创新要逐步摆脱外来因素的影响，加快向依靠自身力量的创新模式转变，提高原始创新能力，加强关键领域核心技术攻克，实现蛙跳型科技创新路径。尤其是工业企业，要面向经济社会发展的重大需求，选择最有基础、最有条件的重点方向作为突破口，明确阶段发展目标，集中优势资源，促进重点领域和优势区域率先发展。对于传统产业，由于现阶段技术和研究水平相对较低，建议走以新兴产业占优为突破口的多元复合型产业发展路径。一方面，坚持"熊彼特创新"战略导向，对当今全球涌现的新技术新发明实施首次产业化和商业化的创新，探索"商业化—应用—研发"的产学研发展模式；另一方面通过大国大市场的需求推动效应，发挥大国大市场需求规模的基础性作用、挑剔性需求激发产业升级的带动作用，先发性需求推动科技创新的引领作用、培育多维市场需求，突破新产业在导入期产业化上的规模经济门槛。

三 其他研究结论

同时研究还发现，对全样本来说，企业规模对技术和市场两种导向型的产业创新均有显著的正向影响；产权结构和政府干预均有显著的负向影响；企业利润的影响均不显著；出口贸易对技术导向型的产业创新影响不显著，而对市场导向型的产业创新有显著的正向影响。就分产业回归来看，在技术导向型创新过程中，企业规模对高技术和传统产业技术导向创新有显著的正向影响，而对政府干预有显著的负向影响；传统产业产权结构对其技术导向型创新有显著的负向影响，而高技术产业的影响不再显著，表明高技术产业产权结构已不再成为制约其技术创新发展的主要因素；企业利润和出口贸易有利于高技术产业技术导向型创新的绩效，但对传统产业的影响并不显著。在市场导向型创新过程中，企业规模依然对所有产业市场导向型创新有显著的正向影响，而产权结构有显著的负向影响，这在一定程度上反映出我国的国有企业技术创新的市场导向机制尚未完全理顺；企业利润对所有产业创新的影响均不显著；政府干预对传统产业创新有显著的负向影响，而对高技术产业的影响不再显著；出口贸易对高技术产业创新有显著的正向影响，而对传统产业的影响不显著，这意味着传统产业工业企业尚未从出口贸易中获得规模收益。这些结果的启示在于，产业的创新和升级既更多地依靠市场力量自发进行，也受政府政策的推动，尤其新产业的兴起和发展需要政府的扶持。因此，以前沿边际产业干预为着力点的功能性产业政策，也是推进产业创新的重要路径。在推进产业做大做强的同时，优化国有企业产权关系，减少行政干预；鼓励企业适当把留存利润应用于研发；强化出口学习意识。通过政策力量促进产业创新能力的提升，引导边际产业发展。

第八章 现代化经济体系建设下的
产业运行

党的十九大报告指出，我国仍处于并将长期处于社会主义初级阶段的基本国情没有变，我国是世界最大的发展中国家的国际地位没有变，要以经济建设为中心。中国特色社会主义进入新时代，开启了建设现代化经济体系的新征程。在现代化经济体系下，产业升级必须紧扣我国社会主要矛盾的转化，必须贯彻新发展理念，着力构建和发展新产业体系。在新时代现代化经济体系建设的大背景下，产业体系必将发生新的变化，产业升级进入新的阶段。通过分析产业体系的重大调整变革，剖析产业变迁趋势和升级模式，研判未来产业发展态势和运行特征，分析得出率先步入景气的产业尤为重要。

第一节 现代化经济体系下的产业升级

"现代化经济体系"是十九大报告中基于建设社会主义现代化强国的目标，创新性地提出来的一个突出的、具有建设性的重要范畴，在一定程度上融合了"经济现代化"和"现代产业体系"的内涵。"现代化经济体系"是与构成现代化强国的其他要素（如现代化社会体系、现代化生态系统、现代化法治体系等）对应，指一种可以定性或定量地描述经济发展水平的状态、目标和结构；它是指整个国家的相互联系、相互影响的经济系统，在发展总量和速度、发展水平和质量、体制机制运行、开放发展程度等诸多方面的现代化水平和状态。相对于全面建成社会主义现代化强国的战略目标来说，它是中国特色社会主义现代化建设的一个最重要的、最基础性的建设子目标和内容。

一　紧扣我国社会主要矛盾转化

建设现代化经济体系是跨越关口的迫切要求和我国发展的战略目标。目前，我国社会生产力水平总体上显著提高，社会生产能力在很多方面进入世界前列，但发展不平衡不充分的问题尚未解决，发展质量和效益还不够高的问题仍然存在。必须更好地坚持社会主义市场经济改革方向，推动经济持续健康发展。建设现代化经济体系，是开启全面建设社会主义现代化国家新征程的重大任务，是紧扣我国社会主要矛盾转化推进经济建设的客观要求。

长期以来，我国社会主要矛盾是人民日益增长的物质文化需要同落后的社会生产之间的矛盾。改革开放极大地解放和发展了社会生产力。目前国内生产总值在 80 万亿左右，位居世界第二，工农业生产、基础设施、科技创新、市场建设都取得了很大发展，从总体上来看社会生产水平不再落后。但是发展中不平衡、不协调、不可持续问题突出，城乡、地区、居民收入差距依然较大，产业、行业、企业两极分化现象突出，部分行业产能过剩问题尚未有效解决，机械电子等领域技术升级面临较大制约，部分企业高负债、高库存运行的风险犹存，劳动力、资源等成本上升现象有所增加，公共服务、生态保护、"三农"等领域的短板亟待补强，我国人均国内生产总值和人均国民总收入明显低于世界平均水平。我国社会主要矛盾已经转化为人民日益增长的美好生活需要和不平衡不充分的发展之间的矛盾。必须坚持新发展理念，促进创新、绿色、协调、开发、共享、人文发展，推动城乡、区域、经济社会协调发展，处理好经济、生态、环境之间的矛盾，统筹国内、国外两种资源两个市场，这是推进现代化经济体系建设的立足点。

二 着力构建和发展新产业体系

新时代开启了建设现代化经济体系的新征程。着力以供给侧结构性改革为主线，推动经济发展质量变革、效率变革、动力变革，提高全要素生产率，着力加快建设实体经济、科技创新、现代金融、人力资源协同发展的产业体系。这个产业体系的建设，要以实体经济为着力点，构建和发展新型产业体系，来提高供给体系质量，增强我国经济质量优势。

着力构建和发展新产业体系，从深化供给侧结构性改革的角度，就是要做好四方面的工作。一是推动产业优化升级，加快发展先进制造业、现代服务业，加强基础设施网络建设，促进中国产业迈向全球价值链中高端。二是加快形成新动能，鼓励更多社会主体投身创新创业，在中高端消费、创新引领、绿色低碳、共享经济、现代供应链、人力资本服务等领域，培育更多新增长点。三是改造提升传统动能，推动互联网、大数据、人工智能和实体经济深度融合，支持传统产业优化升级。四是坚持去产能、去库存、去杠杆、降成本、补短板，优化存量资源配置，扩大优质增量供给，实现供需动态平衡。

三 构建新产业体系面临的挑战

未来新产业体系的形成是随着物质财富的积累、人类知识的增加、人均收入的提高、人民对新生活方式和幸福生活的追求、人类文明程度以及政府治理产业的手段方法的变化而变化的。

1. 消费需求的变化

进入中国特色社会主义新时代，人民的消费需求、消费理念、消费习惯正在发生巨大变化。具体体现为以下方面。

第一，个性化消费趋势。随着经济的加快发展、消费者收入与财富不断分化，富裕阶层、中产阶层越来越不满足标准化的产品和服务，他们希望能够在自身收入水平条件下尽可能按照自己真实的消费偏好进行消费，这就是个性化消费需求，而且是大规模的个性化需求。这就要求企业不断适应和满足这一新兴的消费需求变化。现实中，我们看到越来越多的定制产品和服务供给。工业制造中的模具工会考虑如何制造变形的模具以适应多样化。工业"4.0"和CPS引起的新一轮工业革命和产业变革，本质上是要形成一个新型的生产服务系统——工业智能生产服务系统，可以为广大消费者提供大规模、低成本的个性化定制产品和服务。在这种系统环境下，可以快速收集并处理消费者的大量需求信息，进而由智能生产系统完成快速的大规模个性化生产，以满足大量消费者的个性化需求。另一典型例子是Web1.0到Web2.0的变化，Web2.0的主要特征是让用户成为平台的主导，也就是让每个用户的个性化想法和需要成为平台的表达，从而满足每个用户的个性化需求。

第二，集成化消费。越来越多的消费者希望不同企业在提供产品和服务方面能够互相协同以满足自己的需求。由于分工提高效率，生产和服务的细化分工日益深化，各类企业提供专业化的产品和服务。企业都是在社会大分工条件下进行协作生产，也正因此，企业提供不同的消费品，就需要消费者自己去挑选和购买。对消费者而言，在单个需求上面的选择环节过多耗费选择的精力和能力，同时也需要时间和成本，给消费者带来不便。因此，消费者越来越希望有一种消费服务，能够为其提供消费需求识别并能够提出一揽子消费解决方案，这就是集成化消费的需求趋势。

第三，便利化消费需求。消费者在获得品质好的消费品同时，自然会逐步要求消费品获得的便利性，降低消费者脑力和体力的支出，降低费用和时间的支出，满足消费者效用最大化的内在要求，这是消费者长期追求的一个方面。便利化消费需求就是消费者希望供应商或第三方服务商能够帮助消费者克服与消费品提供者之间的距离、消费品使用所需要的知识和消费者所拥有的知识之间的距离、消费者与企业之间的信息距离（信息不对称）。这样的趋势对现实企业而言则是一个新的挑战，要求传统的生产商在生产的同时还要兼顾服务，成为生产、服务一体化的供应商，相对缩短供需周期，为消费者提供更多的服务。网购①的普及是消费者追求便利化的重要表现。以上三大消费趋势是消费者中长期的需求趋势。随着收入、财富、技术、产品和服务的供给、社会等各方面的进步，这样的需求越来越明显，想获得这种服务的消费者也越来越多。

2. 生产制造方式变革

第一，不断细化的社会分工催生一批利基产业。利基产业有几个显著特点。一是专注于利基领域的企业往往是垄断行业中较小的企业；二是大多数利基企业属于制造业而非服务业，当一个利基行业形成后，制造业产品的销售比服务的销售更容易；三是利基企业通常善于创新且与客户关系密切。利基领域的影响已经非常深远，未来其重要性还将持续增强。利基产品几乎广泛存在于机械、纺织品等每个产品领域，大多数制造业强国都有几十甚至上百个利基行业。新一轮工业革命不但将有利于利基制造业本身的成长，还将塑造其发展进程。

第二，"创客运动"将制造延伸至普通民众。新工业革命可以看作是数字制造和个人制造的合体——"创客运动"的工业化。

① 当前，中国的"新四大发明"：高铁、支付宝、共享单车和网购。

产品制造的数字化变革绝不仅仅是优化现有的制造业，而是将制造延伸到范围更广的生产人群当中——既有现存的制造商又有正在成为创业者的普通民众。创客公司通常在车库或作坊里落户，至少是在这样的场所起家，而且经常依赖于家庭成员的帮助。他们安于小批量生产的现状，关注手工制作或工艺质量。生产焦点集中在最适于制作几百或几千件产品的桌面生产工具上。未来的创客类家庭手工业不用将产品销售给控制着通往市场之路的工厂，而是通过自己的网站或是 Ebay 等网络平台直接销售给全球消费者；也不用再像 19 世纪的前辈们那样坐等工厂订单，而是发明自己的产品、寻求建立自己的微品牌；更不用与商品市场中的廉价劳动力打价格战，而是凭借创新取胜。

　　第三，生产方式出现生产制造本地化趋势。前两次工业革命都是以集中化的工厂生产为基础，并采用中央集权和自上而下的垂直管理的生产方式，大权掌握在少数工业巨头手中。但在第三次工业革命中，随处可见的数百万自我生产并将盈余通过能源互联网进行整合和分配的生产者，代替了石化能源巨头。与这种新的生产方式一样，以 3D 打印为基础的数字化生产可以使每个人都成为生产者，生产方式出现生产制造本地化趋势：每个人都可以建立家庭式工厂，通过在线交流进行产品的研发、设计和制造。与传统工厂经营模式不同，在新型智能化工厂帮助下，网络用户不需要生产车间就可实现设计的量产和销售。这种分散式和社会化的生产方式将更有助于实现经济民主、改善收入分配和生产社会化。

　　3. 企业管理方式变化

　　第一，智能化、网络化管理成为企业重要的管理手段。随着信息化技术在生产过程中的推广应用，企业对人财物的管理方式也将发生重大变化。越来越多的企业通过互联网加强企业供应链环节的管理，加强产品质量的智能化检查和监控管理。根据生产需要，企业生产原料采取即时供应的智能化管理方式，大大减少了生产库存量。利用信息化的人力资源管控系统，适时调配工作人员，合理安排工作人员上班和休息时间，使人力资源得到充分利用。

第二，平台经济成为企业重要的竞争方式。在新科技革命和新一轮产业变革的背景下，企业竞争的方式也发生了转变，由主要通过提高产品质量、扩大产品品种、提升产品效益等手段，达到提高市场占有率、获得收益的模式，逐渐转向依靠构建和孵育企业之间商业生态系统的平台竞争模式。平台竞争，是指企业连接两个或更多特定群体，为他们提供互动机制，满足所有群体需求，借此赢利的商业模式。在平台竞争的前期，往往通过提高免费的产品和服务，能够让企业把用户数量快速提升到高水平，突破引爆点，在后续收取一定的费用提供增值服务，企业借此获取利润。随着信息网络技术的飞速发展和互联网的应用普及，越来越多的平台型企业迅速崛起，平台经济模式迅猛发展。据统计，全球最大的 100 家企业中，有 60 家企业的大部分收入来自平台类业务。国外的谷歌、苹果、Facebook 和国内的阿里巴巴、百度、腾讯等近些年受到广泛瞩目的企业都属于典型的平台型企业。随着平台型企业和平台经济影响力的逐渐扩大，平台经济也在推动现代经济的变革和重塑。[①]

第三，发展战略从自我积累式发展向"互联网＋"发展转型。新工业革命是以信息技术为代表和主线，信息技术的推广应用将贯穿于新工业革命的方方面面。这些因素将促使企业加快调整发展战略，推进企业互联网思维的应用。企业的发展不再单纯依靠自我积累式发展，而是要从内部资源整合向内外资源共享使用转变。利用信息网络技术，在全球范围内迅速发现和动态调整合作

---

① 安晖、吕海霞：《以平台经济引领经济转型发展》，《科技日报》2013 年 11 月。

对象，整合企业间的优势资源，在研发、制造、物流等各产业链环节实现全球分散化生产，促进企业发展战略由自我积累式发展向"互联网＋"发展转型。

4. 市场供需方式生变

第一，对市场需求做出快速反应，注重客户深度参与。 在新工业背景下，客户对产品会提出更多要求，用户将拥有对产品形态、功能等方面更多的话语权。这就要求生产企业对市场需求做出快速反应，以客户为导向，并注重客户深度参与，善用"顾客早期的涉入"，客户可以根据品味和喜好，定制自己喜欢的产品，生产出个性化产品。譬如，在前期客户提出产品设计方案、产品附加特殊功能、特殊的生产原料等要求，在后期提出整体系统解决方案、零部件定制服务等要求。顾客亲密度成为制造业价值提升的重要切入角度。通过开放网络平台，众多分散的生产者和消费者个体不断促进广泛、实时、频繁的交流互动，激发社会创新潜力，不断满足消费者个性化需求。

第二，制造业服务化水平不断提高，增加客户满意度。 随着信息技术的发展和企业对"顾客满意"重要性认识的加深，越来越多的制造企业不再仅仅关注实物产品的生产，而是更加关注产品价值的实现，提供"服务＋产品"的解决方案，即服务化。从全球范围来看，IBM、戴尔、GE、耐克等一大批制造企业向服务化转型，努力提供优质的服务来提升有形产品竞争力的做法已经普遍被众多企业所接受。随着市场竞争进一步全球化，企业争创服务优势的竞争意识越来越强烈。如日本的丰田汽车公司为了提高公司的市场竞争力、推销丰田系列休闲游览车，在丰田休闲游览车系列销售店推出了开销巨大的为客户24小时服务的举措，免费提供事故处理、故障电话服务、客户购车咨询服务、铁路、航空、住宿以及就医等信息服务。通用汽车则建立了 e－GM 公司，推进企业网络化，并与 AOL 网络公司合作，向客户提供优质的信息服务。由于个性化需求的不断增多和市场竞争的日趋激烈，我国部分制造业领军企业正在加快服务化进程，开始探索从提供单纯产品的生产型制造商向提供整体解决方案的服务型制造商转变。如陕鼓动力由从事风机生产的传统装备制造企业向整体系统解决方案商转型，其开发的旋转机械远程监测及故障诊断系统获得了良好的经济效益。

第三，生产方式由批量生产向大规模个性化定制转变，个性化将成为很多产品的基本属性。互联网思维催生了工业生产和服务领域众包设计、个性化定制等新模式，使得企业生产出来的产品不再大量趋同而是更具个性化。大规模定制化生产将成为新工业革命背景下产业创新的重要模式。大规模定制化生产将取代大批量生产这一20世纪的组织原则而成为21世纪产业的组织原则。大规模定制生产有以下优势。一是解决了传统生产方式中产品多样化、个性化与低成本的矛盾，能够增加有效供给，创造需求；二是减少库存增加产业利润率、提高传统产业生存能力；三是大规模定制能有效地克服产业零散性；四是大规模定制可以加快产品开发速度，缩短产品开发周期，使供给跟上或引导需求变化趋势；五是可以按客户的意见进行产品修正设计，以保证产品能够对"客户的呼声"做出快捷响应，使产品满足顾客的各方面需求，有效开拓市场。

5. 能源生产和使用方式创新

第一，新能源实现大规模生产和应用。新能源又称非常规能源，是指传统能源之外的各种能源形式，包括太阳能、风能、生物质能、核能、地热能、氢能、海洋能等。发展和利用新能源既是国际社会也是我国的未来发展趋势，新能源作为一种"绿色"新技术，在减少环境污染、缓解环境压力的同时，可以缓解中国的能源危机，是缓解经济发展与能源及环境之间矛盾的新选择。目前，部分新能源技术已实现产业化。未来，更大规模的新能源技术将实现产业化，新能源占一次能源总量的比例不断提高。预计到 21 世纪中叶，新能源将大规模替代化石能源，在能源消费总量中的比例将提高到 30% 以上。

第二，能源生产和利用方式更加绿色和低碳化。新工业革命背景下，能源资源开发利用与生态环境保护得到更好的统筹协调，能源高效清洁转化不断推进。清洁低碳化石能源和非化石能源比重得到快速提高，煤炭高效清洁利用得到大力推进，传统能源逐渐被新能源替代，能源生产和消费结构加快优化。水能、核能、风能、太阳能、生物质能等可再生能源的开发利用进一步加快。边疆偏远地区微水电、小型风电等能源系统建设得到加强，农村能源基础服务体系不断完善，无电地区用电问题彻底得到解决。低碳技术和低碳产业将在更加广泛的领域得到快速发展。

第三，能源供给更加智能化。新能源的发展带来电源结构的变化，未来电源结构将是大规模集中式电源与大范围分布式电源相结合，与此相应的电网结构也将是适应大容量电能传输的骨干电网、适应分布式电源与地方电网、微电网相结合。在互联网技术和可再生能源技术的快速发展下，集信息技术、新能源技术、分布式发电技术等众多发展趋势为一体的智能电网是高度信息化的下一代电网，兼容、经济、集成和优化成为智能电网的发展方向。电力传输网络也将会转变成信息能源网络，使得数百万计自主生产能源的微电网终端能够通过对等网络的方式分享彼此的剩余能源。① 智能型能源网络与人们的日常生活息息相关，家庭、办公室、工厂、交通工具以及物流等相互影响，分享信息资源。信息技术、电力传输技术与不断发展的高科技电力分配的能源储存

---

① 杰里米·里夫金：《第三次工业革命》，张体伟译，中信出版社，2012 年 6 月，第 47 页。

技术将促使现有的电网转变为互联网式电网。电网从有限封闭系统逐渐转变为安全开放系统，更多分布式、间歇式电力可以直接接入，实现需求侧、供给侧数据的互通和反馈，全电网经济、技术、环境效率不断提高。

6. 政府治理产业方式

第一，技术和产业变革推动政府管理方式发生转变。新工业革命带来互联网应用模式和商业模式的创新，传统管理企业的思维模式难以为继，必须重新制定规则和完善监管。行业信息发布制度利用大数据、云计算等手段加强数据挖掘和分析，通过加强行业经济运行监测分析，定期发布产业信息权威数据，能够更好地提供信息数据服务。"负面清单"管理模式下，政府定出不鼓励发展产业的"黑名单"，使名单之外的企业"法无禁止即可为"。政府职能的转移还要取决于是否可以实行市场竞争、实现竞争的程度以及可降低社会成本的程度，采取合理的方式分类向社会转移职能并进行监管，政府部门将工作重心转到依法制定标准和强化监管上，管理方式从注重事前审批向注重事中、事后监管转变，构建多元监管体系，加强自律管理能够不断促进政府管理效能的提高。

第二，工业和信息化技术标准规范不断强化。标准在新的发展形势下将发挥更加重要的作用，在经济社会发展中将更多地发挥服务创新和规范市场的作用，促使社会资源得到最有效利用。标准以通过技术规范的方式为创新提供方向，引领产业化过程中的社会资源优化，促使资源配置达到最优。同时，标准可以规范市场，使得我们能够按照标准来生产产品、规范流程，按照标准来确定部件、产品和系统之间的关系，促进社会资源得到有效利用。继续强化标准、规范对产业发展的调节作用，加强面向信息化和工业化深度融合的国家物理信息系统相关标准建设，加快重点行业重点领域技术标准和技术规范研究和制定。加快强化节能节水、环境、技术、安全等方面的强制性标准建设，强化战略性新兴产业知识产权与技术标准前瞻布局，掌握一批主导产业发展的知识产权和有国际影响力的技术标准。

第三，平台经济的发展需要政府部门加强规范和引导。新工业革命背景下，平台经济作为一种重要的产业形式和发展模式，正逐渐成为服务经济的"皇冠"，引领经济增长和推动社会发展。为加快推进平台经济发展，政府部门需要在加强引导、配套服务体系方面采取多种措施。一是支持新兴领域平台经济发展。支持有条件的区域面向重点行业领域，发展专业特色平台，不断拓宽平台经济的发展空间。二是完善平台企业扶持政策。平台型企业是平台经济的主体，决定着平台经济的发展活力和发展前景。要加大政策扶持力度，设计有针对性的扶持政策，探索促进平台型企业的最佳发展路线。三是优化配套发展环境。平台经济是在现代信息技术迅速发展、互联网应用日益普及背景下发展起来的。其发展需要强有力的信息技术服务支持，还需要第三方支付、信用、物流、检测、认证等配套服务体系的支持。因此，要优化配套环境，以保障平台经济快速持续发展。四是加强规范引导和管理监督。针对平台经济生态环境的复杂性及其从定价方式到垄断规制的特殊性，加快研究出台专门的管理和服务措施，加强规范引导和管理监督，引导平台型企业发展，保障平台经济健康稳定发展。五是进一步完善相关统计指标体系。贯彻实施新的国民经济行业分类（GB/T 4754—2017）[①]，加强对新兴业态、新模式的统计、监测。

第四，政府管理信息化水平进一步提高。新形势下，大数据将在政府公共服务、医疗服务、零售制造等各个方面得到广泛应用，而且会产生巨大的社会价值和产业空间[②]。对政府部门而言，

---

① 2017 年 9 月 29 日，国家统计局发布了国民经济行业分类（GB/T 4754—2017）。
② 麦肯锡全球研究院：《大数据：创新、竞争和生产力的下一个新领域》。

第一，政府部门需在建设集中信息渠道的基础上，广泛收集信息。第二，要分析相关性，通过研究历史数据的相互关联找对关系，建立相关性模型。第三，要进行大量预测、使用、防范和应用。政务信息化是大数据应用的基础手段，要建立大数据的思维模式。信息技术的快速发展为推进政府信息化建设提供了强有力的科技支撑，要应对信息化的发展趋势，充分开发利用信息资源为政府管理工作提供不竭动力。加强各类第三方行业公共服务平台建设，逐步建立以政府服务为引导、公益性服务为基础、商业性服务为支撑的服务体系和平台。不断加强信息化技术的运用，助力各级政府从"政府信息化"不断向"信息化政府"迈进。

第二节　现行产业体系向新产业体系的转换

新产业体系是基于内生比较优势[①]，并与发达国家进行全球产业体系的专业化分工合作，通过自主创新实现产业技术、生产功能升级，占据产业价值链的高端，获得全球价值链的治理能力，实现较高附加值收益的增长，参见图 8 - 1。根据专业化分工拓展后的内生比较优势理论（杨小凯和 Borland，1991），本文认为现行产业体系向新产业体系演变升级的核心，就是形成新的比较优势。新产业体系要贯彻党的十九大报告提出的新发展理念，在禀赋升级、价值链升级和空间结构优化等方面取得协调。

一　升级要素禀赋，塑造比较优势的基础

转型升级的集成是比较优势的动态变化。中国特色社会主义

[①]　更多地表现为智力资本和创新等。

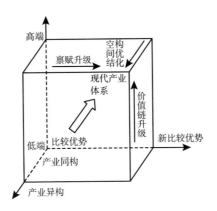

图 8 - 1　构建新产业体系的逻辑思路

资料来源：王一鸣：《大国产业论》，人民出版社，2017年 5 月。

进入新时代，我们要建立一个能充分发挥比较优势的产业分工体系，同时又不陷入"比较优势陷阱"。加大教育与创新投入，提供人力资本的内在品质，实现知识与创新的积累，提升创新能力和创新制度建设，紧紧抓住新一轮科技革命和产业变革的历史性机遇，积极开展重大技术创新和产业创新，这是产业升级和发展新产业体系的核心。

二　升级产业链，获得全球价值链话语权

在全球开放经济格局下，我国很多产业是与发达国家产业链、价值链配合的产业，在产业链、价值链上处于低端边缘，长期被发达国家低端锁定，没有产业链、价值链的治理权。发达国家的跨国公司充当了产业链、价值链的"系统整合者"，甚至通过产业链、价值链的区域分割、等级制度安排，限制发展中国家的产业链、价值链的学习和产业升级。因此，如何通过知识积累和创新能力培育，使中国更多的企业获得更多产业链、价值链主导升级的话语权是转型升级的关键。

三 升级市场基础，构建一体化大市场

新产业体系的形成要有良好的资源配置和市场机制支持，新产业和新产品的市场需求在很大程度上需要通过要素流动和统一的市场条件来培育。我们应该把握当前新一轮的消费革命及其蕴含的巨大消费潜力，应充分发挥大国大市场效应，加快构建一体化大市场，大力培育市场需求。一方面，要破除国内市场分割，构建一体化大市场。由于历史条件、资源禀赋、区位优势、经济社会发展程度等原因，国内市场仍然是条块化分割状态，完整的一体化市场并没有完全形成，这需要消除地方市场分割、行业分割，建立和完善全国统一开放的大市场体系，将潜在的大国大市场效应转化为中国新产业发展的现实优势。另一方面，升级对外开放战略，提振外需规模和质量。近年来，新一轮贸易保护主义重新抬头，对我国产业国外市场的开拓造成了很大冲击。扩大外需，减少对外贸易摩擦，通过升级空间市场结构，构建形成新产业体系的市场基础已刻不容缓。

第三节 产业体系转型升级的模式

一些行业和产业的产能严重过剩和大量核心设备与高端产品依赖进口，是当前我国经济深陷产业结构性陷阱的真实写照，跨越产业结构性陷阱，构建产业新体系已刻不容缓。

一 "加"模式

随着新一轮科技革命和产业变革的深入推进和发展，以通信网络、物联网、大数据、云计算、工业互联网为代表的新一

代信息技术正在改变传统的生产模式，重构全球产业价值链生态。新一代信息技术的广泛应用使得柔性制造、网络制造、绿色制造、智能制造日益成为生产方式变革的方向，同时也促使工业互联网、"工业4.0"等一大批新的生产理念不断涌现。新一代信息技术正在不断向制造业的各环节渗透，并扩散到整个产业链，引领一系列新的产品、服务、生产体系和产业，颠覆了以前的技术经济范式，开创新的发展模式。"加"模式，就是做大增量，跟上新一轮工业革命的步伐，大力发展战略性新兴产业，如智能制造、互联网信息技术产业、数字经济、新能源、新材料、大健康、现代农业、航空航天等，发展智能互联生产服务系统，开放智能产品和服务，使之成为新产业体系的主导产业，将其培育成为具有全球竞争力的新产业。"加"既是增加，也是融合，是通过提高与增加来改变现行的产业体系。一方面，培育新产业来替代传统产业的主导位置；另一方面，通过产业融合、创新，对传统产业进行升级改造，进而形成新产业体系。

二　"减"模式

"减"模式，就是做优存量，减少传统产业中的低端技术、低端产品与服务的供给。通过高新技术、先进管理方式的植入，用新组织管理方式和先进实用技术改造升级传统产业，不断提高产品和服务竞争力，推动产业向"微笑曲线"高价值环节延伸。推动传统产业的升级，可以从两个维度着手。一方面，通过新技术植入提高创新能力，用新技术、新材料改造生产加工方式，逐步往个性化、自动化、智能化生产发展，用新一代信息技术改造现行生产与服务产品，发展新产品与服务，提升产品与服务的附加值和竞争力。另一方面，采用先进的管理方式，探索新的商业模式，通过生产组织的改造、管理手段的调整、资源的重新安排、质量标准的控制，推动产品和服务的精品化，提高产品和服务附加值。

三 "乘"模式

"乘"模式，核心就是通过互联网、信息技术、大数据、人工智能以及平台经济融合所有产业，通过跨界融合创新，关联互通，释放产业发展的乘数效应，形成具有新业态、新模式叠加构成新产业体系的动态运行范式。对于我国来说，发展新一代信息技术是支持未来产业制造模式改变的核心，是构建新产业体系的重中之重。应该积极布局通信网络、物联网、云计算等新一代信息产业，通过新一代信息产业的发展推动新一代信息技术在农业、制造业和服务业中的应用，促进信息在不同产业领域的快速传递和共享，促进产业间的分工协作和融合创新。在新一代信息技术的推动下，现代服务业将更加紧密地嵌入农业、制造业生产制造的各个环节中，进一步促进产业间的深度融合和互联互通，促进个性化、网络化、智能化的新兴网络状产业体系的建立，跳出传统发展模式，率先在新一轮产业革命中布局和站位。

四 "除"模式

"除"模式，就是除去过剩产能和低端环节的产能，除去"两高一资"产业和生产制造环节。"除"的本质，是把有限的资源投入到在产业链、价值链上我们具有比较优势的高端高效环节。具体来看，一方面，要除去高污染、高耗能产业，加大对其改造的力度。我国能源消耗较多集中在一些传统高耗能行业，如钢铁、煤炭、石油、化工等。从价值链上来看，能源消耗和污染主要集中在加工、组装和围绕生产进行的运输环节。这种发展方式必须要改变。另一方面，除去价值链上的低端环节，实现价值链升级。

即便在战略性新兴产业领域，并非所有环节都是高端环节。通常说来，加工组装环节技术含量低，是价值链的低端环节，研发设计、品牌营销等科技含量高、技术门槛高，是价值链的高端环节。[①] 以光伏产业为例，由于电池片和组件生产的技术门槛较低，各地区在发展新能源产业的思想主导下，都一窝蜂地上马光伏生产加工项目，容易出现产能过剩。引导企业去低端化的实质，是希望企业更多创新，去做产业链和价值链的高端、高效的生产性服务化消费环节，放弃缺乏技术含量的高耗能、高污染、低收益的加工组装等环节，实现转型发展。

第四节　率先步入景气的产业

产业的转型升级不可能一蹴而就，新产业体系的形成需要较长的时间。在现代化经济体系下，必将出现新旧产业交替，产业发展将出现新一轮的变革和洗牌。

一　景气产业的实现

在现代化经济体系的形成过程中，产业需要抓住历史机遇顺利实现转型升级，长期保持健康发展。

1. 通过技术赋能站位

决定产业运行景气度高低的根本因素是技术水平。进入新时代，世界新一轮科技革命和产业变革蓄势待发，全球正孕育着产业结构和竞争格局的深度调整。产业将加速向数字化、网络化、智能化方向延伸拓展，软件定义、数据驱动、平台支撑、服务增值、智能主导的特征日趋明显。不论是传统产业，还是战略性新

---

① 施振荣在 1992 年为"再造宏碁"提出的"微笑曲线"（Smiling Curve）理论。

兴产业，只有不断通过技术创新，提升产业科技含量，提升产业价值链，才能保持景气状态。一方面，不断进行技术进步和创新，加大原始创新和关键核心技术突破，力争在具有同发优势的领域占据全球科技创新制高点。另一方面，加大产业化创新。加快新技术的产业化、商业化，通过率先实现市场化推广和应用来抢占全球市场，以"市场为先"作为突破口撬动产业跨越式发展。在技术创新的前提下，产业化将促使新产业的形成与健康发展。

表 8 – 1　美国国家创新战略所关注的领域

涉及领域	具体内容
先进制造	推出国家制造业创新网络来恢复美国在高精尖制造业创新中的领先地位,重新投资供应链创新,支持技术密集型制造业公司等
精密医疗	精准医学协助临床医生更好地理解病人的健康程度、疾病细节和身体状况,更好地预测哪些治疗方法最有效。在保护个人隐私的前提下,推动基因学、大型数据收集分析和健康信息技术的发展
大脑计划	通过基因对大脑进行全方位的认知,协助科学家和医生更好地诊断和治疗神经类疾病
先进汽车	要突破在传感器、计算机和数据科学方面的发展,把车对车通信和尖端自主技术投入商用,同时加速先进汽车技术开发和部署应用
智慧城市	越来越多的社区管理者、数据科学家、技术人员正和企业联合建立"智慧城市"
清洁能源和节能技术	决定通过部署和开发清洁能源技术、鼓励投资倾向气候变化的解决方案,进一步提高能源利用率,在保证提升美国能源安全的前提下,继续保持新能源生产量增加这一势头
教育技术	奥巴马总统提议为 99% 的学生在 2018 年之前接通高速宽带网络。此外,美国 2016 年将投资 5000 万美元建立教育高级研究计划局
太空探索	在 2017 年之前重点投资发展商业载人太空运输技术,美国国家航空航天局开始支持多种项目,例如保护宇航员免受太空辐射的研究、先进推进系统研究、研发让人类在外层空间能生存的能源生产、氧气制造和水生产等相关技术
计算机	制定了国家战略性计算机计划。此外,将继续致力于促进下一代通用技术的发展,如纳米技术、机器人技术和自动化系统、先进材料、生物学和工程学等

资料来源：建投研究院整理。

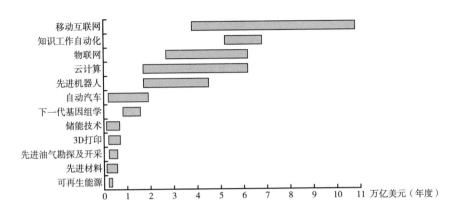

图 8 - 2　麦肯锡发布的 12 项颠覆性技术及其影响*

注：* 估算至 2025 年，潜在经济影响上、下限。
资料来源：麦肯锡研究院，2013 年 5 月 26 日。

2. 响应消费需求变迁

社会需求结构、居民消费结构的变化，是经济产业结构发生变化的重要原因。消费升级的方向是产业升级的重要导向。随着全球技术革命进步和居民收入水平不断提高，全球消费者个性化、集成化、便利化的需求越来越强劲。从中国的居民消费数据来看，2017 年上半年内需对我国经济增长的贡献率为 96.1%，其中，消费和投资分别贡献 63.4% 和 32.7%。消费和投资的稳步增长，尤其是消费品市场规模进一步扩大，对制造业乃至整个实体经济以及百姓生活都产生了积极影响，意味着我国消费驱动型发展模式初步形成。消费需求变化很快，正处在承上启下的结构转型时期。在这一转折阶段，产业发展应主动响应消费需求的变化，对市场需求做出迅速反应，注重客户深度参与。把握当前新一轮的消费革命及其蕴含的巨大消费潜力。

3. 变革制造组织形态

随着信息化技术在生产过程中的推广应用，产业组织形态发生了重大变革：一是企业的竞争模式发生了重要转变，由主要通过提高产品质量、扩大产品品种、提升产品效益等手段来获得市场和收益，逐渐转向依靠构建和孵育企业之间商业生态系统的平台竞争模式，平台经济成为企业重要的竞争方式。越来越多的平台型企业迅速崛起，平台经济正在重塑整个产业体系。二是智能化、网络化管理成为企业重要的管理手段。越来越多的企业通过互联网加强企业供应链环节的管理，加强产品质量的智能化检查和监控管理。根据生产需要，企业生产原料采取即时供应的智能化管理方式，减少生产库存量。三是企业加快调整发展战略，从自我积累式发展向"互联网＋"发展转型。企业的发展不再单纯依靠自我积累式发展，而是要从内部资源整合向内外资源共享使用转变。面对未来产业组织形态的重大变革，只有那些迅速调整和适应的产业，才能更好地适应市场环境的变化，获取未来产业升级的制胜之道。

4. 适应能源结构变化

综合来看，我国面临的资源环境约束日益强化。从国内看，随着工业化、城镇化进程加快和消费结构升级，我国能源需求呈刚性增长，受国内资源保障能力和环境容量制约，我国经济社会发展面临的资源环境约束更加突出，节能减排工作难度不断加大。从国际看，围绕能源安全和气候变化的博弈更加激烈。一方面，贸易保护主义抬头，部分发达国家凭借技术优势开征碳税并计划实施碳关税，绿色贸易壁垒日益突出。另一方面，全球范围内绿色经济、低碳技术正在兴起，不少发达国家大幅增加投入，支持节能环保、新能源和低碳技术等领域创新发展。应该说，资源环境问题仍是我国经济社会发展的瓶颈之一，节能减排依然形势严峻、任务艰巨。因此，在十九大以来的很长时间内，低碳技术和低碳产业将在更加广泛的领域得到快速发展。产业升级要增强节能环保意识，能源生产和利用方式要更加绿色和低碳化。只有适应能源结构动态变化的产业，才能有更好、更稳定、更长远的发展前景。

二　率先步入景气的产业预测

随着中国特色社会主义进入新时代，现代化经济体系的建设和新产业体系的培育将开启产业优化升级的新征程，一大批产业必将得到爆发式发展。通过前面的分析，以下三大类产业将率先步入景气，如表8-2所示。

1. 民生类产业

破解我国当前社会主要矛盾，就是要积极发展人民生活功能性产业，满足人民日益增长的美好生活需要，提高全民健康水平，建设和谐社会。现在人民的温饱问题、衣食住行问题已基本解决，高端服务需求和精神需求目前缺口较大。因此，像健康、文化、养老、旅游等产业存在很大的发展空间。

2. 先进制造与生产性服务业

先进制造业是加快建设制造强国的突破口，是制造业综合竞争力的重要体现。高端装备制造业是新工业革命背景下重点发展的产业，像机器人、新能源汽车、高档数控机床、现代航空装备、卫星及应用产业、轨道交通装备、海洋工程装备、智能制造装备等产业将迎来新的发展周期，走上创新驱动、质量效益型发展的轨道。

制造业服务化已成为当今世界制造业发展的重要趋势。美国等主要工业化国家纷纷从国家战略高度推动制造业服务化转型。服务型制造能够促使制造业企业转变发展观念，实现由生产型制造业向服务型制造业的转变。既可以有效激发内需潜力、带动扩大社会就业、持续改善人民生活，也有利于引领产业向价值链高端提升。预计未来，生产性服务业将保持较高的景气度，发展空间巨大。

3. 基础大功能性产业

基础大功能性产业能够满足未来新产业体系互联互通、发展平台产业和资源有效配置的需求，在优化升级整个产业体系、提升制造业发展水平、推动经济发展和社会进步、增强国家综合竞争力等方面发挥重要作用。我们认为，信息通信、新材料、节能环保等产业具有广阔的前景，将出现突破性发展，各个行业景气度会不断提高。

表 8-2　率先步入景气的产业

领域	产业	具体内容
民生类产业	大健康	医药和医疗器械、养老、健康管理、医疗服务等产业
	文化消费	教育、出版传媒、文化创意、旅游、体育、影视等产业
先进制造与生产性服务业	高端装备制造	机器人、新能源汽车、智能制造装备、现代航空装备、卫星及应用产业、轨道交通装备、海洋工程装备等
	生产性服务业	集产品提供者与服务提供商为一体,生产设计高附加值生产性服务产业
基础大功能性产业	信息通信	移动互联网、云计算、物联网、大数据、人工智能、无人驾驶等产业
	新材料	先进基础材料、关键战略材料、前沿新材料等产业
	节能环保	高效节能产业、先进环保产业、资源循环利用产业等

资料来源：建投研究院。

三　景气产业的甄别

基于微观的研究视角，从投资的角度来分析预测产业的景气度，研判产业运行情况，可以重点考虑以下几方面的因素，来挑选出景气度高的产业。

（1）创新能力指标。研发投入强度的高低，企业技术水平是否处于行业内龙头地位，产业价值链是否处于全球价值链的高端。

（2）财务经营指标。观察行业企业近几年的主营业务收入、净资产收益率、资本周转率、资产负债率等指标，企业的管理水平、信息化应用及其普及程度等指标。

（3）行业集中度。行业的组织结构集中度偏高还是偏低。

（4）商业模式。行业的商业模式是否清晰。

（5）产业周期。产业处在什么样的周期阶段，是初期、快速发展期、成熟期还是衰退期；是否是朝阳产业；市场增长空间如何。

（6）市场认可度。上市情况，从新三板向主板转变的企业或行业中挑选；挑选不存在重大违纪、违约情况的企业。投资热度较高还是低，投资交易多少，资本进入行业是否饱和。

四　产业运行预警

挑选出适合监测我国产业（制造业）景气的指标，构建指标体系，采用综合评分的线性加权法计算产业景气指数，对产业发展景气进行预测预警分析。

（一）分析思路

（1）评价当期产业景气度。

（2）对下一期产业运行情况进行预测。

（3）为市场投资者（机构投资者）的资本投资提供决策参考。

（二）分析方法

经济周期的阶段性变动及其每一周期的长度是宏观经济运行周期性变动的外部特征。分析经济周期的阶段性变动的方法有很多①，建议采用增长循环方法来研究产业景气度。

1. 当期产业景气评价

产业结构升级在经济全球化背景下受国内外多种因素的影响。

---

① 目前国内外分析经济周期的阶段性变动主要有三种方法：一是古典循环方法——从分析指标的绝对量分析经济周期波动；二是增长循环方法——从分析指标的相对量分析经济周期波动；三是增长率循环方法——从分析指标的同比增长率分析经济增长率的波动。

在对产业运行发展的景气情况进行系统评价的同时，必须在客观、全面、科学的基础上，坚持可比性、系统性、可测度、可拓展等原则，选取最能反映产业市场化效果的指标，构成产业景气指标体系。[①] 初步考虑选取产量、销售收入、利润、上缴税收、工业企业增加值、净资产收益率、资本周转率、资产负债率、研发投入强度等 9 项指标的增长率，作为衡量产业景气的各个具体指标。

在相关上市公司的季报，《中国统计年鉴》查找到各个指标的原始数据，建立指标数据库。

采用综合评分的线性加权法计算产业景气指数，以此衡量产业发展水平和运行综合情况。计算结果输出，计算公式如：

$$K = \sum^{9} A_i \times W_i \qquad (8-1)$$

其中在公式（8-1）中，$i = w_1 + w_2 + w_3 + w_4 + w_5 + w_6 + w_7 + w_8 + w_9$，$A_i$ 分别表示各个具体指标。

在计算之前，首先确定各个指标的标准值，作为产业增长基准循环的主要参考指标；然后利用各个指标的基准循环参考指标对相应指标进行标准化处理，得到无量纲化值，确定个体指标的差异；再将各指标的无量纲化值与相应的权数（根据各个指标对产业运行情况影响程度，采用专家问卷打分，赋予不同的权重）相乘，得到每个指标的综合评价指数；然后加总，最后得到整个产业景气指数 K。

---

① 严格意义上来说，反映产业升级水平的指标，还应该包括产业结构合理化的指标（如产业水平满足率，产业关联度，产值密度变异指数，区域产业结构协同性指数，产业能耗水平，环保投资额平均增长率，固定资产新度指数，劳动力素质指数，知识密集度系数等），产业结构高级化的指标（如工业加工程度指数，信息产业产值比重指标，基础产业超前系数，新兴产业产值比重指标，技术创新指标，智力技术密集型集约化指标，产业开放指标等）。在本文的研究中，考虑数据的可获得性，没有把这些指标列出来。

2. 对下一期产业运行情况进行预测

综合运用指数趋势预测、时间平滑分析、对数回归分析法等预测方法，预测和估算下一期反映产业景气度的各个指标。然后利用上面同样的综合评分的线性加权法，来计算下一期产业景气指数，对产业未来发展进行全局性的判断和预测。

3. 绘制预警灯号图

从上面的指标中挑选预警指标构建产业预警指数，确定预警界限值，对预警综合指数进行评价，建立预警信号灯图系统。本书拟通过一组类似于交通管制信号红、黄、绿灯的标识，对产业升级演化的状况发出不同的信号，通过观察信号的变动情况①，来判断未来产业发展的趋势。

（三）产业预测预警分析

针对以上预测结果，剖析产业运行的趋势特征，分析景气形成的原因，评价产业面临的风险（经营、投资、资金、市场），预判投资机会，提出合理资本配置建议。

---

① 借鉴中经产业景气指数，采用交通信号灯的方式对描述产业发展状况的一些重要指标所处的状态进行划分：红灯表示过快（过热），黄灯表示偏快（偏热），绿灯表示正常稳定，浅蓝灯表示偏慢（偏冷），蓝灯表示过慢（过冷）。

第九章　智能制造产业的升级路径

当前，发展以智能制造为主体的先进制造业成为各国竞争博弈、引领产业升级、推动全球经济再平衡的主战场。从制造业演变升级规律来看，智能制造是先进制造发展的最新形态，是基于"云－管－端"的新型复杂制造体系，是集成制造、精益生产、敏捷制造、虚拟制造、网络化制造等多种先进制造系统和模式的综合。[①] 从某种程度上说，智能制造最能体现和代表先进制造业未来发展和升级的方向，产业景气必将长期保持较高态势。基于此，本章以智能制造产业为典型案例，探寻经济新时代下先进制造业变革和演化升级的路径，弄清全球化、知识经济与信息化对产业发展方式的革命性影响，把握新时代下产业升级的特征。

第一节　智能制造产业概述：引领产业升级、
全球经济再平衡的主战场

全球新一轮科技革命和产业变革孕育兴起，智能制造在全球范围内快速发展，已成为制造业重要发展趋势，对产业发展和分

---

① 《智能制造发展规划（2016～2020年）》，2016年12月8日。

工格局带来深刻影响，推动形成新的生产方式、产业形态、商业模式。发达国家实施"再工业化"战略，不断推出发展智能制造的新举措，通过政府、行业组织、企业等协同推进，积极培育制造业未来竞争优势。我国积极推出《中国制造 2025》和推进供给侧结构性改革部署，将发展智能制造产业作为长期坚持的战略任务。

一　智能制造产业综述

（一）行业认知：一个巨系统

关于智能制造的定义，无论是政府、学者，还是业界至今都没有形成一个统一的看法。本书尝试从以下几个层面来理解智能制造的内涵。

从技术层面来看，智能制造是在现代传感技术、网络技术、自动化技术、拟人化智能技术等先进技术的基础上，通过智能化的感知、人机交互、决策和执行技术，实现设计过程、制造过程和制造装备智能化，是信息技术和智能技术与装备制造过程技术的深度融合与集成。智能制造是交叉融合形成智能化的感知、人机交互、决策和执行技术体系。美国在 2016 年刚刚通过的法案中，把智能制造定义为信息、自动化、监测、计算、传感、建模和网络方面的先进技术：①数字模拟制造生产线、计算机操控的制造设备、生产线状态的监控和交互、全生产过程中能源消耗和效率的管理及优化；②厂房能源效率的建模、模拟和优化；③监测和优化建筑的节能性能；④产品能源效率及可持续化性能的建模、模拟和优化，包括使用数字模型和增材制造加强产品的设计；⑤将制造产品连入网络以监控和优化网络性能，包括自动化网络操作；⑥供应链网络的数字化连接。

从生产方式来看，智能制造是具有感知、决策、执行功能的各类制造的统称，是面向产品全生命周期，实现在感知条件下的信息化制造。① 根据工业和信息化部的定义，智能制造是基于新一代信息通信技术与先进制造技术深度融合，贯穿于设计、生产、管理、服务等制造活动的各个环节，具有自感知、自学习、自决策、自执行、自适应等功能的新型生产方式。②

从制造生态层面来说，智能制造是通过把物联网、大数据、云计算等新一代信息技术与先进自动化技术、传感技术、控制技术、数字制造技术等有效结合，实现工厂和企业内部、企业之间以及产品全生命周期的实时管理和优化的新型智能制造系统。

从产业发展动力来看，智能制造是信息通信技术、智能技术与装备制造技术、新材料技术、新能源技术的深度融合与集成，数控机床、集成电路、物联网、人工智能、新材料、新能源等领域的技术突破和变革成为支撑和引领智能制造产业发展的重要基础和动力。

从国内情况来看，当前智能制造主要是信息技术和先进制造业相结合，或者是"互联网＋"和先进制造业的结合③，包括智能化的产品、装备、生产方式、管理和服务等五个方面，如图9－1。智能制造是信息化与工业化深度融合的大趋势。有些研究机构认为，"人工智能＋机器人＋数字化制造＝智能制造"。④

智能制造是一个巨系统，随着以互联网、移动互联网、物联网、大数据、云计算等为代表的新一代信息技术的发展和推广应

---

① 2012年3月27日科技部发布的《智能制造科技发展"十二五"专项规划》（国科发计〔2012〕193号）。

② 引用2016年12月8日国家工业和信息化部、财政部联合发布的《智能制造发展规划（2016～2020年）》中的定义。

③ 方正证券研究所：《智能制造：软硬件集成是趋势，外延并购决定投资价值》，2015年9月21日。

④ 罗文：《两化融合引领新工业革命，制造业酝酿五大深刻变革》，《中国工业报》2012年11月7日。

用，以及 3D 打印、能源网络等技术的不断成熟，智能制造的概念和内涵也会动态变化，逐渐拓展和丰富。

从本质上来看，智能制造是制造业变革和演化升级的一种新型方式。综合当前全球各国制造业发展重点和未来发展趋势方向来看，智能制造主要表现为产品的智能化、装备的智能化、生产的智能化、管理的智能化和服务的智能化，如图 9 - 2 所示。它既包括智能工厂和智能生产，也包括智能产品和智能应用，以及智能制造理念下可能催生的新业态、新模式、新体系。其核心是强调制造环境、制造设备和制造过程的智能化，能够产生新动能、激发新需求、创造新供给、催生新业态、培育新模式以及提升经济运行质效。可以说，智能制造不是一个完整意义上的产业概念，而是一个还在不断变化、扩展和演进的工业理念。

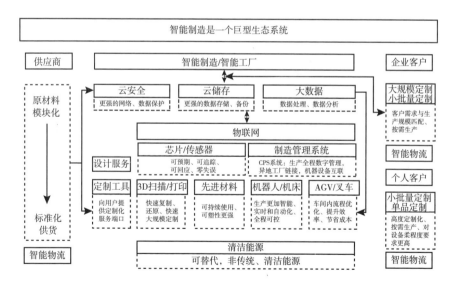

图 9 - 1　智能制造生态系统图

资料来源：全球智能制造战略研究院。

（二）横向分析：系统架构

业内通常根据制造技术的一般发展规律来认识智能制造。智

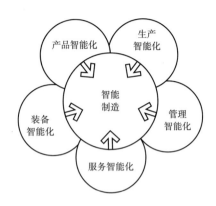

图 9 - 2　智能制造的核心

资料来源：建投研究院绘制。

能制造系统架构是为智能制造的技术系统提供构建、开发、集成和运行的框架，其目标是指导以产品全生命周期管理形成价值链主线的企业，实现研发、生产、服务的智能化，通过企业间的互联和集成建立智能化的制造业价值网络，形成具有高度灵活性和持续演进优化特征的智能制造体系。

1. 基本架构

根据国际电工协会 IEC62264 标准提出的制造企业功能层次模型，结合《智能制造发展规划（2016～2020 年）》，这里将智能制造系统划分为四个层级，即生产线层、车间/工厂层、企业层和企业协同层，如图 9 - 3 所示。

2. 四个层级

（1）生产线层。生产线层是指生产现场设备及其控制系统，主要由 OT 网络、传感器、执行器、工业机器人、数控机床、控制系统、制造装备、人员/工具等组成。能够反映生产线层智能制造发展水平的关键要素主要包括柔性生产、数据采集、人机交互、机器间通信。

其中，柔性生产是指主要依靠有高度柔性的计算机数控机床

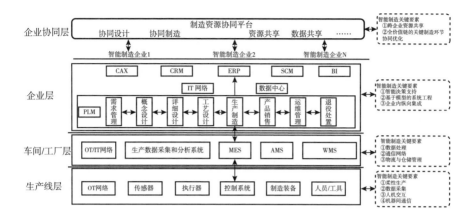

图 9-3 智能制造系统架构

资料来源：工信部赛迪装备工业研究所：《我国智能制造评价体系研究》，2016 年 10 月 20 日。

为主的制造设备来实现多品种，小批量的生产方式；数据采集是指生产线集成了传感和控制系统，能够实时采集生产设备、物料、半成品和产成品的状态，并将数据传输给生产控制系统；人机交互是指人员和生产设备之间的信息通信方式，包括固定的交互界面、生产监测与控制系统、移动终端等；机器间通信是指生产设备之间的信息通信方式，包括现场总线、工业以太网、互联网、M2M 等方式。

（2）车间/工厂层。车间/工厂层主要是指制造执行系统及车间物流仓储系统，主要包括 OT/IT 网络、生产数据采集和分析系统、制造执行系统 MES、资产管理系统 AMS、车间物流管理系统 LMS、仓库管理系统 WMS、物流与仓储装备等。其中能够反映车间/工厂层智能制造发展水平的关键要素主要包括数据处理、通信网络、物流与仓储管理。

其中，数据处理是指对采集到的设备状态、物料信息等生产数据进行分析和评估，以实现生产过程的自动规划和控制；通信网络是指车间/工厂内的信息通信网络，包括统一的数据交换格式和规则、独立且互联互通的数据服务器、互联的信息技术整体解决方案等；物流与仓储管理包括智能物流与仓储设备、仓储管理系统 WMS 以及车间内物流管理系统 LMS。

（3）企业层。企业层是指产品全生命周期管理及企业管控系统，主要包括产品全生命周期管理系统 PLM、IT 网络、数据中心、客户关系管理系统 CRM、计算机辅助技术 CAX、企业资源计划管理系统 ERP、供应链管理系统 SCM、商务智能系统 BI 等。其中能够反映企业层智能制造发展水平的关键要素主要有智能决策支持、基于模型的系统工程、企业内纵向集成。

其中，智能决策支持包括自动排产和动态调度、供应链管理、订单和质量管理以及决策支持等；基于模型的系统工程包括基于标准的产品模型数据定义、产品数据管理、产品模型传递和关联维护；企业内纵向集成包括制造执行系统 MES 与企业资源计划系统 ERP 的集成、制造过程控制系统与制造执行系统 MES 的集成。

（4）企业协同层。企业协同层是指由网络和云应用为基础构成的覆盖价值链的制造网络，主要包括制造资源协同平台、协同设计、协同制造、供应链协同、资源共享、数据共享、应用服务等。其中能够反映企业协同层智能制造发展水平的关键要素有跨企业资源共享、全价值链的关键制造环节协同优化。

其中，跨企业资源共享是指企业之间通过共享平台和共享规则，实现创新、研发、设计、生产、服务、信息等资源的共享；全价值链的关键制造环节协同优化是指企业间设计、供应、制造和服务等关键制造环节的并行组织与协同优化以及制造服务和资源的动态分析与柔性配置。

3. 三项集成

（1）企业内纵向集成。企业内纵向集成主要是企业内部信息流、资金流和物流的集成，在智能制造系统架构中表现为生产线层的制造过程控制系统、车间/工厂层级的制造执行系统 MES 以及企业层级的企业资源计划系统 ERP 之间的互联互通，可以自动地上传下达设备状态、物料信息、生产能力、订单状态、生产环境、生产指令、物料清单等数据。

（2）企业间横向集成。企业间横向集成主要是指企业之间通过价值链以及信息网络实现的资源整合，为实现各企业间的无缝合作，提供实时产品与服务，推动企业间研产供销、经营管理与生产控制、业务与财务全流程的无缝衔接和综合集成，实现从产品开发、生产制造、经营管理、销售服务等在不同的企业间的信息共享和业务协同，在智能制造系统架构中表现为价值链上企业之间的制造资源共享以及关键制造环节的并行组织和协同优化。

（3）产品全生命周期数字化集成。产品全生命周期数字化集成主要是指围绕产品全生命周期的价值创造，通过价值链上不同企业资源的整合，实现从产品设计、生产制造、物流配送、使用维护的产品全生命周期的管理和服务，集成供应商、制造商、分销商、客户的信息流、资金流和物流，在创新产品和服务的同时，重构产业链各环节的价值体系。

（三）纵向分析：产业图谱

智能制造贯穿于设计、生产、管理、服务等制造活动的诸多环节，涉及的领域非常广泛。迄今为止，还没有就智能制造涉及的产业门类和业态形成科学的组织和划分。本书主要从感知与数据、软件与网络、装备与执行、应用与集成等四个方面涉及的相关企业来展开分析，如图 9-4 所示。

1. *产业链的前端：智能感知和传感*

智能制造产业的源头，主要是用来处理和外面世界的交互，负责物理感知与采集数据，包括传感器、射频识别、图像识别、二维码、机器视觉及其他采集方式等，相关企业主要有基础元器件、传感器、射频识别、机器视觉等生产制造企业和技术服务商。

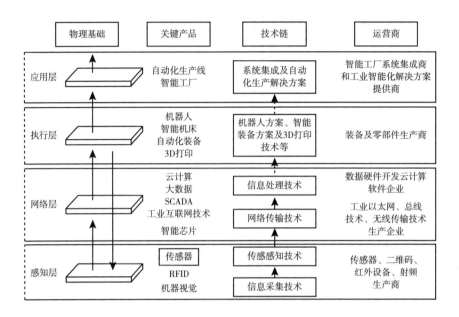

图 9 - 4 智能制造产业链

资料来源：招商证券研究所。

（1）传感器产业

基础元器件是装备实现智能的前提，主要指装备中的各类传感器，这些传感器能够实时采集数据，并将数据传送至数控系统。因此，基础元器件是装备智能化的前提和基础，也是制造业竞争力的重要支撑点。传感器是智能制造产业的核心组件，是获取自然和生产领域中信息的主要途径与手段。传感器按一定规律转换成为电信号或其他所需形式的信息输出，以满足信息的传输、处理、存储、显示、记录和控制等要求，通过将物理信息转换成标准信号，反馈到 CPS 网络物理信息系统，其核心则是工业自动化控制这个环节。未来的智能制造业对人机交互技术、机器视觉技术都有更高的要求，而这些都必须要依靠传感器技术来实现。作为现代信息技术重要支柱之一的传感器技术，尤其是高性能光纤传感器、微机电系统（MEMS）传感器、视觉传感器，已成为工业领域在高新技术发展方面争夺的一个制高点。

近年来，全球传感器产业呈井喷发展态势。新一代信息技术产业、高档数控机床和机器人等智能制造重点领域的发展都与传感器息息相关。截至 2016 年底，全球各类敏感元器件与传感器市场规模已达 1770 亿美元。预计未来 5 年，全球传感器市场年复合增长率将超过 10%，仍属高增长行业。东欧、亚太区和加拿大成为传感器市场增长最快的地区，而美国、德国、日本依旧是传感器市场份额占比最高的地区。就世界范围而言，传感器市场上增长最快的依旧是汽车市场，占第二位的是过程控制市场，通信市场的前景也被广泛看好。

随着新技术革命催生的信息化时代的到来，国内传感器市场持续快速增长，近几年来年均增长速度超过 20%。总体规模逐渐扩大，2011 年传感器市场规模为 480 亿元，2012 年达到 513 亿元，2016 年则达到 1126 亿元，如图 9–5 所示。国内传感器需求规模快速增长的主要动力来自工业、汽车电子、通信电子、消费电子等四大领域。工业和汽车电子产品领域的传感器占比为 42% 左右，而发展最快的是汽车电子和通信电子应用市场。

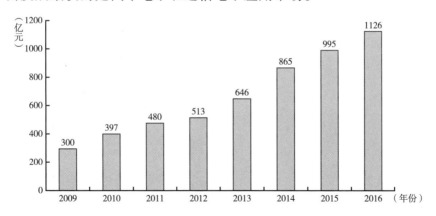

图 9–5　我国传感器行业市场规模

资料来源：智研咨询：《2017 年中国传感器制造行业运营态势与投资战略咨询报告》。

尽管我国传感器市场需求大、发展迅速，但是存在着技术水平偏低、种类欠缺、研发能力弱等问题。国内传感器低端需求小、分散且过剩；高端需求则严重依赖进口，国产化缺口较大，目前传感器进口占比达80%，传感器芯片进口占比达90%。我国目前有1700余家从事传感器研制、生产和应用的企事业单位，传感器产品达到10大类、42小类、6000多个品种。但从事MEMS研制生产的只有50多家，而且规模和应用都较小，导致我国传感器存在技术含量低但价格高的问题，在国际市场上缺乏竞争优势，如表9-1所示。

表9-1　国内传感器产业面临的挑战

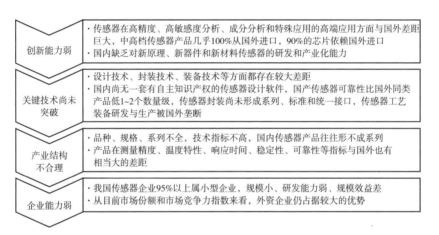

资料来源：建投研究院整理。

（2）射频识别产业

在智能生产实现过程中，自动地获取被识别物品的相关信息，并提供给后台的计算机处理系统来完成相关后续处理，把机器设备、产品通过各种信息传感装置与互联网结合起来形成一个巨大网络，使得产品与设备之间能互联互通，其中非常重要的技术是射频识别技术。射频识别是一种非接触式的自动识别技术，它通过射频标签与射频读写器之间的感应、无线电波或微波能量进行非接触双向通信，实现数据交换、识别。其主要特点是适应复杂情况、读写方便快捷、可批量操作、性能可靠。射频识别技术在智能制造中的应用主要体现在在线无损检测、高效率强度及疲劳寿命测试与分析、设备全生命周期健康检测诊断、在线故障诊断与分析、智能物流与仓储装备等。射频识别的应用领域非常广泛，涉及工业、消费、金融、零售、运输物流、农业、环境检测、医疗等多个领域。

当前射频识别技术比较成熟，应用广泛。众多国家将射频识别作为一项重要产业予以积极推动。据麦姆斯咨询统计，2016 年全球射频识别市场规模为 169.5 亿美元，到 2023 年将达到 314.2 亿美元，年复合增长率将达到 7.7%。近期，射频识别行业呈现加速发展的趋势，这一点从射频识别芯片的主流厂商的动作可见一斑。美国的 TI 公司，一方面加大行业收购与合作的力度；另一方面，从技术方面加大对新型的射频识别芯片的研发力度，不断更新原有产品，还通过各种方式来充实其专门为政府和安全部门最新开发的 RF360 智能 IC 平台。而另一巨头 NXP 公司除了扩充在中国广东的生产线以外，最近又投巨资在澳大利亚设立新的射频识别芯片生产线，前不久又与 SONY 公司合作，加强射频识别解决方案方面的合作力度。

目前我国射频识别行业市场规模在 600 多亿元。随着物联网产业的飞速发展，作为排头兵的射频识别产业必然还会保持快速的增长。根据中国 RFID 产业联盟预测，未来一段时期，射频识别产业市场增长速度将在 25% 左右。

（3）机器视觉产业

让机器来代替人眼做测量和判断，是实现智能化程度的重要标志。机器视觉让机器拥有了像人一样的视觉功能，在工业领域优势明显，能更好地实现各种检测、测量、识别和判断功能。其原理是用计算机或图像处理器以及相关设备来模拟人类视觉功能，从客观事物的图像中提取信息进行处理，获得相关视觉信息并加以理解，最终用于实际检测和控制等领域。机器视觉是将图像转换成数字信号进行分析处理的技术，涉及人工智能、计算机科学、图像处理、模式识别等诸多领域。如今，机器视觉技术已成功应用到工业机器人当中，并成为一项核心关键技术，广泛运用于仪表板智能集成测试系统、金属板表面自动控制系统、汽车车身检测系统、纸币印刷质量检测、智能交通管理、金相分析、医学成像分析、流水线生产检测，等等。

随着无人驾驶、无人机、智能机器人等热点的发展，机器视觉作为全球智能的"慧眼"，成为各国抢占智能市场的必争之地。机器视觉将会是人工智能的下一个前沿领域。目前机器视觉全球市场规模为 50 亿美元，约占整个智能视觉市场的 20%。到 2021 年，机器视觉全球市场价值预计将达 285 亿美元。[①] 如图 9 - 6 所示。智能视觉领域的应用更为广泛，包括读码、智能安防、农业生产等，而系统集成占机器视觉市场的 75%。

2016 年，我国机器视觉市场规模达到 30.3 亿元。随着中国"十三五"规划强调制造业技术创新和"中国制造 2025"战略的深入推进，我国的机器视觉产业将迎来爆发式增长。据透明市场研究发布的市场报告，我国机器视觉增速最快，维持 20% 的增长率，远高于世界平均水平。预计 2018 年市场规模将达到 200 亿元左右（包含系统集成）。从行业公司来看，我国机器视觉企业有 102 家，机器视觉产品代理商超过 200 家，专业的机器视觉系统集成商超过 50 家，涵盖从光源、工业相机、工业镜头、图像采集卡以及智能相机等所有机器视觉产业链。其中，硬件相对标准化、代工比较成熟，而软件是核心，其中应用集成是中国本土企业实现弯道超车的机会。

---

① 新浪科技：《一文读懂智能机器人的"慧眼"——机器视觉技术》，2017 年 7 月 22 日。

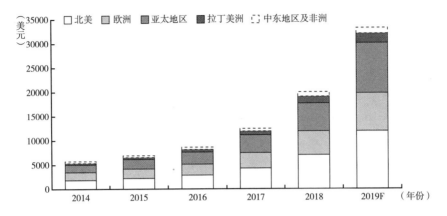

图9-6　2014~2019年全球计算机视觉收入情况

资料来源：Tractica，北京欧立信调研中心。

2. 产业链的中上端：智能网络和处理

信息的加工处理与传输构成智能制造产业链的重要环节，这一环节主要由智能制造软件与网络来完成。涉及的技术和产业非常多，主要包括工业软件、工业互联网和云存储服务等。

（1）智能制造软件产业

智能工厂中一个非常重要的环节就是软件能力体系，包括设计、工艺仿真软件，工业控制软件，业务管理软件，数据管理软件等。代表性的软件主要有三个。

SCADA（监控与数据采集系统）：SCADA 的控制结构分为上位机和下位机。上位机是指可以直接发出操控命令的计算机，下位机是直接控制设备获取设备状况的计算机。通常所说的狭义 SCADA 是指进行数据采集与监控板卡及软件。2016 年中国 SCADA 市场规模为 2.86 亿美元，2018 年则超过 3.43 亿美元。SCADA 产品市场体量整体不大，却在智能制造的架构中扮演着承上启下的角色。

MES（制造执行系统）：在智能制造的软件模块中，MES 是最核心的部分，如何生产、生产什么、什么时间生产什么，都由

MES 决定。在离散自动化领域中，MES 则一直处于空白状态。行业间通用性差决定了 MES 很难标准化，而难以标准化则难以规模化。随着订单小型化碎片化的趋势越来越明显，在客户需求和选项配置越来越多样化、订单之间并行的情况越来越突出的时候，MES 的作用日益凸显。2014 年中国 MES 产业复合增速超过了30%，增速远高于全球平均水平，2018 年市场规模将达 100 亿元。这主要是因为中国的离散自动化具有较大改造空间，而越大型的企业对 MES 投资额度越高，改造需求越迫切。

PLM（产品生命周期管理）：PLM 是数字化的关键使能工具。企业要实现数字化转型，PLM 应用应当先行。PLM 软件可以让企业高效且经济地管理一个产品的生命周期，从产品构思、设计与制造，一直到服务和退市处理。计算机辅助设计（CAD）、计算机辅助制造（CAM）、产品数据管理（PDM）和制造过程通过 PLM 无缝地集成在一起。PLM 与 SCM、ERP 分别从不同维度出发，其中 PLM 偏重于产品设计层面，与 MES 层相互连接，是数字化工厂的需求源头。

2016 年，全球 PLM 市场规模总体增长速度为 5.2%，达到407 亿美元；其中，CPDM 市场增长 6.4%，达到 141 亿美元，服务增长速度低于软件增长速度。[1] 从竞争格局来看，PLM 行业属于高集中度寡头垄断型市场，全球四大龙头市场份额大约占 68%。[2] 2016 年全球 PLM 市场发生了 95 起并购，PLM 领导厂商正在试图凸显差异化；在仿真分析、系统工程等领域，出现了持续增长不断变化的服务需求。

2016 年，中国 PLM 市场达到 17. 87 亿美元，较 2015 年增长了

---

[1] 参考 2017 年 4 月 14 日数字化企业网（e - works）与国际知名 PLM 研究机构 CIMdata 联合举办的 CIMdata 2017 PLM 市场与产业发展论坛。

[2] 达索系统是 PLM 行业全球最大提供商，市场占比约为 30%，其次为西门子，市场份额占比为 20%，PTC 占比为 10%，Autodesk 占比为 8%。

12.1%，市场份额占全球比重由 2015 年的 4.12% 增长至 2016 年的 4.4%。分领域应用方面，三维 CAD 市场增长相对平稳；仿真软件是工具类软件中增长最快的；与制造环节相关的数字化制造、NC、CAPP 需求旺盛，增长较快，但基数较小；二维 CAD 市场保持微增长。国内 PLM 市场增速快于全球市场，但是增速比较缓慢，主要原因有两点。一方面，国内外企业使用 PLM 的失败率高达 53%，PLM 在所有项目中大约有 62% 没达到软件用户的预期目标（贝恩管理咨询，2014）；另一方面，对大多数中国企业来说，PLM 所强调的管理水平目前仍比较超前。所以，虽然 PLM 国内市场巨大，但开发难度与实施难度极高。

（2）工业互联网产业

在智能制造过程中，要把设备、生产线、工厂、供应商、产品和客户紧密连接在一起，实现全面连通，需要有牢固的网络基础，主要是靠工业互联网。随着信息通信技术的发展，构建融合新型技术的工业互联网设备与系统，构建工业互联网标识解析系统及试验验证平台，成为全球各国争先抢位的重点。美国于 2012 年提出了"工业互联网"的概念，旨在将全球工业系统与高级计算、分析、感应技术以及互联网连接融合。通过智能机器间的连接最终将人机连接，结合软件和大数据分析，重构全球工业。作为智能制造的关键基础，工业互联网在制造业全领域、全产业链、全价值链持续融合渗透，其对于提高生产效率、优化资源配置、创造差异化产品和实现服务增值等方面能发挥重大作用，将产生巨大经济价值。

各国先后针对智能制造和工业互联网制订国家战略，如美国"先进制造"战略、德国"工业 4.0"、英国"高价值制造"战略等，并全面进入实施阶段。在企业层面，互联网和制造业厂商携手成立产业联盟，并围绕智能传感控制软硬件、工业网络、工业物联网平台等关键环节进行布局，推动工业互联网应用实施。据

GE 预测，工业互联网产业规模到 2020 年将达到 2250 亿美元，到 2030 年将产生 15 万亿美元的经济价值。[①]

我国正在积极布局工业互联网，在政策和市场的双重驱动下，我国工业互联网发展步入快车道。一方面，工业互联网关键技术不断成熟，越来越多的工业互联网平台涌现；另一方面，来自 ICT 以及传统工业领域的企业加速进入这一市场，携手推进产业的发展。但同时也应看到我国工业互联网产业的不足，如自主研发能力偏弱、车间以及装备设备之间的互联标准有待建立，技术仍不成熟等。

3. 产业链的中下端：智能技术装备

生产执行系统是实现智能制造任务的重要保障，像机器人、数控机床、增材制造装备等相关产业都是智能制造的运动系统，起到重要的执行作用。

（1）机器人产业

机器人是智能制造的关键装备，也是近年来迅猛发展的细分市场。按照产品应用分类，机器人市场主要包括工业机器人、服务机器人和特种机器人三类，其中工业机器人的市场最为成熟，服务机器人的市场空间最大，特种机器人的利润率最高。

工业机器人按照产业链上、中、下游可分为核心零部件、机器人本体、应用端集成三个环节。工业机器人的核心零部件包括减速器、伺服和控制器。其中减速器成本占比最高，伺服次之。与通用减速器和通用伺服相比，工业机器人用减速器与伺服的技术要求高且通用性不强。国内减速器和伺服厂商遇到的问题，往往不是自动化的问题，而是材料和工艺的问题。故机器人零部件产业的发展需要统筹多门学科，并且需要有足够的资金支持相对长的研发周期。在这一特性上，减速器比伺服更突出。

---

① 中国安防展览网，http://www.afzhan.com/news/detail/52476.html。

（2）智能机床产业

在智能制造中，智能机床是不可或缺的关键装备。智能机床能够监控、诊断和修正在生产过程中出现的各类偏差，并且能为生产的最优化提供方案。智能机床的出现，为未来装备制造业实现全盘生产自动化创造了条件。在制造业向数字化和智能化转型过程中，对于机床设备组成部件的性能有了更高的要求，包括精密性、表面质量等，尤其是在一些高新技术产业领域，如航天、通信等。下游市场技术需求的转变，对机床行业的发展提出了新的挑战。

目前，机床行业景气度处于下降趋势，呈现低位运行状态，出现了明显的行业分化。在全球市场格局中，德国、日本、美国、加拿大等工业发达国家是传统强国，中国机床行业处于大而不强的位置，与世界领先水平有一定差距。机床行业的主要消费市场向中国、印度、墨西哥等新兴市场国家转移，而中国是高端机床的第一大消费国。国内行业产业结构、产品结构与市场需求矛盾较为突出，高端、专用、数控机床产品需求增加，低端产品需求明显减少。目前国产数控机床业在国内的市场占有率仅为43%左右，而高档数控机床特别是高、精、尖数控机床的市场占有率不到10%，有90%的高档数控机床依赖进口，有95%的高档数控系统依赖进口。[①]向高端化、智能化发展是中国机床的主攻方向。

（3）3D打印产业

3D打印又称"增材制造"技术，是新材料技术、新制造技术与信息化技术相结合的新型生产技术，与传统制造相比有众多优势，如一体化成型的加法制造、产品无须组装，可一次成型、加工过程产生的废弃副产品较少、不同材料可无限组合，产品更具

① 《中国政策论坛》2017年4月22日。

多元化、能够完成多样化的产品形状设计。目前，3D打印技术已从实验室快速走向实际应用，在制作、医疗、教育、建筑和军事等领域推广应用。

3D打印处于早期成长阶段，是朝阳产业，具有巨大的市场潜力。根据国际权威研究机构的预测，全球3D打印市场规模（包括打印机、材料和相关服务）呈几何级增长态势，预计到2020年将突破210亿美元。预计未来2~3年内，我国3D打印市场将从目前的1万美元增至20亿美元，或将超越美国成为全球最大的3D打印市场。

4. 产业链的后端：智能集成和应用

（1）智能工厂

随着国内劳动力人口逐渐减少以及劳动力成本的逐渐上升，企业迫切需要实施"机器换人"战略。在互联网时代，用户需求日趋多样化、定制化，企业订单呈现小型化、碎片化的发展趋势，引进与应用智能制造系统解决方案已经成为企业满足新时代发展需要的重要着力点。到2020年，数字化车间/智能工厂普及率将超过20%。①

在汽车、家电、能源、高端装备等领域，已率先开展智能工厂应用实践，技术密集型的汽车工业是一个典型的应用范例。江淮汽车、长安汽车等汽车制造企业，以工业机器人、数控机床为代表的智能制造设备在工厂内得到了大量应用，未来将智能程度更高的生产线和模块化技术运用于新能源汽车的制造环节，可以进一步释放产业活力和企业效率。

家用电器行业领域走得更快。青岛海尔、海信电器、四川长虹等行业龙头纷纷从生产线切入，顺应制造业发展趋势，计划专

---

① 2016年12月8日，国家工业和信息化部发布的《智能制造发展规划（2016~2020年）》。

项建设用于家电生产的示范性智能工厂，利用互联网信息技术打通生产环节与企业整体的采购、财务计划与客户需求，实现家电产品的小批量客户定制和生产组织环节的智能调控。结合国际经验来看，未来家电业是智能制造的一个重点应用行业，过去传统的规模化生产已经满足不了现代消费者的个性化需求，智能工厂是实现差异化竞争策略的理想途径，因此受到家电行业的青睐。

随着未来智能制造发展浪潮的逼近，智能工厂会出现以下趋势。第一，未来的智能工厂可以实现在虚拟环境下对生产效果进行仿真分析和验证，以达到缩短产品开发周期的目的，并实现成本的最低化、产品设计质量的最优化和生产效率的最高化，增强企业的竞争力。第二，生产设备的智能化程度将在网络条件下得到快速提升，传统制造模式出现颠覆性的变革。第三，模块化定制生产，生产赢利能力在模块化生产方式下逐渐得到提升，产品满足消费者个性化需求的能力变强。第四，产品的研发、生产和管理方式通过工业大数据挖掘和分析逐渐得到创新，基于大数据的客户价值提升趋势明显，产品的研发设计呈现众包化发展趋势。第五，基于大数据的供应链优化，消减了智能工厂整个供应链条中的成本和浪费情况，提升了仓储和配送效率，实现了无库存或库存极小的理想状态。第六，人与机器的信息交换方式随着技术融合步伐的加快向更高层次迈进，新型人机交互方式被逐渐应用于生产制造领域。[①]

（2）智能物流和仓储

物流仓储系统作为智能生产系统的一部分，位于智能工厂后端，是连接制造端和客户端的核心环节。我国物流费用占 GDP 的比重是美国、日本等发达国家的两倍左右，并且这一差距近些年来有逐步扩大的趋势，而智能物流仓储具备节约劳动力成本、节

① 杨春立：《智能工厂的内涵及不同推进路径分析》，《中国工业评论》2016 年 1 月。

约租金成本、提升管理效率等方面优势。据估算，自动化仓储在保证同等储存能力的条件下，可至少节约 70% 以上的土地和 80% 以上的劳动力，是降低社会仓储物流成本的终极解决方案。随着物联网、机器视觉、无人机等新技术的应用，物流仓储自动化技术正在以较快的速度发生变革。许多专家认为，智慧物流 2.0 时代已全面开启。

受多重因素影响，智能物流设备在诸多领域成为企业替代人工、谋求转型升级的主流选择，智能化物流装备正是在这样的背景下逐渐发展起来的。虽然从短期看，采用智能化物流装备会导致企业投入增加，但从长远发展来看，智能化装备给企业带来的人力成本的节约和效率的提升，将使企业持续受益。

（3）智能制造模式

在智能制造实现过程中，网络众包、协同设计、大规模个性化定制、精准供应链管理、全生命周期管理将重塑产业价值链体系，颠覆原有的传统生产制造模式，产生许多新的生产制造模式，离散型智能制造、流程型智能制造、网络协同制造、大规模个性化定制将不断得到推广和应用。

其中，大规模定制化生产将成为智能制造产业创新的重要模式。生产方式由批量生产向大规模个性化定制转变，个性化将成为智能制造产品的基本属性。互联网思维催生了工业生产和服务领域众包设计、个性化定制等新模式，使得企业生产出来的产品不再大量趋同而是更具个性化。大规模个性化定制将取代传统制造时代的组织原则而成为智能制造时代的产业组织原则。大规模个性化定制具有以下优势。一是解决了传统生产方式中产品多样化、个性化与低成本的矛盾，能够增加有效供给，创造需求；二是减少库存增加产业利润率、提高传统产业生存能力；三是大规模定制能有效克服产业零散性；四是大规模定制可以加快产品开发速度，缩短产品开发周期，使供给跟上或引导需求变化趋势；

五是可以按客户的意见进行产品修正设计，以保证产品能够对"客户的呼声"做出快捷响应，使产品满足顾客各方面的需求，有效开拓市场。

（四）发展现状：目标基本处于概念阶段

从行业趋势来看，智能制造仍处于概念阶段，其落地还有一个漫长的过程。尽管各个层面将智能制造提升到相当高的高度，《中国制造 2025》战略规划把智能制造作为工业化和信息化深度融合的主攻方向，提出要着力发展智能装备和智能产品，推进生产过程智能化，培育新型智能化的生产方式，全面提升企业研发、生产、管理和服务的智能化水平。[①] 未来一段时期，要力求在制造业的自动化、数字化、智能化方面取得突破，争取到 2025 年前，中国要进入制造强国的第二方阵，完成数字化和自动化的转型升级。但从欧美发达国家的情况来看，其实现路径、技术标准和产业培育还处在探索阶段，能否形成有效供给，创造新的需求，需要时间来证明，也需要技术不断创新和完善，需要用户层面的不断磨合。华制智能研究认为，实现智能制造需要跨越五个阶段，如图 9-7 所示。同时，华制智能预测整个智能制造过程的实现，需要 30～50 年时间，未来十年将会有 1000 多家"工业 4.0"公司在全球资本市场上市。[②]

未来一段时间，我国智能制造产业发展机遇和挑战并存。从机遇来看，近年来我国智能制造发展也取得一些成效，以高档数控机床、工业机器人、智能仪器仪表为代表的关键技术装备取得积极进展；智能制造装备和先进工艺在重点行业不断普及，离散型行业制造装备的数字化、网络化、智能化步伐加快，在典型行

---

① 摘自 2015 年 5 月 8 日国务院印发的《中国制造 2025》。

② 来源于华制智能制造技术有限公司夏妍娜董事长在全国"装备制造＋互联网"创新型产业集群工作现场会上的"全球视野下的工业 4.0 与中国制造 2025"主题报告，2015 年 12 月 4 日，福建泉州。

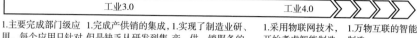

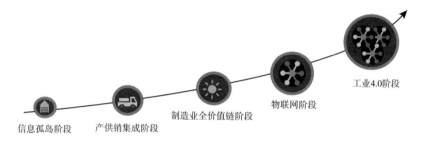

工业3.0			工业4.0	
1.主要完成部门级应用，每个应用只针对单一部门的功能 2.信息不集成，孤岛现象突出	1.完成产供销的集成，但是缺乏从研发到售后的全价值链的贯通 2.有些做到了业务财务一体化，但大部分财务系统还没有集成 3.系统对业务的支持较弱	1.实现了制造业研产、供、销服务的全价值链 2.业务财务实现一体化 3.系统分析有了很大提高，能够提供支持	1.采用物联网技术，开始考虑智能制造 2.不仅有人机交互，还有大量机器与机器的数据交互 3.大数据将解决预测性问题	1.万物互联的智能制造 2.人人交互，人机交互，机器与机器交互 3.实时的大数据预测 4.智能化制造

信息孤岛阶段　　产供销集成阶段　　制造业全价值链阶段　　物联网阶段　　工业4.0阶段

图9-7　实现智能制造需要跨越五个阶段

资料来源：作者绘制。

业不断探索、逐步形成了一些可复制推广的智能制造新模式，为深入推进智能制造奠定了一定的基础。从挑战来看，我国制造业尚处于机械化、电气化、自动化、数字化并存的阶段，不同地区、不同行业、不同企业发展不平衡。发展智能制造面临着关键共性技术和核心装备受制于人、智能制造标准/软件/网络/信息安全基础薄弱、智能制造新模式成熟度不高、系统整体解决方案供给能力不足、缺乏国际性的行业巨头企业和跨界融合的智能制造人才等突出问题。相对工业发达国家而言，推动我国制造业智能转型，环境更为复杂，形势更为严峻，任务更加艰巨。

二　升级逻辑

智能制造代表了新一轮科技革命和产业变革下的产业发展前沿方向，是一项需要多方面力量长期共同努力的复杂系统工程。目前我们的工业化处于后进赶超阶段，制造业向中高端升级的制约因素非常多，制造过程和制造产品的智能化，与人力资本、需求结构、工艺进步以及产业环境等有很大关系。

1. 政府强有力的推动，智能制造上升为抢占新一轮产业竞争制高点的国家战略

从全球趋势来看，发展以智能制造为主体的先进制造业成为各国竞争博弈、引领产业升级、全球经济再平衡的主战场。国际金融危机以来，许多国家加快调整经济发展战略，积极寻求经济发展的新动力和新引擎，纷纷提出制造业国家战略。如美国的国家制造业创新网络（NNMI）、德国的"工业4.0计划"、法国的新工业战略、日本的"机器人2050"新战略等。这些国家把目光聚焦到信息通信、新材料、生物、先进制造业等战略性技术和新兴产业上，围绕基于信息物理系统的智能装备、智能工厂等智能制造领域，展开充分竞争博弈，试图把制造优势转化成国家竞争优势，重振实体经济，引领和主导全球产业升级。

面对各国的战略举措和全球制造业竞争格局的重大调整，我国也先后出台了一系列的政策文件，充分发挥政府在规划布局、政策引导等方面的积极作用，营造智能制造市场公平竞争的发展环境，如表9-2所示。2015年5月8日，我国出台了《中国制造2025》，着眼建设制造强国，明确提出把智能制造作为两化深度融合的主攻方向，推广"智能制造"，做大"互联网+"模式，大体分"三步走"、用3个10年左右的时间，实现从"制造"向"智造"转变，抢占新一轮产业竞争制高点，最终跻身世界制造强国行列。2016年12月8日，工信部和财政部联合发布《智能制造发展规划（2016～2020年）》，提出2025年前推进智能制造发展实施"两步走"战略：第一步，到2020年智能制造发展基础和支撑能力明显增强，传统制造业重点领域基本实现数字化制造，有条件、有基础的重点产业智能转型取得明显进展；第二步，到2025年智能制造支撑体系基本建立，重点产业初步实现智能转型。

表 9 - 2　近年来国家促进智能制造产业发展的有关政策

发布时间	发布部门	文件名称
2012 年 3 月 27 日	科技部	《智能制造科技发展"十二五"专项规划》
2015 年 5 月 3 日	工业和信息化部	《2015 年智能制造试点示范专项行动实施方案》
2015 年 5 月 8 日	国务院	《中国制造 2025》
2016 年 3 月 21 日	工信部、国家发改委、财政部	《机器人产业发展规划（2016～2020 年）》
2016 年 5 月 13 日	国务院	《关于深化制造业与互联网融合发展的指导意见》
2016 年 8 月 4 日	工业和信息化部	《智能制造工程实施方案（2016～2020 年）》
2016 年 9 月 19 日	工信部、国家发改委	《智能硬件产业创新发展专项行动（2016～2018 年）》
2016 年 11 月 29 日	国务院	《"十三五"国家战略性新兴产业发展规划》
2016 年 12 月 8 日	工信部、财政部	《智能制造发展规划（2016～2020 年）》
2016 年 12 月 16 日	工业和信息化部办公厅、国家发展改革委办公厅、国家认监委办公室	《关于促进机器人产业健康发展的通知》
2017 年 7 月 8 日	国务院	《新一代人工智能发展规划》
2017 年 8 月 23 日	工业和信息化部办公厅	《组织实施 2017 年智能制造综合标准化与新模式应用项目》
2017 年 9 月 5 日	全国工业过程测量控制和自动化标准化技术委员会	智能制造基础核心国标《OPC 统一架构》

资料来源：作者整理。

2. 需求侧牵引，庞大的用户群和人口消费基数激发智能制造内生动力

市场需求是智能制造发展的根本动力。定制化、个性化、多层次的需求不断升级，要求现代制造业必须有最短的交货期、最优的产品品质、最低的产品价格和最好的服务。智能制造迎合了由物质型向服务型转变的消费形态，加快由规模化战略、成本导向战略向质量战略、综合性的制造服务战略转变。

中国市场的特色在于庞大的用户群和人口消费基数，这也是

智能制造可以实现弯道超车的机会。当前，中国正加速进入工业化中后期，面临着各产业部门新的装备需求、普通民众新的消费需求、社会治理服务新的能力需求、国际竞争和国防建设新的安全需求等。在生产装备技术水平、消费品品质提升、公共设施设备供给、重大技术装备等各方面，一个有 13 多亿人口、加速工业化的中国，存在一个需求不断升级的庞大市场。首先，国内各行业的巨大市场，将为企业新技术的孕育提供所必需的空间。其次，需求差异化将提供多样化使用场景，可用于试验不同的技术产品和升级路径。最后，由于市场需求差异大，技术创新和扩散在行业都要经历一个过程，企业将面对接力式的需求浪潮。因此，庞大市场中不同发展阶段的企业对生产装备自动化、信息化和智能化的各类需求，将长时间同时并存。从这个意义上说，全球没有任何一个其他市场，可以孕育如此多样性、成规模的创新需求。

中国市场蕴含的巨大消费潜力，传统制造业智能转型的迫切需求，由需求引导消费的定制化的供需模式提升了生产方的效率和效益，引导了消费与生产的双升级，不仅成为经济增长的突出优势，而且成为智能制造业转型升级的强大动力。围绕对消费者需求的响应程度，智能制造不断进行模式创新演进，一方面缩短对需求的响应时间；另一方面更加满足消费者个性化需求，适应服务型制造模式的新趋势，以"产品＋服务"的形式为客户提供全面解决方案。

3. 进口替代优势明显，某些行业领域智能化、网络化升级空间较大

我国工业化历史经验表明，进口替代战略对于倒逼我国制造业的转型升级、加快推进工业化发展进程起到了重要作用。经济新常态下，制造业加快由大到强的转变，要继续实施新进口替代战略，进口替代应该提升发展到"高精尖优产品替代"

的新阶段，就是要倒逼制造业从"低小散弱"努力提升到"高精尖优"，在自身生产能力、技术水平、装备层次等方面抢占全球制高点。未来智能制造产业的转型升级，必须主动挑战自我，逐步减少对高精尖优产品大量依赖进口的尴尬局面，用我们自己制造的具有高技术含量、高附加值、精细化加工、精密性装配、尖端创意功能的产品，来开拓国际国内新市场，利用国际国内新资源。

虽然从整体来看，目前中国智能制造产业市场表现出强烈的外强内弱特征，但某些行业领域核心技术不断突破和规模效应日益提升，与国际的差距逐步缩小，进口替代空间大。如智能机床、工业机器人、3D打印机、智能仪表以及相关的零部件等智能制造装备，由于装备的种类多、复杂程度迥异、单体价值量高，进口替代优势明显，是当前市场发力突破的重点方向。

同时，近年来，我国以高档数控机床、工业机器人、智能仪器仪表为代表的关键技术装备取得积极进展；智能制造装备和先进工艺在重点行业不断普及，离散型行业制造装备的数字化、网络化、智能化步伐加快，流程型行业过程控制和制造执行系统全面普及，关键工艺流程数控化率大大提高；在典型行业不断探索、逐步形成了一些可复制推广的智能制造新模式，奠定了进口替代的技术基础和条件。以机器人行业为例，国产机器人企业近几年来发展迅速，以新时达和埃斯顿为代表的国产机器人企业收入规模迅速扩大，某些产品也在逐步赶超国外企业，走出国门。自主品牌的发展和实力的壮大也将加快进口替代，真正实现国内机器人产业链的上下游协同发展。

4. 产业环境约束强化，节能环保引领智能制造纵深变革

全球各国纷纷向绿色经济转型，绿色、环保成为生产方式的主要发展方向。如，韩国绿色增长战略提出要以"绿色技术和清洁能源创造新的增长动力和就业机会"的发展新模式，实现从高

能耗的制造型经济向服务型经济转变。日本《21世纪环境立国战略》的主要目标是要建立一个"低碳化社会""循环型社会"和"与自然共生的社会"，并形成能够向世界传播的"日本模式"。欧盟2020战略提出的三大增长战略为智能型增长、可持续增长和包容性增长。

智能制造典型的商业价值是在能效和资源节约上得到大幅提升。随着中国着力改善人们生活质量，工业与家庭将面临能效转型，向绿色化发展。从传统制造业来看，能源使用效率不高、污染严重一直是制约我国工业化发展的突出瓶颈，据统计，我国单位GDP能耗是世界水平的2.6倍，是日本的4倍。通过智能制造技术的应用和智能产品的开发，可以实现更加节能、绿色生产、节排减污，提高能效管理水平，同时数字化技术的应用也有利于终端产品能效指标的改善，产品智能化、低耗能、绿色化成为趋势。另一方面，智能制造革新了生产模式，通过按需定制、大规模柔性生产，也使得降低库存、减少残次品、降低材料成本等成为可能，有助于社会资源的更高效利用。反映在经济活动中，智能制造带来了产品的绿色、生产的清洁、库存的节省、成本的下降、性能的可靠等。对于经济社会发展，智能制造能够产生提升能效的社会价值，加快新旧经济交替、新旧动能转换。

三　升级空间和升级路径

智能制造产业的发展离不开我国经济发展所处的阶段，传统产业仍是国民经济的主体。智能制造的应用和实践，不能脱离经济新常态，离不开工业化所处中后期的大背景。在材料、技术、成本等因素的制约下，其落地过程注定不会一帆风顺。

1. 侧重以协同创新或技术引进来探索行业高端、以积木式创新集成来构筑先发优势

当前中国智能制造产业尚处于初级发展期，整个行业基础创

新不强，原创性技术的创新能力比较弱，发展智能制造面临关键共性技术和核心装备受制于人，制造能力强、研发能力弱，缺创新、少设计，数字化水平不高的困境，这是当前我国智能制造产业所处的基本水平。譬如，高端数控机床作为工业"母机"，低端产品过剩、高端产品 95% 依赖进口。再如，我国缺"核"少"芯"的问题长期存在，近八成的芯片依赖进口，高端芯片进口率超过九成，芯片也超过石油成为国内第一进口大户。在国际企业巨头长期积累形成的高端制造优势下，如果主要通过企业自身力量来开展原始创新，加强源头供给，在基础技术创新层面进行超越非常困难。这种状况折射出未来我国智能产业的发展，应该重点选择协同创新和技术引进的升级逻辑。一方面，要通过积木式创新模式，加强创新的协同性、拼插性，打通技术、组织、商业、资本之间的分割与壁垒。创新载体要从单个企业向跨领域多主体协同创新网络转变，创新流程从线性链式向协同并行转变，创新模式由单一技术创新向技术创新与商业模式创新相结合转变。通过整合行业创新资源，增强产学研合作，释放帕累托最优效应，提升产业创新能力，促进产业迈向中高端水平。另一方面，对于那些基本能力远远没有"跟上"国际前沿技术而处于"追随"阶段的行业领域，应该走技术引进的创新路子，沿着"终端需求诱导—引进国外技术（代工）—形成比较竞争优势—加强本土市场技术创新—拓展区域价值链"这条路径来发展。同时，产业创新要逐步开始摆脱外来因素的影响，加快向依靠自身力量的创新模式转变，加强关键领域核心技术攻克，实现蛙跳型科技创新路径。如高铁、机械制造、通信设备等高技术产业，在技术创新的市场开拓方面已逐步摆脱了对外来因素的依赖，形成自己的竞争优势。

2. 深挖智能新技术新产品新发明产业化价值

现阶段我国的智能制造产业技术水平和原始基础创新能力相

对较低，智能制造标准/软件/网络/信息安全基础薄弱、智能制造新模式推广尚未起步、智能化集成应用缓慢等问题突出，从纯技术的路径来实现升级非常困难。那么，目前较为现实的机会体现在应用市场，据中投顾问统计，仅16%的企业进入智能制造应用阶段，未来商业化应用存在巨大发展空间和机会。根据约瑟夫·熊彼特的创新理论，只有成功实现了商业化的发明，才可以被称为创新，某一产业只有经过了创新蜕变过程才能算是实现了转型升级。因此，针对特定智能制造行业应用的解决方案以及部分新技术在核心部件的应用，相对而言商业逻辑较为清晰。对当今全球涌现的新技术新发明实施首次产业化和商业化的创新，通过观察新兴产业关键装备、智能机器人、3D打印等核心技术领先者的研发路径，以低成本优势甄别产业内的新技术新发明，率先实施商业化应用和推广，力争率先突破，赢得主动。坚持走"商业化—应用—研发"的升级发展模式，可以说是未来国内智能制造产业升级发展的主流。

3. 需求拉动与市场规模迭加提供产业利润和带动企业运营升级

智能制造产业是推动我国产业迈向中高端水平和保持经济中高速增长的重要引擎。智能制造内在表现为多种学科交叉、多种技术融合、多种工艺复合、多种材料混用、多种资源整合、多种人才聚集，外在表现为更新速度加快、研发周期缩短、定制生产普遍、模式创新活跃。在这一趋势的推动下，中国现有工业体系会逐步瓦解、重构，新的制造模式、组织方式、产业形态会大量涌现。从新旧经济交替来看，智能制造是新经济中的新动能，是集成了技术创新、模式创新和组织方式创新的生态系统，其背后体现了巨大的市场需求，既有传统产业智能化改造升级的庞大市场，也有庞大的用户群和人口消费革命升级所激发出的智能产品、智能服务需求。所以，智能制造产业具有显著的需求拉动效应，以市场为基础的需求拉动型升级路径非常清晰。智能制造产业就要走"依托本土市场发展壮大—推进进口替代—获取产品建构优势—加强国内外市场技术创新—构建国内价值链"这条路径，如表 9 - 3 所示。充分发挥我国智能制造市场需求规模的基础性作用，把规模效应与边界效应结合在一起，培育多维市场需求，逐渐建立起我国智能制造产业发展的后发优势，突破智能制造产业在导入期产业化上的规模经济门槛。目前，中国大市场效应并不明显。打破门槛，在内融合、对外拓展是抢占全球智能制造产业制高点必不可少的工作。

表 9 - 3 智能制造产业价值链提升路径

项目	工艺流程升级	产品升级	功能升级	链条升级
发展轨迹	↓			
实证	委托组装（OEA） 委托加工（OEM）→	自主设计与加工 （ODM）→	自主品牌生产 （OBM）→	链条转换，如从 球拍到赛艇
非经济性程度	不断提升			

资料来源：张辉：《全球价值链下地方产业集群转型和升级》，2006，第 143～145 页。

4. 以并购整合推动智能制造产业转型实现资本积累和要素密集度的提升

智能制造产业具有单个产品价值高、资金需求量大等特征。可以预见，未来几年中国智能制造领域将产生大量并购和整合[1]，在这一进程中，产业集中、结构优化、规模经济和范围经济的效率提升等产业效应日益彰显。可以说，整个产业的发展和升级必将需要大量的资金支持。约瑟夫·熊彼特曾经指出，创新只有在

---

[1] 事实上，在政策推动下，中国制造业已经通过资本市场上的并购整合迈开了转型升级的步伐。《证券时报》统计显示，2016 年中国制造业领域的并购事件高达 2249 次，同比增长 34%，在各行业并购总量中占比 39%，在全部 19 大行业中位居第一。

未来取得商业成功后才有回报，引导生产要素向企业集中，就必须借助金融手段。所以，没有一个与智能制造创新相匹配的金融体系，智能制造产业发展将无从谈起。中投顾问的调查显示，目前90%的中小企业智能制造实现程度较低的原因在于智能化升级成本抑制了企业需求，其中缺乏融资渠道是主要原因。因此，突出资本的支持作用是智能制造未来发展的着力点。充分借力资本市场，通过海外收购和重组，培育打造世界知名品牌，将国内资本市场的优势转化为智能制造产业方面的竞争优势，以资本驱动产业，以产业支撑资本，实现产业和资本的协同发展。

四　未来发展重点

智能制造产业的发展既包括智能新兴产业的培育和壮大，也包括传统产业的智能化升级改造，将存在广阔的市场空间和发展潜力。近期，我国智能制造发展主要从以下四个方面进行发力。一是从单机自动化加快向智能化工厂转变，提升某一领域产业效率和竞争力；二是加快工业消费和工业制造模式的转变，从卖产品卖硬件向卖功能和使用价值转变，基于客户的个性化需求，实现高效快速生产；① 三是发展系统集成商（智能工厂总包商）创新制造模式，提供合理解决方案，实现制造业升级；四是在智能装备制造领域，扶持本土品牌，发展数控系统、数字化车间（工厂）、传感器、制造物联设备、工业机器人等关键硬件，提高智能装备和设施水平，促进软硬件融合，如图9-8所示。智能制造重点产业的升级空间和发展机会，主要体现在以下几个方面。

---

① 摘自海南博鳌亚洲论坛年会，2016年3月24日。

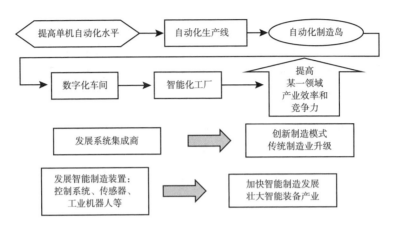

图 9 - 8 推进智能制造的着力点

资料来源：东方证券研究所：《工业 4.0：智能互联，国家战略》，2016 年
11 月 26 日。

第二节 机器人：智能化和服务化的升级主线

当前，随着我国劳动力成本快速上涨，人口红利逐渐消失，
生产方式向柔性、智能、精细转变，构建以智能制造为根本特征
的新型制造体系迫在眉睫，对工业机器人的需求将呈现大幅增长。
与此同时，老龄化社会服务、医疗康复、救灾救援、公共安全、
教育娱乐、重大科学研究等领域对服务机器人的需求也呈现出快
速发展的趋势。

一 机器人产业面临的形势

机器人既是先进制造业的关键支撑装备，也是改善人类生活
方式的重要切入点。无论是在制造环境下应用的工业机器人，还
是服务机器人，其研发及产业化应用是衡量一个国家科技创新、
高端制造发展水平的重要标志。大力发展机器人产业，是打造中

国制造新优势、推动工业转型升级、加快制造强国建设和改善人民生活水平的重要举措。

1. 全球市场复苏的动力来源于再工业化战略

2008 年全球金融危机之后，各国经济持续低迷，曾经的投资热点消失。全球各国重振制造业，加快再工业化进程，机器人作为智能制造的关键装备，成为各国角逐工业化的行业亮点。一方面，相对于劳动力成本的大幅上涨，工业机器人及辅助设备价格持续降低，科技进步之下智能化水平大幅跃升，在替代人工方面具备了明显优势；另一方面，机器人与新能源、新一代信息技术等新兴技术的深入融合，随着新一轮科技和产业革命的不断演进，正在成为推动新工业革命的主导力量。

"机器人将会再现计算机产业的崛起之路，成为继汽车、计算机之后最有潜力的新型高技术产业，在不远的未来彻底改变人类的生产和生活方式。"有关专家甚至预言，人类正由 IT 时代向 RT 时代迈进。机器人技术将嵌入各个应用领域，成为人类社会的基础性技术。

机器人产业由此成为世界各国产业融合角逐的焦点。欧美等发达国家纷纷出台以加强科技创新和发展先进制造业为核心的"再工业化"战略，试图掌控新一轮技术创新主导权，重获制造业优势地位。美国提出通过发展人工智能、工业机器人和数字化制造，提高劳动生产率，谋求制造业回归。欧盟提出"新工业革命"理念，培育机器人、数字技术、先进材料、可循环能源等新兴产业，大力推广新的生产方式。日本提出通过加快发展协同式机器人、无人化工厂提升制造业国际竞争力。韩国先后出台《智能机器人基本计划》《服务型机器人发展战略》，全力提升机器人产业竞争力。法国采取由政府组织机器人基础技术研究，由工业界支持应用和开发方式，建立机器人领域完整的科技体系。德国政府颁布"改善劳动条件计划"，规定对一些有毒、有害的工作岗位，必须以机器人代替普通人劳动。

　　中国的机器人产业被纳入国家战略级产业，国家出台了《中国制造 2025》《智能制造科技发展"十二五"专项规划》和《服务机器人科技发展"十二五"专项规划》等政策，明确提出，我国将攻克一批智能化高端装备，发展和培育一批高技术产值超过 10 亿元的核心企业；同时，将重点培育发展服务机器人新兴产业，重点发展公共安全机器人、医疗康复机器人、仿生机器人平台和模块化核心部件等四大任务。在政策的扶持下，以机器人为核心的智能装备制造行业将迎来良好的发展机遇。

　　2. 工业机器人：销量稳步增长，亚洲市场依然最具潜力

　　目前，工业机器人在汽车、金属制品、电子、橡胶及塑料等行业已经得到了广泛的应用。2012 年以来，随着性能的不断提升以及各种应用场景的不断明晰，工业机器人的市场规模正以年均 15.2% 的速度快速增长。2016 年全球工业机器人销售额突破 132 亿美元，其中亚洲销售额 76 亿美元，欧洲销售额 26.4 亿美元，北美地区销售额 17.9 亿美元。中国、韩国、日本、美国和德国等主要国家销售额总计占到了全球销量的 3/4，这些国家对工业自动化改造的需求激活了工业机器人市场，也使全球工业机器人使用密度大幅提升，目前在全球制造业领域，工业机器人使用密度已经超过了 70 台/万人。2017 年，工业机器人将进一步普及，销售额有望突破 147 亿美元，其中亚洲仍将是最大的销售市场。

　　3. 服务机器人：人工智能兴起，行业迎来高速发展新机遇

　　随着信息技术快速发展和互联网快速普及，以 2006 年深度学习模型的提出为标志，人工智能迎来第三次高速发展。与此同时，依托人工智能技术，智能公共服务机器人应用场景和服务模式正不断拓展，带动服务机器人市场规模高速增长。2017 年，全球服务机器人市场预计达 29 亿美元，2020 年将快速增长至 69 亿美元，2016~2020 年的平均增速高达 27.9%。2017 年，全球医疗服务机器人、家用服务机器人和专用服务机器人市场规模预计分别为

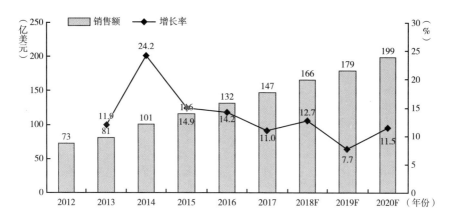

图 9 - 9　2012～2020 年全球工业机器人销售额及增长率

资料来源：IFR。

16.2 亿美元、7.8 亿美元和 5 亿美元，其中医疗服务机器人市场规模占比最高达 55.9%，高于家用服务机器人 29 个百分点，其中智能服务机器人的比例快速提升。

目前，全球服务机器人市场发展呈现三大趋势[①]：一是家庭化趋势。一方面信息高速发展和生活、工作节奏的加快，需要人们从繁杂的家庭劳动中解脱出来；另一方面随着老龄化越来越严重，更多的老人需要照顾，社会保障和服务的需求也更加紧迫，例如家庭护理机器人、玩具机器人、安控机器人、清洁机器人都将是最为需要的。在国外一些机器人已经实验性地进入了医院、家庭，从事部分辅助服务工作。可以预计，服务机器人将大量进入家庭，引发服务机器人家庭化的浪潮。二是智能化趋势。虽然服务机器人设计的应用不同，但大体可以分为三类：（1）为了适应制造业之外的应用对传统机器人进行改进，这种方法日益被机器人系统集成商追捧并用于开拓新市场。比如，加油机器人、自动化的仓

---

① 《2018 年中国服务机器人市场规模及未来发展趋势预测分析》，东方财富网，2017 年 12 月 7 日。

库储存或医疗机器人，其系统是由工业机器人的技术演变而来的。
（2）服务机器人，如清洁、监视机器人通常都是现有专用机器改
进而来。这里机器生产厂商利用先进的机器人技术改进这些产品，
得到高产出的自动化系统。（3）设计师专门设计的市场需求量大
的机器人。无论哪一种类别，都指向一个共同的技术发展方
向——智能化。三是模块化趋势。在世界范围内，服务机器人的
标准化和模块化还处在一种不完善状况。因而，建立服务机器人
标准是发展服务机器人亟待解决的课题。在技术上，机器人的软
件是专用而复杂的，由于缺乏统一的标准和平台，机器人每个制
造商都有自己的体系结构，相关应用厂商无力开发大量不同应用
软件，无法进入机器人市场。所以应该加快开展体系结构、中间
件与模块化技术攻关和应用示范，加大扶持以中间件与模块化技
术为核心的软件与功能构件产业化发展。

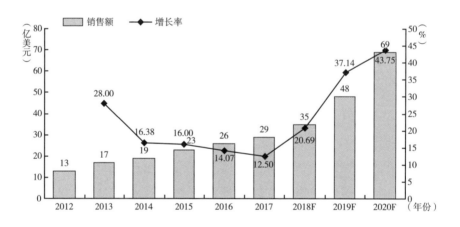

图 9 - 10　2012 ~ 2020 年全球服务机器人销售额及增长率

资料来源：IFR。

4. 特种机器人：新兴应用持续涌现，各国政府相继展开战略
布局

近年来，全球特种机器人整机性能持续提升，不断催生新兴

市场，引起各国政府高度关注。2017 年，全球特种机器人市场规模达 56 亿美元；至 2020 年，预计全球特种机器人市场规模将达 77 亿美元，2016～2020 年的年均增速为 12%，如图 9－11 所示。其中，美国、日本和欧盟在特种机器人创新和市场推广方面全球领先。美国提出"机器人发展路线图"，计划将特种机器人列为未来 15 年重点发展方向。日本提出"机器人革命"战略，涵盖特种机器人、新世纪工业机器人和服务机器人三个主要方向，计划至 2020 年实现市场规模翻番，扩大至 12 万亿日元，其中特种机器人将是增速最快的领域。欧盟启动全球最大民用机器人研发项目，计划到 2020 年投入 28 亿欧元，开发包括特种机器人在内的机器人产品并迅速推向市场。

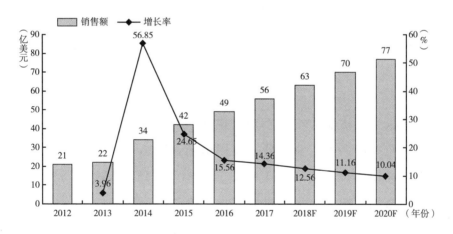

图 9－11　2012～2020 年全球特种机器人销售额及增长率

资料来源：IFR。

二　我国机器人市场规模

2017 年，我国机器人市场规模达到 62.8 亿美元，2012～2017 年的平均增长率达到 28%。其中，工业机器人 42.2 亿美元，服务机器人 13.2 亿美元，特种机器人 7.4 亿美元。如图 9－12 所示。

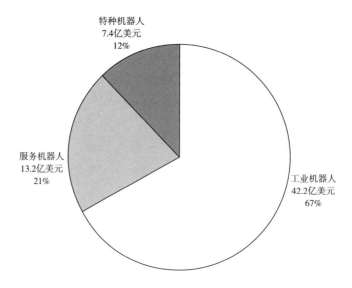

图 9 – 12 2017 年我国机器人市场结构

资料来源：IFR，中国电子学会整理。

1. 工业机器人：市场高速增长，搬运型、关节型机器人占比较高

我国工业机器人市场发展较快，约占全球市场份额的三分之一，是全球第一大工业机器人应用市场。2016 年，我国工业机器人保持高速增长，销量同比增长 31.3%。按照应用类型分，2016 年国内市场的搬运上下料机器人占比最高，达 61%，其次是装配机器人，占比 15%，高于焊接机器人 6 个百分点。按产品类型来看，2016 年关节型机器人销量占比超 60%，是国内市场最主要的产品类型；其次是直角坐标型机器人和 SCARA 机器人，且近年来两者销量占比幅度在逐渐扩大，上升幅度高于其他类型机器人产品。当前，我国生产制造智能化改造升级的需求日益凸显，工业机器人的市场需求依然旺盛，预计 2017 年我国工业机器人销量将首次超过 11 万台，市场规模达到 42.2 亿美元。到 2020 年，国内市场规模有望进一步扩大到 58.9 亿美元，如图 9 – 13 所示。

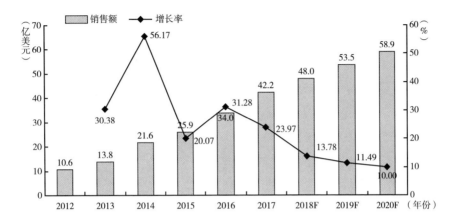

图 9 - 13　2012 ~ 2020 年我国工业机器人销售额及增长率

资料来源：IFR，中国电子学会整理。

2. 服务机器人：需求潜力巨大，家用市场引领行业快速发展

我国服务机器人的市场规模快速扩大，成为机器人市场应用中颇具亮点的领域。截至 2016 年底，我国 60 岁以上人口已达 2.3 亿人，占总人口的 16.7%。随着人口老龄化趋势加快以及医疗、教育需求的持续旺盛，我国服务机器人存在巨大市场潜力和发展空间。2016 年，我国服务机器人市场规模达到 10.3 亿美元，预计 2017 年我国服务机器人市场规模将达到 13.2 亿美元，同比增长约 28%，高于全球服务机器人市场年均增速。其中，我国家用服务机器人、医疗服务机器人和公共服务机器人市场规模分别为 5.3 亿美元、4.1 亿美元和 3.8 亿美元，家用服务机器人市场增速相对领先。到 2020 年，随着停车机器人、超市机器人等新兴应用场景机器人的快速发展，我国服务机器人市场规模有望突破 29 亿美元，如图 9 - 14 所示。

3. 特种机器人：应用场景范围扩展，市场进入蓄势待发的重要时期

当前，我国特种机器人市场保持较快发展，各种类型产品不

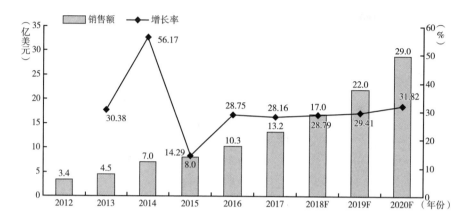

图9-14 2012~2020年我国服务机器人销售额及增长率

资料来源：IFR，中国电子学会整理。

断出现，在应对地震、洪涝灾害和极端天气以及矿难、火灾、安防等公共安全事件中，特种机器人有着突出的作用。2016年，我国特种机器人市场规模达到6.3亿美元，增速达到16.7%，略高于全球特种机器人增速。其中，军事应用机器人、极限作业机器人和应急救援机器人市场规模分别为4.8亿美元、1.1亿美元和0.4亿美元，其中极限作业机器人是增速最快的领域。2017年，预计我国特种机器人市场规模为7.4亿美元。随着我国企业对安全生产意识的进一步提升，将逐步使用特种机器人在高危场所和复杂环境中进行作业。到2020年，特种机器人的国内市场需求有望达到12.4亿美元，如图9-15所示。

三　竞争格局

韩国是世界上机器人密度最高的国家，2013年其机器人密度①高达437台/万名工人。世界平均机器人密度为62台/万名

---

① 机器人密度是指每万名产业工人对应的机器人保有量。

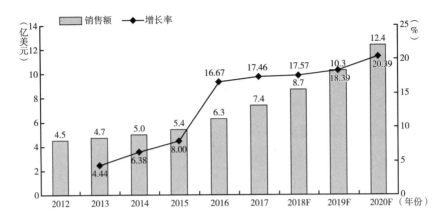

图 9 - 15　2012 ~ 2020 年我国特种机器人销售额及增长率

资料来源：IFR，中国电子学会整理。

工人，而中国的机器人密度仅为 30 台/万名工人。[①] 2016 年我国工业机器人总销售量达到 8.9 万台。其中，国产工业机器人累计销售 2.9 万台，工业机器人安装量达到 8.5 万台，超过全球新增工业机器人数量的 30%。2017 年我国工业机器人销售量有望突破 10 万台，累计保有量将达到 45 万台，将超越德国、韩国、美国和日本。本土工业机器人市场占有率由 2015 年的不足 5% 增至 30% 左右，潜在市场需求价值大约为 5000 亿元。预计到 2020 年，中国高端工业机器人在本土市场占有率将达到 50% 以上。[②]

　　根据《中国制造 2025》的规划，2020 年、2025 年和 2030 年工业机器人销量的目标，分别是 15 万台、26 万台和 40 万台，增长前景诱人。预计未来 10 年中国机器人市场将达 6000 亿元。

　　从市场格局来看，无论是机器人本体还是核心零部件，目前

① 贺亮华：《智能制造行业投资逻辑》，2015 年 10 月。
② 2017 年 7 月 5 日的 "2017 中国国际机器人产业发展高峰论坛"。

全球机器人市场的竞争格局都呈现由日本和欧洲少数龙头企业垄断控制的局面。国内机器人企业以系统集成商为主，主要在进入门槛较低的零部件生产和系统集成（特别是电子元器件）领域抢夺机会，实现集成突围。

四　未来升级逻辑

中国 20～39 岁的主要劳动力比例从 2012 年开始就迅速降低，而 60 岁以上的人口比例则一直上升。也就是说，随着中国社会的老龄化，人口红利正在消失，社会劳动力逐步减少。同时，制造业就业人员人均年工资也在不断增加，每年的增幅依然维持在 10% 以上，在制造业整体低迷的情况下，机器换人呼之欲出。

生产周期缩短。在一些产业中，更高的营业额和更多的客观化要求缩短了产品的生产周期。这在未来的制造业中将会越来越常见，并扮演越来越重要的角色，使用柔性的机器人而不是定制的模型将是适应这一新趋势的关键。

实践证明，机器人可以在危险的环境或者在大量重复单调及由此对身体产生伤害的岗位中代替人力。人类社会的发展，一直在朝着创造更好的工作环境和通过自动化来提高产量的方向前进。

政策方面。李克强总理在政府工作报告中明确提出，实施《中国制造2025》，坚持创新驱动、智能转型、强化基础、绿色发展，加快从制造大国转向制造强国。规划的核心是促进工业化和信息化深度融合，开发利用网络化、数字化、智能化等技术，着力在一些关键领域抢占先机、取得突破，以加快制造业转型升级。规划中首次提出制定"互联网＋"行动计划，首次出现"工业互联网"概念，推动移动互联网、云计算、大数据、物联网等技术与现代制造业结合。规划的切入点就是抓住智能制造抢占新一轮产业革命中的制高点。2016 年 4 月，工信部、国家发改委、财政部等三部委联合印发了《机器人产业发展规划（2016～2020年）》，提出了产业发展五年总体目标、五项主要任务以及六项政策措施，大力发展机器人高精密关键零部件，直指我国工业机器人产业发展的薄弱环节，也就是我国在工业机器人产业自主化之路上最大的"绊脚石"。

机器人应用正在扩展到越来越多的行业，包括 3D 打印、农业、装配、建筑、电子、物流和仓储、生产制造、医药、采矿以及运输等很多行业。让机器人得以快速推广的原因之一是，在某个行业中的机器人设计革新以及终端执行器方面的应用经验，能够很容易被其他行业采用。

五　产业价值链变化走向

1. 工业机器人：用户企业向上游延伸，投资与研发双轮驱动

产业链下游机器人用户企业向自供机器人转型。由于采购规模增长和企业转型需求，产业链下游重点领域的龙头企业开始加快研发和自供机器人。例如，美的集团继收购德国库卡公司后，与以色列运动控制系统解决方案提供商 Servotronix 达成战略合作，倚天科技收购控股昆山依莱伯瑞机器人有限公司，东旭新能源收购上海安轩自动化科技有限公司，华昌达收购江西昌兴航空装备股份有限公司和景德镇兴航科技开发有限公司等。

投资并购与自主研发双轮驱动。当前，传统制造企业在提高企业自动化、智能化水平的过程中，已形成以资本为纽带快速布局和以创新为核心自主研发两种模式。例如，美的集团通过收购库卡公司迅速布局机器人领域的中游总装环节，并积累下游应用经验，建立起明显的竞争优势。与此同时，格力集团将机器人定位为未来转型的重要方向，已在工业机器人、智能

AGV、注塑机械手等 10 多个领域进行投入，并投资建设了集团智能机器人武汉生产基地，2017 年计划生产 2500 台智能机器人。

2. 服务机器人：吸引资本市场高度关注，企业加速推出革新产品

创新企业成为投资机构关注的焦点。服务机器人产业的竞合格局尚未稳定成型，面临良好市场发展契机。具有高频需求的智能服务机器人成为主要投资方向，投资较为活跃。例如，云端智能机器人运营公司达闼科技获得 1 亿美元 A 轮投资，机器人智能物流解决方案提供商极智嘉获得华平投资集团 6000 万美元 B 轮投资，机器人定位导航解决方案提供商思岚科技获得国科瑞华领投的近 2000 万美元 B 轮投资。

智能服务机器人成为新兴增长点。近年来，人工智能技术的发展和突破使服务机器人的使用体验进一步提升，语音交互、人脸识别、自动定位导航等人工智能技术与传统产品的融合不断深化，创新型产品不断推出，如灵隆科技、阿里巴巴相继推出智能音箱，酷哇机器人发布智能行李箱，小 i 机器人打造智能交互机器人等。目前，智能服务机器人正快速向家庭、社区等场景渗透，为服务机器人产业的发展注入了新的活力。

3. 特种机器人：多领域实现行业领先，龙头企业着手布局无人机生态系统

以自主研发为核心实现多点突破。近年来，我国机器人企业及研究院所不断加大对特种机器人的研发力度，并以水下机器人、反恐排爆机器人、矿山机器人等为切入点，研制出一批掌握自主知识产权的新型产品，达到国际领先水平。例如，浙江大学研发的高性能软体仿生机器鱼突破性地实现了快速机动和长时续航，最大运动速度达到 6m/s，续航时间突破 3 小时。

通过打造无人机生态系统拓展市场布局。近年来，我国涌现

出大疆、极飞、亿航、昊翔等优秀无人机企业，无人机应用在农业、物流、测绘等垂直行业快速铺开，龙头企业已着手打造无人机生态系统，拓展市场布局。例如，三一集团与博瑞空间宣布将开展全球第二代智能无人机研发计划合作，布局无人机生态圈服务系统。我国无人机领军企业大疆以无人机基金 SkyFund 为依托，发布了具有二次开发模块、面向工业环境的全新经纬 M200 系列无人机，以拓展大疆无人机在海事、渔业、林业、测绘等领域的应用。

六　产业升级空间

当前，全球机器人市场规模持续扩大，工业、特种机器人市场增速稳定，服务机器人增速突出。技术创新围绕仿生结构、人工智能和人机协作不断深入，产品在教育陪护、医疗康复、危险环境等领域的应用持续拓展，企业前瞻布局和投资并购异常活跃，全球机器人产业正迎来新一轮增长。

1. 我国机器人下游需求较大。需求领域大致可分为 C 端和 B 端。C 端目前以个人情感陪伴、残障辅助、家庭作业、教育类为主，需求培育还有待时间。B 端实际需求更多，如酒店服务、医院服务、安防服务等，借助销售模式创新，将很快看到需求爆发。

2. 汽车工业仍为工业机器人主要用户。现阶段汽车工业制造厂商仍然是工业机器人的最大用户，未来工业机器人主要需求也仍在汽车工业。因此，工业机器人未来发展空间巨大。

3. 双臂协力型机器人是工业机器人市场新亮点。人力成本持续增长，包括组装代工大厂与中小企业等的人力成本负担相对沉重，加上人口老龄化严重、国家劳动人力短缺，使得双臂协力型机器人成为降低人事成本、提高生产效率与补足劳力缺口的解决方案。

4. 服务机器人市场的成长动能十分可期。服务机器人方面，现阶段以扫地机器人、娱乐机器人及医疗看护机器人等支撑整体市场[①]。预计 2017 年我国扫地机器人市场规模将超过 50 亿元，2020 年将超过 100 亿元，智能扫地机器人未来的市场空间巨大，将会呈现大幅度增长态势。[②] 人工智能进步使服务机器人具备与人类沟通互动功能，促使生活陪伴型服务机器人成为市场新生力军。此外，部分国家地区农业人口老龄化日益严重，因此也会带动农业机器人的需求增长。

七　行业景气

伴随劳动力的结构性短缺以及劳动力成本的急剧上升，我国人口红利时代即将结束，产业转型升级的迫切需求，使国内机器人产业迎来了发展的春天。中国机器人密度明显低于德国、日本等发达国家，中国机器人市场的需求与供给存在庞大的缺口，未来市场空间巨大，这将为我国集中资源、发展国产机器人产业提供强劲动力，参见表 9 - 4。

目前全球机器人产业格局还没有形成。相对来说，在知识积累和产业应用方面，中国企业有很多优势和机会。未来有望成功的机器人公司或是以下类型：（1）"独到需求 + 成熟商业模式"型，能融合市场、渠道、销售和独到的需求爆发点；（2）技术领先型，拥有硬件优势、软件思维及大数据能力的机器人公司。但在硬件和软件上有纯粹技术领先优势的企业不多，第一种类型更适合市场。

---

① 扫地机器人（又称"机器人吸尘器"或"地板清洁类机器人"）是目前家务机器人中的主导品类，根据 IFR 的数据，2013 年家务机器人销量中约 96% 以上为扫地机器人。

② 中商产业研究院，2017 年 11 月 7 日。

表 9-4　机器人产业景气度评级

分析指标	活跃度	描述性说明
产业周期	★★★★★	目前我国机器人产业正在快速发展中,处于快速成长期
商业模式	★★★	我国机器人市场由外企主导,自主品牌的本体和关键零部件产品依赖国外进口
政策力度	★★★★★	2012 年以来一系列扶持政策密集出台,形成了完整的政策体系。机器人产业在我国已经上升为国家战略
增长前景	★★★★★	机器人产业在我国已经上升为国家战略,市场发展前景明朗
市场空间	★★★★★	预计未来 10 年中国机器人市场将达 6000 亿元
行业壁垒	★★★	机器人产业有较高的资金、技术门槛
投资热度	★★★★★	机器人产业链较长,每一环节市场投资火热
综合景气度	★★★★★	机器人应用正在扩展到越来越多的行业,景气度正不断升温

注:★★★★★是最好的级别描述,代表情况最好;★越少代表处境越差。下同。
资料来源:建投研究院。

第三节　民用无人机:降成本、重实用成为行业发展重要特征

2016 年 12 月 19 日颁发的《"十三五"国家战略性新兴产业发展规划》,首次将无人机产业提升到国家战略层面。民用无人机产业作为新兴产业有着长远的发展空间。

一　民用无人机产业面临的形势

无人机产业是一个新兴的高科技产业,从研发、制造到使用、管理及服务涉及诸多领域。其产业链上游主要是新型材料、电子云器件、软件设计等,产业链下游除了军用这个主要市场外,还涉及科学研究、农业、电力、运输、气象等诸多行业。本节主要研究民用无人机。总体而言,全球民用无人机主要集中在科学研究和政府相关部门内,产业链下游尚未完全形成规模化且长期稳

定的商业客户群体。产业发展基本处于起步阶段，相比军用无人机，技术相对低、数量相对少。但世界各国都已意识到无人机在军用和民用领域所具备的巨大应用潜力和广阔应用前景，对无人机产业发展给予广泛重视和大力扶持。

无人机产业增长最快的是商用和消费无人机。根据英国智库国际战略研究所的预测，未来 10 年，全球对军用无人机的需求会在目前基础上增加 3 倍，逐步形成的全球民用无人机市场也将取得快速发展。据美国蒂尔集团的预测，全球无人机的市场规模将由 2015 年的 64 亿美元增至 2024 年的 115 亿美元，累计市场总规模超过 891 亿美元。其中到 2024 年，全球民用无人机的市场份额将增加至 12%，达到 16 亿美元。欧美、日本等国家或地区都将无人机作为发展重点，在研发方面给予充分支持，形成雄厚的研发实力，期望在未来一段时期内较好地保持无人机产业的良好发展势头。

二　我国民用无人机市场规模

我国民用无人机市场不断升温，已经有三十多年的发展历史。无人机经历了从军用到民用的发展阶段，形成了军工集团下属单位和科研院所、民营企业为主要市场参与者的新兴市场。总结起来，我国无人机发展分为三个阶段，即起步阶段（军用为主）、小批量发展阶段（部分企业进行探索）和加快发展阶段（大量企业进入市场，军工巨头开始涉足）。

1. 消费级无人机市场现已进入红海阶段。随着无人机产业链配套逐渐成熟、硬件成本不断下降和市场价格降低，无人机市场关注度持续攀升，消费级无人机的客户群体从小众拓展至大众，客户规模呈现指数级增长。近年来爆发式增长的无人机产业点燃了创业企业及互联网巨头的热情，红杉资本、红点资本等全球顶级风投机构进入消费级无人机市场，高通、通用、英特尔、谷歌、腾讯、小米等企业巨头纷纷加入，甚至宗申动力、山东矿机等传统制造企业也蜂拥而至，还有很多尚未出名的小团队也在开发消费级无人机，大量低成本同质化无人机的不断进入让市场竞争更加焦灼，整个市场呈现出一片火热的状态。迄今为止，在注册名称中直接含有无人机字样的中国公司，已有474家，近三年内成立的有439家，占比93%。但整体来看，国内无人机产业的整体水平仍然参差不齐，产业市场目前已经呈现出拥挤态势，参见表9-5。无人机行业很快将迎来洗牌整合，资本正从跟风式的概念投资转向理性的价值导向的投资，并开始关注和最新人工智能产品以及无人机软件服务相关的其他领域。

表 9-5　我国主要民用无人机厂商

应用领域	主要参与者	进入时间
航拍及娱乐	大疆创新（占70%左右）等消费级厂商	2006 年
农林植保	大疆创新	2015 年底
	全丰航空	2013 年左右
	无锡汉和	2012 年之前
	极飞科技	2015 年
	北方天途	2013 年初
电力巡检	易瓦特	2010 年
	臻迪科技	2012 年
警用执法	一电科技	2012 年
	易瓦特	2013 年
	鹰眼科技	2011 年
禁毒侦查	观典防务	2008 年

资料来源：中国民航资源网。

2. 工业级无人机市场处于蓝海时代。与消费级无人机市场不同，工业级无人机市场由于主要侧重飞机的技术性能和行业应用，在实际运用中需要与行业客户进行反复沟通和不断改进方案，因此具有很强的客户黏性和壁垒。工业级无人机在行业应用的深度和广度是技术与经验长期积累的结果，在各行业不同细分领域具有极大的商业价值，可以深入应用于农林植保、电力巡线、石油管道巡检、国土测绘、海洋监测、气象探测、人工降雨、航空遥感、抢险救灾、环保监测、森林防火、警用巡逻、交通监控、物流快递、医疗救护、地质勘探、海洋遥感、新闻报道、野生动物保护等诸多行业场景。我国工业无人机制造应用尚处在起步和示范阶段，总体技术还比较落后，只在为数不多的领域得到较好的发展，在更多工业应用领域依旧处于不断探索阶段，还没有形成规模化的市场，整体处于爆发前的积累阶段。随着无人机技术的不断发展和商业应用的不断成熟，每个行业应用领域的潜在需求市场空间极大，无人机在工业领域的普遍应用将具有更大的商业价值和市场规模。

3. 军民结合、军用无人机与民用无人机各占半壁江山

我国在无人机研究和应用实践中一直坚持军民两用的原则，先后开发出一大批不同用途的无人机产品，较好地满足了战场侦查、区域监视、毁伤评估、电子对抗等军事需求。此外，我国一直积极开展民用无人机研制开发，研制出的民用无人机可广泛用于防灾减灾、搜索营救、资源探测、森林防火、气象探测、环境保护等领域。近年来，我国已经展示了几十种无人机类型，无人机发展呈现出种类繁多、用途多样、军民各占半壁江山的特点。

三 行业竞争格局

1. 美国等发达国家占据着世界无人机发展的制高点。从专利优先权国家的专利统计看，美国、日本、中国处于前三位。美国在无人机专利技术领域优势明显，欧洲、日本也形成了一定的专利优势，中国作为无人机领域的新生力量，专利申请量上升趋势明显，参见图9-16。

我国无人机技术在国际上处于第二梯队，尚处在追赶世界

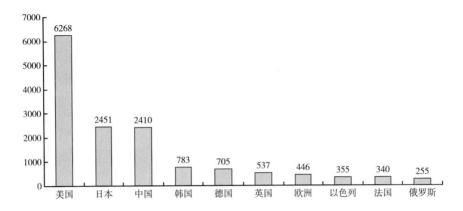

图 9 - 16　全球专利优先权国家专利数量排名

资料来源：《全球无人机产业态势与技术发展现状》，中国安防展览网，2017 年 9 月 23 日。

一流水平的发展过程中。尤其与美国、以色列等无人机发展先进国家相比，仅相当于其 20 世纪 90 年代的技术水平。我国无人机产品制造基本处于单品或小批量的生产状态，产品的性价比偏低。

2. 在小型无人机领域中国企业慢慢开始主导

尽管国际巨头纷纷布局无人机行业，但是在民用小型无人机这一快速成长的市场，国内企业无论在技术还是销量上，都已经占据了绝对的主导地位。以大疆创新、零度智控、亿航科技、臻迪智能为代表的国内小型无人机企业飞速发展，规模远超国外企业。其中大疆创新占据了全球民用小型无人机 50% 以上的市场份额，处于世界领先水平，在 FFA 批准的首批商业应用无人机生产厂家中，大疆创新以 70% 的市场占有率领先。在该领域的突破主要依赖我国在民用小型无人机硬件上的成本优势和技术上的先发优势，借助于国内完善的电子元器件供应链，国内无人机企业能够以较低的成本生产和销售产品。国内企业如大疆创新、零度智控等大都发源于高校及军事院所，在技术上有较多的储备，加上国内企业相关软件和算法技术的储备，获得了先发优势，在技术上领先国外企业。

四　未来升级逻辑

综合分析，我国无人机产业将受军事需求、经济需求与技术进步等多重因素驱动，未来将迎来快速发展。

1. 技术壁垒降低。民用无人机得益于我国军用无人机技术转民用（尤其是无人机航空发动机的民用化），降低了技术壁垒。

2. 硬件成本下降。随着移动终端的兴起，芯片、电池、惯性传感器、通信芯片等产业链迅速成熟，成本曲线下降，使无人机核心硬件的小型化、低功耗需求得到满足，参见表9－6。

表9－6　无人机产业链上的主要硬件及其发展

芯片	目前一个高性能 FPGA 芯片就可以在无人机上实现双 CPU 的功能，以满足导航传感器的信息融合，实现无人飞行器的最优控制
惯性传感器	伴随着应用加速计、陀螺仪、地磁传感器等设备广泛应用，MEMS 惯性传感器从 2011 年开始大规模兴起，6 轴、9 轴的惯性传感器也逐渐取代了单个传感器，成本和功耗进一步降低，成本仅为几美元。另外 GPS 芯片仅重 0.3 克，价格不到 5 美元
Wifi 等无线通信	Wifi 等通信芯片用于控制和传输图像信息，通信传输速度和质量已经可以充分满足几百米的传输需求
电池	电池能量密度不断增加，使得无人机在保持较轻的重量下，续航时间能有 25～30 分钟，达到可以满足一些基本应用的程度，此外，太阳能电池技术使得高海拔无人机可持续飞行一周甚至更长时间
相机等	近年来移动终端同样促进了锂电池、高像素摄像头性能的有效提升和成本下降

资料来源：《2016 年中国无人机行业研究报告》。

3. 需求将爆发。无人机民用领域广泛，其潜在市场需求不亚于军用无人机，民用消费级无人机市场尚处于成长期，民用专业级无人机处于需求爆发前期，未来民用无人机市场将迎来井喷时期，参见图9－17。

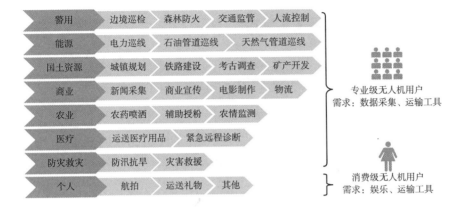

图 9 - 17　民用无人机应用需求

资料来源：《2016 中国无人机行业研究对比报告》，全球无人机网。

4. 政策管制逐步放开。当前我国低空领域改革已经进入深化阶段，政策限制逐步放开，将推动我国无人机的推广应用，参见表 9 - 7。

表 9 - 7　无人机相关政策

时间	颁发机构	相关政策
2009.6	民用航空局	《关于民用无人机管理有关问题的暂行规定》要求民用无人机申请人办理临时国籍登记证和 I 类特许飞行证；并要求结合实际机型特点，按照现行有效的规章和程序的适用部分对民用无人机进行评审
		《民用无人机空中交通管理办法》对民用无人机飞行活动进行了管理，规范了空中交通管理的办法，保证民用航空活动的安全，制定了民用无人机空中交通管理的有关规定
2012.1	民用航空局	《民用无人机适航管理工作会议纪要》明确单机检查时以 AP - 21 - AA - 2008 - 05 程序为基础，制定具体检查单和检测方法；以具体使用环境下能安全飞行为标准，以确定使用限制为重点，颁发 I 类特许飞行证
2013.11	民用航空局	《民用无人驾驶航空器系统驾驶员管理暂行规定》明确重量小于等于 7 公斤的微型无人机，飞行范围在目视视距内半径 500 米、相对高度低于 120 米范围内，无须证照管理，但应尽可能避免遥控飞机进入过高空域
2014.11	国务院、中央军委空中管制委员会	召开全国低空空域管理改革工作会议。我国正在沈阳、广州飞行管制区，海南岛，长春、广州、唐山、西安、青岛、杭州、宁波、昆明、重庆飞行管制分区进行 1000 米以下的空域管理改革试点，力争 2015 年在全国推广

资料来源：民用航空局等相关政府网站。

五 产业价值链变化走向

与传统制造业相比，产品售后、飞手培训等服务是民用无人机行业产业链上的重要环节；专业级无人机与消费级无人机的渠道、服务具有差异性，专业级依赖厂家直营渠道、提供数据采集服务，消费级依赖线上渠道；固定翼无人机、无人直升机市场尚未形成完善的产业链，难以实现规模效应。

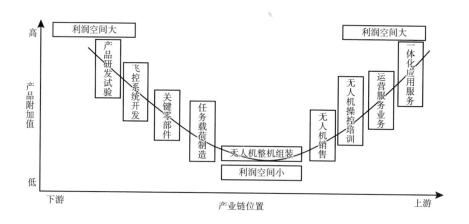

图 9 - 18　无人机产业链"微笑曲线"

资料来源：中商产业研究院研究报告。

图 9 - 18 显示，上游的无人机研发试验、飞控系统开发、发动机等关键零部件制造，以及下游的无人机一体化应用服务、运营服务、操控培训等环节的利润空间较大；关键零部件制造中，军用无人机的通信系统、传感器以及机体结构等的利润空间同样非常大，但在民用领域的产品中，由于技术要求不高，因此会在降低成本的考虑下压缩产品的利润空间。任务载荷具有很强的专业性，根据不同的用途，其在无人机中的价值占比差别很大。

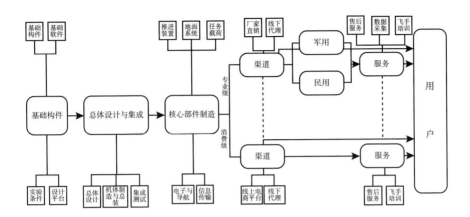

图 9 - 19　民用无人机产业链

资料来源：中商产业研究院研究报告。

六　产业升级空间

相对载人飞机和直升机而言，在拍摄、数据收集等商业应用中，无人机具备安全性高、成本低、体型小等多个相对优势，目前民用无人机已经在一些行业投入了商业应用。未来产业的突破点将体现在以下几个方面。

1. 农业、空中监测、研究等领域的推广应用

民用无人机虽然应用广泛，但不同领域的推广应用难度存在差异，以当前的技术水平及市场环境来看，相对其他领域而言，无人机在农业、空中监测、研究等领域的应用可行性更高。

2. 大数据手段所带来的服务化发展

目前无人机并非完全的智能化，大数据服务代表未来趋势，但依赖与行业的发展程度。从市场规模角度看，警用无人机、农业植保无人机、测绘与巡线无人机由于是刚性需求，政策障碍小，技术相对成熟，未来 3～5 年内具有较大升级空间。

3. 下游整机厂商呈现差异化、专业化发展

无人机将成为行业用户的重要工具，但是行业用户需要预估

无人机对现有业务流程的冲击，重新思考并积极部署业务流程重组，以实现削减成本、降低安全风险、增强竞争力、提高生产力的目标。不同应用领域对无人机技术、企业资质等方面的要求存在差异，尤其是在民用专业级领域，下游整机厂商应该追求差异化、专业化的竞争。

七 行业景气

随着军民融合国家战略的深入推进，无人机技术将不断趋于成熟，再加上民用无人机的技术门槛有所降低，因此未来无人机用途将会越来越广泛，未来市场主要集中于农林保植、影视航拍、电力巡视等领域。鉴于国内民用无人机政策的规范和低空空域改革的深化，我国民用无人机市场将呈现爆发式增长。不同应用领域对无人机技术、企业资质等方面的要求存在差异，尤其是在民用专业级领域，下游整机厂商应该追求差异化、专业化的竞争。同时，无人机将成为行业用户的重要工具，但是行业用户需要预估无人机对现有业务流程的冲击，重新思考并积极部署业务流程重组，以实现削减成本、降低安全风险、增强竞争力、提高生产力的目标，参见表9-8。

表9-8 民用无人机产业景气度评级

分析指标	活跃度	描述性说明
产业周期	★★★★	整个民用无人机产业成熟度较低,消费级尚处于成长期,专业级则仍处于导入阶段
商业模式	★★★	当前盈利模式主要以产品销售收入为主,未来有望朝着服务盈利和数据盈利方向发展
政策力度	★★★★	政策正逐渐放开低空飞行的管制,但行业监管及标准缺乏
增长前景	★★★★	无人机应用领域广阔,民用消费级市场还有很大增长空间,专业级也基本上处于空白状态
市场空间	★★★	预计到2018年,市场规模将达到110.9亿元。由于行业发展尚不成熟,盈利模式比较单一,当前盈利水平比较低。但行业盈利水平有很大的提升空间

分析指标	活跃度	描述性说明
行业壁垒	★★★	无人机生产具有较高的技术门槛和政策门槛
投资热度	★★★★★	目前消费级无人机市场的爆发吸引了众多资本涌入其中
综合景气度	★★★★	无人机市场处于爆发前夕,市场前景广阔

资料来源:建投研究院。

同时也要看到,目前国内民用无人机市场正处在一个被媒体和资本高估的阶段,投资风险较高。尽管民用无人机前景看好,但目前才刚刚起跑,鲜有以民用无人机为主营业务的上市公司。新进入的民用无人机企业在选择好细分领域的同时,必须要考虑好盈利模式。

第四节 3D 打印:工业领域的应用成为发展的主战场

3D 打印(增材制造)是以数字模型为基础,将材料逐层堆积制造出实体物品的新兴制造技术,体现了信息网络技术与先进材料技术、数字制造技术的密切结合,是先进制造业的重要组成部分。目前,增材制造技术已经从研发转向产业化应用,其与信息网络技术的深度融合,或将给传统制造业带来变革性影响。

一 3D 打印产业面临的形势

3D 打印是朝阳产业,目前全球 3D 打印产业处于成长早期阶段,市场呈几何级增长态势,具有巨大的市场潜力。市场研究公司 Gartner 发表报告预测称,到 2018 年全球 3D 打印市场规模将增长至 134 亿美元。3D 打印技术向制造商提供了通过创新提高竞争力的能力以及把产品开发转化成核心优势的机遇。Gartner 预测,在 2012~2018 年,全球 3D 打印机出货量年均复合增长率为

106.6%，预计 2020 年市场规模将突破 210 亿美元。

3D 打印行业虽然近几年保持较高增速，当前阶段的 3D 打印技术特别是应用于消费级 3D 打印的技术，仍处于初级阶段，工业级 3D 打印距离颠覆传统制造业还有很远的距离要走，目前也仅仅局限在航空航天、汽车、电子配件等有限的领域内小批量使用。2013 年 3D 打印行业产值为 30 亿美元，仅占机床、注塑、模具制造等传统行业总产值的 2%，仍是一个小行业。中国 3D 打印市场目前尚处于起步阶段，2014 年市场规模在 40 亿元左右，预计在 2017 年将突破百亿元，巨大的市场潜力有待挖掘。3D 打印作为工业制造的补充，已经在产品技术、模具制造、医学、航天等领域得到应用。但由于中国人口红利的减退，经济下滑压力尚存，国家大力推动制造业升级，《中国制造 2025》将 3D 打印列为智能制造发展方向之一重点扶持，未来产业发展潜力巨大。随着技术体系的完善、应用领域的拓展以及产业链的完善和延伸，全球 3D 打印市场将进入爆发式增长阶段。预计未来 2~3 年内，我国将超越美国成为全球最大的 3D 打印市场。

随着 3D 打印市场规模的不断扩大，全球 3D 打印行业将面临更激烈的竞争。上游打印材料生产、政府政策和资金支持、工业化的材料供应、3D 打印核心技术研发成为众多企业的竞争重点。同时，民用领域、模具设计以及军工领域有望成为 3D 打印厂商的重点竞争领域。医疗领域也是 3D 打印非常有前途的应用领域，生物医学行业领域想象空间大，以医疗模型、组织工程和细胞打印为主的 3D 打印医学应用将引领下一轮 3D 打印热潮。3D 打印将在个人级应用、工业级应用、技术发展和商业模式等方面迎来变革。

二　竞争格局

3D 打印是新兴技术，尚处在发育期，没有形成成熟和规模化

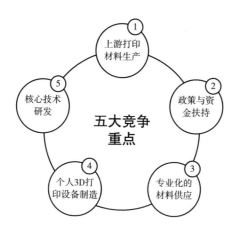

图 9-20　3D 打印的五大竞争点

资料来源：艾媒咨询。

的产业应用。市场被少数行业巨头垄断，美、日、德是工业级 3D 打印前三的国家，最为著名的是 3D Systems 和 Stratasys 公司。

依据其业务领域，3D 打印行业分为三类，即设备制造商、材料提供商和打印服务商。在设备制造领域，3D Systems 和 Stratasys 通过大量收购已然成为两大寡头。Stratasys 通过并购以色列 Object 公司，收购美国 MakerBot 公司，分别获得 Polyjet Matrix 技术和桌面级产品技术；而 3D Systems 近年来的多次收购，将公司打造成了涵盖全产业的 3D 打印专业化公司。

除了以上两家寡头之外，独立的 3D 运营商还包括美国的 ExOne 公司，瑞典的 Arcam 公司，以色列的 Solido 公司，德国的 EnvisionTEC 公司，德国的 EOS 公司，比利时的 Materialise 公司等，如表 9-9 所示。

从市场分布看，美国、日本和德国是工业级 3D 打印的三大销售市场；从厂商销售额看，美国占据绝对优势。中国工业级 3D 打印在全球产销市场占比较低，工业级 3D 打印设备的进口占比较大，在全球市场中仍缺乏竞争力。

表 9-9　全球主要 3D 打印企业

公司名称	国家	股票代码	分类	简介
3D Systems	美国	DDD. N	全产业链	SLA 技术发明者,亚太地区业绩增长迅速;创造产品模型的同时也有直接数字生产部分;近年来进行了 30 多项收购活动,公司将覆盖增材制造的全产业链
Stratasys	美国	SSYS. O	设备制造商	全球最大 3D 打印机制造商,1992 年即售出第一台 3D 打印机;目前拥有技术专利超过 500 项,全球 8000 多家客户;4 亿美元收购 Makerbot,近年来相关营收稳步增长
ExOne	美国	XONE. O	材料提供商、设备制造商	专注于与工业客户携手,致力于从传统制造向增材制造的转变;目前在美国、德国和日本设有 7 个产品服务中心
Arcam	瑞典	ARCM. ST	全产业链	唯一使用电子光束溶解法(EBM)技术的增材制造公司;主体目标是为市场提供 EBM 的完整产业链,系统服务和金属粉末销售是公司业务的关键
Solido	以色列	—	设备制造商	模型制造领域的领先企业;其研发的全球首款"台式"3D 立体打印机,开创了 3D 打印领域的新纪元
Envision Tech	德国	—	设备制造商、打印服务商	快速成型和快速制造设备的世界性领导品牌;利用选择性光学控制成型技术的 DLP 快速成型系统,这是当今世界最可靠、最受欢迎的快速成型系统
EOS	德国	—	设备制造商、打印服务商	选择性激光烧结 SLS 技术 3D 打印全球领导厂商;专注于航空航天、医疗和汽车行业高端精密零部件的制造;客户涵盖众多航空、汽车业巨头
Materialise	比利时	2014 年 4 月筹划上市,瑞信主承销	打印服务商	专注于数据向增材制造机械的转变和发展,其开发的 Magics 能够将 CAD 数据向 STL 模型进行转变

资料来源：海通证券。

三　未来升级逻辑

　　中国 3D 打印在国家政策、经济发展、社会环境以及技术因素四方面均有较突出的发展优势，随着《中国制造 2025》纲领性文件的出台,作为"工业4.0"下的智能化分支,3D打印有望成为一大风口。从政策层面看,工信部颁布《国家增材制造产业发展推进计划(2015~2016年)》将3D打印上升为国家战略,国家政策持续加码,产业扶持政策将迎来爆发期。从技术因素看,核心基础技术的突破加速中国3D打印行业的扩张,行业将进入百家争鸣时代,北航、华中科技大学、西安交大和清华大学四大研发中心正在推进产业和科研的有机结合。从经济转型因素看,中国中游制造业在经济中占比较高,来自发达国家的"再工业化"和其他发展中国家的低成本优势,迫使中国亟需加快发展3D打印,重建中国工业新优势。

1. 政策驱动。国家鼓励"大众创业,万众创新",为3D打印的发展提供沃土;2015年,工业和信息化部、国家发展改革委、财政部研究制定了《国家增材制造产业发展推进计划(2015~2016年)》。"工业4.0"背景下,国家出台《中国制造2025》,3D打印作为智能制造的分支,受到政策重视。

2. 经济环境驱动。当前我国整体经济存在下行压力,传统制造业亟待转型升级;中国作为传统制造业大国,在发达国家"再工业化,制造业回流"以及发展中国家低成本优势显现的大背景下,加快发展3D打印是我国由制造大国迈向制造强国的有效途径之一。

3. 技术环境驱动。国外3D打印相关技术专利陆续到期(FDM-2009年到期,SLA-2014年到期,DLP-2015年到期),为我国发展3D打印提供一定的技术便利;目前传统制造方式已不能很好地满足人们在生产和生活方面日益增长的需求,3D打印是一个很好的补充。此外,产学研结合更加紧密,许多工科类高校的研究成果加快商业化应用,转化为产业价值。

4. 社会文化环境驱动。我国老龄化问题日益凸显,人口红利渐渐消失,劳动力成本上升,亟需新型生产方式提高生产效率和效益，这为 3D 打印的发展提供了动力；我国消费者个性化需求增多，3D 打印契合这样的趋势。

四 产业价值链变化走向

3D 打印通常是采用数字材料打印机来实现的。数字材料打印机常在模具制造、工业设计等领域被用于制造模型，后逐渐用于一些产品的直接制造，已经有使用这种技术打印而成的零部件。该技术在珠宝、鞋类、工业设计、建筑、工程和施工（AEC）、汽车、航空航天、牙科和医疗产业、教育、地理信息系统、土木工程、枪支以及其他领域都有所应用。完整的 3D 打印产业链[①]应该包括以下环节。上游涵盖扫描设备、逆向工程软件、在线社区、CAD 软件、数据修复和材料，解决 3D 打印的数据和材料来源；中游以设备企业为主，大多都提供材料和打印服务业务，在整个产业链中占据主导地位；打印服务是行业发展到一定阶段才出现的商业模式，该环节介于中游和下游之间，负责衔接 3D 打印与下游行业应用，参见图 9 - 21。从专业级别划分来看，企业大多数集中在工业级领域。

1. 产业的上游和下游发展空间相对较大

国内 3D 打印应用仍主要停留在科研阶段，并未实现在工业及个人消费领域大规模推广。产业链上游的精密机械、信息技术、数控技术、材料科学和激光技术的核心技术大多掌握在外国大公司手中。我国业内企业规模普遍较小，具有高校背景的 3D 打印企业大都专注于产业链的中游，从行业容量来看，未来 3D 打印行业上游材料和下游服务的空间较大，而中游 3D 打印机的空间相对较小。

2. 工业级 3D 打印应用是主要发展方向

大规模工业级应用逐渐成为未来全球 3D 打印市场的主要发展

---

① 中国增材制造产业协会：《3D 打印产业发展现状》，2017 年 5 月 3 日。

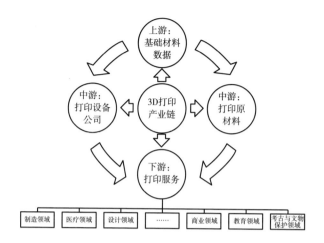

图 9 - 21　3D 打印产业链图谱

资料来源：wind 咨询。

方向。2014 年，工业级应用在全球 3D 打印机的应用领域分布中占比达 20.2%。随着工业级设备的专利到期，新进入厂商将会增加，工业级 3D 打印机的价格将会进一步下降，预计未来大规模工业级应用将迎来爆发式增长。

3. 个人级 3D 打印应用具有较强的发展潜力

个性化定制、家庭化以及娱乐化正成为全球个人级 3D 打印的发展潮流。个人级 3D 打印的目标市场主要包括家庭、学校以及部分办公场所。用户群体主要包括"创客"、艺术品设计从业者或爱好者等。随着全球个人级 3D 打印市场的个性化定制、家庭化和娱乐化的趋势增强，个人级 3D 打印机将得到快速普及，这将对未来产业产生重要影响，这将为设计行业、工程技术行业和企业管理的理念和模式带来新的思路。个人级 3D 打印符合长尾理论，在教育模具、首饰设计、时尚家具等个性化定制上均有深度涉足。

五　未来产业升级空间

受欧美国家先发优势突出、材料过度依赖进口、产学研结合劣势明显以及发展规划不合理等因素的影响，中国在全球3D打印市场竞争中仍难以与欧美国家抗衡，整体竞争水平相对较低，参见图9-22。行业龙头出现以及应用限制减少成为我国3D打印在全球竞争中的两大发展趋势，参见图9-23。

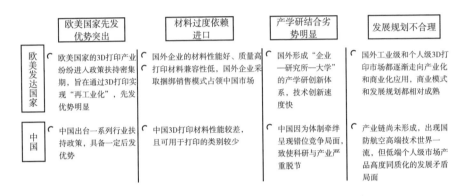

图9-22 中国与发达国家3D打印对比

资料来源：艾媒咨询。

1. 产业集中度将不断提高

在《"十三五"战略性新兴产业发展规划》等国家扶持政策的支持下，国家搭建增材制造工艺技术研发平台，提升工艺技术水平，建立增材制造标准体系，提升软硬件协同创新能力。企业加强技术投入，保障技术领先，同时行业的并购活动增多，行业资源得到优化整合，在航空航天、医疗器械、交通设备、文化创意、个性化制造等领域逐渐催生一批具有国际竞争力的行业龙头企业。

2. 应用门槛降低进一步催生行业应用

在进口替代政策的推动下，材料过度依赖进口的问题得到国内厂商重视，各大厂商都加大材料研制，钛合金、高强合金钢、高温合金、耐高温高强度工程塑料等增材制造专用材料有望实现突破。同时高精尖领域仍通过技术创新保持国际一流水平，相对低端的个人级应用将通过服务平台、云服务等实现低端应用的有效整合。

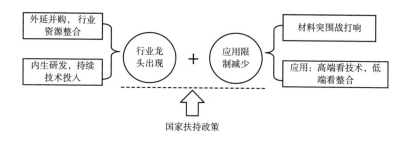

图 9 – 23 中国 3D 打印行业升级趋势

资料来源：艾媒咨询。

3. 工业级 3D 打印有望最先实现突破

相比于个人级 3D 打印，中国工业级 3D 打印受到国家利好政策的刺激作用尤为明显，整个市场有望在供需两端均实现突破，从供给层面看，成熟的科研成果逐渐应用到工业生产中，提升了工业级 3D 打印机的整体性能；部分打印材料得到进一步发展，有望逐步摆脱材料上过度依赖进口的僵局。从需求层面看，中国制造业的转型升级，向智能化方向的产业发展，国家对工业级 3D 打印的重视与支持，使得工业级 3D 打印重要性愈加凸显；近年来，航天航空、军工制造以及机械领域对工业级 3D 打印需求持续提升，随着工业级应用领域的不断拓展，预计未来中国工业级 3D 打印将迎来蓬勃发展期。

4. 生物医学引领下一轮 3D 打印热潮

未来全球 3D 打印市场在行业爆发点、个人级应用、工业级应用、商业模式以及技术发展几大方面都呈现出新的发展趋势。其中，以生物医药为行业爆发点的发展趋势成为市场焦点。

六 行业景气

经过 30 年的发展，3D 打印已经形成了一条完整的产业链。

产业链的每个环节都聚集了一批领先企业。当前 3D 打印的市场认可度快速上升，市场规模加速增长。航天航空领域是金属 3D 打印增长最快的领域。虽然从长期来看，3D 打印市场具有较好的发展前景，但中短期内，3D 打印在大规模生产、行业标准、生产材料以及与利制度四方面仍面临较大的发展问题，参见表 9 - 10。

表 9 - 10　3D 打印产业景气度评级

分析指标	活跃度	描述性说明
产业周期	★★★★★	当前全球 3D 打印市场正处于快速成长的发展阶段
商业模式	★★	市场被少数行业巨头垄断，当前中国 3D 打印产业仍处于探索期，商业模式尚不清晰
政策力度	★★★★★	《中国制造 2025》将 3D 打印列为智能制造发展方向之一重点扶持
增长前景	★★	目前 3D 打印难以实现快速赢利，赢利情况不佳
市场空间	★★★★★	2020 年产业年销售收入超过 200 亿元，年均增速超过 30%
行业壁垒	★★★	进入门槛适中，行业限制减少，人才壁垒较大
投资热度	★★★★	自 3D 打印产业兴起以来，各路资本纷至沓来，积极布局 3D 打印产业链
综合景气度	★★★★	3D 打印作为新一轮工业革命的代表技术，在《中国制造 2025》中占有极其重要的地位，发展前景广阔

资料来源：建投研究院。

第五节　无人驾驶：核心技术突破是重点

无人驾驶行业蓝图已现，其产业链上下游已经出现支撑公司，并在逐渐走向成熟。几十年前还只是科幻题材的无人驾驶概念，正逐渐走入普通人的日常生活。有报道援引德国博世集团董事会主席福尔克马尔·登纳的话说："无人驾驶时代将比预期来得更快。"无人驾驶技术的研发热潮，令相关产业迎来了巨大商机。

一　无人驾驶产业面临的形势

无人驾驶是智能化的终极体现，随着云计算、人工智能、现代传感，信息融合、通信以及自动控制等高新技术的不断进步，无人驾驶未来发展速度将加快，同时人们对无人驾驶的接受和需求度正在逐渐提升。

无人驾驶符合汽车智能化和互联网化的趋势，是互联网浪潮下汽车行业变革的重大机遇，目前世界顶尖互联网公司和汽车厂商，都在积极切入这个领域，以特斯拉为首的一些厂商已经率先将产品进行了落地，也不断有各类企业进入这一领域。

当前国内无人驾驶产业正处于萌芽期，部分细分市场仍为空白。2016 年是无人驾驶投资元年，预计到 2020 年无人驾驶将初步实现商业化，并于 2025 年实现量产，行业将迎来 5～10 年的中长期投资机会。全球无人驾驶汽车到 2025 年将有望产生 2000 亿至1.9 万亿美元的产值。不少国家认识到发展无人驾驶拥有广阔的市场前景，并为无人驾驶开"绿灯"。

二　竞争格局

当前，谷歌、奥迪、百度等厂商在无人驾驶技术方面发展较为成熟，而通用汽车、丰田、本田等著名汽车制造商也在加紧研究，推进无人驾驶技术的快速发展。从目前发展情况看，汽车厂商基本处于自动驾驶 2 级（多种功能自动）[①] 到自动驾驶 3 级（受限自动驾驶）的过渡阶段。预计 2020 年前后有望推出第一批真正意义上的量产自动驾驶汽车产品。未来无人驾驶行业领域的

[①] 关于无人驾驶的阶段划分，目前业界引用最多的是美国公路安全局（NHTSA）对自动驾驶技术的官方界定，分为无自动（0 级）、个别功能自动（1 级）、多种功能自动（2级）、受限自动驾驶（3 级）和完全自动驾驶（4 级）五个级别。

竞争将会集中在技术层面，技术更为成熟的企业将会抢占主要市场份额，无人驾驶行业的竞争则会进一步加剧。

我国汽车厂商多采取与国内科研院所、高校合作研发无人驾驶技术，其中已经开始相关研究工作的企业有一汽、上汽、北汽、奇瑞、长安等。其中，2015 年 7 月，长安汽车发布智能化汽车"654"战略，计划到 2025 年建立起 1500 人的研发队伍，累计投入 130 亿元提升无人驾驶等智能汽车技术水平并掌握全自动驾驶技术。目前我国无人驾驶汽车技术发展仍以汽车厂商为主导，整体上处于自动驾驶 1 级（个别功能自动）到自动驾驶 2 级（多种功能自动）的过渡阶段，发展明显滞后于国外。

三　未来升级逻辑

1. 无人驾驶核心技术的突破。无人驾驶无论在软件还是硬件方面，技术要求都非常高，近年来许多顶尖企业在技术研发上投入了大量精力，核心技术不断获得突破。

2. 成本下滑。成本高是阻碍无人驾驶推广的重要因素。当前百度路测用的 64 线雷达，价格高达 70 万元，但随着技术成熟，关键零部件成本有下探趋势。

3. 政策支持。英国、荷兰、加拿大、瑞士和日本等国家纷纷表示将支持无人驾驶和汽车智能化的发展。截至 2016 年，美国已经有 20 个州启动无人驾驶立法。国内方面，《中国制造 2025》明确提出加快汽车等行业的智能化改造。2016 年 6 月，由工信部批准的国内首个"国家智能网联汽车（上海）试点示范区"（以下简称示范区）在上海嘉定正式投入运营。目前开放的封闭测试区（一期）可以为无人驾驶提供综合性测试场地和功能要求。目前国家正在积极地推动制定无人驾驶相关技术规范。另外，由中国汽车工程学会开展的国家智能网联汽车技术路线图已经基本完成，将在合适的时机对外发布，参见表 9 - 11。

表 9-11　我国相关支持政策

部门	年份	举措
国家自然科学基金委	2008	启动"视听觉信息的认知计算"重大研究计划,项目每年持续推动无人车及其关键技术的研究
国家自然科学基金委	2009	自 2009 年起每年举办"中国智能车未来挑战赛",通过集成创新研发无人驾驶汽车,促进研发交流及产业化应用
工信部、交通运输部等四部门	2010	车载信息服务产业应用联盟(TIAA)成立,旨在推动车载信息服务的创新研究
工信部、财政部	2012	联合发布《2012 年物联网发展至今拟支持项目》,其中 19 项涉及智能交通领域,为无人驾驶汽车提供了良好行驶环境
车载信息服务产业应用联盟	2013	发布《汽车无人驾驶技术体系》等汽车安全技术的征求意见稿,推动汽车信息化与智能化发展
国务院	2015	发布《中国制造 2025》,力求突破发展的汽车行业提出以"智能网联汽车"为四大发展方向之一,智能与节能成为未来 10 年汽车制造突破口

资料来源:《无人驾驶产业格局及技术路线分析》,《搜狐科技》2017 年 3 月 21 日。

四　产业价值链变化走向

在无人驾驶产业链中,ADAS、传感器、高精地图等构成产业链上游,是无人驾驶的核心组成部分,能够完成环境感知、路径规划、辅助驾驶等功能;车载系统,包括前装、后装车载位于产业链中游,是 ADAS 的信息媒介;下游则是营销、销售环节。国内无人驾驶产业仍处于萌芽期,部分细分市场仍为空白。从整车制造视角看,除运动控制系统、辅助驾驶系统 ADAS 和 GPS 等可以沿用传统车辆制造已有的较为成熟的技术以外,其他大部分无人驾驶技术处于起步阶段,需要多主体包括整车厂、零部件供应商、技术提供商等联合研发、生产,涉及的产业链较长,目前大部分关键技术在我国市场均没有成熟产品,参见图 9-24。

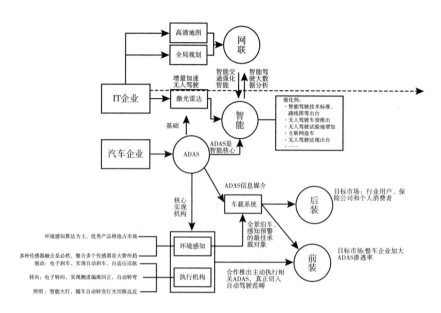

图 9 - 24　无人驾驶产业链

资料来源：中投顾问产业研究中心。

1. 重点突破细分领域的技术

目前大部分无人驾驶技术处于起步阶段，大部分关键技术在我国市场均没有成熟产品。可以针对无人驾驶的细分领域进行突破，比如当前国内一些尚未完全成熟的无人驾驶技术。

2. 部分成熟技术的商业化

对于无人驾驶市场上已经成熟的小部分技术，可以率先实现商业化，如 ADAS（高级驾驶辅助系统），当前 ADAS 市场渗透率较低，行业发展确定性高、市场空间大。通过商业化加快新产品供给，满足迅猛增长的新型消费市场。

3. 通过技术引进或协同创新加快核心关键技术突破

加快关键技术突破，实现进口替代，如传感器、地图导航等作为无人驾驶的核心技术，在我国市场仍没有较为成熟的产品，率先布局实现技术积累或与国际巨头合作的公司将赢得卡位优势。

五　产业升级空间

无论是国外还是国内，综合来看，目前整个无人驾驶产业仍处于萌芽期，技术尚不成熟，商业模式不清晰，无人驾驶的成本相对也较高，而且市场正处于培育阶段，盈利水平并不乐观。汽车产业质变时刻已经到来，无人驾驶正站在浪潮之巅。因此，产业浪潮才刚刚开始，未来无人驾驶产业升级空间巨大。对于无人驾驶商业化普及而言，最关键的因素是性能和价格。整个无人驾驶产业将围绕核心技术突破和成本优势占有进行升级发展。

六　行业景气

无人驾驶是智能化的终极体现，从长期来看，是汽车产业发展的一种趋势。但是，技术是无人驾驶的核心，目前无人驾驶技术发展低于预期。我国无人驾驶汽车技术发展仍以汽车厂商为主导，整体上处于自动驾驶 1 级（个别功能自动）到自动驾驶 2 级（多种功能自动）的过渡阶段，发展明显滞后于国外。同时，消费者对颠覆性技术的接受低于预期，市场推广受阻，参见表 9 - 12。

表 9 - 12　无人驾驶产业景气度评级

分析指标	活跃度	描述性说明
产业周期	★★★	国内无人驾驶产业仍处于萌芽期,部分细分市场尚处空白,大部分关键技术在我国市场没有成熟产品
商业模式	★★★	无人驾驶的兴起时间尚短,企业正在积极探索各自的商业模式
政策力度	★★★	政府对无人驾驶持鼓励态度,出台了一些支持性、促进性政策
增长前景	★★★★	无人驾驶汽车相比于普通汽车优势显著,随着其技术不断提高,安全性能不断提升以及成本不断下降,市场需求量非常可观
市场空间	★★★	由于技术尚不成熟,无人驾驶汽车的成本当前非常高,而且市场正处于培育阶段,盈利水平并不乐观
行业壁垒	★★★	无人驾驶的进入壁垒较高,对资金、技术、人才等方面均有严格要求
投资热度	★★★★★	无人驾驶的投资热度非常高,吸引了众多车企、互联网企业涌入其中
综合景气度	★★★	无人驾驶是汽车发展的最高阶段,拥有巨大发展空间,但当前发展尚未成熟,投资风险相对较高

资料来源：建投研究院。

第六节　虚拟现实：用户体验＋内容创新

　　虚拟现实技术是仿真技术的一个重要方向，是仿真技术与计算机图形学、人机接口技术、多媒体技术、传感技术、网络技术等多种技术的集合，主要包括模拟环境、感知、自然技能和传感设备等方面。虚拟现实技术未来将会发展成为一种改变我们生活方式的新技术。但是从现在来看，开发者为用户提供一个身临其境的游戏或应用体验还存在比较大的技术局限性，而一些问题到现在仍然还没有很好的解决办法。虚拟现实技术想要真正进入消费级市场，还有一段很长的路要走。

一　虚拟现实产业面临的形势

　　经过多年的市场培育、技术积累与人才培养，虚拟现实产业链初具规模，各个环节均有企业布局，产业配套也正在快速跟进，将有力地支持虚拟现实行业进入快车道。在全球互联网入口终端升级浪潮的背景下，现有的智能手机配置已不能完全满足物联网时代连接人与人、人与物和物与物的关系需求，人机交互高智能化升级是大势所趋。VR 在多方面已显示出超越智能手机的潜力，是下一代人机交互平台的强力候选，发展前景广阔。VR 市场的爆发，产业链上的相关行业都将迎来一次历史性的发展机遇，硬件厂商、内容厂商、分发渠道等都将受益。但总体来看，目前全球 VR 产业仍处在初级阶段，国内外 VR 创业公司也需要成长时间和空间，产业价值链建构、VR 技术研发及内容生产等都需要进一步发展壮大。虽然资本市场 VR 投资热潮涌动，但 VR 领域缺乏杀手级应用、内容匮乏、传输困难、产品同质化现象严重，VR 产业的健康发展需要相关龙头企业的带动和引领。

　　2016 年中国虚拟现实（VR）产业风生水起，消费级产品频出，相关产业链各方纷纷发布 VR 发展计划和相关战略。VR 应用内容市场则受到市场广泛关注，VR 游戏、VR 视频发展迅速，"VR 产业元年"拉开帷幕。随着 VR 应用领域扩大，2020 年我国 VR 设备出货量将达 820 万台，市场规模有望突破 150 亿元，参见图 9-25。① 国内涉足虚拟现实的公司在地域分布上，以北京、上海、广州、深圳等大型城市为主。这些大型城市在技术、资金、资源等方面具有先天优势，尤其是具有独特的创业环境，使这些公司在这些一线城市最先发展起来。

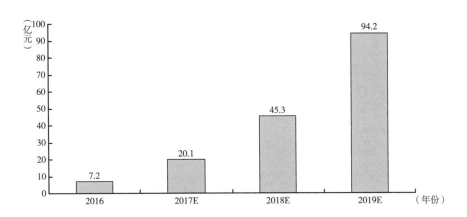

图 9-25　2016~2019 年中国虚拟现实市场规模

资料来源：《中研智库产业研究报告》。

二　竞争格局

　　2016 年被称为"VR 元年"。虚拟现实技术经多年酝酿，在消费市场和资本市场爆发，VR 技术的消费级应用产品频频出现，VR 产业价值受到广泛关注。全球范围内，Google、Facebook、微软、索尼、三星、HTC、腾讯、阿里巴巴等都加入了 VR 产业的市场角逐，参见表 9-13。

────────────

① 中国电子信息产业发展研究院：《电子信息产业研究所研究报告》，2017 年 2 月 3 日。

表 9 – 13　国内外 VR 产业相关情况一览

	互联网公司	
	腾讯：宣布计划推出 VR 头盔、眼镜、一体机	
	百度：公开 VR 计划，推广 VR 内容	
	阿里：成立 VR 实验室，推出 VR 购物	
	360：与暴风魔镜合作"360 奇酷魔镜"，为 OS VR 打造平台	
	暴风科技：推出暴风魔镜、暴风魔眼、魔镜一体机等	
	硬件公司	
国内	乐视：推出乐视 VR 平台和乐视 VR 头盔	
	小米：筹建 VR 实验室，投资乐相科技	
	华为：公布 VR 战略，为 VR 体验提高网速	
	资本	
	华闻传媒：投资乐相科技、3Glasses、华庭数字、上海青颜，形成全产业链	
	歌尔声学：Facebook、Sony 的上游厂商	
	利达光电：与布局了 VR 产业的 Sony、Cannon、Nikon 等日本企业深度合作	
	奥飞娱乐：以并购、入股等方式布局 VR 产业链上多家龙头公司	
国外	Oculus：被 Facebook 以 20 亿美金收购，陆续发布 Oculus Rift 系列 VR 头盔	
	HTC：发布 HTC Vive，包含 Vive、手柄和 light house 等 VR 设备	
	SonY：发布 PlayStation VR 头盔	
	三星：发布三星 Gear VR 系列，是 VR 硬件 OLED 屏幕主要提供方	

资料来源：高红波：《中国虚拟现实产业发展现状、问题与趋势》，《传媒观察》2017 年 2 月。

　　从技术的角度看，在类 Oculus 头盔和硬件游戏研发方面，借助国外开源技术，国内会有较快发展，但进一步提升有赖海外发展。在 VR 眼镜等方面，国内优秀的代工技术和低成本能够带来较好的价格优势。在体感交互等前瞻技术上，国内积累较少，仍处于模仿和追赶阶段。相对国外的 VR 技术而言，国内 VR 技术由于起步较晚，技术发展水平比较低。国外科技巨头对中国市场有很大的野心，国外巨头的涌进或会压制中国企业的发展，参见表 9 – 14。

表 9 - 14　国内外 VR 行业发展对比

维度	国内	国外
厂商	以初创型企业的开发拓展为主,后有大型公司逐渐加入或投资收购	以几大科技巨头企业为主力,小型企业团队多以开发内容为主
成本与价格	成本相对较低,产品定价也比国外产品更便宜	成本较高,产品定价普遍比较贵
产品开发周期	开发周期相对较短,产品同质现象比较严重	开发周期相对较长,产品之间各有所长
产品交互性	交互性能普遍较差,超半数设备不支持外接操作	交互性能相对较好,也有许多团队专门研制交互操作设备
内容平台	产品的内容平台多是官方论坛和普通应用,差异性小,吸引力一般	产品有专门的内容渠道及作品,且针对产品优化,吸引力大
硬件平台	手机端 VR 设备普遍更受欢迎,PC 端设备仅适用于深度用户	手机端、PC 端、主机端
产品适配性	适配设备广泛,对硬件的要求低	适配设备较少,对硬件的要求高

资料来源:中投顾问:《VR 产业研究报告》。

三　未来升级逻辑

从需求侧来看,随着经济发展和居民收入增长,我国居民消费结构不断升级,经济发展使得用户更愿意在内容消费尤其娱乐消费上进行投入,我国正在经历一场消费结构升级"革命"。信息消费迅速崛起,成为推动信息产业尤其是内容服务产业发展的动力。

从市场接受度来看,近几年来,随着消费级产品陆续推出以及随之而来的媒体宣传,消费者对 VR 产业的认知度逐渐提升,扩大了潜在用户群体规模。VR 概念在社会舆论中已经拥有了一定传播力度,但是社会对 VR 的标准定义以及整个行业的发展现状的认知仍然较为模糊。

从技术层面来看,随着技术的升级,移动智能设备的普及和移动互联网的进一步发展,虚拟现实技术逐步走向成熟,硬件生产将逐渐实现产业化、规模化，预计近两年将有更多厂商和设备能够在核心技术参数上达到 VR 级。

从政策角度和整体市场来看，国内对 VR 等新技术创新持鼓励态度，但在 VR 内容方面必须同我国相关法律法规相符合，政府的监管和审核非常严格。

四　产业价值链变化走向

从 VR 整个产业链来看，VR 上游产业链以输入/输出设备为主，输入设备目前缺乏统一的策略和标准，输出设备包括微投影、屏幕等，这些输入输出设备在技术层面已经成熟，但是在与 VR 的结合应用上还稍显不足。中游产业链以 VR/AR 产品为主，虚拟现实行业现有的产品主要分为两类：一类是头盔类的虚拟现实产品；另一类是增强现实类 AR 产品，它是在屏幕上把虚拟世界套在现实世界并进行互动。下游产业链主要是面向客户的体验和设计，主打应用与内容如图 9 - 26 所示。目前虚拟现实在企业级市场已经广泛应用，其中在军事训练中的应用较为成熟，此外，也已在建筑、教育、医疗、展览等领域有一定程度的应用。

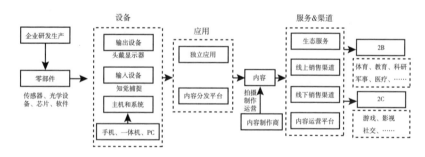

图 9 - 26　VR 产业链

资料来源：《2016 年虚拟现实行业发展概况分析》，中国产业信息网。

1. 科技争先、以人为本

沉浸性、交互性和想象性是虚拟现实的三大特征，也是虚拟现实产业会爆发的重要原因，无法满足这三项要求的技术都是伪虚拟现实，企业在技术研发或引进的过程中必须注意这一点。这些特性的现实呈现和用户体验，离不开核心技术的研发创新和具体应用。因此，科技争先、以人为本，将成为未来中国虚拟现实产业发展的重要趋势。

2. 龙头带动，产业整合

目前在虚拟现实产业的全球市场竞争主体中，Facebook、微软、三星等龙头企业具有明显的行业带动作用。然而，中国 VR 产业现存的"同质化竞争、低水平重复"问题，亟需龙头企业以雄厚的研发实力和产业资本进行资源整合，引导其他中小企业围绕产业链中的薄弱环节进行研发攻关和内容制作，最终形成"产业雁阵"，促使 VR 产业进入良性发展的轨道。目前国内 VR 产业的龙头企业有暴风、奥飞等，但在全产业链条的建构中，仍需更多龙头企业出现。具体而言，由 VR 硬件设备研发商、VR 内容研发商、VR 拍摄及动作捕捉技术商、VR 平台门户企业等共同构成的国内 VR 产业价值链条上，相关"龙头企业"越多，VR 产业生态发展越好。同时，在有些地方政府引导下，中国 VR 产业已有产业集聚发展的动向。

3. 丰富内容，跨界融合

VR 内容质量及丰富程度会直接影响 VR 设备的推广应用及用户黏性，在已经面世的 VR 应用中，绝大多数应用偏轻度，用户黏性差。中国 VR 产业未来的发展要求 VR 内容的丰富和多样，尤其是虚拟现实技术可以跨越行业限制，进行"VR +"。国内 VR 内容可以在直播、会议、体育以及演唱会等地带大胆试水，同时在家装、旅游、房产等一些垂直应用领域聚力推造，待经验与技术成熟后再辐射到游戏与影视地带。

4. 用户体验占优

VR 尚未实现用户普及，相对价格而言，用户更关注产品质量和用户体验，企业当前也应将改善用户体验作为研发重心，相对弱化生产成本。体验式服务购买和交易将成为虚拟现实未来收益的主要来源。

五　未来产业升级空间

1. 显示设备将成为竞争红海

随着技术的升级、移动智能设备的普及和移动互联网的进一步发展，虚拟现实技术逐步走向成熟，硬件生产将逐渐实现产业化、规模化，预计近两年内将有更多厂商和设备能够在核心技术参数上达到VR级。头戴式显示系统是应用最为广泛、最为典型的虚拟现实显示系统，显示设备将成为竞争红海。同时，目前已经有大量内容公司投入VR内容的开发制作，预计未来VR内容的数量和质量将会得到提升，基于这些内容，VR设备的普及率和活跃率将得到坚实保障。

2. 空间定位、无线技术等技术标准将日趋成熟

目前VR行业标准建设进入快车道，开始对产品的视场角、透光率、屏幕分辨率、佩戴舒适度等进行规范。各大虚拟现实头显公司都在积极研发无线头显，随着一体机方案、近场蓝牙、Wi-Fi功能和5G技术的不断成熟，PC端相连的线缆将被逐步取消，无线VR设备将成为主流。国内的行业组织也积极参与制定VR行业标准，组织产学研合作，VR共性技术研发有望得到突破，与应用贴合紧密的技术，如社交领域需要的多人交互技术、制造领域的空间定位技术、无线技术的研发将取得突破。

3. 产业化将取得重大突破

在AR的大规模投资刺激下，各大企业纷纷在AR方面开展布局。2016年VR/AR领域的投资中，关于AR的布局成为重头戏，如AR公司MagicLeap获得阿里巴巴领投的7亿美元融资，AR智能眼镜制造商ODG获5800万美元A轮融资。在CES2017展会上，

Osterhout Design Group（ODG）、联想、Lumus 等企业都推出了 AR 眼镜。明星级 AR 产品有望在 2017 年推出，给市场提供新的增长动力。伴随着 AR 消费级产品的出现，基于 AR 的行业应用将得以普及。AR 消费级产品和应用的快速发展使得 AR 技术在 2017 年实现商业化，AR 眼镜的出货量将迅速增长，AR 明星级应用有望登上舞台。

4. 或将在教育、游戏领域优先应用

虚拟现实在不同行业领域应用会普及，VR 技术能够广泛应用于军事、传媒、房地产、教育、医疗等多个领域，其与传统产业的结合有着巨大的想象空间，"VR + 教育实训" 和 "VR + 游戏" 领域可能最先爆发。

5. 体验式服务购买和交易将成为虚拟现实重要的创收模式

伴随着行业发展的不断成熟，虚拟现实行业的盈利模式也将经历硬件盈利、内容盈利、服务盈利三个阶段。当前虚拟现实的内容比较短缺，硬件设备是虚拟现实的主要收入来源。随着虚拟现实内容的丰富和虚拟社区交互体验感的不断增强，主要依托购买硬件设备的营收模式将得以转变，用户不仅可以直接付费购买、订阅喜欢的虚拟体验和虚拟内容，还能够通过虚拟化的体验进行传统商贸活动，并可参与产品的个性化定制和设计开发。体验式服务购买和交易将成为虚拟现实未来收益的主要来源。

6. VR 配套服务产业

VR 市场的爆发使产业链上的相关行业都将迎来一次历史性的发展机遇，硬件厂商、内容厂商、分发渠道等都将受益。VR 产业的发展需要多方共同促进，VR 垂直孵化器、VR 社区及活动平台、付费数据库服务产业等配套产业也有着较大的市场需求。

六　行业景气

虚拟现实有望成为下一个人机交互入口，下游应用领域广泛，

"虚拟现实＋"有着巨大的想象空间，尽管国内外虚拟现实发展现状存在差异，但是国内虚拟现实产业链初具规模，产业链各个环节均有企业布局，产业配套也已经基本完成，虚拟现实行业发展进入快车道。目前硬件销售是最主要的收入来源，但随着下游内容开发及应用场景的不断成熟，其盈利模式将逐渐多样化，未来盈利空间大。虚拟现实（VR）产业未来发展也许并不能就此一帆风顺，但其或将掀开人类传播史册崭新的一页。

表 9 – 15　虚拟现实产业景气度评级

分析指标	活跃度	描述性说明
产业周期	★★★	虚拟现实行业仍处在导入期,技术、产品、内容、规范等方面都略显薄弱
商业模式	★★★	虚拟现实行业目前商业化水平比较低,缺乏成熟的盈利模式,当前以硬件销售收入为主
政策力度	★★★★	政策鼓励 VR 等前沿技术的发展,但 VR 相关内容必须接受严格审核及监管
增长前景	★★★★★	继智能手机之后,虚拟现实有望成为下一个人机交互入口,下游应用领域广泛,市场发展前景广阔
市场空间	★★★★	虚拟现实前期技术研发和市场推广资金投入量大,再加上当前市场应用规模较小,行业整体盈利水平比较低
行业壁垒	★★★	上游设备生产的技术门槛较高,下游内容及应用开发门槛相对较低
投资热度	★★★★★	国内外科技巨头都在积极布局虚拟现实行业,且深受资本市场青睐
综合景气度	★★★★	国内虚拟现实行业有望在一两年内爆发,作为风口上的行业,虽然投资风险较高,但投资价值大

资料来源：建投研究院。

第七节　资本助力智能制造升级的主线

智能制造代表了新一轮科技革命和产业变革下的产业发展前沿方向，正成为转型升级新热点。智能制造本质上是价值链重构。

智能制造符合个性化、定制化需求的历史大趋势，能够通过大数据平台，进行深度数据挖掘，提供更好的解决方案；提高生产资源生产效率；能够为价值创造开拓新途径，尤其体现在生产型服务领域。因此，智能制造不仅是实现制造业产品创新的重要手段，同时也是生产模式发展创新变革的重要推动力。智能制造正成为世界各国制造业变革的重要方向，不断引领生产制造方式、制造业组织方式以及产业形态等重大变革。智能制造不断变化、扩展和演进的工业特征，也一定程度上能够激发大量的市场需求，带来巨大的商机，为民间资本大显身手提供舞台。

一　增加有效供给成为当前着力点

目前智能制造产业处于短缺时期，高端智能产品尤为缺乏，增加有效供给是当前各种政策措施的着力点。因此智能制造的投资，仍然应回归到价值创造的本原，在技术创新和应用、提升生产力水平方面寻求真正的投资机会。作为创新型企业，提升创新的技术含量，更好地理解用户需求打造优秀的产品，是智能制造落地的正道。机构投资者应该围绕智能制造的关键环节和重点领域，挖掘智能制造的投资潜力。通过智能制造产业升级趋势研究、行业景气度动态分析以及价值链关键环节的布局和协同，发现更多的商业价值和投资机会。

二　智能制造产业投资的逻辑主线

围绕创新链部署资金链是投资主题。观察智能制造领域的投资案例和实践，可以梳理出以下几条逻辑主线。一是围绕技术创新升级，改造传统产业的价值链，提高生产力水平、降低运营成本，提升产品的附加值和技术含量，这类投资周期长、往往需要较大的资本投入，产业资本和政府资本的介入相对较多。二是围绕新技术在应用端的创新，开发用户价值，创造新的产业和商业模式，通过创造供给来创造需求，这类投资风险大，往往是风险资本追逐的焦点。三是通过并购重组获得核心技术和产业资源整合优势，运用资本的力量打造新的价值链，在并购的过程中完成布局和升级，这类投资标的较大、不确定性强，往往是大型并购基金或大型企业使用的策略，特别是在整合国际国内两种资源的过程中，这种趋势相对明显。四是围绕国家政策引导的方向进行投资布局，利用财政补贴、价格保护、政策保障的政策性机会，对市场成长早期的项目进行投资，这类投资受政策影响较大，相对而言政府扶持的产业资本较有优势。

三　智能制造产业投资热点

对于机构投资者来说，智能制造产业投资存在四大投资热点领域。一是机器人、人工智能、VR 等行业，这类行业今后将对人类生活产生颠覆性影响，发展空间巨大；二是无人机、无人驾驶等行业，这类行业能够解放人们双手，替人驾驶，是传统运输业的重要发展方向；三是智能家居、智能物流等行业，这类行业通过智能化升级，能够使传统行业在便捷度、效率等方面有大幅提高；四是 3D 打印，它是智能制造产业链环节中的重要组成部分，是许多精密元件的生产途径。

第十章　信息技术产业的升级路径

信息技术是发展新兴产业的枢纽性技术。信息技术产业是未来推动产业互联互通，形成现代化经济体系的重要基础和保障。以云计算、大数据、物联网、互联网、为代表的新一代信息技术，特别是互联网技术的发展和应用，成为支撑和引领新一轮科技和产业革命的基础动力。党的十九大报告明确提出，要推动互联网、大数据、人工智能和实体经济深度融合。因此，信息技术产业必将率先步入景气。加快发展信息技术产业，是促进我国信息化和工业化深度融合、培育和发展战略性新兴产业、建设创新型国家、加快经济发展方式转变和产业结构调整、建立现代化经济体系的必然选择，信息技术产业的投资将成为未来的重点方向。

第一节　信息技术产业概述：信息社会发展的基石

继机械化、电气化、自动化等产业技术革命浪潮之后，以信息网络技术加速创新与渗透融合为突出特征的新一轮工业革命正在全球范围内孕育兴起。信息技术向各类制造技术的渗透融合，正孕育和催生着产业变革，数字经济正成为全球经济增长的重要驱动力。

一 信息技术产业综述

信息技术产业，是运用信息手段和技术，收集、整理、储存、传递信息情报，提供信息服务，并提供相应的信息手段、信息技术等服务的产业。信息技术产业包含从事信息的生产、流通和销售信息以及利用信息提供服务等产业部门。信息技术产业具有技术更新快、产品附加值高、应用领域广、渗透能力强、资源消耗低、人力资源利用充分等突出特点，对经济社会发展具有重要的支撑和引领作用。

未来 5 到 10 年，是全球新一轮科技革命和产业变革从蓄势待发到群体迸发的关键时期。信息革命进程持续快速演进，物联网、云计算、大数据、人工智能等技术广泛渗透于经济社会各个领域，信息经济繁荣程度成为国家实力的重要标志。新一代信息技术与制造业深度融合，正在引发影响深远的产业变革，形成新的生产方式、产业形态、商业模式和经济增长点。各国都在加大科技创新力度，推动 3D 打印、移动互联网、云计算、大数据、生物工程、新能源、新材料等领域取得新突破。

目前，我国信息产业发展取得了一定成效。2016 年信息产业收入规模达到 17.1 万亿元，彩电、手机、微型计算机、网络通信设备等主要电子信息产品的产量居全球第一，电话用户和互联网用户规模居世界首位。信息产业支撑引领作用凸显，互联网对经济社会促进作用逐步显现。2016 年网络零售交易额达 3.88 万亿元，一批互联网龙头企业建立开放平台，成为带动"大众创业、万众创新"的新动力。但同时，我国信息产业也存在一些问题和不足。一是核心芯片和基础软件对外依存度高；二是关键领域原始创新和协同创新能力急需提升，引领产业发展方向、把握产业发展主导权的能力不强；三是产品供给效率与质量不高，与发达国家相比，呈现出"应用强、技术弱、市场厚、利润薄"的倒三角式产业结构。

二　升级逻辑

1. 信息技术产业的发展和升级更具有政策导向性

信息技术产业是关系国民经济和社会发展全局的基础性、战略性、先导性产业，与其他产业相比，它的发展和升级更具有政策导向性。进一步促进我国新一代信息技术产业的健康发展，工信部、国家发改委等部门陆续出台多项产业政策，并将实施一系列促进产业做大做强的举措，如表 10 – 1 所示。今后工信部将进一步细化明确政策措施和重大工程，全面提升全产业发展水平。财政部还将出台具有针对性的财税金融政策，帮扶产业企业快速成长。

表 10 – 1　近年来信息技术产业相关政策规划

发布时间	发布部门	文件名称
2015 年 1 月 30 日	国务院	《关于促进云计算创新发展培育信息产业新业态的意见》
2016 年 5 月 13 日	国务院	《关于深化制造业与互联网融合发展的指导意见》
2016 年 5 月 19 日	中共中央、国务院	《国家创新驱动发展战略纲要》
2016 年 11 月 3 日	工业和信息化部	《信息化和工业化融合发展规划（2016～2020）》
2016 年 12 月 15 日	国务院	《"十三五"国家信息化规划》
2016 年 12 月 18 日	工业和信息化部	《软件和信息技术服务业发展规划（2016～2020 年）》
2016 年 12 月 18 日	工业和信息化部	《信息通信行业发展规划物联网分册（2016～2020 年）》
2017 年 1 月 16 日	工信部、国家发改委	《信息产业发展指南的通知》
2017 年 1 月 17 日	工业和信息化部	《信息通信行业发展规划（2016～2020 年）》
2017 年 1 月 18 日	工业和信息化部	《大数据产业发展规划（2016～2020 年）》
2017 年 1 月 30 日	工业和信息化部	《信息通信网络与信息安全规划（2016～2020）》
2017 年 3 月 30 日	工业和信息化部	《云计算发展三年行动计划（2017～2019 年）》
2017 年 7 月 4 日	国家发改委、网信办、工信部、人社部、税务总局、工商总局、质检总局、国家统计局等	《关于促进分享经济发展的指导性意见》
2017 年 8 月 24 日	国务院	《关于进一步扩大和升级信息消费持续释放内需潜力的指导意见》

资料来源：作者整理。

2. 新一代信息技术既是"十三五"国家战略性新兴产业发展的"先锋"、也是基石

2016 年 12 月 19 日，国务院印发了《"十三五"国家战略性新兴产业发展规划》，对"十三五"期间我国新一代信息技术、高端制造、生物、绿色低碳、数字创意等战略性新兴产业发展目标、重点任务、政策措施等做出全面部署。在规划中的 10 万亿支柱产业中，新一代信息技术产业排在第一位，成为"先锋"，更是其他产业发展的基石。

3. 重大科技突破和新兴社会需求二者共同推动

制造业、服务业等许多领域的重大科技突破和新兴社会需求的有机结合，成为推动信息技术产业发展的重要推动力。在经济新常态下，战略性新兴产业要突破传统产业发展瓶颈，信息技术产业为中国提供了弯道超车、在国际竞争中占据有利地位的宝贵机遇。

4. 信息技术是促进新时代产业融合发展的"融合剂"

进入新时代，产业发展呈现出很强的融合性，如工业化和信息化的融合、制造业和服务业的融合、农业和信息化的融合、城镇化和信息化的融合等。这种产业的融合发展中，信息技术成为"融合剂"，是满足产业体系互联互通的需要。党的十九大报告提出要建设现代化经济体系，也要靠信息技术才能落地。基于新一代通信技术以及网络平台实现的信息获取、技术共享、服务提供，已成为推动未来社会发展与产业进步的关键。

三 升级空间和升级路径

目前我国大力实施网络强国战略，加快建设"数字中国"，推动物联网、云计算和人工智能等技术向各行业全面融合渗透，构建万物互联、融合创新、智能协同、安全可控的新一代信息技术产业体系。毫无疑问，信息技术产业具有广阔的前景，并以前所

未有的广度和深度加快向各类制造技术渗透融合，互联网与各领域的融合发展具有无限潜力。

信息技术产业将成为我国"十三五"期间的产业支柱。根据《"十三五"国家战略性新兴产业发展规划》，我国信息技术产业总产值将超过 12 万亿元，并在更广领域形成大批跨界融合的新增长点，预计平均每年将带动新增就业人口 100 万人以上。目前信息技术对我国 GDP 增长的贡献率达到 40%，而美国已超过 70%，我国新一代信息技术产业市场空间巨大。

1. 核心技术上追赶补齐与换道超车并举，在网络化、智能化、融合化发展上有突破

纵观全球信息产业的发展和变革，其核心技术的发展方向将是网络化、智能化、融合化。我国电子信息产业在建立应用牵引、开放兼容的核心技术的指引下，沿着网络化、智能化、融合化的方向，坚持追赶补齐与换道超车并举，强化关键共性技术研发供给，在软件与硬件、技术与产品、产业链上下游等方面融合协同发展，与其他行业跨界融合、集成创新，加快转型升级。

2. 以强化应用与技术突破并重，着力培育"互联网＋"生态体系

新一代信息技术与经济社会各领域融合发展已成大势所趋。落实"中国制造 2025"战略，深化制造业与互联网融合发展，"中国制造＋互联网"将取得实质性突破，面向制造业的信息技术服务，工业软硬件、工业云、智能服务平台等制造基础将不断提高，生活及公共服务领域的"互联网＋"应用也将不断拓展，医疗、教育、社保、就业、交通、旅游等服务将智慧化。落实国家创业创新战略，加快"互联网＋"新业态创新，加快运用信息网络技术推动生产、管理和营销模式变革，重塑产业链、供应链、价值链，加快形成新的生产和流通交换模式。

3. 围绕 IPv6 新一代互联网对接万物互联需求，衍生和培育新业态、新模式

目前，我国加快研究构建泛在融合、绿色带宽、智能安全的新型网络。2017 年我国将正式部署和建设 IPv6 地址项目，并以此展开相关应用。IPv6 地址作为下一代互联网的技术基础，一旦开始部署，就标志着我国新一代互联网也将进入部署和应用阶段。由于下一代互联网可以支持包括 PC、智能移动终端、智能家具在内的众多硬件设施，因此将对未来我国物联网、车联网、人工智能等新一代信息技术产业发展产生重大促进作用，更好地满足万物互联需求。

4. 以安全保发展、以发展促安全，逐步提高信息安全产业的分量和比重

信息技术产业的风险性很高，安全可控是产业发展的基本原则，安全与发展必然同步推进。随着未来信息产业的快速发展，网络与信息安全保障能力会大大提升，信息安全产业将不断得以壮大。

四 未来发展重点

信息技术产业是《"十三五"国家战略性新兴产业发展规划》中重点培育的五大产业之一。未来十年，新一代信息技术产业的投资集中在建设宽带、融合、安全、泛在的下一代信息网络，加快发展突破超高速光纤与无线通信、物联网、云计算、数字虚拟、先进半导体和新型显示等新一代信息技术等方面。

一是集成电路。集成电路设计具有很强的需求导向性，受重点整机和重大应用需求的推动，预计在中央处理器（CPU）、现场可编程门阵列（FPGA）、数字信号处理（DSP）、存储芯片（DRAM/NAND）等方面将有重大突破，在智能卡、智能交通、卫星导航、工业控制、金融电子、汽车电子、医疗电子等行业芯片

将加强供给。在超越"摩尔定律"相关领域将加快布局，开发特色工艺生产线建设和第三代化合物半导体产品。

二是基础电子。在高端装备、应用电子、物联网、新能源汽车、新一代信息技术的核心基础元器件将呈现快速发展。着重推进重点领域专用传感器产品产业化，发展生物、运动、医学、健康、环境类智能传感器。电子纸、锂离子电池、光伏等行业关键电子材料将重点突破高端配套应用市场。

三是基础软件和工业软件。着重发展面向航空航天装备、高档数控机床与机器人、先进轨道交通装备、海工装备与高技术船舶、电力装备、农机装备等领域，研制涵盖全生命周期的行业应用软件及解决方案。

四是智能硬件和应用电子。人工智能、低功耗轻量级系统、智能感知、新型人机交互等关键核心技术上将有突破，重点发展面向下一代移动互联网和信息消费的智能可穿戴、智慧家庭、智能车载终端、智慧医疗健康、智能机器人、智能无人系统等产品，面向特定需求的定制化终端产品以及面向特殊行业和特殊网络应用的专用移动智能终端产品。智慧健康养老服务、智慧交通应用等行业将迎来快速发展。

五是大数据。围绕大数据关键技术和产品突破、大数据服务业态培育、大数据产业体系完善等层面，深化大数据应用，发展面向工业领域的大数据服务和成套解决方案，加快大数据交易产业发展。

六是云计算。围绕工业、金融、电信、就业、社保、交通、教育、环保、安监等重点领域应用需求，全国或区域混合云服务平台建设步入快车道。

七是物联网。物联网技术与产业发展、民生服务、生活消费、城市管理以及能源、环保、安监等领域的深度融合将促进物联网的开放应用。

第二节　集成电路：国产化替代势在必行

集成电路是信息技术产业的核心。集成电路产业是培育发展战略性新兴产业、推动信息化和工业化深度融合的核心与基础，是转变经济发展方式、调整产业结构、保障国家信息安全的重要支撑，其战略地位日益凸显。有人提出，半导体是"信息化的粮食"，拥有强大的集成电路技术和产业，是迈向创新型国家的重要标志。十九大以来的未来几年，是我国集成电路产业发展的重要战略机遇期，也是集成电路产业发展的攻坚期。要科学判断和准确把握产业发展趋势，着力转变发展方式、调整产业结构，以技术创新、机制体制创新、模式创新为推动力，努力提升产业核心竞争力，推动产业做大做强，实现集成电路产业持续快速健康发展。

一　集成电路产业面临的形势

集成电路产业是现代信息社会的基石。目前，以集成电路为核心的电子信息产业超过了以汽车、石油、钢铁为代表的传统工业成为第一大产业，成为改造和拉动传统产业迈向数字时代的强大引擎和雄厚基石。1999 年全球集成电路的销售额为 1250 亿美元，而以集成电路为核心的电子信息产业的世界贸易总额约占世界 GNP 的 3%，现代经济发展的数据表明，每 1~2 元的集成电路产值，带动了 10 元左右电子工业产值的形成，进而带动了 100 元 GDP 的增长。目前，发达国家国民经济总产值增长部分的 65% 与集成电路相关；美国国防预算中的电子含量已占据了半壁江山（2001 年为 43.6%）。预计未来 10 年内，世界集成电路销售额将以年平均 15% 的速度增长。集成电路已经广泛应用于工业、军事、通信和遥控等各个领域。Gartner 研究显示，2016 年全球半导体收入总计 3435 亿美元，较 2015 年的 3349 亿美元提升 2.6%。^① 全球主要国家和地区纷纷加快布局，投入了大量的创新要素和资源，强有力地推动产业发展，试图通过集成电路来抢占新一轮科技革命和产业变革的战略制高点。

从全球来看，全球集成电路产业在经历了产业高速增长和周期性波动的发展过程后，逐步步入了平稳发展阶段。目前整个产业正进入重大调整变革期。一方面，全球市场格局加快调整，投资规模迅速攀升，市场份额加速向优势企业集中，市场竞争格局加速变化，资金、技术、人才高度密集带来的挑战愈发严峻。全球集成电路产业依然"大者恒大"。金融危机后，英特尔、三星、德州仪器、台积电等加快先进工艺导入，加速资源整合、重组步伐，不断扩大产能，强化产业链核心环节控制力和上下游整合能力，急欲拉大与竞争对手的差距。另一方面，这一领域创新依然活跃，微细加工技术继续沿摩尔定律前行，移动智能终端及芯片市场呈爆发式增长，云计算、物联网、大数据等新业态快速发展，集成电路技术演进出现新趋势。

从国内来看，近年来，在市场拉动和政策支持下，我国集成电路产业快速发展，整体实力显著提升，集成电路设计、制造能力与国际先进水平差距不断缩小，封装测试技术逐步接近国际先进水平，部分关键装备和材料被国内外生产线采用，涌现出一批具备一定国际竞争力的骨干企业，产业集聚效应日趋明显。我国拥有全球规模最大的集成电路市场，中国集成电路市场需求占全球的 62.8%^②，市场需求将继续保持快速增长。新形势下，我国集成电路产业进入快速发展期。

---

① 市场研究机构 Gartner 在 2017 年 5 月 31 日发布的 2016 年全球收入前十大半导体厂商名单。

② 霍雨涛：《我国集成电路产业规模高速增长》，《经济日报》2017 年 5 月 3 日。

1. 战略性新兴产业的崛起为产业发展注入新动力

当前以移动互联网、三网融合、物联网、云计算、节能环保、高端装备为代表的战略性新兴产业快速发展，将成为继计算机、网络通信、消费电子之后推动集成电路产业发展的新动力，多技术、多应用的融合催生新的集成电路产品出现。自 2005 年以来，我国集成电路市场规模年均增速一直保持 10% 以上，2016 年达到 12000 亿元。预计到 2020 年，国内集成电路市场规模将超过 2500 亿元。广阔、多层次的大市场为本土集成电路企业提供了发展空间。全球产业分工细化的趋势，也为后进国家进入全球细分市场带来了机遇。

2. 集成电路技术演进路线越来越清晰

28 纳米放量成长、14 纳米成功登场、7 纳米启动研发……从 28 纳米到 7 纳米，我国集成电路产业和国际先进水平的距离越来越小。一方面，追求更低功耗、更高集成度、更小体积依然是技术竞争的焦点。芯片集成度不断提高，仍将沿着摩尔定律继续前进。另一方面，产品功能多样化趋势明显，在追求更窄线宽的同时，利用各种成熟和特色制造工艺，采用系统级封装、堆叠封装等先进封装技术，实现集成了数字和非数字的更多功能。此外，集成电路技术正孕育新的重大突破，新材料、新结构、新工艺将突破摩尔定律的物理极限，支持微电子技术持续向前发展。

3. 商业模式创新给集成电路产业在新一轮竞争中带来机遇

商业模式创新已成为企业赢得竞争优势的重要方式。当前，软硬件结合的系统级芯片、纳米级加工以及高密度封装的发展，对集成电路企业整合上下游产业链和生态链的能力提出了更高要求，推动虚拟整合元件厂商模式兴起。特别是随着移动互联终端等新兴领域的发展，出现了"Google - ARM"、苹果等新的商业模式，原有的"WINTEL（微软和英特尔）体系"受到了较大挑战。

二　竞争格局

集成电路的技术门槛较高，进入壁垒较高，美、日、欧是该行业技术与产业巨头，近些年来，韩国与中国台湾通过并购与技术创新跻身行业第一梯队。中国集成电路正在追赶，但核心技术依然高度依赖进口，是国家战略性补短板的重点领域之一。

（一）美、日、欧处于绝对主导地位

美、日和欧洲等国家和地区占据着整个集成电路产业的上游，掌握着设计、生产、装备等核心技术。尤其是美国作为集成电路产品设计和创新的发源地，全球前20家集成电路设计公司大都在美国。CPU、存储器、数字电视芯片、智能手机芯片等各个领域的核心技术都形成了国际企业垄断的局面。2016年英特尔稳坐半导体制造商冠军宝座，2016年半导体收入增长4.6%。三星电子则维持亚军地位，市场占有率为11.7%。多家大型厂商均通过并购发展自己的业务，参见表10-2。

表 10-2　2016 年全球半导体市场的销售收入排名

单位：百万美元

2015 年排名	2016 年排名	厂商	2016 年收入	2016 年市占率（%）	2015 年收入	年增长率（%）
1	1	英特尔	54091	15.7	51690	4.6
2	2	三星电子	40104	11.7	37852	5.9
4	3	高通	15415	4.5	16079	-4.1
3	4	SK 海力士	14700	4.3	16374	-10.2
17	5	博通	13223	3.8	4543	191.1
5	6	美光科技	12950	3.8	13816	-6.3
6	7	德州仪器	11901	3.5	11635	2.3
7	8	东芝	9918	2.9	9162	8.3
12	9	恩智浦半导体	9306	2.7	6517	42.8
10	10	联发科技	8725	2.5	6704	30.1
		其他	153181	44.6	160562	-4.6
		总计	343514	100.0	334934	2.6

资料来源：Gartner，2017 年 5 月。

（二）韩国、中国台湾、新加坡发力跻身第一梯队

韩国、中国台湾、新加坡在半导体产业也具有一定的竞争优势，近几年不断壮大，择机而起进入第一梯队。20世纪70年代末80年代初，全球半导体销售出现了周期性的下滑，而三星半导体在1974年通过收购后成立，在1983年正式进军存储器，从这个细分市场着手，经过了10年的耕耘，1992年成为全球DRAM第一大供应商，标志着韩国半导体进军全球第一梯队。2016年三星电子收入40104万美元，市场占有率为11.7%，排名世界第二位。

中国台湾半导体产业非常发达。20世纪90年代，台积电创造性地开发了晶圆代工的商业模式，成立于1987年的台积电在整个90年代快速成长，到2001年随着互联网泡沫破灭，传统半导体IDM模式难以为继，台积电却仍然能够逆势大幅增长，并一举进入全球排名前10位，奠定了台湾半导体行业在全球的地位。台湾另一大集成电路巨头联发科则成立于1997年，专注于无线通信及数字多媒体产品芯片的研发，随着智能手机的普及，尤其是联发科通过提供相对低价的智能手机解决方案，迅速占据中低端市场，再向高端产品推进，2008年在全球IC设计企业排名进入前5位，随后也成为全球集成电路设计行业的第一梯队企业，参见表10-3。

表10-3 2016年台湾十大半导体企业

排名	公司名称	2016年收入（亿）	2015年收入（亿）	同比增减（%）
1	台湾积体电路制造股份有限公司	9479.38	8434.97	12.38
2	联发科技	2755.11	2132.55	29.19
3	日月光半导体制造股份有限公司	2748.84	2833.02	-2.97
4	联华电子股份有限公司	1478.70	1448.3	2.10
5	矽品精密工业股份有限公司	851.11	828.39	2.74
6	力成科技股份有限公司	483.44	425.23	13.69
7	联咏科技股份有限公司	456.50	508.70	-10.26
8	华邦电子股份有限公司	420.91	383.50	9.76
9	南亚科技股份有限公司	416.30	438.75	-5.12
10	瑞昱半导体股份有限公司	389.14	317.45	22.58

资料来源：IC Insights，2017年1月14日。

目前台湾半导体公司和大陆企业展开了充分竞争。

半导体产业是新加坡电子工业两大支柱产业之一。20 世纪 90 年代末，新加坡建立起拥有 20 亿新元的半导体产业发展基金和一个集群发展基金，目的是促成产业集群的形成，健全产业的整体结构。新加坡政府积极干预和引导的政策是新加坡半导体产业成功的基础。从 IC 设计、芯片制造，再到封装和测试，新加坡的半导体产业已经形成了一个成熟的产业生态环境，来自全世界的芯片大鳄几乎都已在此设厂，紧密的产业链条不但为企业找到了产业定位，同时也在加速产业的全球一体化进程。全球诸多半导体企业亚洲总部都设在了新加坡，这其中包括 ST、分销巨头安富利和富昌等。

三　中国在某些领域已接近国际水平，差距仍然较大

中国半导体行业是 20 世纪 90 年代末期开始起步，以制造加工作为主要的突破口，逐步向技术研发要求较高的设计行业推进。在 2014 年下半年之后，中国集成电路行业销售收入的增长势头与全球整体增速显示出了趋势上的差异，在全球市场处于下降周期时，中国集成电路行业悄然崛起。随着中芯国际（深圳）、上海华力微电子以及中芯国际（北京）等几条 12 英寸芯片生产线的达产、投产与扩产，2015 年国内芯片制造业规模继续快速扩大。我国集成电路产业创新能力也在不断增强。CPU 等高端通用芯片性能持续提升，系统级芯片设计能力已接近国际先进水平，32/28 纳米制造工艺实现规模量产，存储器实现战略布局。通过国际资源整合，中高端芯片封装测试能力大幅提升，装备与材料业逐步站稳阵脚。综合来看，集成电路某些骨干企业实力已接近全球第一梯队。

同时也要看到，我国集成电路产业的问题也很突出。我国是全球最大的集成电路市场，却不是最大的集成电路生产国。中国

集成电路一直依赖进口，主要原因就是国内自主芯片产品结构处于中低端的格局仍然没有得到根本改变，中国芯片的自给率只有8%左右。有专家指出，"解决中国芯，支撑中国未来30年的发展"。我国集成电路创新性技术和产品储备不足，核心技术受制于人的局面仍然没有根本改变。产品结构单一、大多处于中低端、高端产品主要依赖进口的格局也没有根本改变，严重影响产业转型升级乃至国家安全。

集成电路市场常年保持巨大逆差，仍未摆脱高度依赖进口的被动局面。我国集成电路贸易逆差从2007年的1041.86亿美元上升至2016年的1657亿美元，已经连续9年扩大，其中超一半的进口来自台湾地区和韩国，占比分别为32%和23%，如图10-1所示。据统计，中国进口的集成电路价值平均约7.7美元，而出口不到3毛钱，在全球集成电路产业进入成熟期后，中国的集成电路产业向中高端升级的难度在增加。

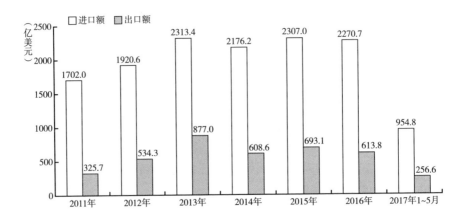

图 10-1 中国集成电路进出口贸易额

资料来源：前瞻产业研究院。

三　未来升级逻辑

集成电路国产化政策支持不断加码。面向"十三五"规划，集成电路产业发展已上升至国家战略层面。2014 年 6 月，国务院发布集成电路产业发展新的纲领性文件《国家集成电路产业发展推进纲要》，吹响了芯片产业追赶国际先进水平的号角。2015 年 5 月，国务院正式印发《中国制造 2025》，提出 2020 年中国芯片自给率要达到 40%，2025 年要达到 50%。

资本是国内集成电路产业发展不可或缺的"催化剂"。2014 年 9 月，以振兴国产芯片为己任的国家集成电路产业基金（又称大基金）发起成立。大基金初定规模为 1200 亿元，实际筹资近 1400 亿元。各地设立子基金意愿强烈，北京、武汉、上海、四川、陕西等地相继设立产业基金，2016 年年底已宣布成立的地方基金总规模超过 2000 亿元。自成立以来，大基金先后大手笔投资紫光、中兴通讯等国内龙头企业，累计投资额达数百亿元。

国内企业和资本纷纷走上国际并购舞台。比如，清芯华创牵头收购美国豪威科技，武岳峰资本牵头收购美国芯成半导体，建广资本收购恩智浦标准件业务，中芯国际收购意大利代工厂 LFoundry，长电科技并购新加坡星科金朋，通富微电并购 AMD 的封测厂，等等。近两年以国内资本主导开展的国际并购金额达到 130 亿美元。跨国大企业在华发展策略也逐步调整，由独资经营向技术授权、战略投资、先进产能转移、合资经营等方式转变，国际先进技术、资金加速向国内转移。国际合作层次不断提升，高端芯片和先进工艺合作成为热点。中芯国际、华为、高通和比利时 IMEC 组成合资公司，联合研发 14 纳米芯片先进制造工艺；英特尔、高通分别与清华大学、澜起科技以及贵州省签署协议，在服务器芯片领域开展深度合作；高通与贵州省政府成立了合资公司华芯通，开发基于 ARM 架构的高性能服务器芯片；天津海光获得 AMD 公司 X86 架构授权，设立合资公司开发服务器 CPU 芯片。

重视进口替代效应。目前我国集成电路仍然严重依赖进口，对外依存度高。据海关数据统计，2016 年，中国集成电路进口逾 3425 亿块，金额超 2270 亿美元，接近于同期原油进口额的两倍，而集成电路出口额约为 614 亿美元，存在很大逆差。① 未来一段时期，国内集成电路的发展，要立足于国家战略和产业发展需求，推进集成电路关键领域的国产化替代，提升高性能集成电路产品的国产化水平。

四　产业价值链变化走向

集成电路产业链通常由 IC 设计制造、IC 分销及终端电子产品设计制造三个环节构成，IC 设计制造可以进一步分为 IC 设计、芯片制造（晶圆代工）、封装测试三个环节。集成电路产业链是以电路设计为主导，由集成电路设计公司设计出集成电路，然后委托芯片制造厂生产晶圆，再委托封装厂进行集成电路封装、测试，最后销售给电子整机产品生产企业。其中，集成电路设计处于产业链的上游，负责芯片的开发设计。

1. 技术创新层面，走蛙跳型自主创新路径

集成电路产业是支撑经济社会发展和保障国家安全的战略性、基础性和先导性产业，是国际社会敏感领域。因此，涉及中国真正需要的高端产业、核心技术往往很难买到。发达国家对于中资企业海外并购行为较为警惕，各种名义的审查和限制增加了收购难度，国际社会在高端、敏感领域对中国严密封锁和围堵，在某些国际技术转移与合作中针对排斥中国。最近德国、法国、

① 《我国集成电路产业规模首破千亿》，《通信信息报》2017 年 11 月 8 日。

意大利联合向欧盟提出授予它们对中资企业高科技收购交易的否决权，表明中国在欧洲敏感行业的投资正遭遇越来越大的保护主义反弹。中国集成电路发展要走自主创新的道路。中国集成电路的根本是自主创新，尤其是原始创新和集中创新是当务之急。产业创新只能摆脱外来因素的影响，加快向依靠自身力量的创新模式转变，才能实现蛙跳型科技创新。对比联想、华为的发展更能说明，中国集成电路只能走自主创新道路。

2. 产业模式层面，由集成器件制造模式向专业化垂直分工模式升级

在产业模式上，集成电路行业存在集成器件制造（Integrated Devices Manufacture）和专业化垂直分工两种模式。在 IC 产业发展的早期，业界主要公司通常覆盖了从设计、制造到封装的全部环节，这种模式被称为 IDM（Integrated Devices Manufacture）。而随着产业的逐渐发展与成熟，规模经济效应开始逐渐凸显，1987年张忠谋创办台积电将晶圆代工从 IDM 厂商中独立出来，使得全球半导体行业出现了垂直分工模式，发展到今天全球集成电路产业出现了 IDM 模式和垂直分工模式并存的局面。在 PC 盛行的时代，IDM 模式是业界的主流模式，IDM 厂商占据了半导体行业前 20 大企业中较大的比例，厂商的数量相对较少，市场供给主要受到少数大厂商的产能变动影响。随着移动智能终端的普及，半导体芯片的需求量快速提升，要求生产商的产能扩张也随之大幅增长。另外，为实现更快的速度和更低的功耗，半导体制程持续演进，先进制程和先进封装工艺的产能扩张投入越来越大。在这样的情况下，IDM 模式难以维持过去的强势地位，专业化垂直分工模式凭借其单个环节的规模效应以及相对较小的投入，逐步成为半导体行业中的重要力量。未来，由物联网和智能硬件产品搭建的智能化生活愿景，对芯片的需求量仍然将具备快速增长的趋势，半导体生产的专业化分工将成为市场的主流。在设计领

域，核心架构开发（IP）和芯片设计也将会逐步分离（例如当前移动通信终端的核心架构由 ARM 公司几乎垄断），通过授权方式来进行更为专业化、个性化的产品设计，未来的半导体产业会走向"核心架构 + 芯片设计 + 代工制造 + 封装测试"的产业格局。

3. 芯片国产化替代进程将在多行业取得突破

2014 年，国产芯片在多个行业应用中取得了突破。高铁领域，自动控制和功率变换的核心芯片 IGBT 芯片实现国产化；金融卡领域，大唐微电子的金融卡芯片已经通过农业银行、光大银行等银行测试；4G 领域，华为海思、联芯等 4G 平台在下半年开始进入市场；智能硬件领域，国芯科技的数字电视芯片、华为的机顶盒和智能网关芯片等产品市场占有率稳步提高。2016 年，在国家重点支持集成电路国产化的形势下，随着国内企业技术的进一步成熟，国产芯片将在更多的行业应用中占有一席之地，尤其是涉及信息安全等领域的高端芯片的国产化替代进程将进一步加速。

4. 产业基金引领集成电路产业投资热潮

随着国家集成电路产业投资基金项目启动，国内龙头企业陆续启动收购、重组，带动了整个集成电路产业的大整合。集成电路的投资市场逐渐火热，目前，国家集成电路产业基金一期预计总规模已达 1387.2 亿元，实现超募 187.2 亿元。该基金重点投资芯片制造业，兼顾芯片设计、封装测试、设备和材料等产业，我国为打造出自主品牌 IDM 或虚拟 IDM 启动许多项目，预计未来五年将成为基金密集投资期，从而带动行业资本活跃流动。随着集成电路产业投资基金首批项目的正式落地，这个旨在拉动中国集成电路芯片产业发展的基金，未来 10 年将推动 5 万亿元资金投入芯片产业领域。

五　产业升级空间

1. 政策支持集成电路产业链初步搭起

我国已初步搭建起芯片产业链，其中主要包括以华为海思、紫光展锐和中兴微等为代表的芯片设计公司，以中芯国际、华虹集团、上海先进为代表的芯片制造商，以及以长电科技、华天科技、通富微电等为龙头的芯片封测企业。产业生态初具雏形，进一步完善产业生态、提高综合竞争能力是行业升级的重要方向。

2. 2020 年中国芯片自给率或达到 40%

近两年，在《国家集成电路产业发展推进纲要》《中国制造2025》和国家集成电路产业投资基金的推动下，中国半导体市场已成为全球半导体产业增长引擎。过去 5 年来我国集成电路产业年均增长率高达 17.6%，领跑电子信息制造业。据报道，2016 年我国集成电路制造产业产值首超 1000 亿元大关，达到 1126.9 亿元；2017 上半年，继续保持良好势头，规模达 571 亿元。预计在一系列产业政策的强力推动下，国内集成电路产业在未来较长一段时间内还将保持高速发展。据赛迪智库预测，到 2020 年，国内集成电路产业规模将突破 7000 亿元。到 2020 年中国芯片自给率要达到 40%，2025 年要达到 50%。

3. 量子"中国芯"潜力巨大

量子信息被业界公认是对未来世界科学产生重大影响的革命性技术。随着量子位大战的启幕，未来，集成电路竞争也将步入量子级时代。我国在量子通信的科研水平处于世界前沿。在"量子霸权"即将到来的时代，"中国芯"将在全球市场占有更多的话语权。

六　行业景气

作为当今世界经济竞争的焦点，拥有自主产权的集成电路已日

益成为经济发展的命脉、社会进步的基础、国际竞争的筹码和国家
安全的保障。尽管在政策支持下我国集成电路产业链已初步搭起，
产业进入快速发展时期，但产业仍没有明显的优势，企业的竞争力
普遍较弱。芯片行业的突破与赶超并不像想象中那么容易。目前芯
片产业垄断高、投资大、壁垒高，中国强"芯"战略今后要走的是一
条充满挑战之路。我国要在创新合作模式上下功夫，利用上下游供应
链和全球产业链的资源，聚合众人之力推动其发展，参见表 10 - 4。

表 10 - 4 集成电路产业景气度评级

分析指标	活跃度	描述性说明
产业周期	★★★★★	当前集成电路市场处于迅猛发展阶段
商业模式	★★★	产业垄断高，强者更强现象突出，行业的专利争夺日趋激烈
政策力度	★★★★★	政策支持不断加码，面向"十三五"规划，集成电路产业已上升至国家战略
增长前景	★★★★★	进一步完善产业生态，量子"中国芯"潜力巨大
市场空间	★★★★★	将保持 20% 左右的增长速度。到 2020 年，产业规模将突破 7000 亿元，中国芯片自给率达到 40%，2025 年达到 50%
行业壁垒	★★★	进入门槛较大，投资大、壁垒高
投资热度	★★★★★	产业基金引领产业投资热潮
综合景气度	★★★★★	做大做强集成电路产业已成为国家产业转型的战略先导，十九大后的未来几年是我国集成电路产业发展的重要战略机遇期，也是发展的攻坚期，有极其重要的地位，发展前景广阔

资料来源：建投研究院。

第三节 云计算：以深化应用为主线

云计算是信息技术发展和服务模式创新的集中体现，是信息
化发展的重大变革和必然趋势，是信息时代国际竞争的制高点和
经济发展新动能的助燃剂。发展云计算，有利于分享信息知识和
创新资源，降低全社会创业成本，培育形成新产业和新消费热点。

一　云计算产业面临的形势

云计算是推动信息技术能力实现按需供给、促进信息技术和数据资源充分利用的全新业态，是信息化发展的重大变革和必然趋势，主要国家纷纷制定云计算国家战略，加快部署云计算产业。

美国视云计算为一场新的信息技术革命和维护国家核心竞争力的重要手段之一，力图将云计算打造成一种面向未来的主流商业模式。2009 年，美国出台《联邦政府云计算战略》，由此启动国家级云计算规划。2014 年，美国国家标准与技术研究所（NIST）发布了《美国政府云计算技术路线图》，该路线图聚焦战略和战术目标，以支持联邦政府加速发展云计算。美国政府提出了联邦数据中心整合决议（FDCCI），加速云计算商业及公共应用。在完成商业及公共云迁移计划的过程中，联邦政府同步采取了相关措施降低了云计算风险，如建立云计算加速器，制定 NLST 云计算标准和《云计算风险管理框架》。

欧盟及部分欧洲国家将云计算作为节能降耗、提高公共服务、控制财政赤字并以此解决影响经济持续发展的首选方案。欧盟《云计算未来报告》表示，激励欧洲各国开展云计算研发，并制定应用推广措施。2011 年，欧盟制定了第七个云计算框架计划，通过相关政策为云计算项目提供资金支持。英国于 2011 年发布包含部署 "G‐Cloud"（政府云）战略的 ICT 战略，在云计算方面走在了欧洲各国的前列。2013 年，英国政府为 13 个研发项目拨款 500 万英镑，以应对阻碍云计算应用的商业和技术挑战。德国于 2010 年制定的《德国云计算行动计划》强调了云计算在德国政府 IT 战略中的重要地位，鼓励联邦和各州政府在电子政务中采用云计算技术。2013 年，德国政府提出 "工业 4.0" 战略，旨在利用云计算、大数据和物联网主导第四次工业革命。法国 2011 年发展 "Androm eda" 政府云，意图在于保障本土数据和立法，并能符合德国国家数据保护和安全法律。

日本旨在通过云计算构建新型信息技术市场，助力日本经济振兴。2009 年，日本总务省推出《数字日本创新计划》，由内务和通信监管部负责建立国家级云计算基础设施"霞关云"工程。2009 年 7 月，IT 战略总部发布日本中长期信息技术发展战略"i－Japan 战略"，规划了日本 2015 年前数字化发展蓝图，以提高运营效率、降低成本。另外，计划涵盖共建创新型的电子政府、建立国家数字存档系统、创建绿色云数据中心等重大工程。2010 年，日本经济产业省推出《云计算与日本竞争力研究》报告，鼓励国内 IT 厂商解决云计算发展问题，并制定 2020 年发展云计算新市场的目标。

韩国政府历来重视信息产业发展和信息技术推广应用，意图通过发展云计算抢占信息技术的下一个制高点。2009 年，韩国政府出台《搞活云计算综合计划》，旨在削减软硬件开支、降低能源成本，计划重点支持计算技术研发，并通过完善政府采购，推动云计算产业发展。2011 年，韩国制定《云计算全面振兴计划》，核心是政府率先引进并提供云计算服务，为云计算开发国内需求，同时发表《云计算扩散和加强竞争力战略》，旨在将韩国发展为全球信息网的枢纽。2013 年，韩国开始在政府综合计算机中心引入云系统，成立大型云检测中心，用以支持难以进行大规模投资的中小型云计算相关企业。为刺激云服务市场，2014 年韩国废除了政府部门云服务采购限制政策，允许公共服务部门采购由私企提供的云计算服务。此外，《云计算发展与用户保护法》的出台突出了政府监管的重要性，参见表 10－5。

我国十分重视以云计算为代表的新一代信息产业的发展，先后发布了《国务院关于促进云计算创新发展培育信息产业新业态的意见》（国发〔2015〕5 号）、《云计算发展三年行动计划（2017～2019 年)》等政策措施。在政府积极引导和企业战略布局的推动下，云计算越来越被市场认可和接受。2015 年我国云计算产业规模已达 1500 亿元，产业发展势头迅猛，成为提升信息化发展水平、打造数字经济新动能的重要支撑。但是，我国云计算产业也存在很大问题。一是需求不足，市场需求尚未完全释放；二是产业供给能力有待加强；三是重建设轻应用，数据中心无序发展，低水平重复建设现象凸显等。

二　竞争格局

综合来看，目前全球云计算处于发展初期，面临巨大的发展空间和机遇，许多国际科技龙头企业展开了竞争。据统计，截至 2016 年底，全球云基础服务市场上亚马逊一枝独秀，市场份额达到 31%；微软占 11%，排名第二；另外两大巨头 IBM 和谷歌分别以 7% 和 5% 的市场份额，紧随其后。亚马逊、微软、IBM、谷歌四大巨头已经占据了全球云基础服务市场 50% 以上的份额，云计算行业巨头格局已经愈发明显。高盛分析师 Heather Bellini 在研报中表示，在 2017 年，亚马逊的 AWS 云服务、微软 Azure 服务、谷歌云服务平台以及阿里巴巴的云存储服务在全球云服务市场的占比将进一步提升至 65%。并且，未来全球云服务市场的集中度还将继续加强，形成寡头垄断的市场格局，2019 年可能达到 89% 左右。[1]

从国内情况来看，云计算产业呈现"大巨头割据、小公司混战"的局面。BAT 三巨头全部完成了在云计算领域的品牌延伸，同时也依托各自的优势，在云计算市场上进行战略布局。百度云推出"云数智"三位一体战略，并辅以"天工、天像、天算"不同行业的解决方案。阿里云也启用新 LOGO，不断推出新产品，并

---

[1] 《云服务也将成为寡头市场，高盛等四大巨头将掌控 65% 的份额》，《华尔街见闻》2017 年 12 月 14 日。

拓展自己的国际化版图。腾讯云也频频发力，通过合作伙伴生态
大会，深入拓展渠道，并加强在人工智能领域的投入。

BAT深入布局，将云计算作为技术和产品输出的平台，以生
态协同效应来吸引客户，从而形成垄断性优势，不断碾压小公司
的生存空间。其他小公司不论是技术、产品，还是渠道、生态等，
在各个方面都表现出竞争乏力、难以抗衡的态势，生存境遇愈发
艰难。云计算的未来必然是BAT的主场，对于大部分小公司来讲，
可以选择通过专注于垂直领域站稳脚跟，最佳选择是进入大企业
的生态链，汇聚在巨头周围寻找生存空间，或者是通过转型另谋
出路。譬如，2017年11月8日，华制智能携手华为发布"智造
云"，共建工业云生态系统。加快工业互联网领域物联网、大数
据、云计算、人工智能等技术的整合，打造工业垂直平台，为智
能制造提供场景应用和数据驱动。综合来看，云计算依然是巨头
的天下。

表10-5　全球主要国家云计算发展比较

国家		发展阶段	战略级别	现阶段及发展目标		龙头企业
美国		领先	国家级	2014年政府云计算采购额达到15.9亿美元，未来几年平均增长率将超过50%，90%的初创企业都将公有云服务作为IT系统建设的首选		谷歌、亚马逊、微软、IBM、甲骨文、苹果、思科
欧洲	英国	发展中	国家级	2015年，政府节省开支8000万英镑，至少有50%的信息技术资源通过公共云服务网络来购买，打造一个基于云的电子政府	2020年，云计算将在欧洲创造250万个新就业岗位，年均产值1600亿欧元，达到欧盟国民生产总值的1%	埃森哲公司、IVIS公司、SAP公司、Orange公司、IOMART公司
	法国	发展中	国家级	2016年云计算市场规模达2012年的28亿欧元增长16%		
	德国	发展中	国家级	2025年将超过75%的私人和商业数据存储于云端		

续表

国家	发展阶段	战略级别	现阶段及发展目标	龙头企业
日本	领先	国家级	2015 年实现电子政务集中到一个统一的云计算基础设施之上；2020 年前培育出超过 40 万亿日元新市场。	富士通、NTT、软银、KDDI、NEC、日立
韩国	领先	国家级	2015 年发展为世界云计算强国；2017 年，至少 15% 的公共服务部门使用由私企提供的云计算服务。	SK 电讯、KT 公司、LGU +

资料来源：宋立志：《世界主要国家云计算战略比较及启示》，《信息化论坛》2016 年 2 月。

三 未来升级逻辑

1. 国家层面不断升级发展战略

党中央、国务院高度重视以云计算为代表的新一代信息产业发展。近年来，云计算越来越得到国家的重视，政策不仅仅停留在"部门级"水平，还赋予其建设信息强国、助推经济发展的国家级战略地位，顶层设计促进云计算发展的纲要性规划和指导意见，明确、全面、系统地统筹国家中长期云计算发展目标、任务和布局等。同时，政府应以深度介入的方式扶持云计算，适当放开手脚、放宽思路，率先引进，企业跟进，积极培育市场以推进云计算产业落地发展。

2. 加大鼓励创新

政府通过各种政策规划措施，鼓励云计算技术、应用、模式创新，推动产业链的协同创新，支持万众创新，积极培育新业态发展，同时加大对中小企业应用云计算的扶持力度，营造良好的云计算应用环境，要求各级地方政府避免基础设施重复建设，积极探索同地方产业集群的融合对接、落地应用，充分体现地域性特色，以发挥云计算的服务本质。

3. 已逐渐被市场认可和接受

在政府积极引导和企业战略布局的推动下，经过社会各界共同努力, 云计算已逐渐被市场认可和接受, 市场需求不断释放, 应用范畴不断拓展, 已成为提升信息化发展水平、打造数字经济新动能的重要支撑。但是应该承认, 市场需求尚未完全释放。

四 产业价值链变化走向

云计算按照功能的层级划分, 可以分为硬件、软件、应用等层级, 各层涉及的厂商也比较多, 可以将涉足云计算的公司分成5 个大类。第一类是芯片半导体之类的供应商; 第二类是集成芯片的大型服务器/存储设备制造商; 第三类是在服务器或者存储设备之上的虚拟化软件服务商; 第四类是云计算管理服务提供商; 第五类是应用开发商。云计算效率的关键之一就在于服务器的运算能力, 而核心就是芯片的强大计算能力。那些搭载在数据中心的海量芯片, 支撑起了云计算的核心。目前, 第一类芯片半导体厂商盈利水平最高, 譬如, 英特尔的芯片产业利润率在45%左右。但由于摩尔定律的演进, 英特尔芯片的营业利润率呈现下降趋势, 如图 10 - 2 的所示。

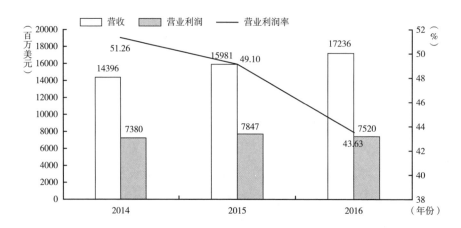

图 10 - 2 英特尔数据中心集团业绩

资料来源: 2016 年英特尔集团公司年报。

1. 拥抱开源①，容器技术应用将更为普及

愈来愈多的企业挑选容器手艺来分发营业，愈来愈多的数据中心采用容器手艺来办理资本。容器服务具有部署速度快、开发和测试更敏捷、系统利用率高、资源成本低等优势，随着容器技术的成熟和接受度越来越高，容器技术将更加广泛地被用户采用。谷歌的 Container Engine，AWS 的 Elastic Container Service，微软的 Azure Container Service 等容器技术日臻成熟，容器集群管理平台也更加完善，以 Kubernetes 为代表的各类工具可帮助用户实现网络、安全与存储功能的容器化转型。从国内看，各家公司积极实践，用户对于容器技术的接受度得到提升，根据调研机构数据，近 87% 的用户表示考虑使用容器技术。2017 年 10 月 17 日，阿里自研的容器技术 Pouch 宣布开源。预计未来，容器将在云计算产业获得更为广泛的部署。

2. 整合资源，创建协作共赢的产业生态

各巨头正纷纷打造以"我"为主的云生态，强化对云计算行业的掌控力。阿里云推动"云合计划"，计划招募 1 万家云服务商，共同构建生态体系，为企业、政府等用户提供一站式云服务。腾讯云发布"云 + 计划"，5 年投入 100 亿元打造云平台及建设生态体系，吸引云计算产业链上的长尾企业。浪潮发布"云腾计划"，计划 3 年内发展 3000 家以上合作伙伴。华为企业云与国内 100 多家各行业领先的合作伙伴、20 多个城市达成合作，扩展行业应用和计算能力。乐视云发布云资源、云视频、云应用、云发行、云营销、云数据 6 大场景，致力打造视频云生态，构建搭载在云上的内容、发行乃至用户体系的商业价值链和生态系统。百

① 开源对于云计算技术非常重要。诸如 Linux 和开源数据库之类的开源技术是所有云计算服务的重要组成部分。一些调查显示，多达 82% 的企业已经在使用 OpenStack，或者计划在未来这样做。

度推出"云图计划"，携手行业合作伙伴共建生态圈，计划 5 年内投入 100 亿元打造百度云平台及生态体系。云生态将可能成为云计算行业竞争力的标志，2017 年，各厂家将实质性推动云生态建设，也将有更多云计算企业启动云生态战略。

3. 应用引导，丰富云计算产品和服务

云计算产业升级将以深化应用为主线，立足于市场需求导向，在工业云、政务云等重点行业领域加快应用。随着区块链逐步走向应用，将有更多云计算企业推出与区块链相关的产品和服务。区块链技术和应用的开发、测试、部署较为复杂，门槛仍然较高。云计算具有资源弹性伸缩、成本低、可靠性高等优势，它与区块链结合，可以帮助企业快速低成本地开发部署区块链，促进区块链技术成熟，推动区块链从金融向更多领域拓展。

4. 走向融合，未来将由"单云"走向"多云"

未来云计算将以"多云"为主。研究机构调查显示，目前，有不少企业使用多个云厂商提供的云服务。究其原因，一是为缓解风险，当一个供应商宕机，还有其他供应商可以提供服务；二是为降低总成本，提供商的某些服务或产品价格互有高低，通过"多云"可以选择成本更低的组合。预测未来，企业将越来越多地使用多个云厂商提供的云服务。

5. 突破垄断，细分行业云服务将成为中小厂商生存之道

目前，云计算依然是巨头的天下。龙头企业拥有小公司难以逾越的技术壁垒。由于云计算、大数据、人工智能三者之间相辅相成、相互促进，云计算对技术的投入和大数据的需求，是一般的小公司难以承受的。国际和国内云计算市场均呈现"强者恒强"的局面，但同时可以看到，各大巨头提供的云服务存在一定程度的同质化，而用户需求千差万别，呈现多样化，各大巨头无法满足各类用户的具体需求。随着云计算产业生态链不断完善，行业分工呈现细化趋势，从游戏云、政务云、医疗云，到 2016 年快速

壮大的视频云，都体现出行业云的发展潜力。在云计算白热化的竞争态势下，中小厂商需要瞄准用户精细化需求，提供行业云等差异化云服务，以获得竞争优势。

6. 服务创新，企业级 SaaS 服务走向个性化定制化

截至 2016 年底，国内企业级 SaaS 云服务各领域创业项目数量有近 400 家，涉及 20 余个领域，包括企业报销、企业商旅、CRM、ERP、HR、OA、协同办公、收银支付、考勤管理等。几乎在企业管理的每一个领域，都有诸多垂直 SaaS 服务解决方案。企业客户有较多选择性，便会对使用体验提出更高的要求，随着云服务的不断升级，统一的云服务已经不能完全满足企业需求，不同行业、不同企业需要更具针对性的解决方案，定制化、个性化云服务将更能解决企业管理痛点，赢得市场。目前已经有一些企业开展了相关布局，如钱包行云可根据企业不同需求定制不同的模块化服务。

五 产业升级空间

以提升能力、深化应用为主线，云计算产业存在很大发展空间。预计到 2019 年，我国云计算产业规模将达到 4300 亿元。云计算能够引发软件开发部署，是承载各类应用的关键基础设施，在大数据、物联网、人工智能等新兴领域有很大的发展空间。围绕工业、金融、电信、就业、社保、交通、教育、环保、安监等重点领域应用需求，全国或区域混合云服务平台建设将进一步加快。面向云计算的信息系统规划咨询、方案设计、系统集成和测试评估等服务，第三方机构开展云计算服务质量、可信度和网络安全等评估评测等都有很大机会和前景。云计算在制造、政务等领域的应用水平有待进一步提升。云计算企业的国际影响力显著增强，在全球云计算市场中有 2~3 家具有较大份额的领军企业。云计算网络安全保障能力会进一步提高，将带动相关产业的发展，参见表 10-7。

六 行业景气

云计算产业是信息时代国际产业竞争的制高点。综合来看，目前全球云计算处于发展初期，行业巨头格局已经愈发明显，依然是巨头的天下，市场垄断程度高。在国内，云计算产业呈现"大巨头割据、小公司混战"的局面。云计算越来越得到市场认可，潜在需求巨大，参见表 10-6。

表 10-6 云计算产业景气度评级

分析指标	活跃度	描述性说明
产业周期	★★★★	全球云计算产业处于发展初期，面临巨大的发展空间和机遇
商业模式	★★★★	大企业以生态协同效应来吸引客户；中小企业进入大企业的生态链，汇聚在巨头周围寻找生存空间，或通过转型另谋出路
政策力度	★★★★★	根据产业、市场在不同阶段的特点和需求适时调整完善相关支持政策
增长前景	★★★★	生态化是大势所趋，而数据资源、技术能力、合作伙伴等成为云生态企业成功的关键因素
市场空间	★★★★★	预计到 2019 年，我国云计算产业规模达到 4300 亿元
行业壁垒	★★	"强者恒强"。从全球来看，行业巨头格局已经愈发明显；从国内来看，大巨头割据、小公司混战
投资热度	★★★★	全球科技巨头公司纷纷投资布局
综合景气度	★★★★	产业发展前景较高，但产业两极分化现象明显

资料来源：建投研究院。

第四节 物联网：促进规模化应用

物联网是新一代信息技术的高度集成和综合运用，互联网、云计算、大数据等技术加快发展，信息通信业内涵不断丰富，从传统电信服务、互联网服务延伸到物联网服务等新业态。物联网成为互联网之后又一个产业竞争制高点。

一 物联网产业面临的形势

全球各国都十分重视物联网产业发展，主要国家纷纷提出发展"工业互联网"和"工业4.0"，国际企业利用自身优势加快发展互联网服务产业。包括美国、德国、日本、韩国、欧盟等国家地区在内的发达经济体，都通过重新审视实体经济和制造业战略地位，瞄准重大融合创新技术的研发与应用，通过"工业4.0"、智慧地球、U-Japan、U-Korea等国家级战略大力推动物联网技术及应用发展，寻找新一轮增长动力，以期把握未来国际经济科技竞争的主动权。

日本总务省于2004年提出U-Japan计划，力求实现人与人、物与物、人与物之间的连接，希望将日本建设成一个随时、随地、任何物体、任何人均可连接的泛在网络社会。并在"平成17年度ICT政策大纲"中将U-Japan计划正式列为重点发展的项目，并制定了高达733亿日元的预算。2010年，日本在U-Japan计划基础上提出了"ICT2.0"，旨在通过ICT增强日本工业的竞争力，实现ICT领域年平均投资总量以9.3%的速度增长直至达到2010年的两倍的目标。

韩国于2006年确立U-Korea计划，目标是通过在生活环境里建设智能型网络和各种新型应用从而形成无所不在的社会，让民众可以随时随地享有科技智慧服务。2010年，韩国发布《IT融合发展战略》，核准通过《产业融合促进法》，撮合三星等IT企业通过物联网技术与现代汽车等制造企业缔结战略合作项目，开展了智能化融合产品的联合研发与产品生产。2013年韩国ICT研究与开发计划"ICT WAVE"启动，物联网平台被列入10大关键技术。2015年起，韩国未来科学创造部和产业通商资源部将投资370亿韩元用于物联网核心技术以及MEMS传感器芯片、宽带传感设备的研发。

欧盟执委会于2009年发表了欧洲物联网行动计划，发布了信息化战略框架、行动计划、战略研究路线图等，并试图通过"创新型联盟"快速推动物联网融合创新在多个领域深度渗透。2011年，欧盟在第七科研框架计划下，设立了 IoT – A、IoT6、openIoT 等一系列项目对物联网进行研发，并在智能电网、智慧城市、智能交通方面进行了积极部署。2013 年，欧盟通过了"地平线2020"计划，旨在利用科技创新促进增长、增加就业。欧盟物联网行动计划的研发重点集中在传感器、架构、标识、安全和隐私、语义互操作性等方面。

德国于 2011 年率先提出基于物联网的"工业 4.0"概念，目的是充分利用自身在制造设备及嵌入式系统领域的领先优势，通过将物联网与服务引入制造业重构全新的生产体系，形成新的产业革命。2013 年，德国将"工业 4.0"纳入《高技术战略 2020》的十大未来项目，随后设立了"工业 4.0"平台并制定了首个"工业 4.0"标准化路线图。

美国国防部和国家科学基金会早在 20 世纪 90 年代末至 21 世纪初就支持了多个传感网络的研究，建立物联网雏形。2009 年，"智慧地球"的发展理念被升级为国家物联网的发展战略。奥巴马签署总额为 7870 亿美元的《美国恢复和再投资法案》，在智能电网、卫生医疗和教育等领域积极推动物联网的应用与发展。美国国家标准与技术研究院组织其工业界和 ICT 产业界的龙头企业，共同推动工业互联网相关标准框架的制定。2015 年，美国宣布投入 1.6 亿美元推动智慧城市计划，将物联网应用试验平台的建设作为首要任务。

我国政府也将物联网作为国家战略性产业。中央政府及各地方政府对物联网产业的政策扶持力度不断加大。随着物联网应用示范项目的大力开展，"中国制造 2025""互联网 +"等国家战略的推进以及云计算、大数据等技术和市场的驱动，我国物联网市场也步入快速发展轨道。

二 竞争格局

物联网已初步形成了一个涵盖芯片、感知器件、操作系统、设备互联、边缘计算、关键软件、数据整合分析到各个垂直应用的生态系统，垂直化整合和水平化平台趋势共存。国际市场上以物联网作为主营业务的企业不多，但大型科技公司、运营商和互联网企业在物联网产业链上均有布局。其中，高通、谷歌、IBM、思科、英特尔、亚马逊等国外巨头均通过其核心能力和战略联盟推动产业垂直化整合，引领全球物联网生态系统发展。

硬件领域，海外 IT 巨头企业的转型布局趋于成熟，包括上游芯片领域的高通、Intel、ARM 等已经开发出面向物联网的芯片架构和解决方案。网络设备商领域，爱立信、华为、中兴等从通信设备到物联网网络设备仍处于行业主导地位。软件平台、下游应用及数据分析领域，既有 Jasper 等独立的平台商，也有微软、IBM、splunk 等企业的跨界布局。

国外权威的物联网研究机构 IoT Analytics 于 2016 年 12 月发布的物联网行业全球 20 强排名显示，美国企业最多，有 13 家，其他上榜的企业分别来自韩国、德国、日本、法国、瑞典和中国。综合来看，物联网龙头企业基本是国际 IT 巨头和全球消费电子巨头，中国的上榜企业是华为公司，排名第 18 位。分行业看，主要集中在软件服务、半导体芯片、硬件、消费电子、M2M、工业解决方案等领域，主要服务于物联网芯片架构、网络设备、工业与消费应用。

CIO 杂志于 2017 年 1 月发布评选出了十大最热门物联网创业公司。在物联网领域，相对于其他公司，高通在物联网领域具有最多的专利，包括传感器、处理器以及物联网平台的其他设备。第二、第三名是英特尔和思科，华为排名第十。

综合来看，全球范围内，物联网产业链逐渐成熟，不过核心

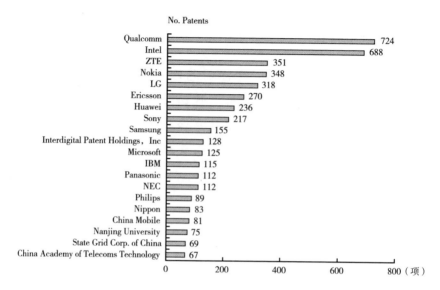

图 10 - 3 2016 年物联网行业全球 20 强企业拥有专利数排名

资料来源：IoT Analytics。

技术大多被西方发达国家所掌握，物联网技术的研发和应用主要集中在美国、欧洲、日本、韩国等少数发达国家。我国物联网产业链的关键环节仍有待进一步发展和完善，突出表现为以下几点。一是产业生态竞争力不强，芯片、传感器、操作系统等核心基础能力依然薄弱，高端产品研发能力不强，原始创新能力与发达国家差距较大；二是产业链协同性不强，缺少整合产业链上下游资源、引领产业协调发展的龙头企业；三是标准体系仍不完善，一些重要标准研制进度较慢，跨行业应用标准制定难度较大；四是物联网与行业融合发展有待进一步深化，成熟的商业模式仍然缺乏，部分行业存在管理分散、推动力度不够的问题，发展新技术新业态面临跨行业体制机制障碍。

三 未来升级逻辑

我国物联网加速进入"跨界融合、集成创新和规模化发展"

的新阶段，与我国新型工业化、城镇化、信息化、农业现代化建设深度交汇，有着广阔的发展前景。政策先行、技术主导、需求驱动是目前我国物联网发展的主要模式。

政策先行。物联网是新一代信息技术的高度集成和综合运用，对新一轮产业变革和经济社会绿色、智能、可持续发展具有非常重要的意义。我国高度重视物联网产业的发展，先后出台一系列的政策规划，强有力地推动和引领物联网产业发展，参见表 10 - 7。

表 10 - 7　我国物联网产业发展相关政策

年份	政策	主要内容
2010	国务院关于加快培育和发展战略性新兴产业的决定	物联网是新一代信息技术产业的重要组成部分
2011	"十二五"物联网发展规划	到 2015 年在核心技术研发与产业化、关键标准研究与制定、产业链条建立与完善、重大应用示范与推广等方面取得显著成效
2012	国务院关于推进物联网有序健康发展的指导意见	实现物联网在经济社会重要领域的规模示范应用，突破一批核心技术，培育一批创新型中小企业，打造较完善的物联网产业链等
2013	物联网发展专项行动计划（2013 ~ 2015）	顶层设计、标准制定、技术研发、应用推广、产业支撑、商业模式、安全保障、政府扶持、法律法规、人才培养等 10 个专项计划
2013	信息化和工业化深度融合专项行动计划（2013 ~ 2018 年）	推动物联网在工业领域的集成创新和应用
2015	中共中央关于制定国民经济和社会发展第十三个五年规划的建议	积极推进云计算和物联网发展，推进物联网感知设施规划布局，发展物联网开环应用
2017	信息通信行业发展规划物联网分册（2016 ~ 2020 年）	以促进物联网规模化应用为主线，提出了未来五年我国物联网发展的方向、重点和路径

资料来源：建投研究院。

技术主导。物联网集成了新一代信息技术的关键核心技术，将短距离移动资料收发器嵌入到日常生活中的小工具或事物中，为信息通讯的技术领域带来新的发展方向，可以说是一项科技革命。因此，物联网产业的发展要以技术为导向，依靠技术创新来推动和实现整个产业的转型升级。

需求拉动。物联网万亿级的垂直行业市场正在不断兴起，应用需求全面升级。制造业成为物联网的重要应用领域，相关国家纷纷提出发展"工业互联网"和"工业4.0"，我国提出建设制造强国、网络强国，推进供给侧结构性改革，以信息物理系统（CPS）为代表的物联网智能信息技术将在制造业智能化、网络化、服务化等转型升级方面发挥重要作用。车联网、健康、家居、智能硬件、可穿戴设备等消费市场需求更加活跃，驱动物联网和其他前沿技术不断融合，人工智能、虚拟现实、自动驾驶、智能机器人等技术不断取得新突破。智慧城市建设成为全球热点，物联网是智慧城市构架中的基本要素和模块单元，已成为实现智慧城市"自动感知、快速反应、科学决策"的关键基础设施和重要支撑。

投资有增无减。风险资本对物联网产业的投资有增无减。据统计，2011～2015年物联网创业公司累计吸引了74亿美元资金。但细分领域投资热度不均，物联网技术在健康/健身领域应用产生的交易量最大。商业智能也是物联网应用较多的领域，投资热度位列第二。会议、照明等领域的物联网技术投资处于较低水平。

四　产业价值链变化走向

物联网可以划分为感知层、网络层和应用层三个部分，感知层主要是由各种嵌入的芯片、传感器和传感器相关的网关构成，比如GPS终端、温度传感器、湿度传感器等，感知层主要的作用就是对物体进行识别和对信息进行采集；网络层主要是由各种私有的网络、互联网、有线的或者无线的通信网、网络管理的系统以及云计算的平台组成的，网络层就好比是人的大脑和神经组织，

主要的作用就是负责传递信息和处理感知层获取的信息等；应用
层主要的作用是连接物联网和用户，与行业的需求相结合，以更
好地实现物联网的智能应用。与之相对应，物联网的产业链也可
划分为上游、中游、下游三个环节。上游是感知层的元器件和终
端设备的生产厂商；中游是系统集成商、软件开发商和网络设备
提供商；下游是服务提供商、网络运营商等，如图 10 - 4。目前，
基础半导体巨头纷纷推出适应物联网技术需求的专用芯片产品，
为整体产业快速发展提供了巨大的推动力。随着全球物联网市场
规模出现快速增长，预测未来几年物联网产业链上下游企业资源
投入力度将不断加大。

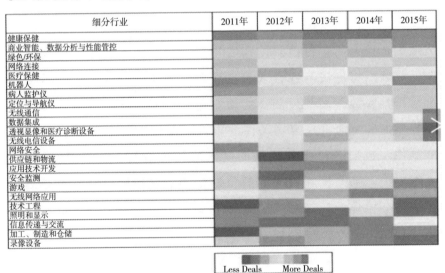

图 10 - 4　物联网细分领域投资热度表

资料来源：CB Insights 研究报告，2016 年 3 月。

1. 沿着产业链向上游、下游延展

制造业成为物联网的重要应用领域，物联网万亿级的垂直行
业市场正在不断兴起。相关国家纷纷提出发展"工业互联网"和
"工业 4.0"，我国提出建设制造强国、网络强国，推进供给侧结

构性改革，以信息物理系统（CPS）为代表的物联网智能信息技术将在制造业智能化、网络化、服务化等转型升级方面发挥重要作用。车联网、健康、家居、智能硬件、可穿戴设备等消费市场需求更加活跃，驱动物联网和其他前沿技术不断融合，人工智能、虚拟现实、自动驾驶、智能机器人等技术不断取得新突破。智慧城市建设成为全球热点，物联网是智慧城市构架中的基本要素和模块单元，已成为实现智慧城市"自动感知、快速反应、科学决策"的关键基础设施和重要支撑。

2. 产业价值链逐渐向服务转移

未来物联网产业价值逐步由制造类企业向服务和应用类企业转移，因此，物联网大数据服务、物联网平台和应用服务是行业发展的重点方向。目前我国物联网产业已形成完整的产业链。未来，物联网将加快与各行业深度融合，物联网服务提供商价值将陆续得到释放，芯片厂商、终端制造商、网络和系统集成解决方案提供商的价值将是市场关注的重点。麦肯锡数据表明，未来 10 年软件和数据分析服务提供商所获取的价值将大大提升，硬件、系统集成等基础设施服务商的价值将会下降，软件、应用开发的价值将会提升，至 2025 年，软件和服务提供商营业收入将占到整个物联网产业收入的 85%。

3. "商业化—应用—研发"的升级模式

应用创新是物联网发展的核心。目前，中国现阶段物联网产业发展仍是重点关注技术突破，进行试点应用，尚未达到规模化应用水平。要充分利用和快速捕捉全球涌现出的新技术、新产品，率先实现新技术的产业化、商业化，促进产业结构先发升级。吸收消化改进和发展全球已有的成熟技术，并率先在国内进行大规模产业化应用来抢占全球市场，以"市场为先"作为突破口撬动产业跨越式发展。

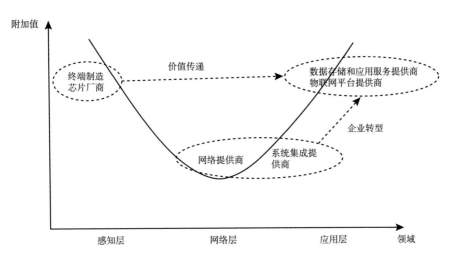

图 10 - 5　物联网产业价值变化

资料来源：东兴证券。

五　产业升级空间

我国已经形成包括芯片、设备、软件、系统集成、物联网服务等较为完善的物联网产业链。我们在全球最大的移动网络上部署了一亿台物联网的终端，物联网产业年复合增长率超过了 25%，进入高速发展期，产业规模从 2009 年的 1700 亿元跃升到 2016 年的 9300 亿元，预计到 2020 年，包含感知制造、网络传输、智能信息服务在内的总体产业规模将突破 1.5 万亿元，具有国际竞争力的物联网产业体系基本形成。物联网感知设施规划加快布局，公众网络 M2M 连接数突破 17 亿次。物联网规模应用不断拓展，泛在安全的物联网体系基本成型。

六　行业景气

全球物联网整体上处于加速发展阶段。中国现阶段物联网产业发展仍是重点关注技术突破，进行试点应用，尚未达到规模化应用水平，参见表 10 - 8。

表 10 - 8   物联网产业景气度评级

分析指标	活跃度	描述性说明
产业周期	★★★★★	物联网正进入跨界融合、集成创新和规模化高速发展阶段
商业模式	★★★	成熟的商业模式仍然缺乏
政策力度	★★★★★	政策先行,政府强有力地引领物联网产业发展
增长前景	★★★★★	以促进物联网规模化应用为主线
市场空间	★★★★★	2020 年产业规模将会超过 1.5 万亿元
行业壁垒	★★★★	发达国家与发展中国家在发展思路上存在较大差异,发达市场(如欧洲)呈现出法律、法规、政策、标准、技术、应用渐次推进的发展思路
投资热度	★★★★	投资有增无减,但细分领域投资热度不均,物联网技术在健康/健身领域应用产生的交易最大
综合景气度	★★★★	产业发展势头强劲,但高端技术的劣势一定程度上限制了产业应用进程

资料来源：建投研究院。

第五节   大数据：新业态培育与安全管理并重

当今是一个数据爆发增长的时代。数据成为资产，是国家基础性战略资源，是 21 世纪的"钻石矿"，数字经济正成为全球经济增长的重要驱动力。一个国家掌握和运用大数据的能力成为国家竞争力的重要体现。十九大报告提出要"推动大数据和实体经济深度融合"。"十三五"时期是实施国家大数据战略的起步期，是大数据产业崛起的重要窗口期，必须抓住机遇加快发展，实现从数据大国向数据强国的转变。

一   大数据产业面临的形势

大数据①产业是指以数据生产、采集、存储、加工、分析、服

---

① "大数据"一词来自于未来学家托夫勒于 1980 年所著的《第三次浪潮》，最早开始对大数据进行应用探索的是 2005 年雅虎公司的 Hadoop 项目。

务为主的相关经济活动，包括数据资源建设、大数据软硬件产品
的开发、销售和租赁活动以及相关信息技术服务。有人认为，大
数据是在多样的或大量的数据中快速获取信息的能力。① 随着移动
互联网、移动终端和数据传感器的出现，数据以超出人们想象的
速度快速增长。目前数据容量增长的速度已经大大超过了硬件技
术的发展速度，并正在引发数据存储和处理的危机。据统计，
2013 年全球产生的数据达到 3.5 泽字节，到 2020 年产生的数据将
增至 44 泽字节。据统计，2016 年全球大数据市场规模②超过 8000
亿美元，行业解决方案、计算分析服务、存储服务、数据库服务
和大数据应用为市场份额排名最靠前的细分市场，分别占据
35.40%、17.30%、14.70%、12.50% 和 7.90% 的市场份额，云
服务的市场份额为 6.30%，基础软件占据 3.90% 的市场份额，网
络服务仅占据 2.00% 的市场份额。在大数据推动下，信息技术正
处于新旧轨道切换的过程中，分布式系统架构、多元异构数据管
理技术等新技术、新模式快速发展，产业格局正处在创新变革的
关键时期。

　　大数据成为塑造国家竞争力的战略制高点之一，国家竞争日
趋激烈。世界上许多国家都已经认识到了大数据所蕴含的重要战
略意义，纷纷将大数据作为国家发展战略，将产业发展作为大数
据发展的核心，在推进大数据上已经形成了从发展战略、法律框
架到行动计划的完整布局。美国高度重视大数据的研发和应用，
2012 年 3 月推出"大数据研究与发展倡议"，将大数据作为国家
重要的战略资源进行管理和应用，2016 年 5 月进一步发布"联
邦大数据研究与开发计划"，不断加强在大数据研发和应用方面

---

① 赵国栋、易欢欢、糜万军、鄂维南：《大数据时代的历史机遇：产业变革与数据科学》，清华大学出版社，2013 年 6 月。
② 由于大数据是新兴产业，统计口径没有标准，市场上对于大数据规模的统计数据各有不同，本文是根据贵阳大数据交易所数据得来。

的布局。欧盟于 2014 年推出了"数据驱动经济"战略，明确制定大数据发展计划，提出数据价值链不同阶段产生的价值将成为未来知识经济的核心，利用好数据可以为运输、健康或制造业等传统行业带来新的机遇。英国于 2015 年在大数据和节能计算研究上投资 1.89 亿英镑，把大数据看作是自己的优势，以带动企业在该领域的投资。法国政府在 2013 年投入近 1150 万欧元，用于 7 个大数据市场研发项目，目的在于来促进法国大数据领域的发展。法国于 2015 年出台《数字化路线图》，把大数据列为将大力支持的五项战略性高新技术之一。此外，日本、澳大利亚、印度、新加坡等也出台了类似政策，推动大数据应用和产业发展。

我国经济社会发展对信息化提出了更高要求，发展大数据产业具有强大的内生动力，大数据产业具备较好基础。"十二五"期间，信息化积累了丰富的数据资源。网民数量超过 7 亿，移动电话用户已经突破 13 亿人，两者规模均居世界第一，月度户均移动互联网接入流量达 835M。智慧城市建设全面展开，近 300 个城市进行了智慧城市试点。但同时，发展大数据产业仍然存在一些困难和问题。一是数据资源开放共享程度低。数据质量不高，数据资源流通不畅，数据价值难以被有效挖掘利用。二是技术创新与支撑能力不强。我国在新型计算平台、分布式计算架构、大数据处理、分析和呈现方面与国外仍存在较大差距，对开源技术和相关生态系统影响力弱。三是大数据应用水平不高。我国发展大数据具有强劲的应用市场优势，但是目前还存在应用领域不广泛、应用程度不深等问题。四是大数据产业支撑体系尚不完善。数据所有权、隐私权等相关法律法规不健全。

二 竞争格局

近两年来，大数据发展浪潮席卷全球。随着社会的进步和信息通信技术的发展，信息系统在各行业、各领域快速拓展。这些系统采集、处理、积累的数据越来越多，数据量增长越来越快。大数据成为全球 IT 支出新的增长点。2015 年大企业对与大数据有关的项目的平均开支将达到 1800 万美元，目前 70％ 的大企业和 56％ 的中小企业已经部署或者正在部署与大数据有关的项目和计划。

目前全球大数据企业主要分为两大阵营。一部分是单纯以大数据技术为核心的创新型公司，希望为市场带来创新方案并推动技术发展。另一部分是以数据库/数据仓储业务为主的知名公司，利用自身资源与技术优势冲击大数据领域。开源技术逐步降低了企业进军大数据领域的门槛，加之数据的规模化增长和应用场景的越发丰富，越来越多的企业加入大数据掘金浪潮，创业企业不断涌现，互联网巨头和传统 IT 厂商加速投资并购以争夺市场领袖地位。2014 年以来，全球大数据市场结构从垄断竞争向完全竞争格局演化。企业数量迅速增多，产品和服务的差异度增大，技术门槛逐步降低，市场竞争越发激烈。但局部环节竞争程度差异化明显，产业链中游竞争集中度较高，基本被国外企业垄断，位于产业下游的数据展示与应用竞争集中度较低，尚未形成垄断，是国内新兴企业最有机会的领域，参见图 10 - 6。

从国内情况来看，我国大数据企业竞争格局总体呈现数据资源型企业、技术拥有型企业和应用服务型企业"三分天下"的局面。

数据资源型企业，即先天拥有数据或者以汇聚数据资源为目标的企业，这类企业将占据一定先发优势，利用手中的数据资源或挖掘数据资源来提升企业竞争力，或主导数据交易平台机制的形成，以在自身行业积累了丰富数据资源和力图汇聚开放网络数据的企业以及互联网企业为代表。典型代表企业有数据堂、星图数据、优易数据、腾讯、百度、阿里巴巴等。

技术拥有型企业是以技术开发见长的，即专注开发数据采集、

存储、分析以及可视化工具的企业，包括软件企业、硬件企业和
解决方案商，代表企业有星环科技、永洪科技、南大通用、华为、
用友、联想、浪潮、曙光等。

应用服务型企业是指为客户提供云服务和数据服务的应用服
务型企业，这类企业广泛对接各个行业，专注于产品的便捷化和
易维护性，同时要针对不同行业客户的需求提供差异化的服务，
代表企业有百分点、明略数据、TalkingData 等。

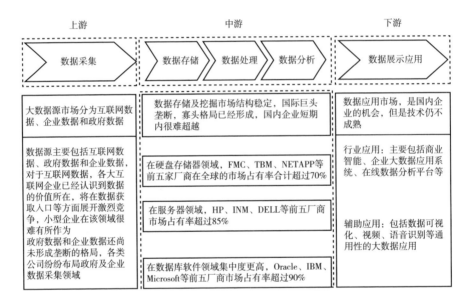

图 10 - 6 大数据产业链不同环节竞争格局

资料来源：大数据资讯，2017 年 3 月 15 日。

三 未来升级逻辑

丰富的数据奠定了大数据产业的发展基础。我国持续增长的
网民数量和互联网普及率为数据量的扩大奠定了基础，随着"互
联网 +"的发展、信息技术的创新、互联网的普及，越来越多的
数据将会得到记录，数据源范围会不断扩大，所属行业会不断丰

富。据预测，至 2020 年全球所产生的数据量将会达到 40 万亿 GB（约为 40EB），为大数据行业发展奠定基础，催生强大的大数据存储、处理与分析需求。

政策环境持续优化。近年来，政府持续发力，推动大数据产业发展迈入快车道。继 2015 年国家发布《促进大数据发展行动纲要》之后，2016 年《"十三五"规划纲要》中明确提出实施国家大数据战略，把大数据作为基础性战略，全面实施促进大数据发展的行动规划，加快推动数据资源共享开放和开发应用，助力产业转型升级和社会治理创新。国家发改委出台了《关于组织实施促进大数据发展重大工程的通知》《促进大数据发展三年工作方案（2016～2018）》等大数据发展配套政策；工信部发布了《软件和信息技术服务业发展规划（2016～2020 年）》《大数据产业发展规划（2016～2020 年）》等专项规划；交通运输部、农业部、国土资源部、环保部等部委相继印发了《关于推进交通运输行业数据资源开放共享的实施意见》《农业农村大数据试点方案》《关于印发促进国土资源大数据应用发展的实施意见》《生态环境大数据建设总体方案》等一系列大数据应用相关的政策方案。大数据产业发展环境不断得到优化，大数据的新技术、新业态、新模式将不断涌现。

提供了广阔的市场空间。当前我国正在推进供给侧结构性改革和服务型政府建设，加快实施"互联网＋"行动计划和"中国制造 2025"战略，建设公平普惠、便捷高效的民生服务体系，为大数据产业创造了广阔的市场空间，是我国大数据产业发展的强大内生动力。

基于大数据的创新创业日趋活跃。在大数据资源建设、大数据技术、大数据应用领域涌现出一批新模式和新业态。基于大数据的创新创业日趋活跃，大数据技术、产业与服务成为社会资本投入的热点。

四 产业价值链变化走向

大数据产业是以大数据为核心资源，将产生的数据通过采集、存储、处理、分析并展示和应用，最终实现数据的价值。从"数据采集—数据存储—数据处理—数据分析—数据展示应用"这条产业链进行梳理，共涉及 11 类主要产品和服务，参见图 10-7。

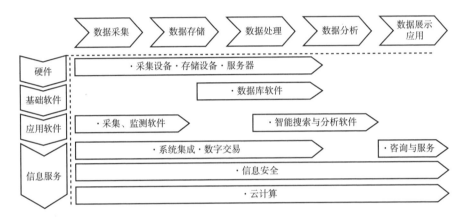

图 10-7 大数据细分领域涉及的产品和服务

资料来源：赵国栋、易欢欢、糜万军、鄂维南：《大数据时代的历史机遇：产业变革与数据科学》，清华大学出版社，2013 年 6 月。

1. 应用引领升级，加快大数据技术产品研发和在各行业、各领域的应用

我国发展大数据具有强劲的应用市场优势，但是目前还存在应用领域不广泛、应用程度不深等问题。技术应用创新滞后，在大数据相关的数据库及数据挖掘等技术领域，处于支配地位的领军企业均为国外企业。在市场上，由于国内大数据企业技术上的不足，用户更加青睐 IBM、甲骨文、EMC、SAP 等国外 IT 企业，国内企业市场占有率仅 5% 左右。目前，在众多应用领域中，电子商务、电信领域应用成熟度较高，政府公共服务、金融等领域市场吸引力最大，具有发展空间，参见图 10-8。应发挥我国市场规

模大、应用需求旺的优势,加快大数据技术产品研发和在各行业、各领域的应用,促进跨行业、跨领域、跨地域大数据的应用。

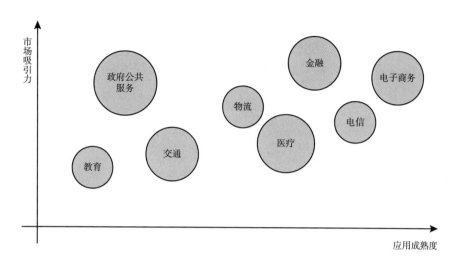

图 10 - 8　大数据应用领域市场吸引力及应用成熟度模型

注:⬤大小代表应用市场规模的大小

资料来源:大数据资讯,2017 年 03 月 15 日。

2. 生态化升级,与人工智能、云计算、物联网等技术的融合创新将更加深入

网络信息技术领域是全球研发投入最集中、创新最活跃、应用最广泛、辐射带动作用最大的技术创新领域,是全球技术创新的竞争高地。大数据、云计算、物联网、人工智能等新一代信息技术是最典型的网络信息技术,创新驱动是其发展的原动力,新兴技术间的融合创新更是产业发展的主基调。2016 年,我国大数据骨干企业研发投入不断加大,技术融合创新取得重要进展。阿里巴巴电子商务交易系统实现了"双十一"每秒钟 17.5 万笔的订单交易和每秒钟 12 万笔的订单支付,主要归因于飞天技术平台的重要支撑,而该平台本身就是大数据和云计算融合创新的成果。此外,百度大脑、讯飞超脑等重大科技项目,其本身也是超大规

模计算（云计算）、先进算法（人工智能）和海量数据分析（大数据）融合创新的成果。未来，大数据的技术发展与物联网、云计算、人工智能等新技术领域的联系将更加紧密，物联网的发展将极大提高数据的获取能力，云计算与人工智能将深刻地融入数据分析体系，融合创新将会不断地涌现和持续深入。

3. 服务化升级，以数据为中心的解决方案与应用产业将兴起

虽然，近年来大数据技术门槛有所降低，但产业链中游竞争集中度较高，基本被国外企业垄断。国内企业机会更多地位于产业下游，可以重点提供重大技术和应用需求的解决方案和服务，培育服务新模式和新业态，提升服务能力；围绕数据全生命周期各阶段需求，开展数据采集、清洗、分析、交易、安全防护等技术服务。

4. 安全升级，提升大数据安全保障能力

针对网络信息安全新形势，加强大数据安全技术产品研发。重点研究大数据环境下的统一账号、认证、授权和审计体系及大数据加密和密级管理体系，突破差分隐私技术、多方安全计算、数据流动监控与追溯等关键技术。研发大数据安全保护产品和解决方案。加强云计算、大数据基础软件系统漏洞挖掘和加固。

五　产业升级空间

大数据技术和应用处于创新突破期，国内市场需求处于爆发期，我国大数据产业面临重要的发展机遇。随着国家大数据战略推进实施以及配套政策的贯彻落实，大数据产业发展环境将进一步优化，大数据的新技术、新业态、新模式将不断涌现，产业规模将继续保持高速增长态势。到2020年，技术先进、应用繁荣、保障有力的大数据产业体系基本形成。大数据相关产品和服务业

务收入突破 1 万亿元①，年均复合增长率保持在 30% 左右，为实现制造强国和网络强国提供了强大的产业支撑，有望形成 10 家国际领先的大数据核心龙头企业和 500 家大数据应用及服务企业。

六　行业景气

从"数据即资产"到"数据是当代的石油"，"十三五"时期是我国全面建成小康社会的决胜阶段，数字经济正成为全球经济增长的重要驱动力。中国是制造业大国，也是互联网大国，更是数据大国。伴随着我国从数据大国向数据强国转变，大数据产业创新发展能力不断强化，国内市场需求处于爆发期，大数据产业面临重要的发展机遇，正处于产业崛起的重要风口，市场前景广阔。但目前，大数据仍处于起步发展阶段，行业发展水平参差不齐，参见表 10 – 9。

表 10 – 9　大数据产业景气度评级

分析指标	活跃度	描述性说明
产业周期	★★★	处于快速推进期，技术和应用处于创新突破期，行业发展水平参差不齐
商业模式	★★★	产业链中游集中度较高，基本被国外企业垄断，下游的数据展示与应用尚未形成垄断，是国内新兴企业最有机会的领域
政策力度	★★★★★	国家高度重视，实施国家大数据战略
增长前景	★★★★	以应用为导向，强化大数据产业创新能力
市场空间	★★★★★	国内市场需求处于爆发期，2020 年大数据相关产品和服务业务收入突破 1 万亿元，年均复合增长率 30% 左右
行业壁垒	★★★★	技术门槛逐步降低，市场结构从垄断竞争向完全竞争格局演化。但局部环节竞争程度差异化明显，产业链中游竞争集中度较高，下游集中度较低
投资热度	★★★★	互联网巨头和传统 IT 厂商加速投资并购以争夺市场
综合景气度	★★★★	起步实施国家大数据战略，是大数据产业崛起的重要窗口期，面临重要的发展机遇，建议积极布局。但应注意基础研究、产品研发和业务应用短板等因素在短期内制约市场需求爆发

资料来源：建投研究院。

---

① 基于现有电子信息产业统计数据及行业抽样估计，2015 年我国大数据产业业务收入达 2800 亿元。

第六节　人工智能：加速商业化应用

一　人工智能产业面临的形势

随着大数据、云计算、深度学习、人脑芯片等基础支撑技术能力显著提升，人工智能将会融入智能制造的各技术环节，与其他技术结合产生巨大的创造力。人工智能的迅速发展将深刻改变人类社会生活、改变世界。世界科技巨头纷纷布局人工智能技术，国内企业也投入巨资研发，这些都促进了人工智能率先在部分行业实现了商业化。

人工智能成为当前全球各国竞争角逐的新焦点。人工智能是引领未来的战略性技术，世界主要发达国家把发展人工智能作为提升国家竞争力、维护国家安全的重大战略，加紧出台规划和政策，围绕核心技术、顶尖人才、标准规范等强化部署，力图在新一轮国际科技竞争中掌握主导权。我国计划通过实施四项重点任务，力争到 2020 年，一系列人工智能标志性产品取得重要突破，在若干重点领域形成国际竞争优势，人工智能和实体经济融合进一步深化，产业发展环境进一步优化。2017 年 12 月 13 日，工信部印发的《促进新一代人工智能产业发展三年行动计划（2018 ～ 2020 年）》明确提出，要着力推动新一代人工智能技术的产业化与集成应用，发展高端智能产品，夯实核心基础，促进新一代人工智能产业发展，推动制造强国和网络强国建设，助力实体经济转型升级。

技术水平发展进入了新阶段。经过 60 多年的演进，特别是在移动互联网、大数据、超级计算、传感网、脑科学等新理论新技术以及经济社会发展强烈需求的共同驱动下，人工智能加速发展，呈现出深度学习、跨界融合、人机协同、群智开放、自主操控等新特征。大数据驱动知识学习、跨媒体协同处理、人机协同增强智能、群体集成智能、自主智能系统成为人工智能的发展重点，受脑科学研究成果启发的类脑智能蓄势待发，芯片化硬件化平台化趋势更加明显，人工智能发展进入新阶段。当前，新一代人工智能相关学科发展、理论建模、技术创新、软硬件升级等整体推进，正在引发链式突破，推动经济社会各领域从数字化、网络化向智能化加速跃升。

3. 人工智能成为拉动经济发展的新引擎。人工智能作为新一轮产业变革的核心驱动力，将进一步释放历次科技革命和产业变革积蓄的巨大能量，并创造新的强大引擎，重构生产、分配、交换、消费等经济活动各环节，形成从宏观到微观各领域的智能化新需求，催生新技术、新产品、新产业、新业态、新模式，引发经济结构重大变革，深刻改变人类生产生活方式和思维模式，实现社会生产力的整体跃升。我国经济发展进入新常态，深化供给侧结构性改革任务非常艰巨，必须加快人工智能深度应用，培育壮大人工智能产业，为我国经济发展注入新动能。

二　产业竞争格局

全球科技巨头诸如谷歌、微软、苹果、IBM、Facebook、英特尔等都将人工智能视为下一个技术引爆点，纷纷投入巨额投资展开研发与竞争。谷歌把人工智能作为未来重大战略，全力开发"谷歌大脑"，Facebook 斥巨资成立人工智能实验室，微软推出旨在探索人类大脑奥秘的人工智能系统"adam"，直接与"谷歌大脑"抗衡。中国的百度则干脆将"谷歌大脑之父"吴恩达挖了过来，倾力打造自己的"百度大脑"，与美国科技巨头直接展开正面较量。

当前，全球的人工智能企业已经超过了 950 家，总估值超过

87 亿美元。人工智能公司在细分行业中分布从多到少依次是，机器深度学习（应用）179 家，自然语言处理 127 家，计算机视觉（通用）95 家，机器深度学习（通用）90 家，计算机视觉（应用）71 家，虚拟个人助理 70 家，语音识别 65 家，推荐引擎 51 家，智能机器人 38 家，情景感知计算 28 家，语音翻译 15 家，视频内容识别 14 家。总而言之，围绕特定应用的深度学习/机器学习公司最多，有 200 家，其次是关注语音识别的自然语言处理类的公司。

从人工智能公司的全球分布来看，大多数集中在北美和西欧，印度、中国、俄罗斯、澳大利亚、巴西、阿根廷、智利等国排名靠后。从 2015 年人工智能的投资情况来看，80% 的投资少于 500 万美元；90% 的现金投资发生在美国；75% 的多轮融资发生在美国。谷歌、FaceBook、Microsoft、IBM 这些科技巨头，是拥有投资收购和招聘引进人才的资金实力和技术支持的龙头企业，他们处在人工智能产业链的顶端。Facebook 收购 Face. com、Oculus VR，成立人工智能实验室；苹果推出 Siri；IBM 成立 Waston Group。而其他企业则多以单个技术或者某一垂直领域切入，绝大多数聚焦在商务应用、金融和安全领域，参见图 10 - 9。

从国内情况来看，我国在人工智能领域与国际水平不存在代差，在图像识别、语音识别等方面的技术甚至已经处于国际领先水平。百度、科大讯飞等公司的语音识别率达到 99%，在国际大赛中多次夺魁；香港中文大学汤晓鸥团队在 LFW 人脸识别数据库中的准确率率先达到 99.15%，超过了 Facebook 等国际团队。不过，我国人工智能企业起步稍晚，在基础技术的核心算法等方面有待提高。而在基础硬件方面，由于我国在芯片、储存设备等核心零部件与国外存在代差，追赶还需要付出更多的努力。三类企业各有竞争优势。（1）BAT 致力于构建人工智能生态圈，依托自身的大数据、雄厚的资本、深厚的技术积累，可以通过自身研发

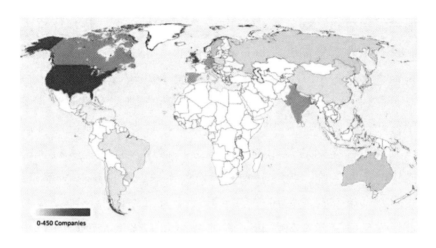

图 10 – 9　全球人工智能公司分布格局

资料来源：赵赛坡：《六张图读懂全球人工智能产业的现状》，人工智能网，2017年 4 月。

或收购完善技术和产业布局，通过开放 AI 技术开发平台，依托大数据和客户资源开发应用产品，在推广上具备优势。（2）科大讯飞为代表的人工智能技术公司，开发基于感知技术、深度学习等方面的 AI 通用技术，搭建面向多领域的软件开发平台，既可以面向应用产品开发，也可以向其他基础技术延伸。（3）应用型人工智能创业公司，对于具体应用领域有深刻理解，对于市场需求更加敏感，但缺点是核心技术相对单一，很多时候会成为 BAT 的收购对象。

三　升级逻辑

政策和资金的支持、人才储备、技术的积累和突破等都已为人工智能的发展提供了基础条件。

1. 政府一系列政策的强有力引导

当下我国社会面临老龄化、经济转型和制造业升级等多方面的压力，对此，国务院在印发的《中国制造 2025》中明确指示，要把智能制造和高端技术创新作为重点建设工程。特别要将人工智能技术作为未来优先发展的战略技术，重点攻克一批智能化高端装备，发展和培育一批产值超过 100 亿元的人工智能核心企业。2017 年 12 月 13 日，工信部印发《促进新一代人工智能产业发展三年行动计划（2018～2020 年）》，该行动计划明确提出，到 2020 年，力争在智能网联汽车、智能服务机器人、智能无人机、医疗影像辅助诊断系统、视频图像身份识别系统、智能语音交互系统、智能翻译系统、智能家居产品等领域着力率先取得突破，在若干重点领域形成国际竞争优势，人工智能和实体经济融合进一步深化。

2. 技术在广度和深度上都已实现了重大突破

近年来，我国人工智能技术在人工智能基础研究、人脑研究、网络融合、3D 智能打印等领域不断产生新的突破。我国拥有自主知识产权的文字识别、语音识别、中文信息处理、智能监控、生物特征识别、工业机器人、服务机器人等智能科技成果已进入广泛的实际应用领域。2016 年，我国智能语音交互产业规模达到 180 亿元；指纹、人脸、虹膜识别等产业规模达 140 亿元。同时，我国已经拥有一支人工智能研发队伍和国家重点实验室等设施齐全的研发机构。

3. 潜在消费需求激发出强大的行业内生动力

行业市场的产生、发展、更迭依赖行业用户的需求发展。随着自动驾驶、车联网、物联网的发展，人工智能的发展更需要契合用户需求的发展。人工智能产业潜在消费需求激发出强大的行业发展内生动力，洞察用户消费升级方向，把握用户消费产品认知，提升服务意识，不断推动人工智能市场的创新发展。

4. 国内投资动作频频

近年来，我国人工智能技术在人工智能基础研究、人脑研究、网络融合、3D 智能打印等领域也不断产生新的突破。2015 年，我国投资人工智能的机构数量已经高达 48 家，同比增长 71.4%，是 2012 年投资机构数量的 6 倍；投资额为 14.23 亿元，同比增长 75.7%，是 2012 年投资额的 23 倍；投资次数为 43 次，同比增长 65.4%，与 2012 年相比增长了近 5 倍，如表 10-10 所示。一般而言，一季度是属于投资行业的淡季，但 2016 年一季度，人工智能企业即融资约 4 亿元，说明中国人工智能行业投资热情会更加高涨。国内获得投资的人工智能企业 71% 属于应用类，26% 属于技术类，仅有 3% 为基础资源类企业。

表 10-10　我国人工智能领域投资概况

年度	投资机构(家)	投资案例(个)	投资额(亿元)
2012	8	1	0.62
2013	16	8	4.6
2014	28	26	8.1
2015	48	43	14.23
2016	67	68	74.37

资料来源：艾瑞咨询。

四　产业价值链变化走向

人工智能产业链包括基础技术支撑、人工智能技术及人工智能应用三个层次。基础技术支撑层主要关注数据资源、计算能力和硬件平台，硬件资源包括芯片研发、存储设备开发、运动传感器等，数据资源包括方言数据、各种字体数据以及云计算平台等。人工智能技术层着重于算法、模型及应用开发，例如计算智能算法、感知智能算法、认知智能算法。人工智能应用层则是将人工智能与各个下游领域结合起来，无人机、机器人、虚拟个人助手、虚拟客服、语音输入法等均是下游应用的典型案例，参见图 10-10。

1. 近期来看，应用端的服务化趋向明显

从近两年国内人工智能的融资情况来看，国内获得投资的人

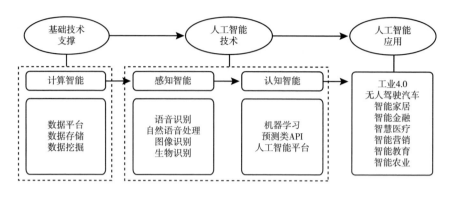

图 10 − 10　人工智能产业链

资料来源：华安证券研究所。

工智能企业 71% 属于应用类，26% 属于技术类，仅有 3% 为基础资源类。这一方面是因为越靠近底层，技术突破越难，企业数量也越少，基础层的数据资源和核心算法只有 BAT 等巨头才有实力涉足；另一方面也是因为应用类靠近 C 端，容易以小博大，迅速获得投资回报。从细分领域来看，应用类企业分为软件服务企业和硬件企业，软件服务类获得投资最多，占比 83%。技术类企业的技术分为机器视觉、自然语言处理、机器学习等方面，其中，机器视觉类公司获得的投资最多，占所有技术类企业的 53%。融资情况反映出，人工智能的应用端层将迎来较快发展，尤其是应用端的软件服务化趋向明显。因此，应用开发，特别是基于当下较为成熟的感知智能技术如语音、视觉识别的服务、硬件产品等的应用开发将是短期的投资亮点，与此同时，目前下游应用领域也面临着大量需求，如人口老龄化对服务机器人的需求、定制化生产对 3D 打印的需求、物流配速对无人机的需求等。考虑到下游需求，穿戴设备、3D 打印、无人驾驶、服务机器是最值得看好的应用场景。

2. 从长期来看，认知智能等核心技术突破是行业发展的核心

从长期来看，认知智能等核心技术的研究和数据、计算资源

的提升积累是人工智能行业发展的关键。在以现有技术为基础的应用领域基本饱和之后，只有技术研究才能推动新一轮的应用创新。目前有待突破的分支技术包括深度学习、符号主义、遗传算法、模式识别，以及自然语言理解等；涉及的硬件支持主要为云计算中心、IDC、交换机、服务器。因此，技术研究是长期的投资关注点。具体来说，应该关注核心技术模块提供商和数据传输、运算、存储过程所涉及的基础设施运营商。

五 未来产业升级空间

人工智能产业将主要围绕商业化应用来实现转型升级。一方面，深度学习、知识图谱、GPU 并行计算等大数据支持技术的成熟使得制约发展的底层技术瓶颈不复存在；另一方面，下游行业需求倒逼也是发展的重要动力，诸如人机互动多元化倒逼自然语义处理、大数据精准营销倒逼推荐引擎及协同过滤，等等。

人工智能商业化步伐将加快，率先在企业服务领域得以深化应用，包括安防、金融、大数据安全、无人驾驶等。生物识别和大数据分析在安防和金融领域的应用目前产业化进程较快，如智能视频分析、反恐与情报分析、地铁等大流量区域的监控比对；金融领域的远程开户、刷脸支付、金融大数据采集处理、资产管理等。人工智能市场下一个拓展领域是客户端应用，如虚拟个人助理、无人驾驶、辅助诊疗等。人工智能在无人驾驶领域的应用主要体现在环境感知环节的图像识别、基于高精度地图和环境大数据的路径规划、复杂环境决策、以及交互下的车联网；在教育领域应用方面，人机交互将重构更互动性的教学，同时大数据和深度学习的结合使得个性化教学成为现实；而在医疗应用方面，则包括辅助快速诊断案例、制定康复计划、解读医学影像等。由于人工智能属于基础型技术，与机器人和大数据联系紧密，其水平的提升将带来多领域的应用扩展，大幅拓宽传统产业的发展之路，产生 10 ~ 100 倍的溢出效应。艾瑞咨询预计，在不包括硬件产品销售收入（如机器人、无人机、智能家居等销售）、信息搜索、资讯分发、精准广告推送等情况下，预计 2020 年中国人工智能市场规模将达到 91 亿元，如果考虑人工智能硬件方面的市场规模，则数倍于此。其中，语音识别约占 60%，视觉识别占 12.5%，图像处理、机器学习等其他种类占 27.5%。

六　行业景气

受到全球范围内下游应用需求倒逼和上游技术基础成型的推动，近年来人工智能赢得了加速发展的黄金期。预计 2020 年，人工智能市场规模将接近百亿元，人工智能的发展也将带动相关产业链的变革，市场发展前景光明。目前国际巨头在人工智能技术上还没有完全形成垄断，我国在人工智能的研究上与发达国家相比不算落后，对于我国来说是个绝好的发展机会，再加上我国在人工智能相关领域不断产生新的突破，未来人工智能市场将呈现跨越式增长。到"十三五"规划末年，我国将会建立完善的智能制造体系，实现工业制造智能化和自动化。未来随着人均可支配收入的增加以及人口老龄化时代的来临，人工智能家庭化的现象将会普及，届时家用助老服务机器人、医疗机器人以及家用清洁机器人的市场需求将会激增，参见表 10 - 11。

表 10 - 11　人工智能产业景气度评级

分析指标	活跃度	描述性说明
产业周期	★★★★★	目前人工智能还处于感知智能的试点阶段，还需 5 ~ 10 年感知智能技术应用才进入普及阶段
商业模式	★★★	目前人工智能主要应用在智能硬件及机器人、虚拟场景、安防、商业智能（BI）和虚拟服务中
政策力度	★★★★★	在《中国制造2025》和党的十九大报告中人工智能被推上国家战略层面，国家高度重视人工智能的发展

分析指标	活跃度	描述性说明
增长前景	★ ★ ★ ★ ★	人工智能未来将深入到各个行业,市场前景明朗
市场空间	★ ★ ★ ★ ★	到 2020 年,一系列人工智能标志性产品将取得重要突破,在若干重点领域形成国际竞争优势;我国人工智能市场规模近百亿,市场空间巨大
行业壁垒	★ ★ ★ ★	人工智能对技术、资金要求较高,进入市场有一定门槛
投资热度	★ ★ ★ ★ ★	截至 2016 年底,我国人工智能领域已有近百家创业公司,市场投资火热
综合景气度	★ ★ ★ ★ ★	人工智能领域存在众多投资机会,市场投资火热

资料来源：建投研究院。

第七节　资本布局信息技术产业的思路

信息技术产业是未来推动产业互联互通，形成现代化经济体系的重要基础和保障，是关系国民经济和社会发展全局的基础性、战略性、先导性产业，必将率先步入景气。未来十年，新一代信息技术产业的投资集中在建设宽带、融合、安全、泛在的下一代信息网络，加快发展突破超高速光纤与无线通信、物联网、云计算、数字虚拟、先进半导体和新型显示等新一代信息技术等方面。从信息技术革命的发展史来看，我们总结规律，对信息技术产业的投资逻辑给出以下判断。

一　把握行业发展周期

从整个行业来看，信息技术发展速度非常快，市场呈现指数式增长。尤其新一代移动通信、量子通信、大数据等技术的快速演进，正在引领新的创新浪潮，因此需要认清行业发展周期，选择在行业初期或快速成长期来投资布局。

二　在硬件与服务的结合中寻找机会

伴随着市场规模的快速成长，信息技术产业的投资规模必将不断扩大。一方面，基础硬件投资大有可为，信息技术应用产品的火爆，必然推动核心零部件和基础硬件的需求。另一方面，投资平台就是投资未来。随着技术进步、应用推广和商业模式创新，信息技术将加快与各行业深度融合，好的商业模式和盈利模式以及管理平台、应用软件开发平台、数据存储及应用服务平台等将会是未来投资的重点。

三　优选产业链环节投资

信息技术产业链长，上下游产业关联度高，行业的发展路径是应用产品先推广，然后增加核心硬件和系统集成的需求，最后则是对软件和服务的需求，沿着产业链布局是资本共同的选择。

第十一章　大健康产业的升级路径

大健康是全球最具前景的产业之一，有人把它誉为继 IT 产业之后的"财富第五波"。伴随着社会发展、人口结构、生活水平和疾病图谱的变化，人们不再局限于疾病防治，而是更多地关注自身健康和生命质量。我国的健康需求目前已经成为政策选择的消费升级方向，对其发展的引导也已经上升到国家战略。我国大健康产业处于起步阶段，但是需求旺盛，发展空间巨大。

第一节　大健康产业概述：被誉为 IT 产业之后的"财富第五波"

十八届五中全会公报将建设"健康中国"上升为国家战略，"大健康"概念正融入各级政府的执政理念之中。在政策红利的不断释放下，大健康产业引领新一轮经济发展浪潮，各方面资本积极涌入，市场潜力巨大。随着技术的进步以及消费升级，一些行业还将加快演变升级，新产品、新业态、新模式不断涌现。

一　大健康产业综述

作为具有巨大市场潜力的新兴产业，大健康产业链条长、要素多，需要对其进行全面把握和分析。

1. 大健康不只是健康

准确地说，"大健康"不是传统意义的产业，而是一个十分庞大的产业集群，除了包括传统医药制造业、医疗服务业，还包括涉及健康附加值的众多领域、产业，如图 11 - 1 所示。

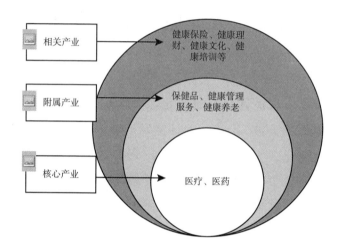

图 11 - 1　大健康产业集群

资料来源：建投研究院。

2. 关键在于"治未病"

据统计，目前我国 75% 的人处于亚健康状态，慢性疾病死亡人数占疾病死亡人数的比重为 85%。健康的关键在于预防，而预防的关键就在于自我保健。大健康产业恰恰是"防、治、养"模式的体现。预防胜于治疗，"治未病"是大健康产业发展的关键。

3. 担负着"老有所养"的重要使命

我国老龄人口规模庞大。据统计，目前 60 岁及以上老年人口数量超过了 2.2 亿，每年还将增加 1000 万，预计到 2030 年老年人口数量将达到 3.58 亿。缺口巨大的养老服务需求，要求大健康产业优化升级，为不同生命周期的老人提供服务，构建养老产业体系，发展养老服务产业。

4. 蕴含着巨大的商机

大健康产业与传统医疗行业相比，有一些重要的差别。它出售的不单是一种或一类产品，而且是为人们提供健康生活解决方案，其中蕴含更大的商机，大健康产业发展模式更是从单一救治模式转向"防—治—养"一体化模式，如表 11 -1 所示。

表 11 -1　大健康产业与传统医疗行业的区别

	传统医疗卫生产业	大健康产业
目标	以治疗疾病为主	以保持健康预防疾病为主
产业范围	医药	保健品、健康消费品及服务
适用人群	有疾病的人群为主	普通大众
适用情景	遵医嘱服药或手术	在工作生活休闲中以多种方式运用

资料来源：建投研究院整理。

伴随着社会发展、人口结构、生活水平和疾病图谱的变化，人们不再局限于疾病防治，而是更多地关注自身健康和生命质量。在过去的五十年里，世界经济增长部分的8% ~10% 要归功于健康产业，健康产业的增长速度几乎超过了世界上每个国家的 GDP 增速，国外经济学家把大健康产业称为"无限辽阔的亿兆产业"。目前我国健康服务业仅占 GDP 的5% 左右，而美国健康产业占 GDP 的比重超过15%，加拿大、日本健康产业占 GDP 比重超过10%，我国健康产业具有巨大的发展潜力。

2016 年10 月25 日，国务院印发的《"健康中国 2030"规划纲要》提出，向全生命周期、全方位健康转变，同时完成大健康产业的系统性建设，是基于目前人口结构对消费升级的积极引导。党的十九大报告明确提出实施"健康中国"战略，把人民健康看成是民族昌盛和国家富强的重要标志。"十三五"期间政府持续大力推进"健康中国"建设，显示出健康需求目前已经成为政策选择的消费升级方向，对其发展的引导也已经上升到国家战略层面。中国大健康产业处于起步阶段，但是需求旺盛，发展空间巨大，如图 11 - 2 所示。

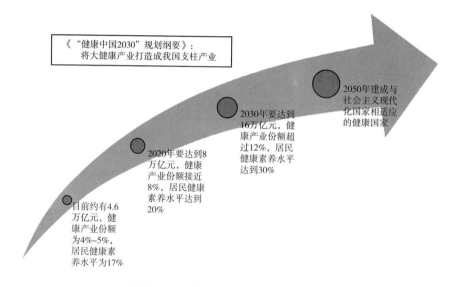

图 11 - 2　我国大健康产业的战略目标

资料来源：建投研究院。

二　竞争格局

1. 区域格局

从大健康产业区域发展情况来看，全球大健康产业发展呈现出不平衡的局面，大健康产业与区域经济发展水平高度耦合，呈现出较强的一致性。北美地区大健康产业规模占同期全球市场总量的比重最高，为 41.7%，并且健康支出快于 GDP 增长速度，如图 11 - 3 所示。

2. 投资布局

从全球投资并购情况来看，2016 年全球健康医疗行业风险投资事件达 1044 起，披露交易额 156 亿美元；并购事件达 523 起，披露交易额 4036 亿美元。投资、并购数量及交易额再创新高。特

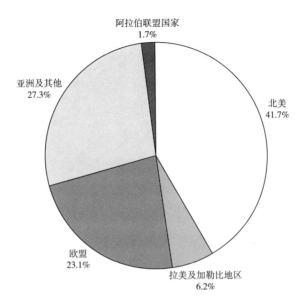

图 11 – 3 全球大健康产业规模区域分布格局

资料来源：根据世界银行、WHO 相关数据整理。

别是生物/制药领域，投资事件达 291 起，占比 28%；交易额 56.6
亿美元，占比 36%。治疗/康复领域投资事件达 220 起，占比
21%；交易额 34.8 亿美元，占比 22%。行业方案领域投资事件达
187 起，交易额 24.7 亿美元。

美国仍引领着全球健康医疗行业风险投资的动向。2016 年美
国的投资事件有 665 起，占比 64%；交易额为 116.3 亿美元，占
比 74%。另外，美国数字健康领域投资不断升温，投资额度继续
加速增长。美国数字健康领域在 2016 年的投资超过 41 亿美元，这
比前面三年的投资总额加起来还要多，与 2014 年相比，增长率达
到了 124%，参见图 11 – 14。

3. 我国大健康产业竞争格局

我国大健康产业的产业链逐步完善，新兴业态正在不断涌现。
健康领域新兴产业包括养老产业、健康旅游、营养保健产品研发
制造、高端医疗器械研发制造，而新兴业态产品也呈现多元化趋

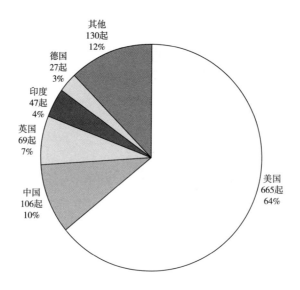

图 11 - 4　2016 年美国健康医疗行业风险投资占比

资料来源：搜狐健康，2016 年 12 月 2 日。

势，健康需求也不再局限于体检和治病，种类正在不断增加，参
见图 11 - 5。总体而言，中国健康产业保持平稳增长，目前产值达
到 3.5 万亿元。在医疗服务领域，全国共有医疗机构 984926 家，

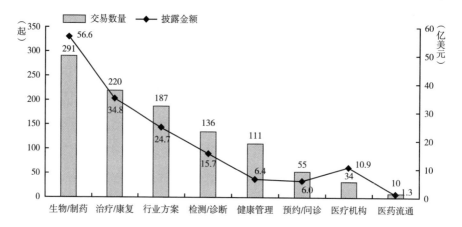

图 11 - 5　2016 年全球健康医疗行业风险投资领域分布

资料来源：搜狐健康，2016 年 12 月 2 日。

其中基层医疗卫生机构占 93.6%，共 922257 家；医院占 2.6%，共 25509 家。在医药领域，规模以上医药制造业企业数量达 6525 家，中外合资合作医药企业 500 多家，医药批发企业 13000 余家。保健品方面，保健食品、药妆、功能性日用品产销为主体的传统保健品企业队伍迅速壮大，保健品食品生产企业共有 2100 多家，传统的食品加工企业也开始逐渐进入到健康领域。健康管理服务方面，我国健康体检及健康管理机构有 4000 余家。

目前，我国大健康产业呈现以下竞争格局。

传统领军企业坚守。以天士力、天狮、广药集团为代表的传统健康产业领军企业，并未消极防守，而是在扩大各自的产业版图，纷纷提出自己的大健康产业规划，并已基本上形成了产业链模式。其他传统制药企业也纷纷延伸触角。江中集团依托"中药食品化"，以 OTC 为基础大力发展保健品和功效食品；双鹭药业、复星医药、康美药业、云南白药、广药集团等传统制药巨头也将跨界进入大健康产业；诸多保健品企业比如汤臣倍健、碧生源等开始布局电子商务。

互联网巨头抢滩。行业大佬争相斥资加入大健康产业。2014 年年初，阿里斥资 10 亿元投资医疗产业网上第三方平台——河北慧眼医药科技有限公司 95095 医药平台，获得了第三方网上药品交易牌照。2013 年"百度健康"悄然上线，尽管表现低调，但这将是百度未来的一大方向。2014 年百度的战略思路逐渐清晰，一方面开放大数据引擎，接入各行各业的信息系统，利用大数据工厂和百度大脑进行数据加工整理，如与北京市政府合作，接入后者的卫生信息系统。另一方面，通过移动医疗健康平台和智能穿戴设备记录人们的健康数据，如 Dulife 智能穿戴产品。腾讯通过抢入口的方式进入大健康产业，2014 年 9 月以 7000 万美元投资丁香园，10 月以 1 亿美元收购挂号网；此外还投了缤刻普锐 2100 万美元和邻家医生数百万元。国际上以苹果为典型代表，苹果发布的 iOS8 系统包含了苹果新推出的健康信息监测管理应用 Health，同时提供相应的工具包 HealthKit，涉足大健康产业。苹果已不满足于在智能手机和电脑领域竞争，开始在大健康产业领域跑马圈地。

房产金融大鳄介入。2015 年以来，地产大鳄强势进军大健康产业。随着 2015 年 6 月 18 日恒大互联网社区医院在广州正式亮相，恒大集团进军大健康产业的步伐持续推进，6 月 23 日，恒大原辰医学美容医院在天津开业。中国平安集团旗下的 O2O 健康医疗服务平台平安好医生已经将实时问诊时间延长至 7×24 小时，全年提供健康咨询服务，从而成为国内第一家推出全天候在线问诊服务的移动医疗平台。中国人寿也"借道"出手，强势启动"大健康、大养老"战略布局，全方位杀入医疗健康领域。

创业企业迅速崛起。2014 年，女性健康管理类手机 App 大姨吗成功完成由策源创投领投、红杉资本和贝塔斯曼跟投的 C 轮融资，融资金额为 3000 万美元，是国内女性健康类 App 最高的融资金额。另外，在资本潮流的推动下，好大夫、春雨掌上医生、杏树林、咕咚网等已经成长为在各自领域崭露头角的移动医疗企业。

三　升级逻辑

从驱动产业的发展要素来看，居民需求升级、人口结构变化、新业态新模式产生是促进大健康行业高速运行的重要引擎，强有力地推动大健康产业的持续发展。健康产业市场常受到人群疾病图谱、文化与生活习惯、医疗卫生制度等因素的影响，不断地做动态调整。

在新的经济发展阶段，人们对生命与生活质量的需求层次升级是大健康产业发展的重要条件。我国新阶段消费结构升级的时代特征，既反映了经济增长的一般规律，也反映了我国转型升级的突出特点。按照世界银行最新的划分方法，人均国民总收入（与人均 GDP 大致相当）高于 4086 美元少于 12615 美元，属于"上中等收入"国家。按照这个标准，中国已于 2014 年末进入"上中等收入"国家行列，如果能够跨越中等收入陷阱，中国人均国民总收入将在 2025 年左右达到高收入国家水平。与之相适应的是生产型社会向消费型社会过渡和消费结构的升级，其核心是围绕人们对生命质量、生活质量的提升产生的需求带动的产业发展与升级。

人口结构变化，是大健康产业成为新动能的基础。我国人口的趋势特征表现为两头多、中间少的哑铃型结构，其中占比逐步增加的老年人口和新生人口边际消费倾向更高，且对健康的需求仅次于温饱需求；而占比减少的劳动人口虽然边际储蓄倾向更高，但随着年龄结构变动，80 后、90 后逐步成为消费主力，新的消费理念以及购买力的提升推动消费升级，他们对个人体验的追求必然将加大对健康需求的发掘。因此基于哑铃型人口结构，大健康产业是目前确定性最好的消费升级方向。

中国经济转型、消费领域新兴业态与发展模式的不断涌现为大健康产业发展提供了广阔空间。据测算，到 2020 年我国居民消费需求规模将达到 50 万亿元，居民消费率将达到 50%，最终消费率将达到 60%。在适应消费升级的大趋势下，投资转型适时跟进，养老、医疗等生活性服务业投资及以研发为重点的生产性服务业投资比重不断增大。健康产业与互联网、大数据等新技术结合，与养老、地产、旅游、教育、管理咨询等行业不断融合，创新产业形态与商业模式，显现了巨大的发展空间。

四　升级空间和升级路径

从三次产业划分的视角，大健康产业主要包含健康服务业和

健康制造业。从生命周期管理的视角看，大健康主要包含前端的
预防保健、中端的健康治疗以及后端的康复与维护。从健康消费
需求和服务提供模式的角度看，大健康产业可以分为医疗性健康
服务和非医疗性健康服务两大类。整个健康产业的大产业链体现
了研发、生产、流通、消费的紧密关系。随着健康产业的发展及
人们对个性化、精细化需求的服务升级，健康医疗产业与健康管
理产业的外延不断扩展，新衍生的健康服务业态不断涌现，产业
市场潜力巨大，参见图 11 - 6。

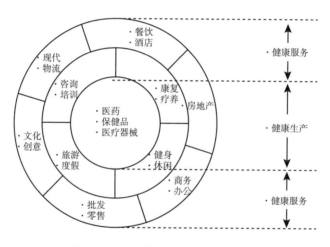

图 11 - 6 大健康产业的产业链构成

资料来源：薇诚财经：《健康那些事儿》，2017 年 3 月 15 日。

目前，我国大健康产业规模约为 3.5 万亿元，位居全球第一。
预计到 2020 年，大健康产业总规模将超过 8 万亿元。未来五年年
均复合增长率接近 20%。随着技术的进步以及消费升级，大健康
产业必将催生一些新产品、新业态，一些行业将焕发新生。一些
细分领域还是一片蓝海，发展前景广阔。

人口老龄化提高了居民的保健、医疗潜在需求，居民健康意
识提升扩大了医疗保健支出，政策推进"健康中国"建设，这些
利好因素仍将继续发酵，预计未来大健康产业主要沿着以下五大

路径加快转型升级。

1. 积极应对人口老龄化的市场需求，培育和发展老龄化带来的巨大细分市场，推动老龄事业和产业发展。

2. 医疗服务的垂直化、专业化，如医疗美容、健康管理、康复医疗等新兴健康产业。

3. 技术升级推动产业升级，生物技术和生命科学、新材料等技术突破所带来的产业升级，主要包括数字医疗、智慧医疗、基因测序、基因诊断、基因治疗等。

4. "互联网＋医药"的转型升级方向，主要是指在线医疗、医药电商、智慧健康养老等。

5. 产业融合带来的新业态、新模式，包括商业医保、养生旅游、健康休闲旅游等。

五　未来发展重点

随着健康产业的发展及人们对个性化、精细化服务的需求升级，健康医疗产业与健康管理产业的外延不断扩展，新衍生的健康服务业态不断涌现。

医疗管理。在医疗体制改革和社会资本办医领域，科学、高效的医疗管理体系是稀缺资源，更是未来医改与社会办医的核心要素。当前先进医疗管理体系引进的门槛较高，制度约束较强，具有一定的制度风险。但是该领域是未来整个医疗体系必经的转型过程，且具有强大的医疗领域产业整合能力。

健康管理。（1）特定人群与病种的健康管理，客户人群是老人、妇女、婴幼儿等。当前的商业模式主要有老年养护中心，妇儿医院、孕产期健康管理服务（月子中心、孕期健康与健身服务）、婴幼儿早教、慢病管理、重大疾病陪诊服务等。该类健康管理服务的特点是商业模式创新，针对特定人群对健康管理需求的升级，市场没有规模化，尚没有形成行业龙头，具有广阔的发展前景与整合空间。（2）心理健康医疗服务。据福布斯杂志报道，心理健康医疗服务将成为中国健康领域的下一个潜力市场。据统计，中国心理健康医疗市场潜在客户达1.8亿人，其中430万人急需帮助，而获得认证的相关专家仅有2万人。心理医疗的医生资源严重短缺，成长速度远远不能满足医疗需求。（3）健康休闲旅游。从需求来看，随着人们对健康管理的需求升级，健康旅游爆发出巨大的需求空间。而相对快速增长的需求，健康旅游的开发速度与质量远不能与之匹配，主要受制于资本与管理运作经验的短缺。中国尚有许多优质健康旅游资源没有被开发，地方政府缺乏资金和管理运营经验。但该领域开发周期与资本回收周期较长，普通的民营资本往往较难忍受，且地方政府更乐于与国有资本合作。近年来，社会资本逐步与地方政府合作进入该领域，前景看好。该领域在政策、需求、供给与市场集中度等方面具有较大优势，发展空间广阔。

高科技医疗领域，如基因诊断、基因治疗、生物医药、特殊病种前沿治疗等市场需求巨大、技术含量较高、医学影响力较大的领域。这些领域的核心技术多掌握在发达国家手中，一些发达国家已经形成了较为成熟的技术发展路线与较为清晰的商业模式。通过投资、并购等方式切入该领域，与国内企业对接，逐步进入核心技术领域，是进入大健康领域技术价值链高端的有效路径。

第二节　医药工业：以提高生命质量为升级主线，偏重服务民生

医药、医疗制造等医药工业位于大健康产业链的源头，是"中国制造2025"和战略性新兴产业的重点领域，是推进"健

康中国"建设的重要保障。"十三五"时期是我国医药工业整体跃升的关键时期，增加有效供给，增品种、提品质和创品牌，实现医药工业中高速发展和向中高端迈进，更好地服务于民生，是整个产业转型升级的主线。人的健康需求永恒存在，是永不衰落的"朝阳产业"。马化腾在 2017 年 12 月 6 日广州举办的《财富》论坛上认为，下一个千亿美元行业或诞生在教育和医疗领域。

一 医药工业面临的形势

作为全球最具发展前景的高新技术行业之一，医药行业一直保持着较快的增长态势。根据 IMS Health Inc 的统计，近年来全球医药产业销售增速超过全球 GDP 增速。2005 ~ 2014 年，全球医药市场规模由 6077 亿美元上升至 10571 亿美元，年平均增长率为 6.40%，如图 11 - 7。

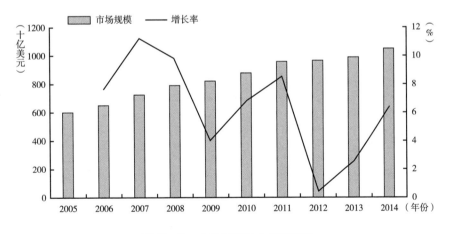

图 11 - 7　全球医药行业规模走势

资料来源：IMS Health Inc。

从国内情况来看，随着医疗改革的深入推进，医药行业进入分化期。医保全面覆盖、筹资水平提升和大病医保推行，催生了医药行业过去的"黄金十年"。随着 2015 年医保控费全面展开，打破了医药行业依赖医保扩张的传统逻辑，医药行业进入艰难转型期，行业整体增速明显下降。在医保控费越来越严、招标降价和辅助用药、抗生素、大输液限制使用的情况下，行业增速可能进一步下滑。据研究预计，未来三年医药工业收入增速在 10% ~ 11%。与此同时，中国已成为世界第一大原料药生产和出口国、第二大 OTC 药物市场、第三大医药市场。但从药品销售排名前列的品种看，国外一般都是专利药，其药效较为明确，能够满足临床需求，而国内基本是中药注射剂以及专利过期药，国内专利药品数量远低于全球平均水平，参见图 11 - 8 和 11 - 9。

我国医疗器械产业整体步入高速增长阶段，销售总规模从 2001 年的 179 亿元增长到 2015 年的约 3080 亿元，增长了 17.3 倍。不过，中国医疗器械产业呈现"多、小、高、弱"的特点。在当前国内大型医疗设备市场中，外资品牌长期占据绝对优势。被业界称为 GPS 的通用电气、飞利浦和西门子三家跨国企业，在 CT、核磁共振、核医学、血管造影机等几类大型医疗设备中长期占据龙头地位，市场份额已超过 80%。本土的医疗器械企业主要是仿制国外的技术，或者是成为外资企业的代理，并没有掌握核心技术。

总的来说，发达国家依靠技术变革与技术突破正在形成新的竞争优势，其他新兴市场国家已在仿制药国际竞争中赢得先机；前期支撑我国医药工业高速增长的动力正在减弱，各种约束条件不断强化，医药工业持续健康发展仍面临不少困难和挑战。

二 竞争格局

目前，全球医药产业呈现集聚发展态势，主要集中分布在美国、欧洲、日本、印度、新加坡、中国等国家和地区。其中美国、欧洲、日本等发达国家和地区占据主导地位。

　　从国外情况来看，美国医药产业已在世界上确立了代际优势，研发实力和产业发展领先全球，生物药品已被广泛应用到癌症、糖尿病、慢性疾病的治疗之中。在欧洲，坚实的产业基础和技术优势使其医药产业紧随美国走在了世界前端，同时人口老龄化使生物药物在欧洲拥有广阔的市场前景。日本医药领域的发展起步虽晚于欧美国家，但发展非常迅猛，成为亚洲领先的国家之一。除此以外，随着各国政府的积极培育和扶持，中国、印度、新加坡等亚洲国家的医药产业也快速发展。亚洲已经成为全球医药产业除北美、欧洲以外的另一个中心。

　　从国内情况来看，近年来，我国政府对制药产业的发展予以大力扶持，通过政府引导与民间投资的联动，生物制药产业呈现集聚发展的态势。目前，我国制药产业已初步形成以长三角、环渤海地区为核心，珠三角、东北等地区快速发展的产业空间格局。此外，中部地区的河南、湖南、湖北，西部地区的四川、重庆也已经具备较好的产业基础。国内技术领先、规模相对较大的制药企业也大多集中于上述地区。据中国证监会上市公司名录披露，截至2016年，中国医药行业上市公司有173家，长三角、环渤海、珠三角三地分别集中了43家、34家、19家上市公司，占总数量的55.49%。

　　从国内医药工业各领域的行业龙头企业来看，国内医药行业的代表企业是国药股份、嘉事堂、华东医药、康美药业等；在医疗器械领域，便携式家用器械代表企业是鱼跃医疗、三诺生物、九安医疗；介入耗材领域的代表企业是凯利泰、乐普医疗、微创医疗、威高股份、康辉医疗、创生医疗、普华和顺、先健科技；监护、医学影像代表企业是迈瑞医疗、宝莱特、理邦仪器、和佳医疗、戴维医疗、万东医疗；检测、临床护理代表企业是阳普医疗；企业设备更新代表企业是东富龙、新华医疗、千山药机、尚荣医疗、楚天科技；在诊断试剂、检测服务领域，诊断外包的代表企业是迪安诊所、华大基因、达安基因、华测检测；诊断试剂的代表企业是科华生物、达安基因、利德曼、迪瑞、中生北控、迈瑞医疗。

总体而言，目前我国医药产业尚未形成几家企业可以垄断市场的局面，与国际巨头相比，我国企业规模普遍较小，尚且具备较大的发展潜力，随着企业发展壮大，未来行业内的并购和重组机会将逐渐显现。

三　未来升级逻辑

总体上，"十三五"时期我国医药工业面临较好的发展机遇，多种因素推动行业发展。

市场需求稳定增长。国民经济保持中高速增长，居民可支配收入增加和消费结构升级，健康中国建设稳步推进，医保体系进一步健全，人口老龄化和全面两孩政策实施，都将继续推动医药市场较快增长。

技术进步不断加快。精准医疗、转化医学为新药开发和疾病诊疗提供了全新方向，基于新靶点、新机制和突破性技术的创新药不断出现，肿瘤免疫治疗、细胞治疗等新技术转化步伐加快。医疗器械向智能化、网络化、便携化方向发展，新型材料广泛应用，互联网、健康大数据与医药产品、医疗服务紧密结合，产业升级发展注入了新动力。

产业政策更加有利。《中国制造2025》将生物医药和高性能医疗器械作为重点发展领域，国家继续把生物医药等战略性新兴产业作为国民经济支柱产业加快培育，"重大新药创制"科技重大专项等科技计划继续实施，将为医药工业创新能力、质量品牌、智能制造和绿色发展水平提升提供有力的政策支持。

医改政策不断完善。医药卫生体制改革全面深化，公立医院改革及分级诊疗制度加快推进，市场主导的药品价格形成机制逐步建立，以"双信封"制、直接挂网、价格谈判、定点生产为主的药品分类采购政策全面实施，医保支付标准逐步建立，医保控费及医疗机构综合控费措施推行，对医药工业发展态势和竞争格局将产生深远影响。

四　产业价值链变化走向

未来医药工业将沿着满足国内需求、扩大国内有效供给、提高全民健康水平、建设和谐社会的方向，来加快转型升级。

1. 围绕以提高"生命质量"为目标，增加医药产品有效供给，增品种、提品质和创品牌

紧密结合临床医学需求，大力发展涉及人体生命的基础医药。大力开发高性价比、高可靠性的临床诊断、治疗、康复产品，提高通用名药物技术开发和规模化生产水平，积极研发防治恶性肿瘤、心脑血管疾病、糖尿病等重大疾病的创新药物。基于国内人口需要，不断提升医药工业生产技术水平，推进核心部件、关键技术开发。研发医用高分子材料、生物陶瓷、医用金属及合金等医用级材料及其制品技术，提高生物医用材料自主创新能力。加强药用辅料和包装材料新产品新技术开发应用。

2. 医疗器械市场加快"进口替代"，提高国内供给能力和水平

近年来，随着国产设备和耗材质量的持续改进，高值耗材尤其是创伤类骨科国产品牌份额已经超过了进口产品，一定程度上实现了"进口替代"。可是，绝大多数企业依然集中于低值耗材、低端诊疗设备市场。在超声波治疗仪、心电图设备、高档生理记录仪、磁共振设备等高端领域，国外品牌市场份额依然保持在90%左右，罗氏、雅培、西门子、飞利浦、GE等国际品牌占据了以三甲医院为主的高端医疗器械市场。相比之下，国产品牌仅凭借价格优势和政策支持获得了二级以下医疗机构的市场份额。以满足人民群众日益增长的健康、建设和谐社会为目标，提高高端医学装备、先进医疗器材、新型康复设备水平，大力推进核心部件、关键技术的开发，提高设备的国产化水平。尤其要大力研发数字化探测器、高频高压发生器、超声探头、超导磁体等核心部件和关键技术。开发高集成度、高灵敏度、高特异性和高稳定性的临床诊断、治疗仪器设备，开发数字化、可移动医疗系统和适用于基层医疗卫生机构的高性价比诊疗设备。发展数字医疗系统、远程医疗系统和家庭监测、社区护理、个人健康维护相关技术。

3. 环保和医改倒逼市场变革，绿色化改造升级势在必行

"世上最严"环保法于 2015 年 1 月 1 日实施，将倒逼原材料市场停产或限产。随着我国药品医疗器械审评审批制度改革全面实施，药品注册分类调整，注册标准提高，审评审批速度加快，药品上市许可持有人制度开展试点，仿制药质量和疗效一致性评价推进，全过程质量监管加强，将不断促进我国医药行业技术创新、优胜劣汰和产品质量提升。新修订的《环境保护法》实施，环保标准提高和监督检查加强，对医药工业绿色发展提出了更高要求。

4. 通过外延式并购打通国际市场，加快走出去步伐

面对全球医药行业市场竞争日益激烈的格局，我国企业将不断加快并购重组，参与国际竞争。目前，全球医药行业呈现三大并购趋向。第一个显著的趋向是通过并购增强其产品线，拓展其强势领域的市场份额。拜耳以 142 亿美元收购默沙东的保健品业务，来增强在多个治疗领域和地区中的业务，从而一跃成为非处方药领域全球亚军。罗氏制药以 83 亿美元收购美国生物制药公司 InterMune，增强呼吸系统药物产品线。第二个显著的趋向是医药企业通过并购丰富其产品多样性，扩大医药产品市场的竞争力。Actavis 以 660 亿美元收购 Allergan，Allergan 以肉毒杆菌药物 Botox 闻名，Botox 在美容领域应用广泛。双方在眼科、皮肤科及美容领

域的产品可以互补，合并后的新公司年销售额将高达 230 亿美元，跻身全球十大制药公司。第三个并购趋向是医药企业剥离非核心领域，将重点放置强势领域。默沙东以 142 亿美元出售了消费者业务，诺华制药也分别剥离其动物保健业务和疫苗业务。这种资源整合也是制药公司降低风险的一个快捷方式，将主要的精力放在了更有优势的领域，剥离竞争力较弱的业务。预计外延式并购将成为未来我国医药行业企业的主旋律。近三年来，80% 的 A 股上市医疗器械公司参与了并购，预计未来国内医疗器械公司平台化收购之路将进一步加快。

五　产业升级空间

根据"十三五"医药工业发展规划，到 2020 年，我国医药工业规模效益稳定增长，主营业务收入保持中高速增长，年均增速高于 10%，占工业经济的比重显著提高。整个产业升级空间巨大。

1. 医疗器械横向对比体量较小，中低端医疗器械放量基层医疗市场

横向对比整个医药工业，医疗器械发展时间比医药晚，发展速度比医药慢，发展规模比医药小。目前，我国医疗器械收入约占药品市场的 10%，而发达国家医疗器械产值占药品市场的 43%，因为医疗器械的扩容还在进行中。根据新医改的相关方案，国家卫计委会同国家发改委将投资 1000 亿元，支持建设全国约 2000 所县医院、5000 所中心卫生院和 2400 所社区卫生服务中心，并对基层医疗卫生机构中的装备配置开展医疗器械集中采购工作。以前我国中低端基层医疗市场主要是国内企业在做，现在的情况是，外资企业在保证高端医疗设备市场的情况下开始向中低端市场渗透，甚至进军三、四线城市，进入基层医院和民营医院。以飞利浦为例，公司基础医疗业务主要关注二级医疗机构、县级医院、乡镇医院和民营医院。

2. 可穿戴医疗设备等新兴产品的不断涌现

可穿戴设备承担的是健康管家的职能。业内人士指出，医疗技巧与传感器技巧结合产生的可穿着医疗设备，正成为新型医疗数据采集终端，可在院外及时监测人体各项健康指标。随着技巧进步和应用普及，国内可穿着医疗设备市场规模正快速发展。

3. 布局高端新药及先进技术

我国制药行业多年来一直以仿制已过专利保护期而药品生命周期尚未结束的产品为主，药品市场目前处于过渡时期，从一个完全的仿制药市场逐步走向创新。现阶段，创新药仍处于萌芽状态，而国内的高壁垒仿制药在当前的药价和招标制度下依然将保持相当的市场竞争力。从长远发展来看，随着疾病图谱的不断变化，医药需求也在不断变化，持续改进技术降低成本，发展最前沿最有前景的高端新药研发技术是确立医药行业核心竞争力的关键。

4. 多渠道扩大国产医疗器械的应用

主要体现在三个方面。一是新一轮医改，全面落实《关于控制公立医院医疗费用不合理增长的若干意见》，大力推进国产高性能医学诊疗设备的遴选工作。稳定性、可靠性较好的国产品牌中高端医疗器械在全国年度终端采购中的比例将增加。二是全面推进分级诊疗，加大对国产中高端医疗器械的宣传推广和支持力度，中高端医疗器械在基层医疗机构的应用比例将提高，并逐步实现向三甲公立医疗机构的渗透。三是国家有关首台（套）重大技术装备保险补偿机制试点制度等相关政策落地，国产中高端医疗器械企业与大型租赁公司等机构不断加强合作，国产中高端医疗器械的有偿租赁使用活动将日益增加。

六　行业景气

医药、医疗制造等医药工业位于大健康产业链的源头，是

"中国制造 2025" 战略和战略性新兴产业的重点领域，是推进
"健康中国" 建设的重要保障。目前，整个产业处于从成长期向成
熟期过渡的阶段，增加有效供给、加快由中高速发展和向中高端
迈进，是医药工业整体跃升的关键。人的健康需求永恒存在，医
药工业是永不衰落的 "朝阳产业"。

表 11 - 2　医药工业景气度评级

分析指标	活跃度	描述性说明
产业周期	★★★★★	处于从成长期向成熟期过渡的阶段
商业模式	★★★★	商业模式愈加清晰
政策力度	★★★★★	产业政策更加有利,医改政策不断完善
增长前景	★★★★	医药行业已进入中低增速"新常态"
市场空间	★★★★	具有较强的产业融合能力与市场空间
行业壁垒	★★★★★	市场没有形成强有力的竞争对手与垄断格局
投资热度	★★★★★	是全球投资并购最活跃的行业之一,国内 80% 的 A 股上市医疗器械公司参与了并购
综合景气度	★★★★★	永不衰落的"朝阳产业"

资料来源：建投研究院。

第三节　医疗服务产业：平衡供需矛盾的逻辑主线

医疗服务需求是人类的基本需求之一。医疗服务产业是医疗
健康产业未来的亮点及支柱性分支产业。以医疗服务产业为代表
的现代健康服务业，不仅日益成为医疗健康行业的重要组成部分，
也成为现代服务业的一个新的增长点。党的十九大报告提出，要
"全面建立中国特色优质高效的医疗卫生服务体系"。我国医疗服
务市场规模巨大，并在人口老龄化、城镇化、财富增长以及基本
医疗保障制度等因素的驱动下进一步扩容。

一 医疗服务产业面临的形势

我国是世界人口第一大国，庞大的人口基数以及快速增长的老龄人口带来了持续增长的医疗服务需求。全民医疗健康因与国家战略密切相关，得到了历届政府的重点关注，国家层面的医疗服务投入及要素供给持续增加以满足医疗服务的需求。十八大以来的五年，我国人民健康和医疗卫生水平大幅提高：分级诊疗体系初步形成，80% 以上的居民 15 分钟能到达最近医疗点；家庭医生签约服务已经覆盖 4.3 亿人；截至 2018 年 9 月，所有公立医院取消了以药养医和药品加成制度；鼓励社会办医，民营医院占比超过 57%；个人卫生支出占卫生总费用的比重从新医改前的 40.4% 下降到 30% 以下。然而如我们的医疗服务体系在医疗服务需求及供给双重增加的情况下，依然呈现"看病难、看病贵"的问题，医疗服务的供给端与需求端出现矛盾，呈现以下几方面特征。

医疗资源总量不足。虽然我国医疗服务资源的供给量逐年增长，但医疗资源总量仍不足。从国际比较看，尽管我国卫生总费用持续增加，但是其占 GDP 的比例一直相对较低，始终维持在 4% ~6% 左右，远低于发达经济体，参见图 11 - 8 和 11 - 9。

医疗资源分布失衡，医疗服务的社会公平性差。医疗资源的地域分布不合理加剧了医疗服务供需矛盾。大规模的综合型医院一般分布在经济发达地区，医疗资源的地域分布不均，转诊制度未能有效执行，促使基层的病患向经济发达地区流动，从而导致基层医疗体系无法发挥作用。截至 2016 年 11 月底，我国医疗卫生机构共 99.2 万个，其中公立医院 12747 个，民营医院 16004 个。虽然公立医院数量仅占全部医疗服务机构的 1.28%，却承担了超过 30% 的诊疗服务。2016 年 1 ~11 月，全国医院病床使用率为

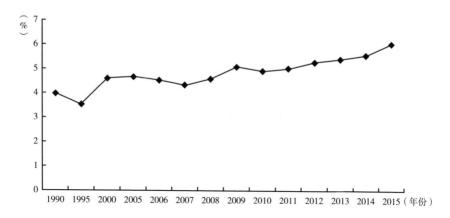

图 11 – 8 我国卫生总费用占 GDP 比例变化

资料来源：中国产业信息网。

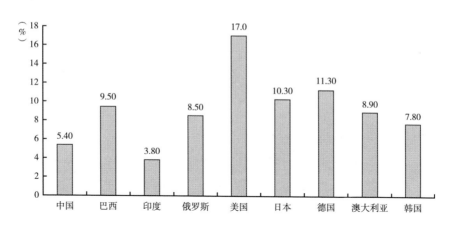

图 11 – 9 卫生总费用占 GDP 比例的国际比较

资料来源：中国产业信息网。

86.8%，其中三级医院的病床使用率高达99.1%，各类别医疗服务机构的病床使用率差异巨大，由此形成公立医院人满为患，基层医疗机构供过于求的局面，参见图11－10。

二 竞争格局

我国已经建立了由医院、基层医疗卫生机构、专业公共卫

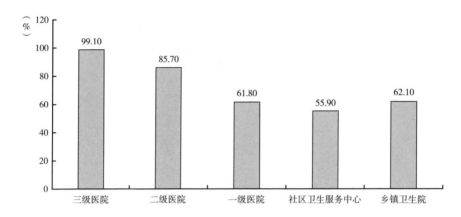

图 11 - 10 各类医疗机构病床使用情况

资料来源: 中国产业信息网。

生机构等组成的覆盖城乡的医疗卫生服务体系。截至 2016 年
11 月底, 我国医疗卫生机构共 99.2 万个[1], 卫生技术人员
803 万人, 其中执业医师和执业助理医师 300 万人, 注册护士
328 万人。医疗卫生机构床位 708 万张, 其中医院 534 万张。
目前医疗服务业形成了以医院为代表的医疗系统, 具有以下特
点: 公立医院是主导, 提供了约 90% 的服务量, 占据较多资
源, 民营资本的力量和份额较少; 二级医院比重大, 是主体;
公立医院之间存在资源错配的情况, 知名医院承担更多医疗
服务。

社会办医的形式主要包括新建、并购、改制等模式。以凤凰
医疗集团为例[2], 总结社会资本办医的主要投资模式如下。第一种
投资方式是向政府主管部门申请创办独资医院。第二种投资方式
是申办中外 (港) 合资股份制性质的营利性医院, 由中方控股经

---

[1] 其中医院 27215 个, 乡镇卫生院 36869 个, 社区卫生服务中心 (站) 34588 个, 诊所
(卫生所、医务室) 195866 个, 村卫生室 644751 个, 疾病预防控制中心 3492 个, 卫
生监督所 (中心) 3097 个。

[2] 凤凰医疗集团是我国最大的股份制医院投资管理集团之一, 始创于 1988 年。

营。第三种投资方式是独资买断国有企业停办的企业医院，借壳进入医疗市场。第四种投资方式是采用资产重组改制的方式，进入国有企业医院成为股东，控股经营医院，逐步优化股权，按公司法采用现代企业制度的法人治理结构，成立董事会、监事会。第五种投资方式是采用委托经营的方式，接受国有医院产权人的委托，托管经营国有医院，待国有医院改革政策进一步明确后，最终以国有资产退出，医院由委托经营方收购，完成医院的投资改制。第六种投资方式是特许经营的方式，以医院集团或管理公司的品牌、管理模式等无形资产的有偿使用，参与加盟医院资源整合，提高加盟医院的经营水平。

在综合医院领域，高端医疗代表企业有复兴医药、国际医学（原开元投资）、和睦家等。区域综合医疗机构代表企业有复兴医药、信邦制药、国际医学、恒康医疗、凤凰医疗、华夏医疗、诚志股份、华润三九等。在连锁专科领域，眼科代表企业是爱尔眼科，口腔科代表有通策医疗、仙琚制药、拜尔口腔、佳美口腔、瑞尔齿科等，辅助生殖代表有通策医疗，肛肠科代表有马应龙，消化科代表有武汉健民，妇产科代表有和美妇儿，儿科代表有长春高新、华润医药，整形科代表有伊美尔整形，脑科代表有华润三九，肾脏科代表有三精制药，肿瘤科代表有复兴医药、信邦制药、泰和诚医疗、鲁商置业、广州复大医疗等。

目前，社会资本对医院系统的投资基本形成华润医疗集团、中信医疗健康产业集团、北大医疗产业集团、上海复兴医药集团以及凤凰医疗集团等若干比较强大的市场主体，并逐渐成为中国医疗服务市场上极具影响力的社会办医力量。近年来，几大医疗集团开始出现强强联合的整合趋势。凤凰医疗正式引入华润医疗为第一大股东，引入中信医疗成为凤凰医疗的股东之一。新医改以来，尤其是2013年国务院40号文出台后的实践表明，尽管医疗市场空前火爆，但真正有能力进入并持续经营医疗服务的机构少

之又少。而公立医院、国有企业医院并购改制方面的几个重要案
例，几乎全部出自几大医疗集团之手。

当前，对社会办医的制约主要来自政策的不明朗、非营利
性约束、对医院经营与管理的高要求、整合优质医院的高难度
以及长期的产业积累。由于社会资本不允许建立营利性医疗机
构的政策制约，市场上几大医疗管理集团的主要功能仍是集团
健康业务布局的功能性需要，尚无法实现盈利，且相关政策仍
然不明朗，整个医疗产业的商业探索仍然在一片未知中进行，
从几大医疗集团频度极低的成果发布来看，公立医院或国有企
业医院的并购改制仍然难度极高。这个领域的变数依然相当
大。

三　未来升级逻辑

人口基数总数大。个体是接受医疗服务的单位，人口总数的
增加是推动医疗服务需求上涨的第一要素，而行业需求的增长推
动整个医疗服务行业的快速发展。我国是世界人口第一大国，尽
管受过往计划生育政策等因素影响，人口自然增长率已呈逐年下
降趋势，但是总人口数依然持续上升，各类医疗机构就诊人数相
应增长。

人口老龄化的推动。医疗服务需求的持续快速增长，与老龄
人口的增长有更为密切的关系。截至 2016 年底，全国 60 岁及以上
老年人口达 23086 万人，占总人口的 16.7%，其中 65 岁及以上人
口 15003 万人，占总人口的 10.8%。[①] 我国已成为世界上老龄人口
最多的国家。根据"国家应对人口老龄化战略研究"课题组的估
计，2025 年老龄人口将突破 3 亿。北京大学国家发展研究院研究

---

① 民政部 2017 年 8 月 3 日公布的《2016 年社会服务发展统计公报》。

表明，65 岁以上老年人口组的年均医疗费用远远高于其他组别的人群，这也说明老龄人口对医疗服务消费较其他组别有更明显的推动作用，参见图 11 - 11。

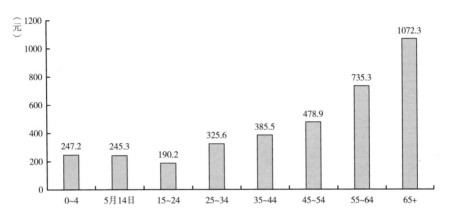

图 11 - 11　各年龄组人群年均医疗花费情况

资料来源：中国产业信息网。

市场需求加速释放。医疗服务需求是人类的基本需求之一。近年来，随着国民经济的发展和人们生活水平的提高，人们的健康意识不断增强，医疗服务需求不断增长，进一步强化了医疗服务需求的刚性特征。

受到国家政策的"重点照顾"。随着我国逐步进入老龄化社会，医疗行业受到了国家政策的"重点照顾"。从"全面放开二胎"政策的颁布到政府大力推进医疗、医保、医药的联动改革，再到"健康中国"战略的加速推进，都表明医疗行业未来有着十分广阔的前景。

四　产业价值链变化走向

医疗服务行业一般包括四种业态，分别是保健、治疗、康复、养老等，药品和器械是医疗服务业的上游，或者说是支撑产业；

各类支付系统、药事服务（供应链管理）、医疗信息、移动医疗、在线教育是医疗服务行业的服务系统，参见图 11 – 12。

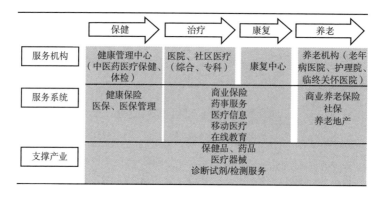

图 11 – 12 医疗服务产业产业链

资料来源：《一文读懂全球及中国医药行业竞争格局》，《雪球》2017年 3 月 2 日。

未来我国医疗服务产业发展主要沿着医改政策来展开，围绕破解看病供需矛盾的主线来转型升级，体现在以下几个方面。

力图降低医疗服务成本和提高服务质量。根据国家的控费政策，包括医院补偿政策（价格政策）、药品及服务目录政策、医保支付政策、招标采购政策、一致性评价等。

增加有效供给。进一步贯彻落实十九大报告所提出的深化医药卫生体制改革，这部分的政策包括两个层面。一方面，增加医疗服务总量，也就是鼓励和支持社会资本进入医疗服务领域，新增社会资本投资，增加医疗服务总供应量。另一方面，调整优化存量资源，主要目的是增加效率，包括公立医院改革、医师多点执业等。

五 产业升级空间

随着国民经济的发展和人民生活水平的提高，人民的健康意识不断增强，将进一步强化医疗服务需求的刚性特征。未来几年中国的医疗服务支出总额预计会继续稳定增长。根据《"健康中国2030"规划纲要》，到 2020 年，我国健康服务业总规模将超过 8 万亿元，到 2030 年将达到 16 万亿元。

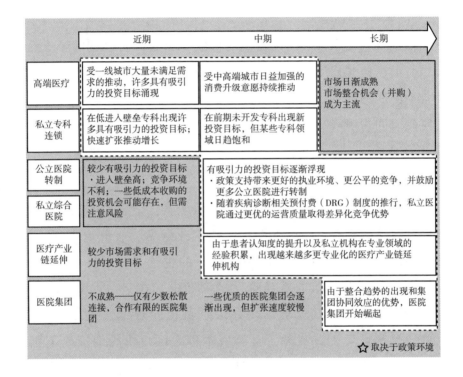

图 11 - 13　医疗服务行业未来升级空间

资料来源：中投顾问。

高端医疗服务扩张。从统计数据来看，近几年，三级医院的诊疗人次增速要超过一二级医院，这表明随着我国居民对医疗服务的需求不断向高端靠拢，对医疗服务质量的需求越来越高。民营医院提供了差异化的个性服务，目前处于扩张阶段，高端医疗的潜在发展空间非常大。

1. 边际医疗领域

边际医疗领域主要指公立综合医药发力较少的专科领域，譬如产科、妇科、口腔科、眼科等。服务性和可复制性强的专科细分领域有望出现投资热点。

2. 互联网的介入

借助移动互联网和智能终端进行医疗服务的时机也已经成熟。我国目前已经开启了多个网上医院分级导诊模式、互联网医联体和借助互联网的社区健康管理、慢性病管理平台的试点，利用医生零碎时间为患者提供服务，扩大医生执业半径，助推分级诊疗制度的发展。

3. 民营资本进军医疗服务行业

2009 年，中共中央、国务院向社会公布了《关于深化医药卫生体制改革的意见》（以下简称"新医改意见"），开启了新一轮医改的浪潮①，计划通过提高医疗服务的供给、改善医疗资源的分布来解决"看病难、看病贵"的问题。2010 年 11 月，《关于进一步鼓励和引导社会资本举办医疗机构的意见》提出了多项措施及优惠政策，并放宽了社会资本进入医疗机构的准入范围。这些政策为民营资本进入到医疗服务行业提供了政策上的保障，民营医疗机构的比例将不断提高。2015 年《国务院办公厅关于印发全国医疗卫生服务体系规划纲要（2015 ~ 2020 年）的通知》明确提出严格控制公立医院规模。在上述政策的指导下，民营医院数量快速增加，至 2016 年 11 月底，民营医院数量已超过公立医院数量。截至 2017 年 4 月，A 股市场已有 50 多家

---

① 新医改意见明确提出，推进公立医院改革试点，提高公立医疗机构服务水平，努力解决群众"看好病"问题；鼓励、支持和引导社会资本发展医疗卫生事业，加快形成投资主体多元化、投资方式多样化的办医体制。完善政策措施，鼓励社会力量举办非营利性医院。

上市公司"从医"。爱尔眼科的专科连锁模式，和睦家的高端医疗服务业务，金陵药业的综合医院，各派系各显所长，业绩均有所增长。民营资本进入医疗服务领域，将形成以公立医疗机构为主体、民营医疗机构为补充的多元医疗服务格局，从而更好地满足人们日益增长的医疗服务需求，通过引入竞争促进医疗服务行业健康发展。

4. 提升基层医疗机构服务比例、改善医疗资源结构

新医改意见同时提出"健全基层医疗卫生服务体系。加强基层医疗卫生机构建设……逐步建立分级诊疗和双向转诊制度，为群众提供便捷、低成本的基本医疗卫生服务。"国家通过率先在基层医疗机构实现药品零加成，提高基层就诊报销比例等措施，促进医疗资源优化配置，基层医疗机构的就诊量逐步提高，基本医疗需求将大部分在基层医疗机构内解决。医疗资源的结构得以优化，社区医院等基层医疗机构将分担大部分就医需求，大型综合型医院则专注于复杂疾病诊疗，医疗卫生服务体系和资源分布将更为合理。

六　行业景气

医疗服务需求是人类的基本需求之一。随着老龄化人口增多、慢性疾病与并发症等疾病的患病率不断升高、患者医疗保健意识知识及期望的日益增长，相关医疗服务需求及消费也随之增加。中国医疗服务市场巨大，并由此带动医疗保健和相关服务业的发展。然而，在医疗服务市场红火发展的外表下，持续的"看病难、看病贵"问题成为阻碍我国医疗服务市场健康发展的难题。已有企业、颠覆性的新进入企业和政府正制定新的解决方案及方法，以期优化医疗服务渠道与质量，并有效控制成本。目前的结果仍不明朗，参见表11-3。

表 11 - 3　医疗服务产业景气度评级

分析指标	活跃度	描述性说明
产业周期	★★★	长期处于发展初级阶段
商业模式	★★	商业模式必将单一,整个医疗产业的商业探索仍然在一片未知中进行
政策力度	★★★★	医疗、医保、医药的联动改革
增长前景	★★★★	破解医疗服务供需矛盾的手段措施较多
市场空间	★★★★★	2020 年我国医疗服务支出总额预计达 8.5 万亿元
行业壁垒	★★★★	受医改政策、资金、专业人才以及长期的品牌积累等因素制约
投资热度	★★★	各路产业资本已蓄势待发
综合景气度	★★★	前景可期

资料来源：建投研究院。

第四节　健康管理产业：以提高生存质量为升级主线

曾有人说过："有两样东西是别人抢不走的，一个是知识，一个是健康。"大健康产业是朝阳产业，其核心是健康管理。健康管理产业是健康产业中集文化、技术、产品、服务于一身的综合健康解决方案。有美国专家预言："二十一世纪是健康管理的世纪"。

一　健康管理产业面临的形势

随着社会的发展，物质生活水平不断提高，医疗技术、现代医学模式的发展以及目前面临的生存环境、生存状况对健康的影响，人们对生存、生活、生命质量的要求不断提高，健康管理这一新兴产业有着强大的生命力和良好的发展前景。专家预计，在未来 10 年内，全球范围内医疗业将会发生颠覆性改变，医疗重心将从疾病治疗向预防保健过度，健康管理也将完成它由"配角"到"主角"的历史转变。而从预防医学角度看，有 70% 的疾病是可以通过预防避免或降低风险的。这为健康管理的发展提供了良好的契机。

联合国世界卫生组织对"健康"的最新定义是，人的健康，不仅是躯体没有疾病，还要具备心理健康、道德健康和社会适应能力。健康管理将成为21世纪最亮的发展点，进入百姓的心中。健康管理产业是朝阳产业，其核心是健康管理，是健康产业中集文化、技术、产品、服务于一身的综合健康解决方案，将为中国健康产业的发展指明方向，为健康产业带来一场革命。同时，全球医疗卫生行业信息化的加速发展，将通过IT应用的整合，打通医疗卫生机构组织内外部的信息孤岛，极大地促进效率的提高，实现公民全生命周期的健康管理。数据的集中、集成化应用成为当务之急和不可逆转的趋势。

健康管理产业具有广阔的商业化管制的新型医疗市场前景。由于公众认知度和接受度不高，我国健康管理产业起步较晚，目前健康管理公司发展模式还有待探索。整个产业目前还存在着如下问题。一是同质竞争，行业缺乏标准，不规范。二是健康管理服务对象较狭窄，主要为高端人群。三是健康管理支付机制不健全，在健康管理产业成熟之前，国家、健康管理公司、医院、消费者、保险公司等相关方都应该为其进行投资，但目前各主体还未接受此观念。四是完整的服务链条尚未建立，到目前为止，就全国而言尚无一家具备一定规模并能够系统全面地提供健康管理全面服务的机构。五是健康管理公司发展模式还有待探索，在美国，健康管理服务业的市场规模甚至占到GDP的10%以上，社会福利保障体系、保险公司和大型企业是健康管理业的最大买单者。但国内很多健康管理公司主要依靠私人或部分企业来买单，消费群体过小制约了健康管理服务和健康研发机构的积极性，也使这个产业发展很慢。为了摆脱服务产品单一和客户较少的困境，获得更多的现金流，有些公司卖起了保健品，有些公司甚至沦为

"医托"。如何尽快获得较大的、稳定的现金流，创建适合中国国情的盈利模式是健康管理公司面临的难题。

二 竞争格局

健康管理主要包含以下六方面内容。一是生活方式管理，通过教育、激励、训练等干预手段矫正不良生活方式，提倡健康生活方式；二是按人群需要管理，针对不同特征的人群，以多种通信方式使人群了解医疗保健信息，利用该信息开展自我服务，满足需求；三是按疾病分类，对慢性病患者进行长期的服务及跟踪，以期提高健康水平，并降低医疗费用，从而降低整个社会的医疗成本，提升人群的健康水平和指数；四是对重大疾病的管理，对于患有重大疾病的患者提供健康管理支持服务；五是对伤残的管理，帮助不同情况的伤残人士提高生活水平及能力；六是对综合性人群的管理，针对个性群体提供不同的健康管理方式。围绕以上内容，市场上逐渐形成了健康管理内涵式与外延式发展的各类健康管理中心。

当前我国拥有 6000 多家各类健康管理服务机构，健康管理产业呈现以下竞争格局：（1）健康管理中心，包括健康咨询、体检、转诊等服务，代表企业是迪安诊断、慈铭体检。（2）康复中心，主要是为因生理或心理上的缺陷导致劳动、生活和学习产生严重障碍的患者提供医治、训练与服务的医疗机构，代表企业天士力。（3）养老（老年护理）中心，代表企业桑乐金、蒙发利、福寿园。（4）医疗培训机构，主要包括医药行业培训、医疗服务培训、医院管理咨询、医学专家培训等。（5）心理健康医疗机构。

虽然我国已经拥有超过 6000 家各类健康管理服务机构，但是与发达国家相比，我国的专业健康管理服务市场仅处于发展初级阶段，其业务还集中在健康体检。与领先企业争品牌不同，大多数健康管理服务机构直接竞争的还是客源与效益，而这直接体现于服务产品的竞争。国内健康管理服务市场服务竞争与渠道竞争差异化不大，品牌竞争也只是区域性品牌居多，缺乏全国性品牌。健康管理服务还缺乏应有的第三方管理评价，质量没能更好地体现出来，所以健康管理服务产品竞争主要体现于价格竞争。

从广义角度理解，任何拥有一定资金与社会资源的企业都有具有进入健康管理服务产业的可能性，然而考虑到资源整合效率与产业转型成本，健康管理服务产业最大的潜在进入者仍是医疗服务机构与医药生产经营企业。同时，随着新一轮的科技发展及产业融合趋势的不断演进，健康管理产业与互联网及其他产业相结合，不断诞生新业态、新的商业模式。如健康旅游、健康教育、医疗信息（代表企业海虹控股、卫宁软件）、移动医疗（代表企业泰和诚医疗、九安医疗、掌上春雨等）。

三　未来升级逻辑

从行业发展趋势看，有望拉动健康管理行业发展升级运行的引擎有以下几点。一是人口老龄化与环境污染提高了居民的保健、医疗潜在需求；二是居民健康意识扩大了医疗保健支出；三是政策推进"健康中国"建设。

1. 人口老龄化加速、环境污染提高健康产业潜在需求

人口老龄化与环境污染成为大健康产业发展的内在因素。2015 年，我国 65 岁以上老年人口占比达 10.5%，2010 年我国居民平均预期寿命为 74.83 岁，展望未来，人口的加速老龄化与寿命的延长将是大趋势。在此背景下，养老、慢性病等健康问题将受到广泛关注。同时，日益恶化的环境状况对居民的身体健康具有较大负面影响，这也引起了人们对健康的重视。三次全国死因调查显示，过去 30 年我国人群恶性肿瘤标化死亡率由 75.6/10 万上升至 91.24/10 万，与生态环境、生活方式有关的肺癌、肝癌、

结直肠癌的死亡率呈明显上升趋势。因此，人口老龄化与环境问题是驱动大健康产业发展的内在因素。

2. 健康意识提升扩大消费支出

我国居民收入的提升为大健康产业发展奠定了购买力基础。国际发展经验显示，当人均 GDP 超过 6000 美元时，进入典型的消费升级周期，非生活必需品消费将成为主流。2011 年以来，我国人均 GDP 超过 6000 美元，居民可支配收入持续增长，从 2008 年的 15780 元增加到 2016 年的 53817 元[①]。伴随着收入增加，居民医疗消费支出保持较高速增长，2011 至 2016 年，城镇居民医疗保健类支出年均增长率为 10.66%，高于居民消费性支出 10.35% 的增速，且近年来呈明显上升趋势，2016 年医疗保健类支出增速为 14.91%，大幅高于 8.01% 的消费性支出增速与 8.98% 的居民可支配收入增速。健康意识的提升与观念革新进一步促进了大健康产业的发展。生活质量的提升使得人们对健康有了更高的要求，环境恶化与生活压力增加引发人们对健康问题的普遍关注。审美观念革新也使医疗美容等行业进入大众消费领域。

3. 政策推进"健康中国"深入实施

2013 年，国务院发布《关于促进健康服务业发展的若干意见》，号召用市场化的手段解决健康服务的供给不足问题，并提出到 2020 年，要基本建立覆盖全生命周期、内涵丰富、结构合理的健康服务业体系。此外，国务院等机构陆续颁布了《医疗机构管理条例》《健康体检管理暂行规定》等来完善医疗健康法律法规，为健康管理提供法律保障。"十三五"规划建议将"健康中国"建设上升为国家战略。党的十九大报告提出要"为人民群众提供全方位全周期健康服务，发展健康产业"。持续不断的健康相关政策的出台，使得健康管理行业面临着极好的发展机会。

---

① 人均 GDP 为 8865.999 美元。

四　产业价值链变化走向

健康管理是指一种对个人或人群的健康危险因素进行全面管理的过程。健康管理的宗旨是调动个人及集体的积极性，以最小的成本实现最大的健康效果。在我国，健康管理服务由具有执业资格的健康管家来提供。健康管理产业链上游是提供信息技术平台的企业和生产体检所需要的制剂和设备的企业，中游是健康体检机构，下游是健康咨询及后续服务企业，参见图 11–14。

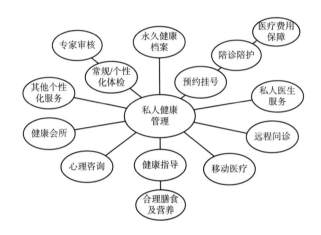

图 11–14　健康管理生态体系

资料来源：《健康管理产业发展现状和方向的分析》，中投顾问研究报告，2017 年 3 月。

1. 衍生出一大批以保障"生存质量"为目标诉求的制造业

基于人民群众对改善生态环境的需求的推动，绿色环保产业的技术装备、产品和服务都将进一步加大供给。先进、高效、安全、可靠的固体废弃物处理与综合利用设备以及前沿的专有技术，膜技术、生物脱氮、重金属废水污染防治、污泥处理处置等污水处理关键技术，高效除尘、烟气脱硫脱硝等大气污染控制技术，有毒有害污染物防治和安全处置技术有望进一步实现突破，带动一批绿色、健康食品产业发展。

2. 商业模式创新与技术创新是专业健康管理未来发展的重要路径

体检主导模式、中药调理模式、资源整合模式、私人医生模式、技术服务模式、综合信息平台模式是未来最适合中国国情与民众需求的商业模式创新。同时，物联网技术的出现也为专业健康管理服务的发展开拓出一个新的发展方向和巨大的市场需求空间。随着新一轮科技发展及产业融合趋势的不断演进，健康管理产业与互联网及其他产业相结合，不断催生新业态、新的商业模式。如健康旅游、健康教育、医疗信息（代表企业海虹控股、卫宁软件）、移动医疗（代表企业泰和诚医疗、九安医疗、掌上春雨等）

3. 形成以人为核心的覆盖"保险＋医院＋互联网医疗""预防＋治疗＋康复"的医疗产业链生态

目前，我国的非医疗性健康消费主要还以个人支付为主，保险业基本没有涉足，这一点极大地限制了这个行业的发展。保险业的介入，将解决健康管理服务消费支付的瓶颈问题，推动健康管理服务产业快速发展。从美国来看，由大型的医疗保险公司来推动的可能性最大。预计未来，具备区域化优势大型保险公司如平安、泰康等能够整合上下游资源，走出自己的发展路径，形成以人为核心的覆盖"保险＋医院＋互联网医疗""预防＋治疗＋康复"的闭环生态圈，打造完备的医疗产业链。对于慢性疾病管理、亚健康管理等，通过在某一疾病或者某些人群中的黏性，打造针对慢性病或者亚健康人群的健康管理闭环。

五 产业升级空间

实施"健康中国"战略，无疑为产业资本展示了一幅大健康产业的"藏宝图"。围绕健康产业市场进入与管理的相关细则有望陆续出台，政府与市场将协同发力，共同构建全周期的健康产业，助力经济发展及产业结构转型，助力健康中国建设。健康管理产业是一个具有巨大市场潜力的新兴产业，现阶段市场规模仅实现30亿元左右，而潜在市场规模为600亿元。预计未来重点发展的产业领域，包括以下几个方面。

健康体检。健康体检是进行健康管理的初始步骤，也是目前发展最为迅速的一块业务。目前，整个健康体检产业还处于发展初期，利润空间大，企业规模普遍较小，主导品牌尚未完全形成，市场还未成熟；但也正因为健康体检业尚处于发展初期，进入这个行业才有更多发展壮大的机会。

健康咨询、培训及出版。根据体检结果进行个人风险评估，针对个人提出个性化的健康管理方案，针对大众做健康生活知识的培训，提供这类业务的培训机构可以是健康管理类公司的一个部门，也可单独存在，在健康知识培训这一细分市场上做专做精，发展前景看好。

健康与休闲度假相结合，可以为旅游休闲产业带来新的增长点；健康与房地产业相结合，从设计到建造都以人的健康为本，可开发出更适宜居住的健康住宅；健康管理产业与保险业相结合，可进一步丰富保险公司产品，吸引客户购买保险产品，同时也完善了健康管理产业的服务内容。

六 行业景气

健康管理市场发展潜力较大，现阶段市场规模仅实现30亿元左右，而潜在市场规模为600亿元。党的十九大报告提出要"为人民群众提供全方位全周期健康服务，发展健康产业"。在政策方面，健康管理行业受到政策支持。健康管理正处于市场培育阶段，市场认知度低，一些健康管理理念还不能被公众普遍接受，总体来说行业盈利水平较低，但健康体检等细分领域盈利状况较佳。

人们对健康管理认识的不断深入，将撬起一块巨大的市场。健康管理门槛适中，对资金、技术无严苛要求，应当尽早布局，参见表 11 - 4。

表 11 - 4　健康管理产业景气度评级

分析指标	活跃度	描述性说明
产业周期	★★★★	行业初现，市场认知度低，一些健康管理理念还不能被公众普遍接受
商业模式	★★★	行业初现曙光，健康管理公司发展模式还有待探索
政策力度	★★★★★	国家号召建立完善的健康服务业体系，党的十九大报告提出要"为人民群众提供全方位全周期健康服务，发展健康产业"。健康管理行业受到政策支持
增长前景	★★★★	健康管理正处于市场培育阶段，总体来说盈利水平较低，但健康体检等细分领域赢利状况较佳
市场空间	★★★★★	现阶段市场规模仅实现 30 亿元左右，而潜在市场规模为 600 亿元
行业壁垒	★★★★	门槛适中，对资金、技术无严苛要求
投资热度	★★★★	保险企业抢滩健康管理，互联网企业表现积极，超过 10 亿境外资金进入国内健康管理行业
综合景气度	★★★★	人们对健康管理认识的不断深入，将翘起一块巨大的市场，建议尽早布局

资料来源：建投研究院。

第五节　养老服务产业：围绕养老、孝老、敬老的主线

德国哲学家叔本华曾有言，年老时最大的安慰莫过于意识到，已把全部青春的力量都献给了永不衰老的事业。健康养老一直是社会发展面临的重要议题。目前，我国老龄人口规模庞大且快速增长以及缺口巨大的养老服务，都预示着养老产业进入了重要发展时期。从十八大"积极应对人口老龄化，大力发

展服务事业和产业"到十九大报告提出"积极应对人口老龄化，构建养、孝、敬政策体系和社会环境，推进医养结合加快老龄事业产业发展"，把加快老龄事业发展与养老产业相结合，是一个政策指向非常明确的信号。让老年人不但老有所养，还能够老有康养，这是关系到养老产业体系建设的关键，也是实现"健康中国"战略目标的重要组成部分。在这种背景下，产业必将逐渐步入景气。

一　养老服务产业面临的形势

养老产业是指为老年人提供设施、特殊商品、服务，满足老年人特殊需要的产业，包括老年人衣食住行用医娱学等物质精神文化方面构成的一个产业链，是多个产业相互交叉的综合性产业，是由老年市场需求拉动而兴起的新兴产业。我国正处于工业化、城镇化、人口老龄化快速发展阶段，生态环境和生活方式不断变化，健康、养老资源供给不足。规模庞大且快速增长的老年人口，以及缺口巨大的养老服务需求，推动了养老产业的发展。养老的核心是"老有所养，老有所医"，养老产业发展的核心就是解决老年人的养老生活服务和养老医疗需求。基于不同生命周期的老人，养老服务产业不断实现内涵和外延的拓展，参见图 11 – 15。

养老产业是一个新兴产业，虽然在 20 世纪 80 年代开始在国内兴起，但主要局限在养老设施方面，相关产业发展滞后，刚刚起步，整个供给市场处于发展的初级阶段。目前，养老产业主要存在三方面问题。

1. 产业链条断层化

养老产业的产业链条断层化主要表现为两点。一是养老住宅运营成本高，同时，养老设施多数还是机构、政府投资，市场化程度较低。养老住宅业成本高企严重压缩了养老机构的利润空间和购买能力，阻碍了养老产业链的发展和演进。二是市场供给存

	健康活跃期	介助期	介护期	临终关怀期
生命周期	健康自理老人（60~70岁）	半自理老人（70~80岁）	不能自理老人（80岁以上）	绝症晚期等
养老模式	家庭养老 社区养老	机构养老		
服务需求	日常照护	日常照护 医疗护理		
支撑系统	养老支付体系 养老地产物业 养老医疗服务 养老用品 养老运营管理			

图 11－15　老年人生命周期、养老模式、服务需求及支撑系统

资料来源：前瞻研究院。

在缺失。根据国家民政部社会福利和慈善事业促进司的数据，2010 年我国老年人口消费规模超过 1.4 万亿元，预计到 2030 年将达到 13 万亿元。但是我国所有老年用品生产企业所提供的产品市场规模尚不足 1000 亿元，与满足需求相差甚远。我国养老服务机构所能容纳的人数只占老年人口的 0.8%，落后于发达国家 3% 的比例。三是长期护理服务作为老年人的核心需求之一，面临供不应求的局面，这也是当下养老服务业最大的矛盾。

2. 消费阶层不平衡

就产业发展现状而言，养老服务消费群体向两个方向分化，一是高收入老龄群体和中低收入群体的分化，二是自理老人和失能老人的分化。养老产业区域、城乡之间发展不平衡，特别是农村养老机构基础差、起步晚，面临的问题更为突出。由于缺乏科学的规划布局，养老机构一床难求和床位闲置现象并存，结构性矛盾突出。一方面大量老人无床位养老，另一方面许多高端床位被空置。尤其是半自理和不能自理的老人，养老需求更加得不到满足，提供一站式养老服务的机构更少。

3. 产业政策碎片化

近几年来，国家为了扶持社会力量兴办养老机构或参与养老产业的发展，在土地供应、资金补助、税费减免等方面出台了一系列优惠政策，但由于一些地方未将国家政策具体化，缺少相应的配套实施机制，土地供应、规划建设、税费减免等优惠政策在一些地方难以落实，未能充分发挥优惠政策对社会力量发展养老产业兴办养老机构的激励扶持作用。促进产业发展优惠和扶持政策散见于各执行主管部门的规范性文件中，设计部门较多，政策推动依靠多个部门联合执行，落实效果差。

二　竞争格局

养老产业存在多种养老模式。其中，居家养老轻资产、需求大、可复制性强，是当前最好的养老模式。而盈利模式种类较多，面向不同人群的养老产品盈利模式往往各不相同。

1. 居家养老

居家养老是当前最好的养老模式，具有轻资产、需求大、可复制性强的特点。一是居家养老无需设立专门的养老场所，成本主要是人力成本和运营中心租金；二是我国目前养老格局为"9073"，即90%的老人为居家养老、7%的老人为社区养老、3%的老人为机构养老，因此居家养老的需求及潜在市场较大。按照年费用1万元，假设60岁以上老人中10%有居家养老需求（根据日本长期介护险数据，日本居家养老人数占参保退休老人的10.5%），则目前中国居家养老潜在市场容量达2100亿元（2.12亿人×10%×1万元/人/年≈2100亿元），需求较大；三是居家养老的可复制性极强，由于是轻资产模式，扩张的过程中只需要招聘运营中心的维护人员、医务人员（通常是退休的老医生）及家政服务人员即可，扩张速度快，可复制性强。

2. 机构养老

我国机构养老需求持续增长，但盈利模式尚不清晰。1979年，随着我国独生子女政策的出台，老年抚养比开始不断增长，从

1982 年的 8.0% 增至 2014 年的 13.7%，预计到 2050 年将达到 27.9%。老龄化带来养老需求的不断增长，作为其中的关键一环，机构养老的需求也会持续增长。但是，目前尚未发现很好的机构养老运营模式，收费低的无法弥补房屋成本，收费高的服务成本很高且人口支付能力较弱，高端养老院的入住率尚待考证。

当前我国养老机构中民营占比不到三分之一，且仅有 9% 的民营养老院实现了盈利。公办养老机构占养老机构总数的 72%，民营养老机构仅占 28%。公办养老机构基本为非营利性机构，在土地、房屋、床位等方面享受政府补贴。营利性民营养老机构中，40% 亏损、51% 基本持平、仅有 9% 实现了盈利，而这 9% 的养老机构中，净利率大于 5% 的仅占 22%。因此，当前我国养老机构的盈利能力较弱，盈利模式尚不清晰。

3. 消费养老

消费养老，是一种新的商业探索，是指消费者在推行消费养老项目的商家消费，商家根据消费者的消费情况对消费者进行返利，设立账户，并将账户积累资金进行投资增值，最终根据相关协议将账户资金以养老保险形式返还给消费者的一种养老模式。现阶段，在我国现有的养老保障体系中，基本养老保险、企业年金和个人储蓄是养老保险资金来源的三大支柱。而消费养老被认为是国民的第四种养老金来源。目前，我国市场上一共出现过三种消费养老模式——以电子商务平台为基础的消费养老，以卡为媒介的实体消费转养老保险，以及基于移动终端 App 的真实养老金账户积累型的消费养老。

消费养老市场未来规模巨大。2016 年全国互联网普及率为51.7%，移动互联网的普及率为 45.3%，而全国网上零售总额为3.88 万亿元，占全国社会消费品零售总额的 12.9%，因此我们假设能够使用移动互联网进行支付的可以占到全国社会消费品零售总额的 10%，即 3 万亿。我们假设，其中能够实现并愿意采用消费养老积累的商家比例为 10%，也就是 3000 亿规模。同时，商家返点率保守估计为 2%（在积分宝模式中我们知道现有的返点率为 5% 左右）。这样，年消费养老金积累可达 60 亿。假设其中 20% 作为平台运营收入，则有 12 亿元。消费养老是一种全新的商业尝试，能否持续健康发展需要制度创新。

4. 以房养老

以房养老是依据拥有资源，利用住房寿命周期和老年住户生存余命的差异，对广大老年人拥有的巨大房产资源，尤其是人们死亡后住房尚余存的价值，通过一定的金融或非金融机制的融通以提前变现，实现价值上的流动，为老年人在其余存生命期间，建立起一笔长期、持续、稳定乃至延续终生的现金流入。

我国 "4 + 2 + 1" 的家庭模式已经出现，面对巨大的家庭压力，独生子女一代很难再稳妥地用自己的力量给老年人一个可以享受天伦之乐的晚年。而且老年人整个晚年的花费也在不断增大。以房养老的养老模式恰恰是改善 "有房富人，现金穷人" 现状的一种探索。以房养老尤其适合有独立产权房的、没有直接继承人的、中低收入水平的城市老人。最有可能是独居或孤寡老人或膝下无子女、子女定居国外的老人。不过，这类老人也担心，一旦签订协议，即失去了对房屋的所有权，落入 "没房也没钱" 的境况。目前，市场对以房养老还处在认知阶段。

以房养老面临许多需要解决的问题。譬如，中国传统观念难消解，"但留方寸地，留与子孙耕" 的观念不容易改变；法律法规没有明确规定，政府层面的 "以房养老" 就很难推行；房产估值这笔账难算清；70 年产权的问题难解决；金融机构积极性差。"以房养老" 算是众多养老金融创新模式中的一种。"以房养老" 牵涉金融、社会保障、房地产等多个行业，同时还受到传统文化的影响，所以在未来的探索中不仅需要顶层设计，也需要因地制宜的弹性规划，更需要社会的沟通与理解。

三 未来升级逻辑

"人口老龄化 + 政策 + 老年人消费行为"促使养老产业升级演进，整个产业将进入快车道。

1. 从需求端看，这个产业市场规模足够大，到 2050 年市场规模将达到 106 万亿元，未来在中国有可能成为超过房地产消费的服务产业。刚性需求日渐增长，社会养老观念越来越多地被民众接受，消费意愿增强。

2. 产业链下游企业总数繁多，产业在初创期向规模期过渡的阶段，具备典型的"散、小、乱、弱、差"的行业特性，行业集中度低，养老产业的行业领导者尚未出现，也鲜有被市场公认的成功案例和模式，但有足够大的市场空间和可提升的效率。

3. 政府进一步明确了养老产业的重要地位，并加大了对民间资本、保险资本等进入养老产业的鼓励和引导力度，市场机会凸显。同时，各地"十三五"相关规划政策频频颁布，许多省市的养老产业"十三五"专项规划文件也陆续出台。截至 2016 年 10 月底，从全国及各地方省市养老产业相关政策文件中可以看出，大部分地方省市养老产业相关的宏观引导政策数量变少，政策内容重点也越来越向针对养老产业各方面的专项规范偏移，如表 11 - 5 所示。

表 11 - 5 近年来促进养老产业发展的相关政策文件

发布时间	发布部门	文件名称
2011 年 09 月 23 日	国务院	《中国老龄事业发展"十二五"规划》
2011 年 12 月 27 日	国务院办公厅	《社会养老服务体系建设规划(2011~2015 年)》
2013 年 10 月 23 日	国务院	《关于加快发展养老服务业的若干意见》
2015 年 02 月 03 日	民政部等 8 部委	《关于鼓励民间资本参与养老服务业发展的实施意见》
2016 年 09 月 19 日	工信部、国家发改委	《智能健康养老产业发展规划》
2016 年 10 月 14 日	25 个部委	《关于推进老年宜居环境建设的指导意见》
2016 年 10 月 20 日	国务院办公厅	《老年教育发展规划(2016~2020)》

续表

发布时间	发布部门	文件名称
2016 年 10 月 21 日	11 部委	《关于支持整合改造闲置社会资源发展养老服务的通知》
2016 年 10 月 25 日	中共中央、国务院	《"健康中国 2030"规划纲要》
2016 年 10 月 27 日	国务院	《关于加快发展康复辅助器具产业的若干意见》
2016 年 02 月 08 日	工信部、民政部、国家发改委	《智慧健康养老产业发展行动计划（2017～2020 年）》
2017 年 02 月 18 日	国务院	《"十三五"国家老龄事业发展和养老体系建设规划》

资料来源：作者整理。

四 产业价值链变化走向

综合来看，养老市场仍处在初级发展阶段，养老机构尚处于起步阶段，总结梳理养老产业较为发达的日本、美国等国的养老服务产业发展规模和模式，我们认为，未来养老服务产业链将呈现以下发展趋向。

1. 新技术渗透，智慧养老、信息化养老等新模式出现

目前，国内许多一、二线城市开始建设与推广"康养结合""日间照料""福利中心"等"互联网＋视频教育"的服务模式，同时，中辰养老服务事业发展中心也提出要走"医养结合、健养一体"的产业发展之路。只有通过专业机构、权威专家和媒体的精诚合作，才能建设开发出集参数采集、数据分析、疾病评估、专家干预、紧急救助、远程关爱六大优势为一体的"串门式养老服务平台"，把科学正确的健康知识传递给千家万户，为全民解决健康信息孤岛问题。

2. 多产业融合，"养老＋"新模式、新业态

"养老＋"是养老和其他产业结合的模式，通过多产业融合来发展养老产业。其他产业为养老提供支持，互相促进，优势互补，形成一种新的业态，新的模式。譬如"养老＋医疗医养"就是最常

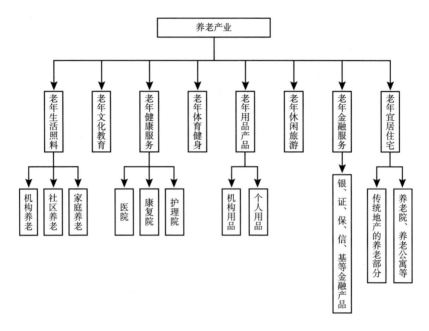

图 11 - 16　老年人产业生态

资料来源：百度文库。

见的一种养老新模式，医疗可以保障老年人的身体健康，让老年人生活更安心、更放心。"养老＋地产"是房地产业转型的方向之一，或成养老社区未来的发展方向。"养老＋旅游"就是由老年人特定群体构成的旅游养老、休闲养老，主要是为老人身心健康服务，让老年人生活得更有质量、更幸福。除此之外，与养老结合的行业还有文化、休闲农业、体育、健康管理、教育等，参见图 11 - 16。

3. 加码心理养护，拓展养老服务领域

越来越多的老年人健康问题已不仅仅局限于生理疾病，还有更多心理问题。相关数据表明，85% 的老年人或多或少都存在不同程度的心理问题，约 27% 有明显焦虑、忧郁等心理障碍，0.34% 则有一定的精神分裂症状存在，0.75% 患有老年痴呆症。对老年人的心理疾病，及早发现、及时就诊和系统治疗就显得非常重要。预计未来针对老年人心理疾病的养护产业将步入快速发展期。

4. 加强预防保健，加快发展"银发产业"

以提升老年人"生活质量"为目标，加快发展"银发产业"，拓展新型的民生制造业链条。提高涉及康复护理、信息通信、文化娱乐等方面老年人用品的质量水平，增强免疫力与抗氧化、抗衰老是保健品供给的两大方向。积极发展睡眠产业，大力发展助眠辅助器材，如助睡按摩椅、睡眠质量分析仪、助眠舱等。促进家用健康监护设备、健康信息管理、远程医疗服务等相关产品发展。

5. 延伸价值链，推动细分形态的产业化

养老产业市场趋于细分化，出现了老年用品、老年公寓、老年护理、老年疗养、老年文化、老年娱乐、老年家政护理等多种养老服务及配套服务业。而且在操作上，逐步有民营资本进入，开始进行市场化运作，养老产业市场正在向产业化方向良性发展。随着民资逐步进入养老产业，养老产业细分领域均存在很大发展空间，分别为老年健康管理服务业、老年康复护理业、老年家政服务业、老年文化教育业、老年宜居服务业以及老年金融理财业。民间资本进入养老事业方式上将有创新，一些有条件的生产保健品的药厂可以延伸其产业链，投资建设养老机构，推广保健产品的销售；另外一些工作量不饱和的民营医院也可以合理利用闲置资源为养老事业服务。而且，民营养老机构实行产业化以后，可以在不同城市连锁经营。

五　产业升级空间

随着我国人口老龄化趋势日益严重，老年人口数量增多，预计到 2020 年，我国老年人口将增加到 2.6 亿人，到 2025 年，老年人口总数将超过 3 亿，2050 年，将达到 4.4 亿左右。[①] 养老产业将

---

① 张凤楼：《推动大健康时代下的养老产业》，《慈善公益报》2017 年 4 月 7 日。

不断扩容。目前 1.67 亿老人有一半过着"空巢"生活，只有 10.39% 的子女能满足老人的精神需求。目前我国养老服务产业市场规模在 2 万亿左右，预计到 2030 年，养老产业规模有望达到 22 万亿元，未来发展空间巨大，有望成为未来国家新兴支柱型产业。

1. 智慧健康养老。随着健康管理、居家养老的需求日益增加，再加上新一代信息技术的快速发展，带动了可穿戴设备等健康智能终端的快速兴起，促进了健康医疗相关产品智慧化转型，智慧健康养老产业应运而生。各种新型诊疗、养老手段和商业模式不断涌现，实现了个人、家庭、社区与医疗资源的有效对接和医疗养老资源的优化配置。信息技术对健康养老服务的全面支撑，全面促进健康养老事业的智慧化升级，也为信息产业发展开辟了新的空间，成为我国经济新常态下稳增长、调结构、惠民生的重要发展方向。同时，智慧健康养老产业正成为全球各国养老产业的下一片投资"蓝海"。

2. "医养结合"。"医养结合"就是把医疗资源与老龄人口服务资源相结合，实现社会资源利用的最大化。其中，"医"包括医疗康复保健服务，具体有医疗服务、健康咨询服务、健康检查服务、疾病诊治和护理服务、大病康复服务以及临终关怀服务等；而"养"包括生活照护服务、精神心理服务、文化活动服务，以"医养一体化"的发展模式，集医疗、康复、养生、老龄服务等为一体，把老年人健康医疗服务放在首要位置，将老龄服务机构和医院的功能相结合，是将生活照料和康复关怀融为一体的新型老龄服务模式。

六 行业景气

随着我国人口老龄化进一步加剧，养老产业将不断扩容，2030 年有望达到 22 万亿元。相关政策密集出台，在政策红利的激励下，品牌房企、寿险机构纷纷进入养老产业，资本活跃度较高。但养老产业前期资金需求大，投资回报周期长，收益率偏低，盈利模式尚不清晰，存在一定投资风险。然而，市场有待开发，行业龙头暂未产生，把握抢先入座的机会尤为重要，参见表11-6。

表 11-6 养老服务产业景气度评级

分析指标	活跃度	描述性说明
产业周期	★★★★	养老行业处于导入期,行业初步成型
商业模式	★★	民营养老机构商业模式正处于探索期,"养老＋地产"领域模式创新较为活跃
政策力度	★★★★★	养老产业成为未来国家新兴支柱型产业,相关政策密集出台
增长前景	★★★	前期资金需求大,投资回报周期长,收益率偏低,盈利模式尚不清晰
市场空间	★★★★★	随着我国老年人口数量及占比不断攀升,发展空间巨大,目前市场规模有 2 万亿元,2030 年有望达到 22 万亿元
行业壁垒	★★★★	门槛适中,由于市场有待开拓,埋没费用较大
投资热度	★★★★★	品牌房企、寿险机构纷纷进入养老产业,资本活跃度较高
综合景气度	★★★★	市场有待开发,行业龙头暂未产生,把握抢占先机的机会

资料来源：建投研究院。

第六节 资本助推大健康产业升级的逻辑

大健康产业是全球最具前景的产业之一。随着十八届五中全会公报将建设"健康中国"上升为国家战略，"大健康"概念正式融入各级政府的执政理念之中。在政策红利的不断释放下，大健康产业引领新一轮经济发展浪潮，各方面资本积极涌入，市场潜力巨大。大健康产业是具有巨大市场潜力的新兴产业，2016年我国大健康产业规模约为 3 万亿元，位居全球第一。预计到 2020年，大健康产业总规模将超过 8 万亿元。大健康行业发展前景广阔，一些细分领域还是一片"蓝海"，随着技术的进步以及消费升级，一些行业将焕发新生。我国大健康产业处于起步阶段，但是需求旺盛，发展空间巨大。

一 投资进入原则

结合市场前景、政策情况、行业格局等特点，我们认为符合以下条件的健康产业细分领域是可以优先考虑进入并培育基础产业的领域：一是政策支持且明朗；二是具有较为清晰的商业模式；三是市场需求强大而供给不足；四是市场没有形成强有力的竞争对手与垄断格局；五是具有较强的产业融合能力与市场空间。

二 投资布局主线

在供给侧结构性改革和人口老龄化的背景下，医疗服务和养老是大健康产业最主要的投资主题。我们认为，医疗管理、新业态健康管理、高科技诊疗领域、智慧健康养老具备成为大健康产业基础产业培育的基础条件，是布局的重点领域。

三 市场最大的切入口

从医疗器械、生物医药制造，到高发病群体的预防监测、基因检测和遗传病的预先管控，再到普及大众的互联网挂号、电商平台送药上门、定制体检、高端健康管理等，大健康行业蕴含着无限商机。

1. 医药制造

人口老龄化、二孩政策、城镇化和医药国际化等带来的市场需求是驱动医药制造行业市场快速增长的重要力量。政府政策和市场机制加快行业整合，创新重建行业秩序。医药制造行业成为当下资本布局的主战场。

2. 医疗器械

目前我国医疗器械产业尚处于行业生命周期的早期阶段，企

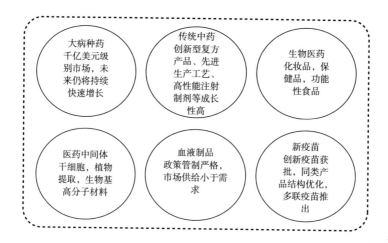

图 11 –17　医药制造领域的投资热点

资料来源：建投研究院。

业存在多、小、散、乱等问题。诊断方法上的不断进步，一些颠覆性的医疗技术创新，如基因测序技术和智慧医疗等，将不断拓展医疗器械的应用领域，国产化、高端化、智能化是医疗器械行业未来发展的主要趋势。

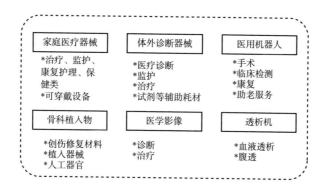

图 11 –18　医疗器械领域的投资热点

资料来源：建投研究院。

3. 医疗服务

党的十九大报告提出要"全面建立中国特色优质高效的医疗

卫生服务体系"。以医疗服务业为代表的现代健康服务业，市场需求加速释放，不仅日益成为医疗健康产业未来的亮点以及支柱性分支产业，也成为现代服务业一个新的增长点，并在人口老龄化、城镇化、财富增长以及基本医疗保障制度等因素的驱动下进一步扩容。

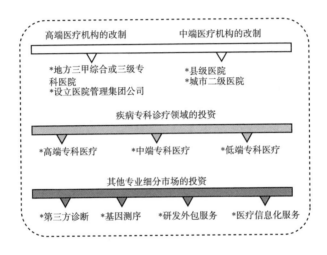

图 11 - 19　医疗服务领域的投资热点

资料来源：建投研究院。

4. 数字医疗

信息技术与医疗行业加快深度融合，数字医疗以新一代信息技术为支撑，近年来市场年均复合增长率超过 35%，正在进入爆发期，成为创业与投资的热点领域。

5. 养老服务

庞大的老年人口、巨大的市场潜力强有力地推动了养老服务业的发展，老年生活照料、产品用品、健康服务、文化娱乐、金融服务、老年旅游等产业不断升温。养老服务体系和服务内容向多层次、多元化发展。机构养老市场的发展呈现品牌化、连锁化、规模化的趋势。

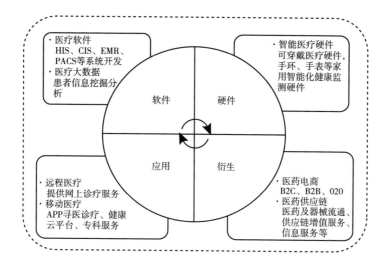

图 11 - 20　数字医疗领域的投资热点

资料来源：建投研究院。

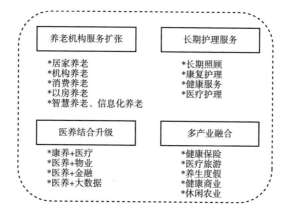

图 11 - 21　养老服务领域的投资热点

资料来源：建投研究院。

参考文献

[1] Humphrey J. , Schmitz H. . How Does Insertion in Global Value Chains Affect Upgrading in Industrial Clusters [J]. The Review of Economics and Statistics, 2002, 36 (9): 428 – 440.

[2] Gary Gereffi. International Trade and Industrial Upgrading in the Apparel Commodity Chains [J]. Journal of International Economics, 1999, 48 (1): 33 – 40.

[3] John Humphrey. Upgrading Industry Structure in Global Value Chains [J]. European Economic Review, 2014, 86 (3): 721 – 736.

[4] Griliches, Zvi. Issues in Assessing the Contribution of Research and Development to Productivity Growth [J]. The Bell Journal of Economics, 1979, Vol. 114 (6): 112 – 118.

[5] David T. Coe, Elhanan Helpman. International R&D spillovers [J]. European Economic Review, 1995, Vol. 256 (4): 219 – 235.

[6] Berghall, E.. R&D and Productivity Growth in Finnish ICT Manufacturing [P]. VATT Discussion Papers, 2006, pp. 410 – 429.

[7] Hu Z. , Jefferson G. H. , Qian J. . R&D and technology transfer: Firm level evidence from Chinese industry [J]. The Review of

Economics and Statistics, 2005, Vol. 156 (11): 1241 – 1258.

[8] Jaffe A. B. . Real Effects of Academic Research on industry [J]. The American Economist, 1989, 56 (9): 287 – 295.

[9] Kaplinsky, R. , Morris, M. . Understanding Upgrading Using Value Chain Analysis [P]. A Handbook for Value Chain Research, Paper for IDRC, 2002, pp. 58 – 66.

[10] Poon T. , Shuk-ching. Beyond the global production net-works: a case of further upgrading of Taiwan's information technology industry [J] . International Journal of Technology and Globalization, 2004, 18 (1): 130 – 142.

[11] Kaplinsky R. , Readman. Globalization and upgrading: what can be (and cannot) learnt from international trade statistics in the wood furniture sector [J]. Industrial and Corporate Change, 2005, 14 (4): 679 – 703.

[12] M. Grosby. Patents, innovation and growth [J]. Economic Record, 2000, 76 (9): 255 – 262.

[13] Nichola · J. lowe. Challenging tradition: unlocking new paths to regional industrial upgrading [J]. Environment and Planning, 2009 (41): 128 – 143.

[14] Gibbon P. . Upgrading primary products: A global value chain approach [J]. World Development, 2001, 29 (2): 349 – 361.

[15] Khandelwal, A. . The Long and Short Quality Ladders [J]. The Review of Economic Studies, 2010, 77 (4): 1451 – 1469.

[16] Jarreau, J. . Export Sophistication and Economic Growth: Evidence from China [J]. Journal of Development Economics, 2012, 97 (2): 281 – 292.

［17］ David S. C.. The Structural Transformation of the Textile Industry in Taiwan and Its Impact on Current women Workers ［R］. Brandeis University，2001，pp. 67 – 74.

［18］ Lazonick，W.. Industrial Organization and Technological Change ［J］. The Business History Review，1983，57（2）：196 – 234.

［19］ Bazan L.，Navas-Aleman L. . The underground revolution in the sinos valley：a comparison of upgrading in global and national value chains ［L］. Journal of Economics，Vol. 16（11）：124 – 139.

［20］ Kim，Linsu. Imitation to innovation：the dynamics of Korea's technological learning ［M］ Boston：Harvard Business School Press，1997.

［21］ Richard R. Nelson. Technology，Learning，and Innovation：experiences of newly industrializing economics ［M］. Cambridge：Cambridge University Press，2000.

［22］ Bair J.，Gereffi G. . Local clusters in global chains：the causes and consequences of export dynamism in Torreons blue jeans industry ［J］. World Development，2001，29（11）：1887 – 1901.

［23］ Rothwell R.，Zegveld W. . Reindustrialization and technology ［M］. London：Longman RTI（Research Triangle Institute）International，1985.

［24］ Lall S.. Marketing barriers facing developing country manufactured exporters：A conceptual note ［J］. Journal of Development Studies. 1991，27（4）：137 – 150.

［25］ Terutomo Ozama. Institutions，industrial upgrading，and economic performance in Japan ［M］. Cornwall：MPG Books Ltd，2005.

[26] Gibbon P.. The African growth and opportunity act and the global commodity chain for clothing [J]. World Development, 2003, 31 (11): 1810 – 1826.

[27] Stefano ponte. Trading down: africa, value chains, and the global economy [M]. Philadelphia: Temple University Press, 2005.

[28] Kenimal, Shiu JingMing. A divergent path of industrial upgrading: emergence and evolution of the mobile handset industry in China [J]. ETR0, 2007 (10): 22 – 31.

[29] M. E. Porter, C. Van Der Linde. Toward a New Conception of the Environment competitiveness Relationship [J]. Journal of Economics Perspect, 1995 (9): 391 – 415.

[30] Anastasios Xepapadcas, Aart do Zeuw. Environmental Policy and Competitiveness; The Porter Hypothesis and the Composition of Capital [J]. Journal of Environmental Economics and Management, 1999, 37 (2): 88 – 92.

[31] Dan Levin. Energy-Save and Emission-abate with its impact on Win-win Development in Chinese industry: 2009 – 2049 [J]. Economic Research Journal, 2010 (3): 46 – 52.

[32] Bing W. et al.. An Empirical Study on Technical Efficiency of China's Thermal Power Generation and its Determinants under Environmental Constraint [J]. Economic Review, 2010 (4): 5 – 14.

[33] Nelson R., Winter S. C.. An Evolutionary Theory of Economic Change [M]. Boston: Harvard University Press, 1982.

[34] James R. Markusen, Edward R. Morey, Nancy D.. Environmental Policy when Market Structure and Plant Locations Arc Endogenous [J]. Journal of Environmental Economics and

Management, 1993, 24 (1): 56 - 67.

[35] Klaus Conrad. The Effect of Emission Taxes and Abatement Subsidies on Market Structure [J]. International Journal of industrial Organization, 2013, 11 (6): 1333 - 1348.

[36] Benjamin E. Blair, Diane Hite. The impact of Environmental Regulations on the industry Structure of Landfills [J]. Growth and Change, 2005, 36 (4): 71 - 79.

[37] Rosenstein-Rodan. Problems of Industrialization of Eastern and South-Eastern Europe [J]. The Economic Journal, 1993, 53: 202 - 211.

[38] Ernst. D.. Global Production Network and Industrial Upgrading-knowledge-centered Approach [R]. Honolulu: East-Western Center, 2001.

[39] Van Biesebroeck, J. Exporting Raises Productivity in Sub-Saharan African Manufacturfing Firms [J]. Journal of International Economiern, 2006, 67 (2): 373 - 391.

[40] Bernard, A. B., J. B. Jensen, S. Redding and P. K. Schott. Firms in International Trade [J], The Journal of Economic Perspectives, 2007, 21 (3): 105 - 130.

[41] De Loecker, J. Do Exports Generate Higher Productivity? Evidence from Slovenia [J], Journal of International Economics, 2011, 73 (6): 69 - 98.

[42] LallS. Marketing barriers facing developing country manufactured exporters: A conceptual note [J]. Journal of development studies, 2008, 27 (4): 137 - 150.

[43] Aghion, Philippe, Peter Howitt. A Model of Growth Through Creative Destruction [J]. Econometrica, 1992, 60 (2): 323 - 351

[44] Assche, Ari Van, Byron Scott Gangnes. Electronics Production Upgrading: Is China Exceptional? [J]. Applied Economics Letters, 2010, 17 (5): 477 –482.

[45] Balassa, Bela. Trade Liberalization and Revealed Comparative Advantage [J]. The Manchester School of Economics and Social Studies, 1965, 33: 99 –123.

[46] Dixit, Avinash Kamalakar, Joseph Eugene Stiglitz. Monopolistic Competition and Optimum Product Diversity [J]. American Economic Review, 1977, 67: 297 –308.

[47] Dixit, Avinash Kamalakar, Gene M. Grossman. Trade and Protection with Multistage Production [J]. Review of Economic Studies, 1982, 49: 583 –594.

[48] Dany Bahar, Ricardo Hausmann, Cesar Augusto Hidalgo. Neighbors and the Evolution of the Comparative Advantage of Nations: Evidence of International Knowledge Diffusion? [J]. Journal of International Economics, 2014, 92: 111 –123.

[49] Feenstra, Robert C. , James R. Markusen, Andrew K. Rose. Using the Gravity Equation to Differentiate among Alternative Theories of Trade [J]. The Canadian Journal of Economics, 2001, 34 (2): 430 –437.

[50] Grossman, Gene Michael, Elhanan Helpman. Quality Ladders in the Theory of Growth [J]. Review of Economic Studies, 1991, 58 (1): 43 –61.

[51] Hausmann, Ricardo. Economic Development as Self-discovery [J]. Journal of Development Economics, 2003, 72 (2): 603 –633.

[52] Hausmann, Ricardo, Bailey Klinger. South Africas's Export Predicament [J]. The Economics of Transition, 2008, 16

（4）：609－637.

［53］Hausmann, Ricardo, Cesar Augusto Hidalgo. The Network Structure of Economic Output ［J］. Journal of Economic Growth, 2011, 16：309－342.

［54］陈娇：《产业升级三种不同思路研究》［J］.《西安石油大学学报》2010 年第 20（2）期，第 38～41 页。

［55］唐晓云：《产业升级研究综述》［J］.《科技进步与对策》2012 年第 4 期，第 54～61 页。

［56］尹向飞：《科技创新支撑了中国高技术产业发展吗?》［J］.《科学学与科学技术管理》2015 年第 8 期，第 33～40 页。

［57］俞立平、方建新、孙建红：《中国不同创新模式绩效的总体测度及关系研究》［J］.《经济经纬》2015 年第 2 期，第 8～15 页。

［58］谢子远、黄文军：《非研发创新支出对高技术产业创新绩效的影响研究》［J］.《科研管理》2015 年第 10 期，第 86～91 页。

［59］吕明元：《产业结构升级与经济发展方式转型关系的实证研究与国际比较》［M］.北京：中国经济出版社，2015,（12），第 58～73 页。

［60］王俊松：《全球价值链下的中国产业升级思考》［J］.《哈尔滨工业大学学报（社会科学版)》2012 年第 4 期，第 76～82 页。

［61］陈荣耀：《进口替代Ⅲ期与中国产业升级》［J］.《社会科学》2009 年第 4 期，第 57～59 页。

［62］孙军：《需求因素、技术创新与产业结构演变》［J］.《南开经济研究》2008 年第 5 期，第 26～30 页。

［63］付德申、孔令乾：《贸易开放、产业结构升级与经济增长》［J］.《商业研究》2016 年第 8 期，第 38～43 页。

[64] 熊鸿儒、吴贵生、王毅：《基于市场轨道的创新路径研究——以苹果公司为例》[J].《科学学与科学技术管理》2013年第7期，第99~15页。

[65] 赵君丽：《要素结构变动、产业区域转移与产业升级》[J].《经济问题》2011年第4期，第77~79页。

[66] 张银银、黄彬：《创新驱动产业结构升级的路径研究》[R].《经济问题探索》2015年第3期，第8~15页。

[67] 赵放、曾国屏：《全球价值链与国内价值链并行条件下产业升级的联动效应——以深圳产业升级为案例》[J].《中国软科学》2014年第11期，第7~11页。

[68] 刘仕国、吴海英、马涛、张磊、彭莉、于建勋：《利用全球价值链促进产业升级》[J].《国际经济评论》2015年第1期，第76~81页。

[69] 吴丰华、刘瑞明：《产业升级与自主创新能力构建——基于中国省际面板数据的实证研究》[J].《中国工业经济》2013年第5期，第54~61页。

[70] 李晓阳、吴彦艳、王雅林：《基于比较优势和企业能力理论视角的产业升级路径选择研究——以我国汽车产业为例》[J].《北京大学学报（社会科学版)》2010年第2期，第8~17页。

[71] 马云俊：《产业转移、全球价值链与产业升级研究》[J].《技术经济与管理研究》2016年第4期，第82~89页。

[72] 白俊红、蒋伏心：《协同创新、空间关联与区域创新绩效》[J].《经济研究》2015年第7期，第18~25页。

[73] 戴魁早、刘友金：《要素市场扭曲的研发效应及企业差异——中国高技术产业的经验证据》[J].《科学学研究》2015年第11期，第56~59页。

[74] 李瑞茜：《政府R&D资助对企业技术创新的影响——基于门

槛回归的实证研究》［J］.《中国经济问题》2013 年第 3 期，
第 69～73 页。

［75］蒋开东、俞立平、霍妍：《企业自主研发与协同创新绩效比
较研究——基于面板数据与非期望产出效率的分析》［J］.
《软科学》2015 年第 2 期，第 61～67 页。

［76］刘树林、姜新蓬、余谦：《中国高技术产业技术创新三阶段
特征及其演变》［J］.《数量经济技术经济研究》2015 年第
7 期，第 40～48 页。

［77］陈劲、阳银娟：《协同创新的理论基础与内涵》［J］.《科学
学研究》2012 年第 2 期，第 8～17 页。

［78］吴延兵：《R&D 存量、知识函数与生产效率》［J］.《经济学
（季刊）》20014 年第 3 期，第 74～81 页。

［79］克利斯·弗里曼、罗克·苏特：《工业创新经济学区》
［M］.北京：北京大学出版社，2004。

［80］柳卸林：《技术轨道和自主创新日》［J］.《中国科技论坛》
1997 年第 2 期，第 8～11 页。

［81］熊鸿儒、王毅、林敏、吴贵生：《技术轨道研究：述评与展
望》［J］.《科学学与科学技术管理》2012 年第 7 期，第
22～26 页。

［82］John A. Mathews Dong-Sung：《技术撬动战略：21 世纪产业升
级之路》［M］.刘立译，北京：北京大学出版社，2009，
第 52～70 页。

［83］黄永明、何伟、聂鸣：《全球价值链视角下中国纺织服装企
业的升级路径选择》［J］.《中国工业经济》2006 年第 5
期，第 57～62 页。

［84］喆儒：《产业升级——开放条件下中国的政策选择》［M］.
北京：中国经济出版社，2006，第一版。

［85］本·斯泰尔、戴维·维克托、理查德·内尔森：《技术创新

与经济绩效》［M］．上海：上海人民出版社．2006，第一版。

［86］ 熊鸿儒、吴贵生、王毅： 《基于市场轨道的创新路径研究——以苹果公司为例》［J］．《科学学与科学技术管理》2013年第7期，第57～62页。

［87］ 叶伟巍、王翠霞、王皓白：《设计驱动型创新机理的实证研究》［J］．《科学学研究》2013年第8期，第9～16页。

［88］ 姚凯、刘明宇、茹明杰：《网络状产业链的价值创新协同与平台领导》 ［J］．《中国工业经济》2014年第12期，第94～96页。

［89］ 陆著：《国际环境规制与倒逼型产业技术升级》［J］．《国际贸易问题》2015年第7期，第55～61页。

［90］ 金碚：《资源环境管制与工业竞争力关系的理论研究》［J］．《中国工业经济》2009年第3期，第49～51页。

［91］ 傅京燕、李丽莎：《环境规制、要素享赋与产业国际竞争力的实证研究——基于中国制造业的面板数据》［J］．《管理世界》2010年第10期，第88～94页。

［92］ 曾贤刚：《环境规制、外商直接投资与污染避难所假说——基于中国30个省份面板数据的实证研究》 ［J］．《经济理论与经济管理》2010年第11期，第99～112页。

［93］ 唐晓云：《产业升级：转移、深化还是其他——选择路径的一个技术视角》［J］．《开发研究》2010年第1期，第37～43页。

［94］ 张晖：《产业升级面临的困境路与径依赖锁定效应——基于新制度经济学视角的分析》［J］．《现代财经》2011年第10期，第116～122页。

［95］ 张晖：《技术创新、路径依赖与路径创造——产业升级的困境与突破》［J］．《当代经济管理》2011年第7期，第6～9页。

［96］ 李佐军： 《第三次大转型：新一轮改革如何改变中国》

〔M〕．北京：中信出版社，2014 年 5 月。

［97］ 刘世锦：《中国经济增长十年展望（2014～2023）》〔M〕．北京：中信出版社，2014 年 4 月。

［98］〔美〕黛安娜·法雷尔主编《提高生产率——全球经济增长的原动力》〔M〕．朱静译，北京：商务印书馆，2010 年 10 月。

［99］ 柳卸林、何郁冰：《从科技投入到产业创新》〔M〕．北京：科学出版社，2014 年 1 月。

［100］ 曹暄玮、马骏：《资源型区域的创新——从路径依赖到路径创造》〔J〕．《中国软科学》2007 年第 7 期，第 152～157 页。

［101］ 钱学锋、王菊蓉、黄云湖、王胜：《出口与中国工业企业的生产率——自我选择效应还是出口学习效应？》〔J〕．《数量经济技术经济研究》2011 年第 2 期，第 38～44 页。

［102］ 黄先海、诸竹君：《新产业革命背景下中国产业升级的路径选择》〔J〕．《世界经济评论》2015 年第 1 期，第 113～120 页。

［103］ 张耀辉：《产业创新：新经济下的产业升级模式》〔J〕．《数量经济技术经济研究》2002 年第 1 期，第 14～17 页。

［104］ 蒋永志：《工业化先行地区产业升级路径研究》〔J〕．《中国工业经济》2005 年第 5（5）期，第 74～80 页。

［105］ 时寒冰：《一文读懂中国经济的近忧和远虑》〔R〕，投资中国，2016 年 9 月 21 日。

［106］ 张贤善：《企业技术创新与产业升级》〔J〕．《工业工程与管理》2014 年第 16（3）期，第 82～86 页。

［107］ 徐康宁、冯伟：《基于本土市场规模的内生化产业升级：技术创新的第三条道路》〔J〕．《中国工业经济》2010 年第 11（4）期，第 58～67 页。

[108] 张晖:《产业升级面临的困境与路径依赖锁定效应——基于新制度经济学视角的分析》[J].《现代财经》2011 年第 261（10）期，第 118～124 页。

[109] 陈荣耀:《进口替代 III 期与中国产业升级阴》[J].《社会科学》2009 年第 58（4）期，第 23～31 页。

[110] 陈羽、邝国良:《"产业升级"的理论内核及研究思路评述》[J].《改革》2009 年第 102（10）期，第 67～78 页。

[111] 邓丹、李南、田慧敏:《基于小世界网络 NPD 团队交流网络分析》[J].《研究与发展管理》2005 年第 66（7）期，第 54 页。

[112] 丁焕峰:《技术扩散与产业结构优化的理论关系分析》[J].《工业技术经济》2006 年第 149（5）期，第 67～72 页。

[113] 蒙丹等:《产品内分工下发展中国国家产业升级——基于企业能力与构建自主生产网络的视角》[M]. 北京: 中国经济出版社，2014 年 12 月，第 192～208 页。

[114] 葛秋萍、李梅:《我国创新驱动型产业升级政策研究》[J].《科技进步与对策》2013 年第 16 期，第 22～29 页。

[115] 郭将、郭华、桂英杰:《产业升级中的垄断与效率——一个符合中国实际的思考》[J].《贵州社会科学》2013 年第 4 期，第 54～59 页。

[116] 韩立娜、赵惠芳、赵沁娜:《我国产业升级研究述评——基于文献计量和社会网络分析》[J].《合肥工业大学学报（社会科学版）》2015 年第 2 期，第 31～37 页。

[117] 韩民春、徐姗:《国外动态比较优势理论的演进》[J].《国外社会科学》2009 年第 3 期，第 14～21 页。

[118] 胡国恒:《制度红利、能力构建与产业升级中"低端锁定"的破解》[J].《河南师范大学学报（哲学社会科学版）》2013 年第 1 期，第 78～86 页。

[119] 胡星：《产业升级路径选择：循序演进与跳跃发展》[J].《东岳论丛》2014 年第 12 期，第 16~25 页。

[120] 黄方亮：《全球失衡、国际分工与中国的产业升级》[J].《宏观经济研究》2011 年第 5 期，第 34~42 页。

[121] 刘冰、王发明、毛荐其：《基于全球技术链的中国产业升级路径分析》[J].《经济与管理研究》2012 年第 4 期，第 8~13 页。

[122] 陈广汉、蓝宝江：《研发支出、竞争程度与我国区域创新能力研究——基于 1998~2004 年国内专利申请数量与 R&D 数据的实证分析》[J].《经济学家》2007 年第 106（3）期，第 59~63 页。

[123] 胡一帆、宋敏、张俊喜：《竞争、产权、公司治理三大理论的相对重要性及交互关系》[J].《经济研究》2005 年第 9 期，第 70~81 页。

[124] 申俊喜等：《技术创新引领产业升级的路径研究》[M].南京：南京大学出版社，2014，第 71~85 页。

[125] 吕明元等：《产业结构升级与经济发展方式转型关系的实证研究与国际比较》[M].北京：中国经济出版社，2015 年 12 月，第 104~157 页。

[126] 丁志国、赵宣凯、苏治：《中国经济增长的核心动力——基于资源配置效率的产业升级方向与路径选择》[J].《中国工业经济》2012 年第 9 期，第 108~113 页。

[127] 朱希伟、金祥荣、罗德明：《国内市场分割与中国的出口贸易扩张》[J].《经济研究》2005 年第 12 期，第 68~75 页。

[128] 王喜文：《中国制造业转型升级的未来方向》[J].《国家治理》2015 年第 7 期，第 27~32 页。

[129] 贾根良：《第三次工业革命与新型工业化道路的新思维——

来自演化经济学和经济史的视角》[J].《中国人民大学学报》2013 年第 2 期，第 79～85。

[130] 王伟光：《中国产业自主创新实证研究》[M]．北京：社会科学出版社，2013，第 207～229 页。

[131] 张世龙、马尚平：《技术突变下后发国家自主技术创新战略研究》[M]．北京：中国经济出版社，2013，第 88～104 页。

[132] 王金照等著《典型国家工业化历程比较与启示》[M]．北京：中国发展出版社，2010，第 17～30 页。

[133] 金碚：《中国的新世纪战略：从工业大国走向工业强国》[J]．《中国工业经济》2000 年第 86 期，第 60～75 页。

[134] 芮明杰：《中国新型产业体系构建与发展研究》[M]．上海：上海财经大学出版社，2017，第 67～355 页。

[135] 胡亚文：《新型工业化过程中的传统产业创新体系建设》[J]．《中国科技论坛》2003 年第 4 期，第 28～34 页。

[136] 方贺：《日美金融危机和经济衰退的根源与规律探讨——基于产业革命周期理论》[J]．《金融研究》2011 年第 8 期，第 72～78 页。

[137] 干春晖、郑若谷、余典范：《中国产业结构变迁对经济增长和波动的影响》[J]．《经济研究》2011 年第 5 期，第 4～18 页。

[138] 刘明宇、芮明杰：《价值网络构建、分工演进与产业结构优化》[J]．《中国工业经济》2012 年第 5 期，第 148～161 页。

[139] 芮明杰：《第三次工业革命与中国的选择》[M]．上海：上海财经大学出版社，2013，第 176～207 页。

[140] 彭向、蒋传海：《产业集聚、知识溢出与地区创新》[J]．《经济学季刊》2011 年第 10 期，第 93～95 页。

[141] 邱英汉：《全球生产体系下后发国家的产业结构知识化跃迁》[J].《世界经济与政治论坛》2014 年第 2 期，第 6 ~ 11 页。

[142] 乔晓楠、王鹏程、王家远：《跨越"中等收入陷阱"：经验与对策》[J].《政治经济学评论》2012 年第 3 期，第 168 ~ 184 页。

[143] 毛丰付、潘加顺：《资本深化、资本深化与中国城市劳动生产率》[J].《中国工业经济》2016 年第 2 期，第 70 ~ 84 页。

[144] 刘明宇、芮明杰、王子军、杨丰强、陈之荣：《上海产业高端高效的评价与产业路径研究》[J].《科学发展》2011 年第 8 期，第 72 ~ 79 页。

[145] 陈佳贵，黄群慧：《中国工业化与工业现代化问题研究》[M].北京：经济管理出版社，2009，第 88 ~ 112 页.

[146] 冯飞：《迈向工业大国》[M].北京：中国发展出版社，2007，第 261 ~ 278 页.

[147] 简新华、余江：《中国工业化与新型工业化道路》[M].山东：山东人民出版社，2009，第 53 ~ 71 页.

[148] 曹建海、李海舰：《论新型工业化的道路》[J].《中国工业经济》2003 年第 1 期，第 56 ~ 62 页。

[149] 谢俊贵：《新型工业化条件下的中国城市化发展问题》[J].《中国软科学》2002 年第 7 期，第 28 ~ 33 页。

[150] 白瑞雪、翟珊珊：《基于产业链视角的"十二五"时期产业结构优化升级研究》[J].《中国特色社会主义研究》2012 年第 4 期，第 94 ~ 98 页。

后　记

在全球资源价格上升、保护主义抬头、新一轮产业革命、技术进步加快和劳动力成本提高等因素影响下，中国经济与产业体系面临严重挑战。工业亟须转型升级，产业结构面临重要调整，经济增长方式加快转变，我国正在从制造大国努力向制造强国迈进。基于对我国经济结构战略性调整和产业演进升级中若干热点、重大问题的探索，《跃迁：新时代中国产业升级路径与投资布局》应运而生。它凝聚着心血和汗水，也体现着思考和观点。

如学界所指，产业主要指经济社会的物质生产部门。正是因为"物质性生产行业"的定位，产业升级变迁必然在经济活动中实现，这就使我们分析、认识和把握产业升级的路径成为可能。无论是单个产业，还是产业总体即国民经济，其核心就是结构升级变化的过程。产业的升级和变迁更多地依靠市场力量自发进行，通过市场自由竞争和价格机制的调节作用，促使供求平衡和实现资源在产业间的优化配置，在均衡条件下通过市场机制自发完成技术升级、产品升级、结构升级和组织升级，先后经历由低技术水平、低附加价值状态向高技术水平、高附加价值状态跃迁，由低级阶段向中级阶段再向高级阶段演变的过程，遵循一定的规律性。这就有利于我们从产业发展的动态中发现和认清产业运行的动向，把握产业演化升级的路径。从国际经验来看，美国、日本、英国等主要国家在工业化过程中，其各自的经济结构转型、产业优化升级、主导产业变迁均形成了一定的规律和运作模式，这为研究产业升级趋向提供了丰富的经验借鉴。

大道至简，实干为要。产业是投资的前提，只有围绕产业的变化趋势进行投资、创新和生产，才能最大限度地提高投资和创新有效性，提升产业竞争力和附加值。投资的真正价值，是在与企业共同成长的互动过程中一起探寻民族产业的发展命题。合理有效地进行投资不仅是推动当前经济增长的动力之一，更是决定未来供给结构和经济结构、提升中长期经济发展潜力的关键因素。本书注重从投资者的视角，对以价值链跃迁趋向来判断投资机会的产业布局逻辑，进行了积极的探索。

好风凭借力。产业发展和产业投资是一项复杂的系统工程，涉及面广。在研究过程得到了中国建银投资有限责任公司党委书记仲建安等集团领导的高度关心和悉心指导，得到了工信部、国务院发展研究中心、中国社会科学院等相关部门的大力支持。特别是建投研究院万建发秘书长对本书倾注了大量的心血，让我常有醍醐灌顶之悟，深感受益匪浅。建投研究院张志前、祝伟清、邹继征、严冰等领导对整个研究过程自始至终予以精心指导、协调与安排，并提出了不少宝贵意见。在此一并致谢。本书参考了大量国内外的有关著作和文献，借鉴引用了业内不少真知灼见，已在注释和参考文献中列出，若仍有挂一漏万，还请谅解。

学然后知不足。本书虽然经过了认真思考、研究和探讨，但囿于资料及水平所限，疏漏、遗憾之处在所难免，其间或有些观点失之偏颇。愿以此求教于同道，热切欢迎来自于各界的一切批评指正，以便博采众长、不断进步。

值此付梓之际，正是北方的初冬时节。此时此刻，我不由地想起了英国著名诗人雪莱的一句名言"冬天到了，春天还会远吗?"。相信今天的所有思考、探索和付出，必将催生新时代中国产业发展的又一春天!

文玉春

2018 年 11 月 6 日

《中国建投研究丛书》书目

报告系列

《中国投资发展报告 2012》

杨庆蔚 主编　2012 年 8 月

《中国投资发展报告 2013》

杨庆蔚 主编　2013 年 4 月

《中国投资发展报告 2014》

杨庆蔚 主编　2014 年 4 月

《中国投资发展报告 2015》

谢　平 主编　2015 年 4 月

《中国投资发展报告 2016》

建投研究院 主编　2016 年 4 月

《中国投资发展报告 2017》

建投研究院 主编　2017 年 3 月

《中国投资发展报告 2018》

建投研究院 主编　2018 年 3 月

《中国智慧互联投资发展报告 2016》

建投华科智慧互联研究中心 主编　2016 年 5 月

《中国智慧互联投资发展报告 2017》

建投华科投资股份有限公司 主编　2017 年 6 月

《中国智慧互联投资发展报告 2018》

建投华科投资股份有限公司 主编　2018 年 6 月

《中国传媒投资发展报告 2016》

张向东　详云明 主编　2016 年 8 月

《中国传媒投资发展报告 2017》

　　　　　　　　　　　建投华文投资有限责任公司

　　　　　　　　　　　　中央财经大学新闻传播系

　　　　　　　　　　　　　　　　主编　　2017 年 7 月

《中国传媒投资发展报告 2018》

　　　　　　　　　　　建投华文投资有限责任公司

　　　　　　　　　　　　中央财经大学新闻传播系

　　　　　　　　　　　　　　　　主编　　2018 年 5 月

《中国信托行业研究报告 2016》

　　　　　　　　　　中建投信托研究中心 编著　　2016 年 9 月

《中国信托行业研究报告 2017》

　　　　　　　　　　中建投信托研究中心 编著　　2017 年 9 月

《中国信托行业研究报告 2018》

　　　　　　　　　　　中建投信托博士后工作站

　　　　　　　中国社会科学院金融研究所博士后流动站

　　　　　　　　　　　　　　联合编著　　2018 年 7 月

论文系列

《建投投资评论》 第一期

　　　　　　　　　　　建投研究院 主编　　2014 年 1 月

《建投投资评论》 第二期

　　　　　　　　　　　建投研究院 主编　　2014 年 11 月

《建投投资评论》 第三期

　　　　　　　　　　　建投研究院 主编　　2015 年 5 月

《建投投资评论》 第四期

　　　　　　　　　　　建投研究院 主编　　2015 年 12 月

《建投投资评论》 第五期

　　　　　　　　　　　建投研究院 主编　　2016 年 7 月

《建投投资评论》 第六期

　　　　　　　　　　　建投研究院 主编　　2016 年 11 月

《建投投资评论》 第七期

　　　　　　　　　　　建投研究院 主编　　2017 年 8 月

《建投投资评论》第八期

建投研究院 主编　2018 年 6 月

专著系列

《我国金融资源产权制度研究》

柯　珂 著　2013 年 1 月

《产业结构演进与城镇化》

易善策 著　2013 年 1 月

《集团治理与管控》

庄乾志 著　2013 年 1 月

《企业文化解构与实践》

张璐璐　涂　俊　范雪莹　单治国 编著　2013 年 1 月

《资产证券化——变革中国金融模式》

邓海清　胡玉峰　蒋钰炜 著　2013 年 10 月

《利率市场化——突围中国债务困局》

邓海清　林　虎 著　2013 年 10 月

《进城圆梦——探寻中国特色城镇化之路》

张志前　王　申 著　2014 年 1 月

《中外国有企业治理比较研究》

张志前等　　著　2014 年 11 月

《中外国有企业风险管理比较研究》

庄乾志等　　著　2014 年 11 月

《中外国有企业内部审计比较研究》

刘琼等　　著　2014 年 11 月

《解码中国城投债——地方债务与增长的再平衡》

邓海清著　2014 年 11 月

《低碳减排——消除中欧城市化瓶颈》

袁路 著　2015 年 5 月

《我国养老体系完善与养老产业发展研究》

邹继征 著　2015 年 5 月

《一带一路——架起中国梦和世界梦的桥梁》

张志前　蒋学伟　沈　军 编著　2015 年 11 月

《中国信托业发展的比较制度研究》

龚先念 著　2015 年 11 月

《投资新视野 I——智能制造》

建投研究院 编著　2016 年 8 月

《投资新视野 II——养老服务》

建投研究院 编著　2016 年 10 月

《投资新视野 III——国企改革》

王勇华　解蕴慧 著　2016 年 10 月

《投资新视野 IV——大健康》

建投研究院　编著　2018 年 6 月

《跃迁 – 新时代中国产业升级路径与投资布局》

文玉春 著　2018 年 11 月

案例系列

《柯达兴衰启示录》

张志前等 编著　2012 年 9 月

《中国直接股权投资案例分析》

建投研究院 主编　2017 年 10 月

其他系列

《癫狂与理智——你不得不知的世界金融史》

张志前 著　2017 年 7 月

《东单耕录》

高彦如 邹继征 祝妍雯 著　2017 年 8 月

图书在版编目（CIP）数据

跃迁：新时代中国产业升级路径与投资布局／文玉
春著. －－北京：社会科学文献出版社，2018.11
　（中国建投研究丛书.专著系列）
　ISBN 978 - 7 - 5201 - 3806 - 2

　Ⅰ.①跃…　Ⅱ.①文…　Ⅲ.①产业结构升级 - 研究 -
中国　Ⅳ.①F121.3

　中国版本图书馆 CIP 数据核字（2018）第 248491 号

中国建投研究丛书·专著系列
跃迁：新时代中国产业升级路径与投资布局

著　　者／文玉春

出 版 人／谢寿光
项目统筹／王婧怡　许秀江
责任编辑／陈　欣　刘鹿涛

出　　版／社会科学文献出版社·经济与管理分社（010）59367226
　　　　　　地址：北京市北三环中路甲 29 号院华龙大厦　邮编：100029
　　　　　　网址：www.ssap.com.cn
发　　行／市场营销中心（010）59367081　59367083
印　　装／三河市东方印刷有限公司

规　　格／开　本：787mm×1092mm　1/16
　　　　　　印　张：28.25　字　数：365 千字
版　　次／2018 年 11 月第 1 版　2018 年 11 月第 1 次印刷
书　　号／ISBN 978 - 7 - 5201 - 3806 - 2
定　　价／148.00 元